项目评估：
方法与案例

（第7版）

埃米尔·J. 波萨瓦茨（Emil J. Posavac）
雷蒙德·G. 凯里（Raymond G. Carey）　著

于忠江 译

PROGRAM
EVALUATION :
METHODS AND

CASE STUDIES　7e

重庆大学出版社
http://www.cqup.com.cn

本书封面贴有 Pearson Education(培生教育出版集团)激光防伪标签。无标签者不得销售。
版贸核渝字(2009)第 007 号

图书在版编目(CIP)数据

项目评估:方法与案例/(美)波萨瓦茨(Posavac, E.J.),
(美)凯里(Carey, R.G.)著;于忠江译.—重庆:重庆大学出版社,2014.10
(万卷方法)
书名原文:Program evaluation: methods and case studies
ISBN 978-7-5624-8204-8

Ⅰ.①项…　Ⅱ.①波…②凯…③于…　Ⅲ.①项目评
价　Ⅳ.①F224.5

中国版本图书馆 CIP 数据核字(2014)第 097491 号

项目评估:方法与案例
(第 7 版)

埃米尔·J. 波萨瓦茨　著
雷蒙德·G. 凯里

于忠江　译

策划编辑:雷少波　林佳木　邹　荣
责任编辑:邹　荣　　版式设计:邹　荣
责任校对:贾　梅　　责任印制:赵　晟

*

重庆大学出版社出版发行
出版人:邓晓益
社址:重庆市沙坪坝区大学城西路 21 号
邮编:401331
电话:(023) 88617190　88617185(中小学)
传真:(023) 88617186　88617166
网址:http://www.cqup.com.cn
邮箱:fxk@ cqup.com.cn(营销中心)
全国新华书店经销
重庆升光电力印务有限公司印刷

*

开本:787×1092　1/16　印张:19.25　字数:377千
2014 年 10 月第 1 版　2014 年 10 月第 1 次印刷
印数:1—4 000
ISBN 978-7-5624-8204-8　定价:48.00 元

前　言

　　项目评估是一种活动，是各组织机构需要常规地来做的活动，而方式则可以是正式的或非正式的；之所以如此，是因为我们想知道服务于有所需求之人的项目究竟做得好不好。不久之前，评估还是一种新的而且是相当具有威胁性的（threatening）想法。起初，人们就以怀疑的甚至是敌意的眼光来看待评估；即使到现在，这种心态依然存在。我们首先要表明的是，除了要根除懒散、无能和玩忽职守之外，还有很多好的理由来支持执行各种评估；其次，有组织地提供人类服务的努力（即各种项目）也是能够被评估的；再次，以合作的方式展开的评估，能够为改善项目作出贡献，这样的话，也就会改善生活的质量。

　　为了交流这些观点，我们列举了很多的例子，而这些例子都是建立在我们的经历、我们的学生的经历以及公开材料的基础之上的。"案例研究"与"评估师传略"表明了，的确有很多项目评估师是在私人服务机构、基金会、大学，以及联邦、州与地方政府中展开评估工作的。尽管有时，教科书中抽象的材料并不足以帮助读者塑造出这些人的真实形象，但我们希望这些简短的描绘性内容能够帮助学生把项目评估看成是需要自己认真思考的学科。这些传略描述也揭示了为评估界人士所认可的学科范围。

　　我们把各种概念与具体背景结合起来的另一理由是，评估仍不是一个家喻户晓的词汇，即便很多大城市每天的报纸都会涉及各种评估服务活动——学校教师的素质如何？犯罪问题正在被解决吗？无家可归的人们被关注了吗？最新的利率变化会对经济产生合意的影响吗？尽管这些活动很少被称为"项目评估"，但是它们的确就是。我们相信在读完这本书之后，你会认同这些范围广阔的活动都是评估工作的一部分。

　　这是一本导论性质的书。如果评估的是一个小型的项目，而且是在单一地点进行的话，那么项目评估会是相当简单的事；而如果是用来了解一项在各州执行联邦政策的参与者的情况的话，那么其也会是十分艰巨的事。我们重点关注的是相对小型的项目，因为在项目规模更易管理的情况下，新的评估师就能对项目评估的含义形成更好的理解。这本书是导论层次的；不过，如果你已经学过统计学课程，那么你会从若干章中学到更多的东西。其他会有帮助的（但并不关键）课程包括社会科学研究方法和心理学以及教育学的测量原理。

本书第一版出版后不久,许多由联邦资助的评估活动都被裁减了。大型示范项目的大规模评估的时代走到了尽头。很多评估师有些惶恐忧虑:政府曾资助社会的、医疗的和教育的项目,而对这些项目的有效性的有组织的、客观的评估已经结束了吗?尽管联邦的支持为处于发展早期的项目评估活动提供了主要的推动力,但是联邦支持的减少并没有降低人们对项目评估的兴趣。我们认为,只要评估是以开放的思维展开,其目的是为了依据各种发现调整好我们的工作,那么对有组织的活动进行评估本身就是有益的,因此,评估活动也从联邦资助的缩减之中存活了下来。实际上,其今天的繁荣是早期的评估师们远远没有预见到的。如果我们在互联网上搜索"项目评估",那么我们很容易就会发现这种繁荣的程度。

厨师会品尝菜汤的味道,篮球运动员会观察是否能进行勾手投篮,而评估就跟这些行为一样,是自然而然的事。当然,如果我们评估的是一个团队的而非单个人的努力的影响,如果成功比投中篮筐更难界定,如果稀缺的资源被用来资助项目,那么评估就会变得更加复杂。

我们希望你能够保持良好的心态开始项目评估的学习。我们也希望它能够帮助你主动有效地投入建设更加有效率的、正义的和健康的社会中去——别忘了,那就是项目评估所关注的全部。

致谢 我们想感谢以下为出版社评论过手稿的人员:Brain Stipak, Portland State University; Sandra Emerson, California State Polytechnic University, Pomona; John Kelley, Villanova University; Karol Kumpfer, University of Utah.

Emil J. Posavac

Loyola University of Chicago

Raymond G. Carey

R. G. Carey and Associates

目　录

5　项目评估中的伦理 ……………………………………………… 82

项目评估:概览

设想一下,从此刻开始,你将为西部理工(Western Tech)的学生咨询中心工作一年或两年。该中心计划在下个月向人们提供一个"性骚扰预防项目",而你被要求去开发出一个方案,以便让中心的员工决定:(a)如果该项目成功的话,是否要再次提供这样的项目;(b)是否需要更改项目以便使其对参与人更加有用;(c)如果无法满足需要的话,是否要放弃该项目。现在你可以稍事停顿,并写下你所认为的衡量这类项目成功与否的必要步骤。

由于该中心希望维持并提升对学生有用的服务,因此,评估这样一个可能减少校园性骚扰的项目,就是一个重要的任务。另一方面,中心的员工也不希望从紧张的预算中向不能满足学生需要的项目配置资源;此种情形之下,更有用的信息需要进一步被提供。故而,如果这个项目是有益的,你会希望发现它的各种优势;如果它需要改进,你会希望发现它的各种局限。一旦你阅读完这本书,我们认为你将会很容易地处理好这个项目。首先我们将从讨论项目评估究竟是什么开始。

每个人都会评价自己努力的效果,这就像呼吸一样自然而然。厨师会品尝肉汁和调味汁的味道,而篮球运动员会观察是否投中了篮。相反,打开热水龙头而不检查水温就进入淋浴间,是极其不明智的。在初级层次上,项目评估无非就是利用这些常识性的做法并将其用于各种环境中;在这些环境中,各种有组织的行动与努力——人们称之为项目——被用以解决人们的各种需要,比如教育、医疗服务、工作培训、街道安全、福利救济、航空旅行安全、娱乐服务,以及现代社会所提供的成千上万种服务。项目评估是各种方法、技能与敏感性的集合体。这样的集合体,对于断定很多事情都是必需的,比如判定一项人类服务是否需要提供,是否可能被应用,是否能够集中满足于识别出来的但未被满足的需求,是否应该按计划提供,以及是否以合理的成本且没有副作用地帮助有需要的人群。利用来自心理学、社会学、行政与政策科学、经济学和教育学的各种方法与概念,项目评估师寻求对改善各种项目作出贡献。

在有组织的环境中展开的项目评估实践,跟我们在工作与比赛中进行的、自然的且近于自发的评估相比,有几个关键的区别。这些区别使项目评估比我们所做的自我评估更加难于进行。首先,有组织的行动与努力几乎总是由一个团队来开展的——不管其是学校的教师、教练、行政人员组成的团队,还是医生、护士、技术人员组成的医院团队,抑或是社会工作者、咨询师、书记员组成的福利部门团队。这种专业化意味着来自项目评估的责任是分散在很多人身上的。进而,项目的最终产品——受到良好教育的学生、被治好了病的病人、能有效工作的年轻母亲——并不是由任何某个个人单独负责的。

其次,绝大多数项目试图实现的目标,只能在未来的某段时间而不是在数分钟内被观察到,这种情况跟厨师向开着的炖锅中添加香料不一样,也跟油漆工修复墙上的刮痕不一样。换言之,伴随处于某种活动与该种活动所期望的效果之间时间的延长,我们将观察到的,并想用其判断这项活动开展得是否恰当的东西,以及我们能够做什么以改善该活动的结果,这些都会变得不明晰。进而,评估师、项目人员、客户、资助单位就选择何种准则以判定项目是否运作良好的问题,会产生很多争议。而一旦觉察到问题,应该如何反应,通常也一样充满了争议。

再次,我们评估自己从事的工作的时候,单独的个人充当了很多角色——工作人员、评估人员、工作的受益人、反馈的接受者,即四个角色。而进行项目评估时,这些角色则被分配给了不同的个人。这样的话,学校里教学活动的有效性就是由为核心行政部门或地方教育董事会工作的评估人员来进行评价。毫不奇怪,如果评估人员无法获得教学和行政职员的完全信任,那么他们就会感觉到威胁,因为在极端的情形下,一次不合格的评估会对教师的生计来源带来不利影响。

最后,项目费用通常是由团体(parties)而非项目的顾客(clients)支付的。为护士支付薪水的资金来自于保险公司或政府机构支付给医院的款项,而学校教师的报酬则来自于学区征收的税款。尽管几乎所有的护士和教师都想努力工作,但是在某种意义上,获得令人满意的评估结果更依赖于使项目的资助者感到满意,而不是依赖于为病人和学生提供良好的服务。

这些事情都很复杂,这就使得项目评估比评价自己的各种活动更加难以实现,因为我们自己所从事的活动都很轻松自然。本书集中讨论针对人类服务的项目评估,比如教育服务、医疗服务、福利服务、康复服务、工作培训。项目评估是评估的一般原理的一种表现形式,而评估则包括就业评估、制造过程中的质量控制、政策分析等其他活动(Scriven, 2003)。不同种类的评估会被相互混淆。尽管所有形式的评估都包含发现某事的价值的活动,但是各自的目的与方法论是相当不同的。

需要完成的评估任务

尽管由公共资金或私人资金支持的、组织化的人类服务以某种方式被提供出来已经有几个世纪了,但是项目评估学科的正式形成仅有几十年的时间。一些早期的革新者,包括19世纪医院护理的改革家弗洛伦斯·南丁格尔(Florence Nightingale)在内,都认为政府应该追踪他们帮助人民的努力与行动,以免使这些努力与行动无法达成他们的目标(Gronbach, 1980)。然而,常规性地使用社会科学方法来辅助管理与评价各种服务的质量,仅仅开始于20世纪60年代,那时美国联邦政府试图使其规划更加合理、有效、负责(Levitan, 1992)。合理的规划在20世纪60年代开始成为人们的一个关注点,因为政府资助项目的迅速扩张使得传统的、缺乏系统性的方法再也经不起反驳。2002年,联邦预算就包括了3 520亿美元的教育、培训、社会服务与健康经费(*A Citizen's Guide to the Federal budget FY 2002*, 2001)。这个数字还不包括医疗保健服务(Medicare)。一旦联邦资助的干预项目被质询,可靠的项目评估,对维护并增进各项服务的支持而言,就十分关键了。

项目评估的使用迅速增长,这是由于,为了满足提供出有效服务的责任,人们需要各种信息。斯塔弗尔比姆(Stufflebeam, 2001)强调各种项目评估就是被设计用于帮助某些关注者来评价项目的品质与价值的。在接下来的段落中,我们把这个目标分解为规划人员与管理人员的七项责任,并且概述了项目评价的各种方法是如何被用来满足这些责任要求的。

查证资源将会被用于满足未曾满足的需求

一旦人类服务项目被规划,应该将其导向未曾被满足过的需求,这一点十分重要。尽管这听起来清晰明了,然而有时各项服务在提供出来时,却缺乏与人们的认真沟通——规划人员认为他人将会需要这个项目的服务。规划人员与项目的潜在当事人之间的距离越远,误解的可能性就越大。有一个联邦机构,计划购买并分配针对所有儿童的免疫药品,该计划的批评者指出,绝大多数儿童已经实现了他们需要的所有免疫注射。此外,一些人认为,尽管项目被设计用来减少免疫的成本,但是对多数贫困家庭而言各项成本几乎就不是一个障碍;他们声称,问题是很多父母在学校要求他们这样做之前缺乏让孩子接受免疫注射的兴趣(Chan, 1994, 1995)。相反,似乎更多的人愿意参与药物干预项目,如果有更多这样的项目的话(Dennis, Ingram, Berks, and Rachal, 1994;Sabin, 1998)。

查证实施了的项目的确提供了服务

跟项目有关的最根本问题就是,一些项目根本就没有按计划实施,亦或实施不力以致有需要的人们没有获得利益,或得利极少。因此,评估人员要确认项目的员工已被雇用、办公室已经开放、服务已经被提供、用户已经发现了该项目,这些都是十分必要的。尽管项目评价的监督职能(monitoring function)起初可能会给读者留下其并不是必需的印象,但是也会有很多例子表明受到了资助的项目并没有被实施。有时,欺诈(fraud)是一个原因,但更常见的是,项目规划得很差劲,或者目标人群的需求被误解,结果项目或是根本就没有落地,或是由于没有被人们利用而就销声匿迹了(参见Rossi,1978,有很多生动的实例)。

清查相关的结果

前述的任务监督强调了,一旦项目开始,管理人员、资助者、立法者应该期望见到的活动。如果要观察相关结果(outcomes),这些活动就必须发生;然而,就其本身而言,人类的各种需要并不是由这些活动所满足的。与之相反,各个项目应该导向改善成就、健康、或者福利的水平。斯皮尔和特拉普(Speer and Trap,1976)评论道:"把运营一项服务(operating a service)等同于提供服务(rendering service),并把二者等同于提供优质服务,这些臆断不再被赋予内在的有效性"(p. 217)。在商业性的背景中,对于一个新产品而言,如果有足够多的人购买它,并使得收入足以支付开发、生产与营销的支出,那么它就会被认为是成功的。由于很少有人直接购买人类服务,所以项目规划人员必须开发出各种准则,目的是为了在他们能够判断成果(results)是否有价值之前,可以界定出成功的结果(outcomes)。1960 年代中后期人们规划了很多项目以努力战胜贫困,这些出于善意的、昂贵的、雄心勃勃的项目并没有实现联邦政府、项目开发者、一般民众所持有的乐观的预期结果(Cook and Shadish, 1986)。对药品使用干预项目——DARE——展开的细致评估获得的是复杂的结果。一些评估表明有积极的效果(Ullman, Stein, and Dukes, 2000),而其他的则表明没有长期效果(Rosenbaum and Hanson, 1998)。一个看上去似乎拥有始终如一的好结果的项目是"妇女、婴儿、孩童的特别补充食品项目(WIC)"。评估已经揭示,WIC 参与者中很少有出生体重过低的孩子,而这正是一个跟健康问题强烈相关的指标。这些结果不仅对参与其中的家庭有好处,甚至还节省了一些福利资金,否则这些福利资金将会被用来解决患病儿童的问题。

断定哪些项目会产生最有利的结果

尽管一个特定的项目可以产生好的结果,但是人类服务可以由多种方式提供出来,而且一些方式比另一些更有效。例如,有数种理论尝试解释为什么部分年轻人会参加城市帮派并实施犯罪。有的认为参与其中的青少年仅仅是寻求一个替代性的家庭(a substitute family),有的认为是犯罪行为的成果(fruits)的吸引,还有的认为一个帮派会提供保护,免于其他帮派的威胁(参见 Gruber, 2001)。这些不同的理论建议使用不同的方法让青少年远离帮派。在心理健康的背景中,各种替代的干预方法就包括住院式治疗与不住院的治疗,个体疗法与群体疗法,社会认知的心理疗法与社会行为的心理疗法。如果不同项目的结果大体相同,那么花费较少的将会被选择,因为这能使更多的人获得服务或者提供出额外的服务。

选择那些能够提供出最需要的服务类型的项目

除了要考虑替代性的方法以实现特定的结果之外,服务的不同类型也可能被提供出来。不幸的是,一个社会不可能提供出每一个人都需要的所有服务。哪一种是更需要的——为减少潜在的少年犯,项目应该干预劳动人口中的酒鬼还是公园中的酒鬼?评估人员试图帮助政府的规划者比较不同项目的各种收益,而这些项目瞄准的恰是不同潜在受益人非常不同的需要。传统上,这些选择是在项目支持者的政治权势的基础上作出的。尽管在民主社会中,政治影响力将会继续存在,但是在资源有限的情况下——通常也的确如此,用于比较不同方案的工具也可以帮助作出符合伦理性的、符合社会正义的选择。

提供信息以保持并改善质量

提供出满足参与人利益的项目是一件事,而随着时间的流逝保持项目的质量却是相当不同的另一件事。评估人员开发出各种方法来监督项目,既是为了证实项目已经兑现,正在满足最初的义务,也是为了向客户与工作人员保证项目的质量始终如一。

既不是为了表明项目开始之后就有了良好的效果,也不是为了表明项目质量始终如一,评估中新的强调点是寻求通过评估改善服务的质量。持续不断的质量改善已经成为制造企业的一个口号(Dobyns and Crawford-Mason, 1991)。对比日本的制造商,美国企业在采用管理实践以鼓励持续渐进的改善方面表现得更加迟缓,即使这种技术,就是由一个美国人——W. 爱德华兹·戴明(W. Edwards Deming),在 1940 年代开发出来的(Dobyns and Crawford-Mason, 1991)。尽管起初开发出来是为了制造业的质量改进,但是这些技术现在已经被应用于教育领域(Brigham, 1993; Fehr, 1999)、医疗服务(Carey and Lloyd, 1995; Marszalek-Gaucher and Coffey, 1993)、心理健康治疗(Eckert, 1994; Green and Newman, 1999; Mawhinney, 1992)。

发现未预见到的副作用

解决问题的努力通常也带来一些不受欢迎的副作用(Sieber, 1981)。例如,减轻一个健康问题的药物治疗可能会给身体的其他系统带来额外的问题;有时这些副作用很微小,有时它们需要从医疗方面被关注,或者改变治疗方式,而有时,尽管很罕见,但它们是致命的。因此,病人与医师权衡副作用的危险性,既不认为它们的影响力很小,也不回避由它们引起的必要的治疗。与之类似的情形发生在教育与社会服务领域的项目中,福利政策可以帮助人们体面地度过危机,并使其在社会中重新获得生产性的职位;而另一方面,福利政策也带来长期的依赖性(McKnight, 1995)。为受隔离人士提供社会支持的项目也有消极效应,而根据林肯(Lincoln, 2000)的观点,这通常都被忽视了。特殊教育课程允许有独特需要的孩子在舒适的环境中学习,但是参加这样的课程也会带来耻辱的名声。因此,项目规划者需要开发出既提供好处而消极副作用又最小的项目。有时候,项目的鼓吹者否认令人讨厌的副作用会发生,这就使得项目的改进更加困难。另一方面,意料之外的副作用偶尔也是有积极效果的:一旦人们学习了新的技能,他们的自尊也会提高(Dawes, 1994; Felson, 1984)。

项目评估可以为社会的福利状况改善作出贡献,而这也只有在评估人员成功实现他们的责任之时才会实现,而他们的责任就是帮助政府机构与私人组织去实现这些目标:集中关注重要的需求,有效地进行计划,认真进行监督,准确正当地评价质量,培育改善服务的实践,以及发现不需要的副作用。

项目评估的常见类型

项目评估的主要目标可以使用许多不同的评估类型(types)来实现;而主要的类型则都涉及需求、过程、结果、有效性的研究。

评价项目参与者的需求

需求评估寻求识别并度量组织或社区内部未被满足的需求的水平(Gaber, 2000)。评价未被满足的需要,是任何有效的项目规划开始之前的基本一步。项目规划要考虑到许多替代性方法以满足需求。在选择某些方案而舍弃其他的过程中,规划人员就参与到了一种形式的项目评估之中,这甚至发生在项目开始之前。项目规划与项目评估之间的密切联系,可由一本杂志的名称《项目规划与评估》(*Program Planning and Evaluation*)标示出来。

作为需求评估的一部分,评估人员可能会检视社区的社会经济概况,社区内部社会问题的水平,正在为社区服务的机构与事业组织。通过跟居民与地方领导的密切交流,评估人员可以判断项目的哪些方面可能有用,哪些可能不会被接受,这样可以为得自统计摘要的推断增添深度,进而为关键性的、未被满足的需求提供建议。

检视满足需求的过程

一旦项目已被开发出来而且已经开始,评估人员的任务就转向记录执行的程度,被服务的人群的性质(the nature of the people being served),项目如愿运转的程度。评估过程涉及项目在规划之时人们所做的各种假定(assumptions)。组织或社区的需求跟规划时人们认定的东西相匹配吗?有证据支持在规划阶段做出的需求评价吗?员工执行的活动跟项目计划相匹配吗?可以找到什么样的证据支持项目规划人员做出的假定?在将同样的服务提供给其他地区或其他人群之前,要知晓这个项目到底是如何运作的,这也是十分关键的事情。

确证项目的实施过程是很重要的,这一点显而易见;一旦人们发现某个俄罗斯拖拉机厂据说已经成为高效的模范但其实根本未建成时,即是如此。严重的建筑问题甚至导致其还没有修建出来。为了避免对于失败的批评,负责建设的那些人声称,工厂建成了,甚至还编造出言辞溢美的建设记录("Potemkin Factor",1980)。

在正常的情况下,评估过程中所必须的信息可以从资助项目的机构获得;然而,信息的记录方式可能使得其难以被利用。例如,以能够被应用的形式存在的信息通常并没有被总结出来,同时人们获得的真实服务的记录可能无法很容易地进行分析。在后文有关项目监督与信息系统的章节中,我们会介绍一些非常简单的方法,以便开发出针对某人类服务背景的信息系统。除了定量信息以外,对过程的评价也可能从人们的非结构化访谈(unstructured interviews)中获益良多,而这些人或是使用该项服务,或者不使用。这类定性信息通常会给评估人员或服务提供者带来其没有考虑到的观点。

对于某项目已经实施到何种程度,各个评估人员偶尔也会得出不同的结论,因为他们会对于什么构成了该项目意见不一。例如,PUSH/Excel 项目,设计用来培养城市中心年轻人的志气,方式是通过许多地方的自主首创行动,然而原先的评估人员对该项目做出了不赞同的评价。不过,豪斯(House,1988,1990)认为,那些评估人员对待PUSH/Excel 项目,就好像对待一组也能够在不同城市提供的、标准化的服务一样。原先的评估人员的结论是,缺乏全国性的项目,可事实上,这个项目就是设计用来鼓励地方的自主首创性。因为地方性的首创精神几乎是各不相同的,所以没有办法应用常见的准则来标明项目被成功实施了;不过这并不意味着没有这样的项目存在。

测度项目的各种结果

如果对项目执行过程的研究表明,项目已经被很好地执行,并且人们也得到了项目的服务,那么对项目结果进行评价就会成为评估的一个焦点。结果评价较为复杂,可以在几个层面上展开。最基本的层面涉及那些已经获得服务的人的条件问题:项目参与人表现良好吗?更具有挑战性的评价是比较参与项目的人与没有获得服务的人之间的效果差异。而极具挑战性的评价将是表明,在参与项目的条件下,获得项目服务导致了福利更好的改善(Boruch,1997)。

尽管项目管理者希望他们的项目在人们中引起积极的变化,但是行为变化的各种原因是很难证实的。例如,许多人是在经历生活危机时才开始心理治疗。如果在几个月的咨询之后,他们感觉好了很多,那么这种变化的原因可能是咨询活动,或是危机结束而自然解决了(或是二者的综合),或根本就是其他原因。在工作环境中,工序的改变可能导致精神面貌的改善,这或是因为效率的提高,或是因为工人感觉经营者关心他们的福利状况。或许,可能是由于国家的经济前景改善,减轻了工人们可能失业的焦虑。发现行为变化的原因需要复杂的技术,这是因为机构必须在评估正在进行的时候还继续提供服务。有经验的评估人员并不会吃惊于各种冲突,比如,来自于搜集信息的评估人员与提供服务的项目工作人员之间的冲突。在后面的章节中,我们提供了一些方法,以尽量减少跟这类冲突相关的问题。

选择研究设计时就会有很多局限,而包括这些局限在内,试图评价项目结果的评估人员通常会发现,人们还会对"什么才能够算成是成功的结果"也持有各种不同的观点。一个为失业者学习工作技能买单的工作培训项目,起初可能被设计成使失业者从私人企业那里获得工作。城市官员会把培训看成是对为当地竞选活动工作的人们的回报,而受培训者则把项目看成是一份好工作,尽管是临时性的工作。谁对成果的定义将会被采用?

当评价结果的时候,评价其改善的持续性则会带来其他的问题。一个离开戒毒康复项目的人,通常会重返起初给他们带来问题的那个群体。尽管有良好的意愿,但是参与酗酒治疗的人们通常无法顶住周围人群的社会压力(而继续饮酒)。改变由来已久的行为是很困难的。尽管一个人参与项目之后可以观察到积极的变化,但是这些变化可能仅是表面的,并且会在数天、数周或数月内消失。如果是这样的话,那么这个项目失败了吗?

整合需求、成本与结果

即使评估人员能够表明项目已经对参与人有所助益,他们也还必须面对成本的问题。恰如一个家庭必须要做出选择决定预算如何花费一样,政府与组织机构也必须从可能提供的服务中做出选择。一个成功的但需要大量资源的项目,可能就不是一个好的选择,如果类似的结果可以通过明显更少的成本实现的话。如果评估人员在比较两个或更多预计会带来类似结果的项目的话,那么效率情况可以使用相当直接的方式评价;这就是所谓的成本—效率分析(Levin and McEwan,2001)。如果评估人员被要求比较为不同人群设计且可能有不同结果的各种项目,那么真正的问题就发生了。例如,一所大学是应该花费资金来减少学生中的酒精滥用,还是应该增加可用的导师的数量?尽管目标竞争很少以如此明显的方式相互冲突,但是没有组织机构能够实现值得做的所有事情;人们不得不做出选择。

需要注意的是,评估的这四种一般类型是有逻辑顺序的。缺乏对需求的测度,规划就不可能是理性的;缺乏有效的执行,就难以预期到有好的结果;而缺乏好的结果,就没有理由操心效率问题。过早关注了不该关注的问题,很可能会带来一次没有价值的评估(Wholey,1983)。

容易与项目评估混淆的活动

有时一个人理解了某个概念不包含什么的话,他就会更容易地理解这个概念。项目评估通常会跟基础研究、个体评价与项目审计相混淆。尽管这些活动都很有价值,但是一旦把项目评估跟其中之一相混淆的话,那么项目评估将变得极难进行下去。

基础研究关注具有理论兴趣的问题,而不考虑人群或组织的信息需求。相反,项目评估人员搜集信息是为了帮助人们提高效率,帮助管理者做出项目层面的决策,帮助感兴趣的参与方检查项目的有效性。当然,项目评估人员也对一项服务为什么会帮助各个参与者这样的理论感兴趣。理解理论,会有助于规划项目、选择有待观测的变量。不过,有助于开发理论仅仅是项目评估中令人愉快的附带收益。评估的结果应该跟管理人员的直接或短期需求相关,而且必须具有及时性。如果项目员工认为,评估人员搜集信息主要是服务于他们的研究兴趣,那么双方的合作就可能会相当的不成功。

提供人类服务的员工通常会混淆项目评估跟个人评价。教育心理学家、人事工作人员、咨询心理学家组织或管理智力、态度、兴趣、成就、性格测试是为了评估一个人对服务的需求状况,也可能是为了测度其是否胜任某一工作或者某项提升。这些行为并不是项目评估人员的工作所关注的部分。在项目评估中,有关工作绩效、教育成就或者健康状况的信息可能搜集得相当完善。但是,这样做的目的不是为了诊断一个个独立的个人。相反,目的是为了了解项目在帮助人们改善这些变量的过程中进展得如何。

最后,项目评估的各种方法与目标也跟项目审计师所使用的不同。项目审计师会查验政府资助的项目,为的是证实这些项目的运营跟法律和法规的要求相一致。一旦国会支持某个项目,那么保证将要花出去的资金正如国会所愿,这一点是十分重要的。如果拨款是为了改善小学的状况,那么把钱花在了中学实验室上就构成了欺诈。如果项目是为了服务于 10 000 名学生,那么相近数量的服务记录就应该很容易被人们获得。项目评估人员关注的是,项目是否正服务于相应数量的儿童,而除此以外,评估人员还会对各项服务如何对孩子产生影响特别感兴趣。

项目审计师的工作接近于会计工作,而项目评估师则跟教育和其他社会学科有关联。戴维斯(Davis,1990)与威斯勒(Wisler,1996)指出,近些年这两个领域正在相互靠近,原因在于单独一方都不能展示出某个项目的全貌。不过,项目审计师与评估师不同的训练与不同的导向,也导致很多差别,比如二者审查的变量、分析中强调的重点,还有所提供的建议的类型。如果把项目评估师试图帮助改善项目服务看成是项目审计师试图证实项目跟法律具有一致性,那么我们很容易就想到这个评估师并没有很轻易地得到完整的信息。

针对不同种类的项目实施不同类型的评估

那些对项目员工和资助者的需求敏感的评估人员会意识到,在设计项目评估时,假定事情是"一成不变的"绝对是错误的。各个项目在很多方面都表现出不同:提供服务的组织机构之间存在极大的不同;项目参与方的需求需要不同类型的服务;需要被评估的项目范围也很广阔,有的需要复杂的全国性努力,有的需要的仅是某地一个机构的努力。

需要项目评估活动的组织机构

教育。中小学和大学都应该经常性地评价提供给学生的教育的质量,以及包括改善性(enrichment)项目和治疗性项目在内的特殊服务的质量(Astin, 1993)。对学生负责任的的呼吁导致了2002年的"有教无类"法案(the No Child Left Behind Act)。高等教育认证机构要求各大学搜集信息,以便反映学生从入学以来如何从中受益(McMurtrie, 2000; Schuh and Upcraft, 2001)。

健康护理。对医院和门诊诊所而言,监管治疗质量的要求以及改善护理和护理效果的要求,一直在增加。为了能够使服务质量被持续地鉴定为合格,健康护理服务必须证明高质量的护理服务正在被提供,而且也在不断改进中(Carey and Lloyd, 1995; Hsia, 2003)。

犯罪的裁判。组织警察力量的最好方式,更有效的缓刑服务(probation services)类型,更好的审判前协商方法,这些事情都需要被发现和实施。犯罪裁判机构在政治上是十分敏感的,而且是在面临更多规则约束的条件下运转的,其受的约束规则比社会中多数其他组织都要多;这就使得规划某些改变以及评估这些改变显得很复杂(参见Wilson, Gallagher, and MacKenzie, 2000)。

商业与工业。质量革命席卷美国的商业与工业行业。诸如全面质量管理和持续质量提升的项目已经成为制造业企业能够存活下去的核心(Dobyns and Crawford-Mason, 1991)。尽管盈利组织的某些需求跟非盈利服务组织的有相当大的区别,但是,其采用的很多概念,跟项目评估师为人类服务组织评估而开发出来的,明显具有相似性(Morell, 2000)。

政府。各级政府机构都会为市民资助多项服务;这些服务范围广阔,例如湿地保护,学校午餐,还有空间探索等。市民与组织正在寻求政府机构更高水平的负责性(Wye and Sonnichsen, 1992)。1993年的政府绩效与结果法案(the Government Performance and Results Act, GPRA)就是一次尝试,试图改善美国联邦政府的效率,方式是要求提供出展示服务活动水平以及政府完成其目标的程度的报告(Levine and Helper, 1995)。这个法案自身的有效程度就是一件充满争议的事情(Bernstein, 1990; Perin, 1998)。各级政府的这种努力是很普遍的(Russon and Russon, 2005)。

需求的时间框架

短期需求。许多项目的设立就是为了帮助人们度过危机。比如说,健康护理是为了满足伤员或病患的需要,而情感的与资金的支持则通常发生在犯罪、自然灾害或家庭火灾之后。某些教育服务被设计成应该满足需要学习新技能的雇员的特殊需求。为了实现有效性,这些服务就应该在亟需之时可以获得。

长期需求。为了满足某些需求,一些服务必须在长期内可以获得。儿童需要很多年的教育。心理疗法,慢性疾病的治疗,针对监狱犯人的培训,酗酒与药物滥用的康复,这些就是关注于短期无法解决的问题的例子。

潜在需求。从理想的角度来看,潜在问题是能够被避免的。支持预防性项目就是为了避免问题或者至少延缓问题的发生。免疫、健康教育、商业安全项目就是由避免问题发生的程度来评判的。很明显,评估预防性项目必须跟评估解决现实问题的项目有所区别。

项目的范围外延

有些项目是提供给较小群体的人们的,他们的需求也很相似,有些是在全国或整个州的很多地方应用的,还有其他的被写进联邦法律,在全国范围内提供。尽管项目评估中有用的工具被应用于所有层面的评估中,但是项目之间还是有相当大的区别的,比如纪念医院(Memorial Hospital)中的日间项目(a day hospital program)的评估,就跟由医疗补助制度资助的精神病服务评估不一样。尽管对这些评估来说,使用了某些相同的评估测量方式,但是地方项目管理人员面对的决策跟医疗补助管理者面对的有很大不同,因此相关评估必须在规模、焦点、建议类型方面表现出不同。

本书中,我们将把讨论集中在评估较小的项目上,这些项目的评估人员可能为学区、医院、人事部门、社会服务机构、城市或州政府等的项目工作。监管某些国家级项目也会提到,但是在导论性质的书中集中于较小的项目是有益的,这是因为跟国家项目相比,多数读者对地方政府或教育项目更加熟悉。约翰斯顿(Johnston,1983)预见到,随着国家级评估项目的减少,为地方机构工作的评估人员将承担主要的项目评估责任。政治走向,在执行与说明国家级项目评估过程中对困难的理解(Lincoln,1990a),以及对增加的项目改善的关注(Vermillion and Pfeiffer,1993),正在导向约翰斯顿所预期的情形。受到地方政府、基金会、联邦机构支持的组织都被期望去执行项目评估,并且提交报告给资金来源机构。

对于地方层面的研究而言,统计程序不需要特别复杂,这部分是由于许多行政管理者感觉统计学即使不吓人,但也算得上是一个是难以理解的话题。复杂的分析要求大量来自更多人群的数据,这比为地方组织工作的评估师通常能够获得的数据要更多。评估人员通常会表明如何改进数据的汇总信息与呈现方式的质量,这样的话,项目信息就能够被用来回答项目管理者面对的问题了。

项目评估的目标

项目评估行为只有唯一的一个综合目标,那就是为提供出人们需要的高质量服务作贡献。项目评估能够有助于提供高质量的服务,方式就是提供出来自于项目活动及结果的反馈,为那些能够促使项目做出改变的人,或者是能够决定提供哪些服务的人作参考。没有反馈,人类服务项目(事实上,任何活动都是如此)就无法有效地贯彻执行。我们身体的生理过程需要反馈系统;类似地,组织之中的行为反馈对组织的成功而言也是极端重要的。不及时的反馈——与正在查验的行为之关联不明显——并没有多大信息价值。一些作者认为,环境问题难于解决,就是由于在破坏性的环境活动跟表明自然系统正在退化的反馈之间存在有长期的延迟(Meadows and Perelman,1973)。

图 1.1 展示了项目评估作为人类服务项目反馈环节的情况。评价需求,测度项目的执行情况,评价谨慎设计的目标的完成情况,比较类似项目的成本与效果水平,这些都有助于提供信息,并由此改善项目(Wholey, 1991; Zammuto, 1982),或是在各种可能的项目间做出明智的选择(Levin and McEwan, 2001)。"评估师传略 1"给出了迈克尔·亨德里克斯(Michael Hendricks)有关评估作用的评论。

许多不同的目标都需要有反馈。首先,评估能够增强计划的针对性以及可提供性(their delivery),以便改善项目结果或者提升项目的效率;这样的评估被称为形成性评估(formative evaluations, Scriven, 1967),这是因为这些评估就是设计用来帮助项目自身形成的(to help form the programs themselves)。其次,评估能够帮助我们决定一个项目是否应该上马,是否应该继续,或者是否应该从两个或更多的备选方案中进行选择;这样的评估被称为累积性评估(summative evaluations, Chambers, 1994; Scriven, 1967)。

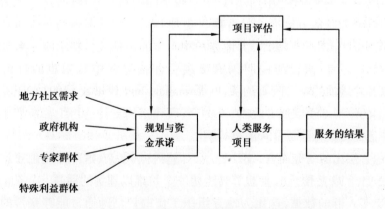

图 1.1   作为人类服务项目反馈环节的项目评估的位置

评估师传略 1

迈克尔·亨德里克斯:项目评估师的作用

迈克尔·亨德里克斯是马里兰州贝塞斯达地区(Bethesda)一位独立的评估咨询师,专注于项目评估、组织发展以及培训。早前,他在美国健康与人类服务部(the U.S. Department of Health and Human Services)监察长办公室工作。他的博士学位是社会心理专业(西北大学)。

鉴于他在项目评估方面的广博经历,亨德里克斯博士曾被问及在项目评估领域他发现了哪些变化这一问题。他回答道:"我是一个无可救药的乐观派,而我也确实认为这个领域已经兴旺,而且正在变得越来越兴旺……从主要写作关于项目的'报告卡片'的相当狭隘的技术性专长(specialty)开始,我们已经成长为在项目的所有阶段逐渐充当许多不同角色——规划,实施,操作化,以及后续的事情(甚至项目结束之后)。我们对环境重要性的理解变得更加复杂,而且……我们认识到需要让项目评估变得更加有用。"

改编自:Sporn, D. L.1989b. A Conversation with Micheal Hendricks. *Evaluation Practice*, *10*(3),18-24.

累积性评估有一个终结性的结局,即一旦项目的价值被评估出来,那么项目就可能不再继续。现实中,很少有单一的评估就决定一个项目是否将继续下去(Cook, Leviton, and Shadish, 1985)。对管理人员、立法者、社区领导而言,项目信息会有多种来源。因为项目评估仅是其中的一种来源,所以如果明确的评估结果没有被特定的决策所采纳的话,评估人员也不会感到吃惊。赫利姆斯基(Chelimsky, 1997)则使用术语"发展性评估(evaluation for development)"和"责任性评估(evaluation for accountability)"来分别指代形成性目标和累积性目标。

即使利用来自于形成性评估的反馈认真改进了项目,并使用累积性评估发现其是有效的,我们仍旧需要经常性的评估去维持项目的质量。第三种评估形式被称为监管(monitoring);其目标是质量保证(Schwartz and Mayne, 1999)。它可能跟在公路上时不时地查看一下计速表一样简单,也可能跟审查国际援助正被如何使用一样复杂(Svensson, 1997)。监管主要的过程以及结果变量,以证明一个有效的项目仍保持有效,这是项目在成功实施之后的一个关键行为(Lee and Walsh, 2004)。进一步,监管也被寄予一种希望,希望其能够隔离由社会环境改变而带来的问题。伴随人们努力解决这些的过程,监管反馈也承担了形成性功能。如果问题无法解决,监管也有助于累积性的目标。

某些评估也被用于对项目的学习;赫利姆斯基(Chelimsky, 1997)称其为"知识性评估(evaluation for knowledge)"。这个目标很少是服务于特定项目的评估师的工作职责。他们的工作可能被他人用来深化我们对很多项目的理解,比方说康复性项目,但是这也只发生在评估被彻底完成并且跟他人分享之后。我们认可这样的需要,即要开发出更好的理解项目的方法以及干预的策略;不过,本书不会集中讨论这类评估,这是因为它们涉及更艰巨的工作,远超多数评估师日常工作的需要。

评估师的作用

工作背景的多样性

多数评估师被这三类组织中的一类所雇用。有些人是内部评估师,为提供相关服务的机构服务。在这种情况下,评估师不应该直接在服务的管理者手下工作,因为显性的或隐性的压力,会要求评估师提供出讨人喜欢的累积性评估(Cook, Leviton and Shadish, 1985)。不过,为资助服务的大型组织的核心机构工作,就有助于内部评估师隔离这种压力。

其他的评估师则被政府或监管机构雇用。例如,美国政府问责办公室(U.S. Government Accountability Office, U.S. GAO)应国会议员的要求会执行很多评估。GAO 的报告能够影响任一领域的联邦立法活动。监察长办公室则为健康与人类服务部长完成各项评估。有些州还创立了评估部门,通常在州审计师的办公室之下。明尼苏达州设立立法审计办公室的法案规定该办公室要

断定在何种程度上,由州政府资助的或按协议设立的相关活动或项目正在实现它们的目标,其中包括评估的目标,项目结果和有效性的度量,取得相同结果的替代手段,以及资源配置的效率("Spotlight", 1982, p.2)。

在 2001 年,该办公室发布了一份明尼苏达州关于行为健康护理保险的报告;该报告包括了有关需求、过程、结果、成本的数据,这些问题都是项目评估关注的核心(Office of the Legislative Auditor, 2001)。为审计师的工作增加评估的内容,这个例子表明合并资金审计行为与项目评估活动是大势所趋;而这也恰如戴维斯(Davis, 1990)和威斯勒(Wisler, 1996)所描述过的那样。由于各种责任分布于教育、健康护理、福利、安全以及交通等领域,所以州办公室的评估师在为多样性的主题工作。由于政府资助项目的支持者都会小心地保护他们的地盘,所以有政府背景的项目评估结果可能会是"爆炸性的"(Nienstedt and Nalemba, 1986)。

私人研究企业是项目评估师的第三种常见工作背景。一些企业很大;有些则小到可以从评估师的家中跑着去工作。这些企业通过提交需求建议书的方式,宣布会为了获得政府或私人资助的项目合同而竞争。公开信息的会议的举办,为潜在的评估师获

知需求是什么提供了便利。接下去,评估师会提交建议书,而对这些建议书的评判,则是根据成本状况、评估师的职业信誉、所建议的方法的质量展开。这些报告的评估方式跟建筑工程的竞标相同:工程合同将提供给企业,或者提供给在配给的预算内提交出了最高品质建议书的评估师群体。有些大学职员会独立从事评估活动;他们的工作方式跟为研究企业工作的评估师的一样。

除了职业评估师以外,许多在教育、人事、医疗、培训、康复、矫正等组织拥有职位的个人也会把评估作为他们的部分职责。现在已经拥有职位或者正寻求获得这样职位的读者会发现,本书呈现的概念与方法在工作中会是极其有价值的,即使他们从来没有拥有一个标签是"评估师"的职位。

比较内部评估师与外部评估师

有两种主要的方式,可以使评估师跟需要评估服务的机构联系起来:(1)评估师可以为这类组织工作,在那样的背景下展开各式各样的评估工作,或者(2)他们可以为研究企业、大学、或者政府机构工作,评估特定的项目。本书中,内部评估师和外部评估师分别是指这两类评估人员。尽管所有评估师的工作都有很大的相似性,但是评估师的所属单位对评估的工作方式有不同的含义。

跟能力相关的因素。就有关项目的信息知识而言,内部评估师具有优势,这是因为他们能够更接近项目负责人和机构主管。经常躬亲于现场的人就容易观察到项目的运转情况,知晓相关的员工,也会从机构中其他人那里了解到项目的声誉情况。外部评估师是无法获得这些信息的。对项目的实际运营情况知道得越多,就越容易在规划和说明项目的过程中提出切中要害的问题。

评估师的技术专长是很重要的。内部评估师通常会跟由两三个人组成的小组合作;有些则单独工作。不过,外部评估师通常能够利用更多的人力资源,有些人非常善于抽样工作、定性分析或者统计学工作。而一些独立评估师则主要是一个人做,因此也得不到这些资源。

技术专长的相关问题有不同的侧面,这就意味着要按照需求来对机构中不同领域的项目进行评估。从一个主题扩展到另一个主题是受到鼓励的;不过,也有风险存在,那就是缺乏有关正在评估的服务的知识,会限制内部评估师对某些项目中最关键问题的洞察力。通过选择适合于正在评估的项目类型的有经验的外部评估师,相关机构就可能避免由于缺乏经验所带来的各种错误。

个人品质。除了技术能力以外,评估师的个人品质也很重要。如果评估师是客观公正的,被主管所信任,并且自己也认识到改善项目质量的行为是受到鼓励的,那么他们就会工作得更有效。如果声名卓著并值得信任的话(Taut and Alkin, 2003),那么内部评估师通常会发现,项目主管和员工都愿意在评估上花时间,更愿意承认问题,也更愿意分享信心,而如果他们不是属于这个机构的评估师的话,他们是得不到这些的。

克隆巴赫（Cronbach，1980）认为，被人们信任，会增加一个有能力的评估师充任机构中教育人员角色的可能性。由于信任很容易消失，因此评估师要避免某些使人们认为其得出的结论源自个人偏见的行事方式。

内部评估师也被认为是总想要改善资助项目且为自己付酬的机构。外部评估师由于更少依赖于资助项目的机构，所以可能不会负担相同水平的责任去改善项目。另一方面，依靠某个机构可能会影响评估师的客观性。了解项目主管和员工可能会使内部评估师很难保持客观（Scriven，1997a）；批评朋友不是一件容易的事。如果评估揭示了项目中的问题，外部评估师面临的冲突性压力会更少。内部评估师如果牢记他们对于机构的价值依赖于他们工作可信性的话，那么他们就会发觉保持客观会相对容易些。如果评估师强调绝大多数项目缺陷是由系统问题而非个人能力不足导致的，那么他们就更易赢得会处理敏感问题的信誉。戴明（Deming，1986），工业领域质量革命曾经的领袖就坚持认为，工作现场中85%的问题是由组织程序或者工作环境设计的局限造成的，15%是员工问题造成的。由于很多人错误地认为评估集中于找到坏的苹果，所以评估师应该参考戴明的观点；因为依照这个假定行事将会帮助他们保持客观性，并且获得组织中他人的信任。

涉及评估目标的因素。本章前面有关评估目标的内容已经讨论过——形成性目标、累积性目标、质量保证目标。内部与外部评估师都可以从事所有类型的评估；不过，在形成性和质量保证评估方面，内部评估师具有优势。这是有道理的，因为这些评估不会导致终止项目的痛苦决定。事实上，内部评估师跟管理者和员工的和谐关系鼓励了非防御性的交流，而这对于发现改善项目的渠道十分关键。相反，如果由于对项目的支持被撤回，而需要累积性评估，那么最好使用外部评估师而非内部评估师。比方说，如果一个小的小学学区得知必须关闭三所学校中的一所，那么让一个外部评估师来对学校进行评估，并选择一个关闭掉，就是明智的。不管选择了哪一所，总有居民反对。如果多数居民不满意这个决定，那么对服务于这个学区的主管而言，会为此而苦恼；不过，这个外部评估师只要不再涉足这个学区即可。

评估与服务

评估师的工作介于社会科学家的角色和从业者的角色之间；对于社会科学家而言，他们关心理论、研究设计以及数据分析（但是绝大多数并不参与服务的配置与传递），而从业人员则处理人们的需求问题（但是很少对数据搜集与分析感兴趣，也很少受此培训）。评估师能够使用科学家的语言和工具；不过，他们也必须对服务提供人员的风格与顾虑十分敏感。此外，评估师也被要求跟机构的主管进行交流，因为他们面临不同的优先选择之事，比如平衡预算，权衡竞争性的服务需求等。由于项目评估师还是一个相当新的角色，所以很可能评估师偶尔会看上去跟大家的步调不一致。

涉足这样一个崭新的领域既有优势也有劣势。优势包括智力方面的刺激，这来自于在人类服务背景下跟充当不同角色的人们的接触;还有,看到研究方法的使用给人们带来了利益,这会有满足感。而劣势则包括会被某些服务提供员工看成是打扰者和不必要的。最有效率的评估人员会表明,他们是服务提供者的同盟者,尽管同时还要问具有挑战性的问题,并坚持他们的答案是受到数据支持的。

当然,即便是最有技能的评估师偶尔也会跟机构发生冲突。据报告,如果有野心的军官希望他们钟爱的项目被资助的话,那么某些军事方案制定者会忽视他们自己的以及内部评估师的研究结果(Isaacson,1983)。坎贝尔(Campbell,1983),评估领域早期的领袖之一,特别关注觉察到的来自于项目的威胁所造成的可能的影响,在此种情况下,可能使得评估师无法搜集到满足充分有效性的数据来得出有用的结论。相反,近来更多的观察家(Johnston,1983;Lincoln,1990a;McClintock,1983;Vermillion and Pfeiffer,1993)推测,项目员工自身将会更加频繁地利用评估方法来做出改进。如果评估系统的运转能够清晰地区别出,数据搜集是为了项目改善还是为了个人涨工资(Astin,1993),那么评估、服务提供与行政管理活动之间的冲突就会最小化。幸福的日子还远没有到来,不过如果评估就是项目管理的一部分,并且所有人都认同项目改善既是可能的又是合意的,那么潜在的冲突就会被减轻(Donaldson,Gooler,and Scriven,2002)。

评估与相关的机构活动

有些机构会将评估活动跟其他活动结合起来。有五种活动有时会将评估包含在内,它们是研究、教育与员工发展、审计、规划以及人力资源。

研究。某些人类服务组织或直接使用运营基金对研究给予常规性的资助,或间接使用拨款资助研究。例如,一个警察局被拨款,要求研究为犯罪受害者提供情感支持的效果问题。负责此项研究的社会科学家将是评估人员最好的同事。在大学附属医院开展研究工作,解决心理问题或者跟医疗护理有关的情感问题的研究人员所处理的研究问题,同作为评估人员所面对的问题十分相似。

教育与员工发展。有些组织已经整合了教育和评估的职能。教育心理学中对这样的联姻有一个著名的先例。在被学区广泛使用之前,新的材料与课程都需要被评估。大学已经把员工发展和项目评估整合进一个办公室。包括学校在内的许多组织都资助需要监管的教育项目。例如,很多行业已经开发出主要的教育项目来培训雇员以使其胜任更加需要责任心的岗位。

审计。正如本章前面所述,有些州已经将项目评估职能和通常由州审计师执行的项目监管(program oversight)结合在一起。审计师和评估师承担的责任和角色有相当重要的差异,但是在联邦和州政府总检察长办公室中也有协调这些难事的先例。

规划。规划活动中需要有具备项目评估技能的人的参与,这是因为许多服务提供者并不是数据导向的,组织调研时会感到不适应,也可能不会分析获得的数据。评估

评估师传略 2

梅甘·戴格:开始项目评估的工作

在研究生项目中,梅甘·戴格充当的是数学与科学教师协会政策与规划小组的暑期医院实习医生,这个协会位于芝加哥,专注于改善公共教育。戴格博士从芝加哥洛约拉大学(Loyola University Chicago)获得了应用社会心理学博士学位。

当被问及她的工作,她评论道:"对进入项目评估的世界而言,为政策与规划小组工作是一个很好的开始。在学完项目评估的第一门课程之后,我非常兴奋地碰到了学会招聘暑期定量研究员的在线广告。*除了内部评估之外,学会还资助政策与规划小组去分析并解释有关该项目改良和效率的相关数据。在我的第一个项目中,我的同事和我研究了学生流动性——从一个学校到另一个学校对他或她的学术成就的影响。这个项目使我亲身发现了定性与定量数据能够相互助益的方式。"

---

*戴格博士在 EVALTALK 上发现这个职位信息,那是一个由美国评估协会(the American Evaluation Association,AEA)资助的网络讨论组。加入 EVALTALK 的指南在 AEA 的主页上给出(www.eval.org)。

师传略 2 给出了梅甘·戴格(Megan Deiger)对她第一个工作的评价,其表明了规划与评估之间的连结。有时评估师对规划人员的帮助仅仅是对隐含在方案中的假设提出探索性的问题,或者是提出实施过程中涉及的步骤问题。

人力资源。大型商业机构会有人力资源办公室。办公室会管理职员所有的雇佣、赔偿、职业发展的问题。如果机构想要尽可能有效的话,那么政策开发、赔偿方案、培训项目、管理有效性的讨论会,都需要评估活动。

总结与预习

本章概述了项目评估的主要问题与目标:评价未被满足的需求,文件的执行情况,度量结果,依据最好的结果和最需要的服务来比较备选项目,提供信息以维护并改进质量,侦查负面效应。这些活动有助于规划并改进项目,有助于评价项目自身的价值,还有助于在服务过程中做出矫正。本章还描述了一些评估师适应机构活动的方式。

第 2 章处理规划一项评估的步骤问题。跟项目员工和资助者一起工作通常就会发现有些人害怕项目评估;如果说评估必须跟员工合作的话,那么有必要在开始之前就减轻这些畏惧。

学习问题

1. 项目评估的一个有趣方面就是它跟很多活动和机构相关。从报纸和新杂志中搜集一些有关项目评估活动的例子。你可能发现医疗护理、教育或者任一公共政策领域的材料。这些材料可能是支持新建议的,或是批评现存活动的。思考什么样的信息会有助于辨明这些争论。

2. 举例说明项目评估活动能够如何运用到你所熟悉的一个机构中。

3. 要使项目评估成为人类服务提供系统的一部分,请列举这样做的优势与劣势。保存你的清单;在学完这门课程之后,思考如何改变它们。

4. 有些人认为,尽管人们愿意相信我们正在为社会问题做某些事,但是多数人并不真正关心项目是否对那些问题产生了可察觉的影响。换言之,社会项目是一些符号,而非真实的努力。利用第 1 题中你找到的报告,考虑这些评价的有效性。

5. 评价本章导言中提及的性骚扰预防项目,比较一下你的想法跟其他同学的不同。相关结果不同的背后,隐含了什么原因?

辅助资源

Stufflebeam, D. L. 2001. Evaluation Models. *New Directions for Evaluation*, *no. 89*. San Francisco: Jossey-Bass.

　　这一著作简要展示了项目评估的许多不同方法。斯塔弗尔比姆提供了项目评估中 22 个模型的概述。为了发现这些模型的优势和弱点,他从数个特征的角度比较了不同的方法。

规划一次评估

准备先于生产;把方案规划好比执行一个好的方案更难。有经验的评估师知道在规划项目方面投入时间是相当值得的。启动项目评估的方式多样:项目员工发起一项评估,主管或资助机构需要一次评估,内部评估团队可能建议开展一次评估,或者公众不满于现状并呼吁开展评估。不管是谁发起了评估,评估人员都需要熟悉项目的性质、被服务的人群、项目的目标与结构,还有最重要的,要知道为什么人们考虑到了这次评估。评估人员需要满足项目员工、项目资助者还有一些人群的要求,因为这些人会对是否需要评估提出疑问。这样的话,评估人员在跟这些人群磋商时就必须决定是否需要这次项目评估。如果这些初始的讨论揭示评估是有用的,进一步考虑的才是评估的时间分配安排,执行的方式,以及相关的成本。

在本章的前半部分,我们概述了项目评估的主要模型。接下来我们勾勒出表达问题的大致顺序和方式,确认出在初始建议书和开始数据搜集之间需要采取的步骤。用于完成每一步骤的时间和努力是变化的,这取决于项目的复杂性,评估师跟项目员工和资助方的关系,以及时间约束的紧迫性。有些步骤,比如选择或开发度量方式,就是其主要的任务。第3章处理复杂敏感的准则问题,我们会详细说明那些用来判断项目是否按照计划执行了的准则,或那些表明效率水平是否符合预期的准则。第4章处理的是更加技术化的质量问题,即用来评价活动的好的测度准则的质量问题。

评估模型概述

有许多不同的评估方法可以用来指导项目评估的规划与实施。有时,人们关于执行评估的最好方法的意见会不一致,这是由于人们的考虑是基于相互冲突的、未经查证的关于评估的最好方式的假设。本部分的概述会突出这些假设。讨论到的每一个模型都包括了其对项目评估有效性方面的强调。模型的一个价值就在于帮助评估师考虑需要评价的问题的范围。一次评估强调的特定问题,或者项目背景的特定方面,通常会使这个或那个模型显得特别有用。对评估师和利益相关者而言,一定要避免在彻底分析问题背景或需要回答的问题之前就选择某个模型作为解决问题的方法,这是十分关键的事。事实上,许多评估都会利用来自若干模型的特长。读者不要把本书讨论模型的顺序视为指示评估程序的唯一顺序。这里的许多描述改编自 House(1990)、Scriven(1991)、Shadish, Cook, and Leviton(1991)、Stufflebeam, Madaus, and Kellaghan(2000),还有 Stufflebeam(2001)。

传统模型

在并不遥远的过去,为学校、医院或审判系统提供服务的人们是不受规章约束的,因为很少有人关心对他们的工作结果的正式评价,他们也感觉这样最好。对他们工作的评价也局限于来自主管做出的非正式的主观评价,或者对医生而言,仅限于自我评价。这些评估是为了服务于服务提供机构的利益,也几乎不会对项目主管和员工构成挑战,这几点不会让人感到吃惊。这不是说人类服务专家不诚实或者对提供高质量的护理或教育不感兴趣,而是说在缺乏由正规评估模型激发的科学分析的情形下,认知偏见(Heath et al., 1994; Kahnaman, Slovic, and Tversky, 1982),甚至对出于好意的非正式评估人员也会有很大的影响。

社会科学研究模型

在促使评估变得更加严密并控制自我偏见的努力中,一些项目评估师开始把项目评估视为社会科学研究的特殊形式:判断项目成功程度的方法,就是去构建两个随机组,为一个提供服务而利用另一个作为控制组。项目完成之后,人们观测两组成员,或者让他们描述自己在相关因变量上的适当水平。博鲁赫(Boruch, 1997)认为,如果能够应用得好,实验方法会有很好的前景。不过,在项目评估的背景中,实验设计采用了与实验室研究相同的分析方法,这样的话,大有希望的项目就被贴上了失败的标签,因为对现实中本应获得的影响水平而言,样本量太小了。项目失败,通常应由评估人员负部分责任,而不应由项目负责(Lipsey, 1990)。在向项目中引入更强的严密性和客观性方面,项目评估的社会科学方法起到了很好的作用,不过在应用环境背景和有可能被误用的方面,其内在的局限也是明显的。后面的章节会更加关注这些问题。

产业侦测模型

有时在制造业中使用的评估方法依靠的是在生产线的末端对产品的侦测。如果发现了问题,那么在送到消费者手里之前产品就会被修复(Dobyns and Crawford-Mason, 1991)。这种方法缺乏效率而且成本高昂;在第一时间处理好问题,通常就不会那么破费。在某种意义上,这个模型类似于仅使用一次考试,就来决定是否应该给一名学生授予大学学位,而这名学生四年的工作却都没有被评价过。尽管负面评价揭示有些事情做错了,但是侦测模型却无法尽快提供解决问题的信息,最终仍将产生有缺陷的产品(或者不如预期的用户感受)。我们很容易发现,这种方法对改进项目而言缺乏效率,而评估人员也经常发觉很多项目管理者都错误地认定评估都是按照这种产业侦测模型来执行的。

黑箱评估

黑箱(或曰封闭)评估是指那些检查项目结果而不检查其内部运营状况的评估。这种方法的别名是消费者模型或者产品评估(Scriven, 1994)。在某些情形中,这恰是所需的评估形式。买车之前,人们会翻阅《消费者报告》(*Consumer Reports*),一本报告消费产品检测结果的杂志。由于买车人并不处在能够纠正车辆缺陷的位置,所以知晓为什么传送装置运转不顺或者为什么引擎在寒冷的早晨难以启动是无关紧要的。消费者需要知道的是,哪一辆车比其他车表现得好,而不是为什么表现得好。如果消费者评估的是像汽车或电视之类的制成品,那么黑箱评估会起作用;而对社会项目评估而言,如果希望导向项目改进,那么这类评估就不起作用了。

基于目标的评估

在为一项特定的项目设计评估的努力中,有些方法强调工作中要有明确阐述的项目目标,这样的话,项目目标的完成程度就可以测度出来。这一直以来就是项目评估模型中最盛行的模型(Stufflebeam, 2001)。检查目标似乎是评估中的核心方面;要将项目判断与其特定的结构和设计时要实现的目标关联起来,这是很重要的。不过,有些评估人员太关注规定的目标了,以至于他们忽视了要去检查项目为什么成功或失败,也没有考虑项目额外的积极效应或者非预期的副作用,或去询问被服务的人群那些目标是不是最好的。

不受目标约束的评估

避免过早关注目标的尝试导致人们认为,如果评估师不知道项目规定的目标,那么他们的工作会更有效(Scriven, 1973)。知道项目目标的评估师可能会无意之中关注那些支持目标的信息,而不去观察项目实际上是如何被管理的,也不会去评估项目对客户的全部影响。不受目标约束的评估师会花相当多的时间研究运管中的项目、员工、客户、项目背景,以及各项记录,以便于厘清项目所有积极与消极的影响。评估师的观察方式类似于第一次生活于一个特殊文化中的人类学家的工作方式。而后,项目员工和资金支持者决定评估师的发现是否揭示了项目正在满足客户的需求。对于这种方法还有很多需要建议的东西;不过,这种方法定将是花费高昂的,并且其开放式的特性会使员工感到不安和威胁。

资金评估

最客观的评估很可能是,计算支持项目所需的投资资金跟这些投资的回报(Levin and Mcewan, 2001)。如果一个公司引入了节约劳动力的机器,那么它会被期望用于节省劳动力成本或者是增加产量,这样才能够支付机器设备的支出以及为投资的资金提供回报。一旦做出进行投资的决定,规划人员就得预计这种改变会如何影响流向本机构的资金数量。尽管这种规划不可能完全准确,但是对投资的最终评估却是严格基于金融考虑的。资金评估提醒评估师,服务是需要资源的而且成本绝不能被忽视。另一方面,有关提供哪一种服务的决策无法严格按照盈亏平衡的方式做出选择,原因在于,对一个减轻了痛苦的病人,或者对一个提升了分数乘法技能的儿童而言,很难用美元价值作出评价。

责任模型

责任(accoutability)模型或称审计模型来自于资金评估(Davis, 1990; Wisler, 1996)。如果项目被批准,公共资金资助的项目必须将资源置于受管控的活动之下。大型项目,比如多数由联邦资助的项目,涉及很多管理人员,处于不同的地点,散布于很多地区。美国健康与人类服务部的总检察长(IG)办公室是该部秘书长关于评估和审计的左膀右臂。IG 的主要使命是证实联邦政府的资金是否用于支持特定人群的有效服务,而那些人群则是由创立该项服务的立法过程所认定出来的。由于责任评估集中关注对规章制度的服从,因此无法被广泛应用。

专家观点模型

有一种方法试图祛除传统方法中的自我服务偏见(self-serving biases),也试图避免黑箱评估与资金评估的局限,这就涉及让专家来审查项目。在文艺批评的评价中,一位有学问的人士仔细审查一件作品并给出有关其质量的判断。尽管艺术批评是主观的,但是专家观点评估却可以利用客观的资料。在针对刚竣工不久的建筑的入住后评估(post-occupancy evaluation)中,人们会观察建筑是如何设计建造的,采暖与空调系统的功能是否有效,建筑是否有助于有效率地工作(Betchel, 1997)。这类研究中的某些决策就是基于客观的、高质量的信息以及定性的印象。如果被评估的项目规模较大,复杂而且独一无二,那么通常专家观点就会被采用。大学质量的鉴定就是基于专家团队的建议,而这些专家则审查定量的记录,视察建筑物,并且跟学生、主管、员工和教师谈话(参见,例如 Middle States Commission on Higher Education, 2000)。由于一堆数字不能全面揭示大学的质量,所以专家观点就被采用了。

自然主义模型或定性模型

如果评估人员想深入彻底理解一个项目,那么他们有时会使用定性方法来展开一次自然主义评估(Patton, 2002; Shaw, 1999)。在此种做法中,评估师成为数据搜集的工具,而不是调研或记录的结果(not surveys or records)。通过个人观察项目的所有阶段并保留详细的跟利益相关者的谈话,评估师试图获得对项目、客户、社会环境的丰富理解。因为详细,所以报告通常会很长。即使不考虑使用整个模型,个人的观察,通常对理解项目的数量信息的含义而言,也是必需的。

成功案例法

多数评估师打算从项目全部或者随机选取的参与者中搜集信息。某些情形下,也可采用一种非常不同的方法。如果试图从项目收益最多的人那里获得详细的信息,那么这种方法会非常有价值。那些人——成功者——将提供他人也会从中受益的很好线索。这种方法被称作成功案例法(Brinkerhoff, 2003)。把那些真心参与项目并由此而成功的人,跟那些已经参与项目并有能力成功的人区别开是很重要的事。在课堂情境中,从项目开始就做了充分准备的人可能会成功,而准备不充分的学生也会比起始时收获更多。这就意味着,单纯使用成功案例法,会诱使项目管理者"混淆目的(creaming)",即调整项目去适应那些有可能成功的人,而不是那些最需要项目服务的人。

授权评估

有些评估师试图以下述方式完成项目评估,即帮助接受服务的人们在处理社区问题或者在公共或私人机构中,变得更加有决定权(Fetterman, Kaftarian, Wandersman, 1996)。这个名称有些迷惑人,因为它意味着评估师似乎有责任向项目客户赋予权力;事实上,评估师无法向任何人赋权。授权模型的观点是要阻止评估师搜集数据时不去跟社区的利益相关者做密切的沟通交流。相反,评估师要邀请利益相关者积极参与并且帮助他们从过程中获得技能。人们希望在评估之后,客户变为更有见识的公民,拥有更多的技能,更加相信自己能够致力于改善家庭与社区。有些人认为这种评估方法的有效性很容易达不到标准(例如,Scriven, 1997b)。

理论驱动的评估

在执行评估时满足严格受控这一准则存在困难,另一种对此困难作出回应的评估方法被称作理论驱动模型(Chen,1994;Donaldson,2003)。理论驱动的评估是以对人们所需服务的仔细描述为基础的。接下来,服务促使参与人发生改变的方式会被详细陈述。最后,项目所影响的结果被列举出来。这种分析包含了对多种关系的探索:(a)服务与参与人特征之间的关系;(b)服务与直接的变化之间的关系;(c)直接的变化与结果变量之间的关系。复杂的相关性分析技术会被使用(Lipsey and Cordray,2000)。多数评估师严格支持审查这些变量之间的关系;不过,批评家们认为,这种分析不会像随机分配项目组和控制组的评估那样有效。

关注于改进的方法

本书的作者曾经采用一种方法来展开评估,这个方法的核心关注是项目的改进而非其他特殊的方法论。如果我们已经知晓各种不一致性的话,比如所观察到的东西跟计划的、规划的、需要的东西之间的不一致性,那么就能够实现项目的改进。评估师帮助项目员工去发现相关的不一致:项目目标和目标人群需求之间的不一致,项目执行与项目计划之间的不一致,目标人群的预期与实际所获服务之间的不一致,或者所取得的结果与规划的结果之间的不一致。发现不一致并不是评估师故意作对的本性。如果评估的核心是改进项目——我们认为这几乎总是核心——那么不一致就提供了促发改进的空间。为了了解如何改进项目,项目员工应该发现什么如计划那样发生了,而什么却没有发生:客户需要预期的服务是不是不同的?员工拥有所需的技能吗或者交给员工所需技能很困难吗?有承诺的资助活动获得具体落实了吗?项目的运营意味着项目的概念基础是合理的还是可以改进的?为了处理这些问题,需要有客观的信息,不过这些信息也应该使用定性信息来进行解释。我们发现,个人观察会为选择什么来进行测度,为形成对项目及其效果的整体理解提供方向。

我们认为,关注于改进的方法最能满足有效评估所必需的准则:服务于利益相关者的需要,提供有效的信息,以及为真正努力服务于项目参与人的人们提供替代性的观点。为成功实现这些而又不威胁到项目员工是项目评估中最具挑战性的方面。这种方法不应该被解释为评估人员不赞颂成功。别忘了,评估人员也希望找到项目的良好品质与价值。如果评估人员表明他们发现了项目的优点,而不仅仅是找到项目的不足以及改进的方式,那么项目管理者就会密切关注评估报告。

现在我们转向规划一个项目的实际步骤。我们的意见是特别针对内部评估师的;不过,外部评估师也必须以相似的方式遵循这些步骤。

准备开展评估的步骤

在讨论规划项目的步骤之前,我们想强调,如果是在实际环境中处理对情感因素敏感的问题——比如健康、争议、工作成就——那么沟通交流就要明确,达成的一致也要清晰,这些是十分必要的。评估师与管理者之间的口头一致也要记入备忘录,接下来要概述讨论的过程以及评估师对这些一致性的理解。依靠记忆是非常不明智的;评估人员要意识到,由于项目主管每天要处理很多问题,所以自己的项目每周只能够获得主管很短时间的关注。把协议写在纸上,可以就这个规划提醒所有人,而且如果以后产生不一致的话,也是一个记录。此外,看着方案一步步形成并描绘在纸上,可以使评估师和主管考虑到以前都没有考虑过的问题。

识别项目与利益相关者

获得完整的项目说明。有效率的评估师需要做的首要事情就是获得项目的说明。情况不同,事情会相当不同,比如说,评估是为一个新项目提建议,还是为已经执行的项目提建议;项目是地方性管理的,还是在好几个地方都提供;人们是自愿参加的,还是分配去完成项目的;参与人是正常人,还是受到认知、情感、肢体问题苦恼的人;项目是服务于 25 人,还是 25 000 人;项目的理论已经很好地被表述出来了,还是建立在常识之上。

与利益相关者见面。有效率的评估师要做的第二件事情就是识别利益相关者。利益相关者是这样一些人,他们亲身参与到项目中,或从中获得部分收入,或者资助项目,或者就是客户,或是项目服务的潜在接受者(Bryk, 1983; Sieber, 1998)。

与资助者或客户相比较,项目员工通常更加个性化地参与项目。在整个项目过程中,项目经理是跟评估师相关的关键人物。尽可能多地知道经理接受过的培训、哲学思想、关于项目的观点以及信誉,会很有帮助。还要涉及配置服务(deliver the services)的人员。这些活动应该尽早开始,这样的话,他们会提供出只有他们才能够提供出来的特定的、详细的洞察,这是因为只有他们才时时刻刻都知道发生了什么。经理与员工之间的和谐关系也十分关键,这样在需要展开评估的问题上就容易达成一致。这些合作增加了所有团队在规划评估、搜集数据,并最终利用发现结果方面进行合作的可能性。

也需要考虑到项目资助者。有时项目员工就是资助者;在其他情况下,资助者是基金会、政府机构、为项目提供设施的机构的核心主管。通常特定的个人会为项目负责。例如,学校董事会成员或者医院副院长会是项目必须令其感到满意的人。评估师尽早在规划阶段就跟资助者碰面,去回答有关项目的问题,这是很重要的事;不过,这类人很少参与到详细的规划过程中。伴随项目的展开,资助者看重的是进展报告。对于如何保持跟资助者的联系的建议,还有帮助资助者利用从评估中搜集来的信息的建议,会在第 13 章和第 14 章中说明。

客户或者项目参与者也需要辨识清楚。跟客户签订的合同类型会随着评估和项目类型的变化而变化。直接针对整个社区的服务评估需要接触的仅是有资格的居民的一个小样本,而那些基于学校的项目可能取决于跟家长的沟通,还有小的项目的评估可能会以某种方式涉及所有的参与方。对参与人的需求应有很好的理解,这是必需的,因为终究是为了这些人的福利才开发出这些项目的。

熟悉所需的信息

知晓了项目究竟是怎样的以及跟利益相关者碰面以后,评估师应该回答下面的问题:(1)谁需要一次评估?(2)评估的中心应该是什么?(3)为什么需要一次评估?(4)何时需要进行评估?(5)支持评估的资源有哪些?

谁需要一次评估? 理想地看,项目资助者和项目员工都希望让项目做评估。在这种情况下,评估师通常会跟那些因自己的职业角色而有安全感的合作者进行互动,这些人想证明项目满足他们的预期,而且愿意改进或延伸项目。

如果资助者已经发起了计划的评估,那么评估师面对的就是帮助项目员工在搜集数据之前对评估的目标和方法论感到放心。如果这种努力失败了,那么评估师面对的可能就是积极的反对或者被动的拒绝;不管是哪一种方式,他们都无法获得对开展项目而言极其关键的合作(Donaldson, Gooler, and Scriven, 2002)。一旦项目员工认为,评估是一种改进他们工作效率的手段,那么他们就更可能在搜集数据时帮助评估师,并自愿提供解释数据所需的有价值的观点。评估师传略3里,一位在食品药品管理局工作的评估师描述了跟利益相关者一起工作的重要性。

评估师传略3

杰拉尔德·L.巴克多尔:跟利益相关者密切合作

杰拉尔德·L.巴克多尔(Gerald Barkdoll)领导过食品药品管理局(FDA)的战略规划、项目评估和经济分析工作。开始的工作是工业工程师和咨询师,此后他于1971年进入FDA。他的理学学士学位是工程学。他获得过MBA学位(德雷克赛尔大学,Drexel),博士学位是公共管理(南加州大学)。巴克多尔博士跟FDA其他的评估同事一起工作,而其使命被扩展为执行构成FDA主要任务的项目评估活动。当被问及他是如何应对角色变化的问题,他回答说:"我们做三件事情,以使评估成为项目管理者积极有益的经历。首先,我们利用团队展开评估,而团队则包括了由项目管理者为项目而挑选的人。每个团队都由评估职员中的一位来领导。其次,我们遵循'非意外'原则。我们实时向项目管理者分享我们的计划、日程、行为,以及我们初步的洞察与发现。最后,我们在三个月内完成每一项评估。一位项目管理者告诉我们,这是最重要的一条,因为他知道为了三个月他可以忍受任何事情。"

改编自:Sporn, D. L.1989a. A Conversation with Gerald Barkdoll. *Evaluation Practice*, 10 (1),27-32.

如果项目员工发起了计划的评估,那么评估师需要确保资助者相信评估是有用的。在规划阶段就对评估不感兴趣的资助者是不可能关注评估结果的,也不会支持改进的建议。

评估的中心应该是什么? 在跟资助者和项目员工见面时,评估人员常常会了解到,"项目评估"这个词对每一个人而言含义并不相同。尽管对这些人来说,用形成性评估的视角来考虑问题会更好,因为这将帮助他们保持项目的积极特征并修正或改进工作的其他方面,但是有时项目员工仅仅在寻求对他们现阶段工作的肯定性说法。如果项目资助者受到把资源转向其他项目的压力,那么他们可能需要的是累积性评估。其他人会把项目评估的数据搜集工具混淆成类似于雇员评价的个人绩效测量(Bauer and Toms, 1989)。

就这一点而言,评估师会帮助利益相关者知晓哪一类的评估能够满足他们的要求和他们的资源状况。选择很少是在考虑一种或另一种评估类型的情况下作出的。把不同类型评估的要素整合起来通常是理想的情形,这取决于项目的复杂性以及可用的资源。例如,在早前评估节目"芝麻街"时,全面的评估涉及许多问题(Cook, Appleton, Conner, Shaffer, Tamkin, and Webber, 1975)。这些问题包括:(1)项目满足其目标受众的程度;(2)学习的有效性;(3)与项目需求相关的有效性;(4)受益对成本的比率;(5)促成学习的家庭收视状况;(6)项目目标的价值,以及(7)缩小在经济条件上有优势的儿童与贫困儿童之间在学前认知差距的有效程度。

为什么需要一次评估? 跟前一个问题密切相关的问题是为什么需要评估? 人们很少没有特定的理由就正式委托一项评估。有效率的评估师会优先考虑辨识出需要一次评估的理由。组织中有某些团体质疑项目的必要性吗? 提供资金的基金会期望进行一次评估吗? 承诺用评估结果来改进决策的程度有多大? 最理想的是,项目员工极力寻求有关项目未来的迫切问题的答案:项目可以如何被改进? 我们服务的对象合适吗? 我们应该扩张范围吗? 评估师会预期不同的利益相关者会有不同的优先考虑。有些想要的是运行平稳的项目,有的想要的是使工作更有效率的诀窍和忠告,其他的则希望服务被扩展(Cook et al., 1985)。评估师的一个作用就是帮助资助者和项目员工就评估的目的达成一致。

项目评估的有些理由就不那么受人欢迎了。例如,主管可能把项目评估视为拖延或避免做出决策的计谋。如果主管知道如何决策但是授权一次项目评估仅仅是为了给他们的决策带来合法性,那么评估也是不合时宜的。

何时需要进行评估? 利益相关者通常希望评估能够迅速完成。规划过程的部分内容涉及在利益相关者的偏好和执行一次最好的评估所需时间之间的平衡,并达成一致。如果要设定一个切实可行性的完成时间,那么评估师就必须考虑到在这些事情上花费的时间:准备计划书,获得各种记录,安排见面,开发测度直接与长期效果的准则,发现并观测合适数量的项目参与人与地点,综合观测结果并准备书面或者口头的报告。内部评估师通常受制于他们可以观测的数据点的数量,这是因为学校、医院、商业机构都只包括有限数量的一定年龄段的学生、接受指定诊断的病患或者从事特定工作的雇员。另外,所要求的评估类型也会导致对规划及完成评估所需时间的不同制约。

没有公式可以用来决定项目会花费多长时间。不过通过经验,评估师会感觉到项目范围跟完成所需时间二者的关系。一个好的技术就是把整个项目拆分成小的步骤,然后再估计每一步骤所需的时间。使用前一段中列举的考虑问题的清单,就会帮助评估师估计完成评估所需的时间。(参见 Card, Greeno, and Peterson, 1992)。

支持评估的资源有哪些? 除了时间之外,另一个限制评估的因素就是可用资源的数量。评估的拨款总是一个特定的数量。当然,内部评估师也不得不考虑资源的数量。项目员工的帮助会减少数据搜集的花费。即使没有签订正式的合同,作为评估工作的一部分,我们还是建议列表写下将要做什么。

项目的可评估性评估(assess the evaluability of the program)。了解了项目并知道利益相关者所需要的信息之后,评估师必须考虑满足这些需要的可用资源。这一过程被称为可评估性评估(evaluability assessment, Smith, 1989; Wholey, 1979,1997),目的是产生促使评估进展下去的合理基础。如果利益相关者同意项目的目标和表明结果成功实现程度的标准,那么这是最好的情形。如果利益相关者不同意究竟是什么促成了项目的成功,那么评估师面对的就是特别艰难的情形,这是因为他们将需要提供更多的结果数据,并且可能无法获得清晰的结论。直到概念基础被开发出来,项目才能够进行一次彻底的评估。一篇评论文章表明,少于30%公开出版的评估材料利用理论表述的方式描述了项目,把项目跟预期的结果联系起来(Lipsey, Crosse, Dunkle, Pollard, and Stobart, 1985)。其他的则认为很多项目都没有一个明显的陈述,以表明项目是如何按预期的方式去影响人们的(参见 Bickman, 2000; Cook, 2000; Leeuw, 2003)。谈及提出问题,事实或许会证明,某些隐含的理论会跟"我们告诉他们做什么,而他们就那样做"一样复杂(参见评论来自 Posavac, Sinacore, Brotherton, Helford, and Turpin, 1985; Posavac, 1995)。就我们知道的经常锻炼的效果,还有低脂肪、少精制糖、低盐的均衡饮食的效果而言,你会认为如何去做的知识就足够激发人们的行动了吗?有许多步骤纠缠在提供出知识和采取行动之间;这些步骤涉及社会的支持,对合适行为的强化,提示性的信息,应用知识的能力,对个人信息可应用性的信任程度,等等。跟评估师一起讨论,会揭示规划者并没有发展出一个清晰的理由,并将项目建于此理由之上,或者揭示出他们没有对评估反馈作出改变的自由。在搜集任何数据之前就认识到这些情形,就是评估师的贡献(Cook and Shadish, 1986)。

如果要判断一个项目是否有可资利用的理论基础,那么构建一个影响力模型(impact model),表明项目要素是如何引导参与者实现预期的改变的,这是非常有帮助的事情(Lipsey, 1993)。本书有几个地方都会提及影响力模型。简言之,影响力模型就是一个图表,从页面的上方列明构成了项目的那些活动,而项目的预期结果则列在底部。图2.1

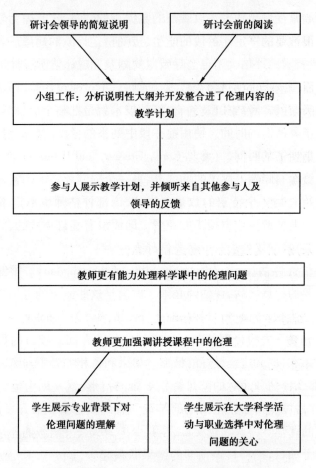

图 2.1　科学教师研讨会的简单影响力模型:研究与政策
中的伦理问题

就是一个假想的影响力模型,项目是为了提高科学教师在讲授伦理问题方面的能力。各项活动位于上部。研讨会的目标涉及作为参与人的学生;这被列举在下部。图表的中间是中间环节的结果,这也是研讨会领导认为必须实现的目标。影响力模型会帮助评估师判断要观察和测度什么东西。最好的评估涉及评价项目活动的质量(例如,忠实的执行),中间结果的实现程度(例如,研讨会中教学计划准备的质量),作为参与人的学生掌握伦理问题的程度。如果仅关注学生的目标(底部方框中的要点),而且也没有发现改进,那么我们无法知道哪里错了。图 2.1 是一个非常简单的影响力模型,但是它仍旧有价值,因为它促使利益相关者观察项目的要素,并跟踪预期结果的实现过程。它也告诉评估师去思考测度什么。

规划评估

　　一旦决定执行评估,就要认真地开始规划了。检查类似项目的研究出版物和评估报告,决定最好的方法论,准备书面计划书,这些构成了准备阶段。

检查文献。 如果评估师的工作领域是崭新的,那么在设计或开发新的工具之前仔细搜寻文献就是很重要的事了。评估师能够从其他人的成功与失败中学到很多,而且能够获得有关方法论的、政治的还有实际困难的图景,而这些困难又都是必须克服的。在搜集出版物方面,现在比过去更容易了。在大学与公共图书馆,可以通过互联网获得研究文献。对医疗、精神健康以及教育项目的评估,MEDLINE、PsycINFO 以及 ERIC 都很容易获得信息。很多特殊的系统也被开发出来,使文献搜索很大程度上摆脱了单调沉闷。一旦搜集到了某些报告,这些文章的参考文献也会提供额外的参考。表 2.1 仅提供了一些可以在互联网上获得的、有助于规划项目评估的站点信息。

在阅读以前的工作报告时,评估师在头脑中考虑几个关键问题:评估过的项目以何种方式跟正要考虑评估的项目相类似? 什么样的研究设计被使用了? 某些测度结果的标准能够被采用吗? 测量的有效性和可靠性如何? 使用了什么样的统计分析? 报告之间存在共识吗? 如果结果相互冲突,那么冲突是来自于不同的抽样方法、研究设计,还是解释? 还有什么问题没有被阐述?

规划方法论。 综述好文献之后,评估师就要准备做出有关抽样程序、研究设计、数据搜集、统计分析的决策了。以后的章节会来阐述这些话题中的一部分,但是现在就预先了解这些主要的问题,并说明这些决定是如何有助于规划评估的,也是有意义的事。

一旦项目的目标总体被识别,评估师需要考虑,是使用全部总体、一个随机样本,还是依据其他理由而选择的样本。包括全部总体的一个理由是政治性的:如果有某些人没有包括在内,他们会反对。如果所有的员工都有机会参与,而非进行随机样本评估,那么大机构内部的评估更容易被接受。如果州审查长办公室正在评估一个全州范围的项目,明智的做法是从每一个县,至少也要从每一个议会选区来搜集信息。

如果需要考虑特殊类型的参与人,确保样本中有这些类型的代表就是明智的。如果是在不同的社区提供项目,那么评估结果的置信水平就会因评估师特别考虑了来自不同的项目地点的参与人而增强(Campbell,1986)。例如,在一个大型城市学校系统内有关阅读项目的评估,就可以基于那些学生可以代表不同种族和经济背景的学校,而不是仅仅从所有学校中选取一个随机样本。

为了减少花费并及时完成评估,通常必须要对参与人进行抽样,而不是观测全部总体。选择代表性样本的策略,配置资源以尽可能多的从那些样本中获得数据的策略,跟漫不经心地试图包括整个总体相比,会帮助我们找到更有代表性的样本。比如,100 人构成的随机样本中 75% 的回复所提供的信息,就比 1 000 个人构成的随机样本中 15% 的回复更有效,尽管第二个样本是第一个的两倍大。没有受过社会科学研究方法训练的观察人员通常会强调样本容量大小而不是它的代表性*;这种错觉可能要求评估师向利益相关者讲授一点抽样理论。

---

* 这部分的观点,可能跟某些统计理论不完全一致,请读者仔细辨别吸收。——译者注

表 2.1   有很多站点可以帮助规划项目评估。这里展示了一些。花些时间搜索一下是值得的,因为有很多有价值的信息

美国联邦政府	健康研究与质量局(Agency for Healthcare Research and Quality)	www.ahrq.gov
	疾病控制中心(Centers for Disease Control)	www.cdc.gov/eval
	教育部(Department of Education)	www.ed.gov
	健康与人类服务部(规划与评估)(Department of Health and Human Services (Planning and Evaluation))	aspe.os.dhhs.gov/pic/index.cfm
	教育资源信息交易所(Educational Resources Information Clearinghouse)	www.eric.ed.gov/
	药物滥用与精神健康服务局(Substance Abuse and Mental Health Services Administration)	www.samhsa.gov
	美国调查局(U.S.Census)	www.census.gov
说明性质的州政府站点	佛罗里达青少年审判部(Florida Department of Juvenile Justice)	www.djj.state.fl.us/research/research_index.html
	明尼苏达立法审查办公室(Minnesota Office of the Legislative Auditor)	www.auditor.leg.state.mn.us
基金会	凯洛格基金会(Kellogg Foundation)	www.wkkf.org/
	罗伯特·伍德·约翰逊基金会(Robert Wood Johnson Foundation)	www.rwjf.org/research/index.jsp
大学	哈佛大学(Harvard University)	www.gse.harvard.edu/hfrp/eval.html
	西密歇根大学(Western Michigan University)	www.wmich.edu/wvalctr/ess.html
机构	美国评估协会(American Evaluation Association)	www.eval.org
	联合国儿童基金会(UNICEF)	www.unicef.org/publications/index.html
	美国劝募会(United Way of America)	National.unitedway.org/outcomes
	世界银行(World Bank)	www.worldbank.org/ieg/

不管如何进行抽样,评估师都知道有些人会不配合,而有些人则无法配合。这样的话,我们建议,要找一个比必需的样本更大的样本。及时地识别出那些不参与的人和那些在不同时点退出的人的特征,都是很重要的。损耗率(attrition rate)以及损耗的原因,都会对数据所支持的结论带来影响。

成功案例法不会使用代表性的样本,而仅仅是包括了那些在实现目标上表现得特别成功的参与人。在形成性评估中，为了取得成功要知晓什么样的参与模式是合适的，基于这样的目的，有十分充分的理由去寻找非代表性的样本。许多利益相关者会对以这种选择方式挑选出来的样本感到不舒服。所以在规划时要时刻记住评估的目的，这是十分关键的。成功案例法可能并不适合于累积性评估或者质量保证型评估。另外，挑选出的成功参与人是因为他们遵从了项目的行为，而不是因为在项目开始时他们比其他人准备得更好，这也十分关键。

在选择方法论时另一个关键步骤就是选择研究设计。这种选择取决于很多约束，比如评估的目标，利益相关者的偏好，项目必须完成的时间以及可用的资金。一些评估仅仅需要有见识的评估师进行一些访谈即可，而其他的则需要创造性地审查现存的记录（参见第7章中的评估师传略6），还有其他的需要使用类似于基础研究中的设计，要涉及随机分配项目组和控制组。我们强调的是，评估师应该保持一种弹性，要选择跟利益相关者需要匹配的方法论，而不是日常使用的受欢迎的方法。如果利益相关者参与到方法论选择中，并且理解基于什么样的理由那种方法被最终选择，那么评估项目会进展得更加顺利。

使用来自不同来源的多项标准会为评估带来最好的信息。项目参与人自身就是最重要的而且容易获得数据的来源。他们会描述对于项目的反应和对项目的满意度，同时他们也会描述他们现在的行为。参与人周围的人，比如家庭成员，有时也会提供出信息，特别是当参与人非常年幼或者缺乏行为能力的时候。项目员工和记录也很关键。对于某些项目而言，社区水平的变量是最相关的。最后，评估人员一定不要忽略自己的观察，这一点会在第8章的定性方法中详述。

数据搜集的日常工作机制通常会涉及现场的协调人，他会跟踪项目客户、员工还有其他个人，而这些人就是为评估提供数据的人。调研必须在合适的时间给予指导，声明稿需要更新，跟项目员工的关系也必须维护好。因为数据搜集很重要，也有点沉闷乏味，所以只有负责任的人才能承担这一任务。

在定量评估中，需要完成适当的统计分析。尽可能使用简单的统计分析程序将受到欢迎，这是因为接收结果的利益相关者中可能没有多少是统计专家。从理想的角度来说，利益相关者应该有能力理解针对结果的解释；他们不应该仅仅是对统计分析的复杂性留下深刻印象。有一种方法，可以解决这个问题，那就是我们在应用统计分析时，可以尽如所需地强调震撼力、复杂性，但是在展示结果时一定要使用百分比或者——更好的方式——图形。在评估的分析中，有些方法跟基础研究中使用的并不相同，而那些方法将在以后章节的若干地方中涉及。

在规划阶段，也必须认真考虑如何向利益相关者报告评估结果。通常来说，如果仅关注单个报告，那么评估师就会犯错误。相反，在整个评估过程中，要为汇报做好计划，这会更好地服务于利益相关者，也会对评估师所需的项目过程中建设性反馈有益。

第13章将包含一个扩展性的描述,其描述了多种汇报的渠道,评估师可以用来维护人们对评估的支持,并鼓励人们利用发现的结果。

提交书面的计划书。综述好相关文献,认真考虑前面概述的方法论要素,此后评估师应该准备好一份书面计划书。计划书被接受,就意味着评估师、项目部门、或许还有资助机构已经就项目之性质与目标、所需评估的类型、将被使用的准则与测度方式、项目评估的准备工作达成一致。从心理和实务的角度来说,要让项目员工理解评估过程,轻松地面对,甚至热心于即将获得的信息,这都是十分重要的。

对外部评估师来说,需要有正式的合同。这类合同将详细说明评估师需要完成的任务,以及任何由项目员工负责的任务。也应该详细说明那些进入成本估算的项目(items)。内部评估师可能没有办法坚持要有正式的书面协议;不过,在备忘录中列示一致的意见,并将副本交给项目主管和核心管理者,这会有助于确保不同的利益相关者对评估持有相似的预期。如果需要,对评估的预期也可以重新协商。使用书面的交流方式不应该被理解为缺乏信任,这是因为一旦记忆的东西不同,诚实的误解就会发生。在评估完成之后,这些不同会带来很多问题。

摒弃评估无用的观点

政治的和情感的因素会削弱评估工作。高效的评估师会试图识别这些因素,讨论相关的冲突,并进一步向利益相关者保证项目评估会按照规划服务于他们的需要。有些问题仅仅是对项目评估的误解。其他的问题则反映了组织内部真实的冲突,而恰是评估才使其呈现出来。

假定项目是完美的

多数人似乎都认为在很多方面他们比普通人强(Epley and Dunning, 2000),尽管普遍来说并不是这样。与之类似,项目规划者也普遍热心于他们工作的效果,并且很自信;事实上,很多人期望他们的新项目要有巨大的、积极的结果。门德斯和沃纳(Mendez and Warner,2000)表明,美国健康服务部发表的、到2010年要实现的成年人吸烟比率的缩减目标“简直无法实现”。如果评估师发现项目并不完美,项目规划者和员工会感觉到被出卖了。而如果一个新的项目是被希望用于改善一个已经存在的且效果相当好的项目,那么各种难题就尤其可能出现。

十分有必要帮助利益相关者估算改进的实际数量。例如,如果初级学校的孩子已经具备了适宜水平的阅读能力,那么新的阅读项目就无法极大地提高阅读水平。一旦阅读水平提高了一些,或者学生们更喜欢阅读了,那么新的阅读项目就可能被认为是成功的。进一步,许多人经历过的、一点小的改进可能就是非常有价值的(Cook and

Shadish，1996；Rosenthal，1990）。

还有其他的理由可以说明为什么巨大的效果鲜有发生。无论何时在将一组人群跟项目参与人群进行比较时，比较组通常也会接受某种服务。项目参与人极少与根本就没有接受任何服务的人群进行比较。与之类似，如果评估师比较的是相同服务的两个版本，而且二者都被认为效果好，那么两组之间是不可能存在巨大差异的。比方说，有一些有精神压力的病人在特殊的小组中被干预，另一组有精神压力的病人由他们自己的医生来治疗但是却没有特殊的项目支持，比较这两组时，二者都应该有改善，这是因为二者都会因为他们迫切的问题而接受治疗。

担心评估会冒犯员工

奥多尔蒂（O'Doherty，1989）描述了一个调解（mediation）项目的评估。调解是一种协商程序，有助于寻找解决法庭争议的替代方法；它花费更少，可以减少当事人之间的敌对情绪，而且还会减少到庭次数。奥多尔蒂发现，一些项目主管认为，向当事人询问调解员的工作质量会有损于他们的职业形象。一些大学教员似乎也表现出类似的反感，不喜欢学生评价他们的教学质量（Astin，1993）。那些寻求医生、律师以及其他从业人员的服务的多数人，在知晓这些人正试图了解如何更好地满足病人和客户的需要后，倒是会感到十分高兴。

担心评估会抑制创新

员工可能会担心评估会受到某些新变化的干涉，阻止他们实验新的技术。在过程评估和结果评估中，员工会认为评估开始之后，直到数据搜集结束，项目都不会允许出现变更。有时这是对的，因为项目中主要的结构变化将会改变项目的核心目标或者性质。在这种情况下，项目需要被修正。然而，这并不意味着临床医生或者项目人员，在项目的日常运营中，在宽泛的结构边界内部不具有某种灵活性。每一个项目都具有某种灵活性；评估不会限制这个。不过，不要试图在项目刚刚开始就进行结果评估，这是明智的；随着员工更加清晰他们的目标，重大的变化是可以发生的。

担心项目会被终止

尽管负面评估很少导致项目的取消（Cook and Shadish，1986），但是如果结果表明既定的方法根本就不如预期有效的话，评估很可能会导致项目的缩减或淘汰（curtailment or elimination）。然而，在资助者缩减解决特定问题的项目之前，他们通常会面临某些压力以决定将其置于何种合适的位置。因此令人不高兴的评估，更可能导致项目的精炼改进，而不是淘汰。

在规划阶段的早期，有效率的评估师会尝试让项目员工将自己看成是参与者，并共同分享要提供出高质量的教育、服务或医疗这样的目标。评估师能够帮助项目员工满足责任性标准,而这可能是继续被资助的一个条件。一个减轻焦虑的实践方法是让项目管理者看到希望,说明他们将会看到最终报告的草稿,并且会被问询其意见和澄清说明(见第 13 章)。项目主管的评论会作为附录出现在许多由地方或联邦政府评估与审计办公室所做的报告中。当然,如果项目并没有得到核心主管的完全支持,或其对项目质量有合理的担心,那么评估师是无法完全消除焦虑的。

担心信息会被误用

除了害怕项目被终止,人们也会考虑获得的有关员工绩效的信息会被误用。即使是能力很强的医师、主管、教师和其他的工作人员,也会关心功绩评价、未来的提升还有职业发展。绝对有必要将形成性项目评估跟奖赏高效员工的评估区别开。在教育领域(Astin, 1993)、医疗护理(Berwick, 1989)、工业领域(Dobyns and Crawfors-Mason, 1991)的很多作者都强调了这一点。

担心定性的理解会被取代

项目员工肯定会觉得,他们的观察,对改进项目的运营、评估其效果而言,是极有价值的想法来源。他们会认为,评估师的问卷、复杂的研究设计以及统计技术没有他们自己的观察和评价敏感。有时他们是对的。

尽管员工的主观评价可能带有偏见(见 Dawes, 1994),但是项目员工的想法的确是评估数据的极有价值的来源。通过搜集多种渠道的定性的和定量的数据,项目能够被改进。在阐释数据的时候,员工的主观观察是非常重要的。理想的办法是既不要取消定性的方法,也不要取消定量的方法,而是去整合来自这两种方法论的发现,这将会在第 8 章中阐述。

评估师不仅是通过认识到这个问题,而且是通过使用合适的方式清楚说明这种意识来赢得管理者和员工的信任的;而这种方式就是要消除项目员工的疑虑,再次确保人类服务的丰富性(richness)已经被恰当地尊重(Taut and Alkin, 2003)。在规划阶段的早期,项目员工可以被保证只有在他们认真评价了项目计划书之后,评估才会开始,并相信他们关心的事情已经被合适地表达出来。

担心评估会耗费项目资源

前述六个问题集中于评估的不同方面,而不是评估这个概念本身。一些反对评估的意见,攻击的恰是项目评估的思想。员工们可能会控诉项目评估从服务中直接耗费金钱和能量(Botchewa, White, and Huffman, 2003)。恰如所述,这是正确的。然而,主要问题是评估是否会改进服务。不把钱花在评估上,就是在冒巨大的风险把钱花在价值未知的各种服务上。今天已经很难找到一个由政府机构或者私人基金会资助的、但是却不需要评估的项目了。我们可以通过一个更加务实的方法来劝说不相信这种责任性论证的人:评估,如果做得好的话,会有助于项目吸引更多的支持和资源。另外,趁心如意的评估可以营造一个有助于有效项目审批的新环境。

担心失去对项目的控制

不管评估是由内部评估师还是外部评估师展开的,员工和管理者都会担心他们关于项目提供方式的决策权将会被削弱。这种担心毫无理由但是却很普遍。员工会认为他们可能无法控制送给资助项目的机构主管的项目信息。除非员工们知道项目显而易见就不充分或者欺诈已经发生,否则就可以通过某种方式减轻这种担心,而那种方式就是:要密切围绕项目展开工作,进而使评估既表现出有力的一面,也表现其弱点。有时项目可以通过评估来增强控制,这是因为评估会为向项目配置更多资源的情形提供证据。

担心评估没有影响力

一些批评家指出评估通常对项目没有什么影响力。有很多有效的资料支持这种反对的观点;当发现他们的报告被弃之一旁时,评估师经常会感到沮丧。然而评估师应该记住,在评估要被使用的时候,他们的结果仅是决策背后多种因素中的一种。因为评估师在复杂的机构背景下工作,所以他们的工作结果对决策而言必须及时且重要(Cronbach,1982)。设计良好、认真执行的研究只有在涉及组织中的重要问题时才是有价值的。如果评估师表明评估对暂缓决策而言是重要的,那么他们就提高了评估被利用的胜算概率。

这些观点的效果

与对评估有担心的利益相关者密切合作,会指引利益相关者试图采用的方法。利益相关者可能会向评估师施加压力,令其使用边际上有效的方法,这样就可能会产生预先注定的结果。从理想的角度来说,在利益相关者和评估师之间进行讨论,将会揭示出可行的、应该采用的更好程序。开放式的讨论应该减少或解决不合理的担心;不过,评估师不应该忽略对评估的性质的威胁。有时,机构内强势的利益相关者会试图控制内部评估师。对内部评估师而言,一个解决这种影响力的方法就是以评论小组的方式寻求外部的支持。评估师传略 4 中,罗宾·特平(Robin Turpin)就描述了她是如何抵制这种压力的。

评估师传略 4

罗宾·特平:减少政治影响力对方法论的影响

罗宾·特平为 Merck & Co.公司(一个医药和其他健康产品公司)进行评估工作。特平博士从芝加哥洛约拉大学获得应用社会心理学博士学位。她的工作包括生命质量问题研究,管理多点评估(multisite evalutaions),为女性老兵提供健康护理,以及监管规划。

这些评论来自于她对获奖的回应,而问题则来自于美国评估协会 1988 年的"主席问题"(President's Problem)。问题是要找到避免或抵消政治压力的建议,因为这些压力会导致评估师在规划评估时作出非最优的决策。特平博士认识到对评估师的潜在压力问题,这些压力要求保证结果跟大机构中强有力的集团的预期一致。她建议不要忽略或者在政治压力的环绕下工作,评估师应该评估压力的潜在水平,并尝试去削弱它。"比方说,评估师正面临压力,要求使用最可能产生合意效果的方法;要坚持通过顾问或者专家小组来评论一下(这种方法),这会给评估师带来抵御其他(更好)方法的充分力量。"通过抵消不适宜的压力,特平博士希望使评估尽可能可信;没有可信性的评估是不会被使用的。

来源:Winner of the 1988 President's Problem,1989. *Evaluation Practice*, *10*(1),53-57.

总结与预习

仔细规划评估项目有助于使评估开局良好。要知道,建议的步骤是为了帮助评估师对那些对项目有重大影响的人的需要做出反应。反应积极的评估师会面临更少的在本章第二部分中列举的烦心问题,而跟那些似乎忽略了利益相关者需要的评估师相比,就更是如此。

下一章关注的是一个核心问题——详细说明设计高明而且结果成功的项目的执行准则和绩效准则。在选择准则上有欠考虑,将会使一项有用的评估的努力被否定。

学习问题

1.将评估规划的步骤应用于第 1 章开始时提及的设想的性骚扰预防项目。如果你正在考虑评估这个项目,列举需要做的事情。

2.你认为,哪一个评估模型最适合校园性骚扰预防项目?

3.你可以设想一门大学课程作为一个项目。(实际上,三个小时的课堂上课比许多社会服务项目都需要更多的时间和精力。)项目的要素包括:(a)阅读任务;(b)课堂讨论;(c)讲授;(d)作业,例如学期论文。大学或将来的雇主看重的结果包括:(a)内容的掌握程度;

(b)信息管理技能的发展,例如写作、论证分析、信息综合;(c)宏观能力的发展;比如组织能力、自律以及维护良好的人际关系。需要什么样的直接步骤以便从项目要素中获得结果所需的技能?

4.设想你是一所大学的研究机构办公室中一个评估项目中的成员。心理学系主任要求你评估一个称为"社区心理学"的研究生项目。列举出利益相关者。需要向主任咨询的首要问题是什么?哪些评估模型似乎最适合于这个评估?

5.如果主管要求评估办公室评估一个项目,并表明项目管理者和员工并没有意识到评估正在行进。哪些评估模型适于这样的情况?

辅助资源

Card, J. J., Greeno, C., and Peterson, J. L. 1992. Planning an evaluation and estimating its costs. *Evaluation & the Health Professions*, 15. 75-89.

当被要求估计项目评估要花多少钱时,多数评估新手会无所适从。当受到压力时,多数人会相当大地低估完成哪怕是中型项目所需的时间。这些作者为完成不同步骤可能花的时间提出了建议。进行成本估算的评估师需要记住,最初的讨论以及计划书本身都应该被付费。如果被要求估计维护并运营一个办公机构会花费什么,那么提出成本建议将会更加困难。

选择准则并确定标准

　　成功的校际运动项目的最好测量标准是什么？赢得比赛的比率？售卖掉的门票数量？校友对运动队的挚爱程度？毕业后学生运动员的成功程度？还是通过运动队吸引来的媒体对大学的合意关注？一些大学校长和教员认为，好的运动项目的准则已经发生了太多的变化，更加关注于赢得比赛，而偏离了对运动员毕业后学术成功和生活成功程度的关注。事实上，在一些出名的学校只有很小比例的篮球和足球运动员能够毕业。对少数成为职业运动员的人而言，没有完成大学学业似乎对挣钱能力没有什么影响。对其他人而言，不能毕业会限制他们未来的职业机会。有些人会认为这并不重要；篮球和足球的收入足以支持整个体育项目，同时，因为没有人强迫学生去参与，所以学业成绩主管不应该反对一件好事情（"Graduation Rates，" 1999；"Students Cheated，" 1990）。

　　对用于评估中的准则进行选择的争议也存在于政府政策的不一致之中。比方说，改善国家经济福利的整体水平比改善特定经济条件的穷人更重要吗？类似地，日常生活中的判断和偏好也取决于准则的选择；不过，我们所使用的准则通常是隐含的。如果我们在试车，那么我们使用的准则包括舒适程度、操作的容易程度、路面视野的清晰度，或许还有我们的朋友所认为的"酷"的程度，以及其他准则，尽管我们从来没有把这些标准写下来。人们对不同汽车的合意性产生争议，通常是因为在选择时他们使用了不同的准则。对某些人而言，吸引人的外观设计比可靠性更重要；对于有好几个孩子的父母而言,更大的后座就比对第一次找工作的单身人士而言更加重要。

不管我们是否思考它们,我们的确利用各种准则来使我们做出区分辨别,并形成偏爱,比如当我们选择食品、朋友、教堂还有汽车的时候。如果评估一个项目或者产品,我们也需要开发或者选择各种准则和标准,而方式就是一定要比我们日常生活所需更加明晰。如果没有开发出清晰的、合适的准则以及特定的标准,那么我们就无法对很多项目的价值达成一致,比方说针对惧怕数学的学生的咨询项目,贫困家庭的食品券项目,或者失业人员的培训项目等。在第 1 章中我们曾提及,评估的传统模型,使用的是提供或资助项目的人的主观评价。这种非正式的评价已经不再被人们所接受,特别是当项目是由公共基金所支持的时候。本章描述了详细说明项目评估价值准则的必要性,定义了不同类型的准则,阐释了很多评估问题,并且阐述了在说明什么才算项目成功之后,这些问题是如何被轻易解答的。

有用的各种准则和标准

仅是选择一种定量方法,进而达到用数字替代主观判断的目的,这是不能满足建立准则(criteria)的需要的。要点是选择准则并开发出项目质量的标准(standards),这才会允许我们开展有用的项目评估。很多评估师强调合理的研究设计的重要性(在后面的章节中我们也会这么做);然而,就像一个链条,其强有力的程度恰取决于它最弱的环节一样,选择准则时有欠思考注定会导致评估的失败,这跟不合理的研究设计所导致的结果完全一样。选择标准时考虑错误,就不可能从评估中得到任何结论,甚至当评估以其他方式规划得十分良好时,也是如此。

反映项目目标的准则

缺乏很认真的规划以及对项目的彻底理解,就十分容易选择出那些不能够反映目标的准则。许多观察家认为,"头脑开发"项目——一个针对贫困家庭的受到欢迎的由联邦资助的学前项目的最初评估(Cicarelli, Cooper, and Granger, 1969),就出现了致命伤,缘由是使用的测量智识技能提高的方式跟早期测度成功的标准是一样的。与之相反,拉扎尔(Lazar, 1981)认为,"头脑开发"最重要的方面是在教育子女的过程中父母的参与。人们希望低收入家庭的家长的参与——其中很多人通常很少参与到子女的教育过程中——能够一直伴随他们孩子的成长。这样的话,"头脑开发"就会增加这种可能性,即低收入家长会去鼓励孩子的发展,协助他们完成作业,并确保他们的孩子会去上学。如果家长采取了这些行为,那么这些活动就会对孩子产生长期的积极影响,而这些影响远比孩子们在"头脑开发"课堂中获得的特定知识更加重要(Leik and Chalkley, 1990)。

一个循环利用项目的成功准则应该是什么? 因为居民在垃圾被取走之前必须给

他们的垃圾分类,所以似乎很合理的事情就是度量搜集到的可回收材料的数量,并作为结果的标准。但是有很多报告说材料是被搜集上来了,可是接着就送到了常规的垃圾填埋场。真实的成功准则是以某种方式再利用的材料(数量)。实际上,再利用项目是相当复杂的。为了努力取得合意的结果,居民的合作是必要的,还要有跟分类设施相一致的高效的搜集系统,进而还要把各种材料分配运输到适宜的制造商,并由他们寻找到需要他们产品的消费者。成功准则可能会看起来有效,但是却没有测度出实现项目真实目标过程中的成功。

度量评估准则的时机选择也可能使项目目标无法得到反映。一个项目可能有积极的直接或短期效果,而边际上有长期效果。一个身体健康项目在改善肌肉结实度方面可能相当有效,但是对项目参与者十年以后的身体状况和健康没有效果。另一方面,一些大学校友评价说,一位教师对他们的发展如何如何有帮助,即使他们在学校时这位教师被认为是挑剔的而且很难打交道。这里,长期效果似乎比短期的更加合意。评估师会尝试在合适的时机进行观察,要能够正确地反映项目目标以及参与人的需求。

员工能够影响的准则

如果项目员工认为项目的评价是基于他们无法影响的准则的话,那么评估师可以想象他会遇到相当大的抵制(Torres,1994)。例如,制造企业的雇员会感觉到他们的效率受到了他们使用的设备的质量限制。在评估他们的工作是否做得足够好的时候,就要考虑这种限制。一些大学教师反对使用学生能力测试来评估教学效果,这是因为他们认为学生的成绩水平反映出来的是学生的努力程度,而这至少和教师的能力与努力是同样重要的。另外,学生进入大学时就带来了不同的、已经发展了的技能水平;这样的话,准备更充分的学生会以更好的技能毕业。阿斯廷(Astin,1993)试图找到聚焦大学期间经历的水平提高的评估方法而不是关注毕业时的成绩的方法。他建议考虑学生们花在非学习的工作上的时间。有些人的成功依赖于其他人——教师、咨询师、教练、管理者就是如此,与那些能够更直接地控制自己的努力结果的人相比,他们面临的情况更加不确定。评估师的挑战就是找到一些方法来清楚说明度量方式和各种准则,令其真正能够反映员工的努力程度,且是大家都同意的项目的核心目标。

能够可靠而有效地度量的准则

如果相同条件下的重复观测本质上产生相同的数值,那么这个度量工具就被称为是可靠的。甚至是物理学的测度的可靠性也不是完美的。评估师所关心的测度变量都是比物理学变量更加不稳定的变量;因而,评估师所做的观测,通常来说,就比我们预想的更不可靠。设想一下,我们想使用父母的参与作为评估"头脑开发"项目的一个准则。父母的参与会受到工作计划、交通问题、健康、对其他孩子的看护责任的影响,还包括其他的有时会导致参与变得很困难的问题;而其他时间里,参与进来就会更加方便。父母的参与,跟体重、阅读水平或者健康状况这类稳定的变量是相当不同的。

在社区层面,如果犯罪预防项目具有某种效果,那么尝试测度那些不具可靠性的准则会使研究变得很困难。除了实际的犯罪频率(the actual frequency of crime),官方的犯罪率会受到受害者报告犯罪的意愿、警察记录报告的方式、一年中的时间与天气、媒体对最近的十恶不赦的犯罪的报道的影响。这些因素会导致表面的社区犯罪水平上下波动。评估师寻找的是那些能反映项目成果的变量,而这些变量也就是那些尽可能稳定的且能反映合意成果的变量。在本章的后面以及以后的章节中,我们会讨论那些有助于提高可靠性和有效性的测量程序。

利益相关者参与选择的准则

一项特定评估的准则应该由评估师和参与项目的利益相关者密切磋商来选择。如果利益相关者不接受选择的准则,即使其是合适的,评估也不会带来本来会有的影响。这并不意味着评估师仅需使用利益相关者想要的准则和标准。利益相关者极少受过评估方法论的培训。如果对合适的准则和标准的意见不一致,评估师可以花一些时间,跟利益相关者对话,并确保所有方面都对讨论到的标准达成一致(MacGarrell and Sabath, 1994)。请关注评估师传略 5 中对这一过程的评论。

评估师传略 5

乔森·S.侯雷:利益相关者与评估准则

乔森·S.侯雷(Josen Whloey)在哈佛大学获得哲学博士学位,现在是南加州大学(华盛顿中心)的教师。他的工作集中于改善公共机构和非营利组织的绩效和责任性。他创造了"可评估性评估"(evaluability assessment)这个术语,用来描述审查项目规划和结构的过程,以便于评估师判断一个项目是否能被评估。

在一次访谈中,侯雷博士谈及让利益相关者同意评估准则的必要性。他说:"我回忆起作为一位评估师,为田纳西卫生部工作的经历,跟项目(服务)人员一起工作;他们认为胎儿保健项目目标是提供各种服务,而拨款的政治家们确认的目标是减少婴儿死亡率。评估师的作用……是帮助人们在不同的层面上(州政府的项目协调者、地方项目协调者、部门主管以及健康委员会代表)决定什么才是他们的项目试图实现的目标……"。"我们设计的项目目标是提供有关胎儿的服务,这会导致(在)低体重儿童发生率方面的(某种)减少。低体重儿童出生率的减少将会导致婴儿死亡率的减少。(项目人员和政治家们)就直接目标——减少低体重儿童的出生率——达成一致,这就是一个合适的目标……"。

改编自:Johnson, P. L.1990. A Conversation with Josen S. Whloey anout the Program for Excellence in Human Services. *Evaluation Practice*, *11*(1),53-61.

选择标准和准则的行为也是会变化的,这依赖于项目开发过程中的哪个特性会被详细地调查。项目会经历很多阶段:计划书准备、规划、最初的实施、实际运营、扩展、收缩、合格程度鉴定以及再鉴定。评估一个计划的准则和标准,会跟评估一个运营项目的实施情况的准则和标准有显著的不同。

此外,准则也会因评估项目类型的变化而变化。教育的、健康的、犯罪审判的、市场营销的以及培训的各种项目会在很多方面表现出不同,比如它们的侧重点就不同,而且利益相关者集团的相对力量、有用信息的传统类型、可用的评估研究所需要的资金支持就都不同。在开发成功的项目标准之时,这些不同就会发生作用,而且在设计项目评估时它们也需要被考虑。尽管内部评估师是被一个特定的机构所雇用,但是他们也会审查不同机构的各种功能;这样的话,在他们的工作中就会经历相当大的多样性。许多评估师发现,有机会跟不同的项目合作,是他们工作的一个回报相当大的特征。

开发各种目标

为了知晓我们的目标实现得有多好,我们就必须知道我想实现的目标是什么。有时,人们开始汽车旅行,头脑中并没有目的地。如果驾驶就是令人高兴的,或者希望看到的就是景色的变化,那么没有目的地也会很好。但多数人想要的是到特定的地点旅行。如果利益相关者不能决定一个培训或者服务项目希望实现什么目标,那么就几乎没有理由开展项目或者进行评估。需要说明的与目标相关的几个问题包括:对于目标有清楚的想法吗? 对于目标是否有不一致的意见? 如果是这样,那么这些不一致的意见是相互不兼容的还是能够互补?

关于目标需要达成多少一致?

有时人们非常不清楚通过项目会取得什么结果(Cook, 2000; Mathison, 1994)。社会团体可能感觉到有问题存在,并且希望能够提供某种服务,但是仅仅是说我们希望人们有教养、健康、幸福并不能使我们开发出项目去帮助他们。换言之,仅是使用非常抽象的词汇陈述目标可能会吸引到资助者,但是对设计一个项目或者评估已经开始了的项目而言,却几乎没有什么帮助。抽象目标可能适合于美国宪法或者机构的使命陈述,但是如果人们试图开展一个操作项目,那就不合适了。如果没有人能够更具体地描述出相关目标,而是只能够说"我们想对人们授权"、"我们想提供优异的医疗服务"或者"我们需要优良的教育",那么就真的没有理由去开始规划行为。

一旦利益相关者能够描述他们持有的特定目标,即使这些目标差异很大,但也算是取得了进步,并且协商也可以开始了。如果目标相互冲突,以至于到了实现一个就必然不能实现另一个的程度,那么项目就会被暂缓了;一个家庭不能同时既在巴哈海滩(Baja Beaches)又在加拿大落基山脉工作。与此类似,一个篮球教练不能指导一次高强度、高得分的进攻,而又要求有严密的防守;而癌症治疗也无法做到在使用实验性药剂进行侵入性治疗的同时还让病人感觉十分舒适。规划人员可以跟利益相关者团体合作,找到相互都认可的替代方案,或者界定清楚不同的情形,并且其中一种情形对应于一种政策而非其他政策。人们会有办法说明,针对一个病人的状况,何时应决定使用侵入性的(但是却不舒服的)治疗,而何时目标仅仅是维持舒服的状态,并暂时中止密集的治疗同时尽可能减少痛苦。

有时人们持有的目标并不相同,不过却也不是互不兼容的。没有大学教师会在学生应该实现的目标上达成一致。一些教授希望详细的知识,另一些则是概念的清晰度。一些关心能够就业的毕业生的发展;另一些更加关注学生开发出合理的生活哲学。在多数大学,这些不同的观点共同存在,而学生则被置于多样性的教授和课程之中。在这样的环境下,相互尊重不同的观点才会使组织运转下去。

不同的目标类型

一旦项目已经被规划并实施,那么就有不同类型的目标可以用来评估。证实项目已经在正常运转中,并且知晓短期目标和长期目标是否已经被实现,这些都是很重要的事情。

实施型目标。所有项目在其可能实现任何结果之前,都涉及某些活动(Durlark and Ferrari, 1998)。例如,在提供任何服务之前,必须购买设备,同时雇佣并培训员工。如果这些活动没有发生,那么试图了解预期的结果是否被实现就没有什么意义。框3.1包括了许多评估师需要考虑的目标,这是一个追踪大型商家存货的新计算系统有效性评估的项目。实施型目标是指那些关注于及时安装硬件的目标。其他实施型目标则关注于雇员培训。

在试图评估一个项目的有效性之前,要证明其是存在的,尽管这一点似乎十分显然,但是某些利益相关者和评估师会忽略这个步骤。他们似乎认为,如果一个项目开发者已经说了将会做某些事情,那么就可以安全地认定其会按计划发生。通过反问的方式,一个大学的科研副校长挑战了"实施型目标评估必须是项目评估一个组成部分"的主张:"难道我们不认为这些人是可敬的人吗?难道我们不能认为,如果他们说他们会做什么事情,那他们就会去做吗?"有能力的评估师对此的回应是,这几乎不是一个人格问题。相反,这通常是由于无法预见的问题导致计划无法执行的问题。在试图知晓项目影响了参与方之前,要证实项目计划已经被执行,这一点是十分关键的。

一个研究生团队试图评估一个项目的有效性,在该项目中,大学教师自愿邀请计算机学院新生到家里吃晚饭,为的是鼓励新生更近切地了解这个学院。每一个教师志愿者拿到了10~12个新生的名字和地址。评估师发现,40%的教师志愿者没有邀请任何一个学生到家里去。被邀请的学生中,只有60%的人去了。这就意味着,项目至多是 36% 被实施了。既然教师都是自愿的,那么问题就出在规划阶段了:一些教师没有预想到任务的难度;另一些可能误解了他们同意的且应该做的事情;还有一些人没有事前征得配偶的同意。由于评估中没有包括实施目标评估阶段,所以评估师无法知道项目至多只会起到规划时的三分之一的作用。

直接型目标。 直接型目标是指,如果项目被适当地执行了的话,那些预期作为结果发生的目标,但是其并不构成项目的最终目标。例如,所有的学生都应该有教科书(实施型目标),并且他们应该及时阅读作业任务(直接型目标),但是真正的成功准则远远不是阅读作业那么简单。在框 3.1 中,存货系统的绩效就是直接目标的核心。如果机构的效率被提高了,那么新系统的绩效也需要满足一定的标准。如果确实如此,那么就有更好的机会去在项目质量上获得改进,并减少顾客抱怨。

结果型目标。 即使框 3.1 中的存货系统如计划那样运转良好,我们仍旧需要了解顾客服务是否真正变得更好了。我们不能满足于仅仅是证实了设备在工作;我们必须审查结果型目标。最理想的结果(模式)将会是项目已经按照计划实施,直接的目标已经实现,同时结果是受欢迎的。即使这样,我们仍旧没有决定性的证据说明是项目实现了这些有价值的结果。不过,忠实执行项目并发现好的结果,跟我们相信项目的可靠性是相容的。

框 3.1　某个项目的目标,对所有层面的项目都有参考价值。

实施型、直接型、结果型目标都反映在该框中。(改编自 Marshall,1979)

存货控制系统不同类型的目标

实施型。 计算化存货控制系统中获得基本硬件和人员之类目标的一个例子。(这是一个"启动"目标。在此目标实现之前,不会发生任何事情。)

- 6 年内,系统将会在 42 个工厂地点安装——4 个是在第一年,6 个是在第二年,此后每年 8 个。

直接型。 确认存货系统运转良好的方式包括在第二层面的目标陈述中。(实施型目标的实现并不能够保证直接型目标的实现。)

- 系统能够处理 15 000 个存货项目(items)。
- 利用系统,项目(items)能够在平均 2 秒的时间内被定位,同时要求超过 8 秒的搜寻不超过 5%。

结果型。 尽管实现前两个层面目标对项目的最终成功而言十分关键,但是还需考虑额外的目标。(使用计算化存货系统的真正理由是要对消费者产生影响。这些目标反映了消费者是否从企业获得了更好的服务。)

- 跟现有系统相比,提供服务的时间减少 20%。
- 跟现有系统相比,有少于 50% 的项目没有存货。
- 脱销项目的正式顾客投诉,以及对顾客信息需求的缓慢反应减少 50%。

　　还有其他的结果模式。设想一下,直接的结果已经满足(存货系统如约运转),但是消费者的满意度并没有提高的情况。那就意味着初始时对顾客感到不满的原因诊断是错误的。这样的话,顾客抱怨的原因必须从机构中不涉及存货系统的方面来寻找。任何情况下,如果评估的发现在某些方面显得混杂(mixed),那么黑箱评估模型的局限性就变得十分明显。实施型目标和直接型目标的信息提供了线索,会指引我们到哪里去寻找什么东西是错误的,以及如何去改进项目。

可以应用于所有项目的目标

　　批评家认为,使用基于目标的项目评估模型的人,会将关注的重点局限在能被清晰陈述的目标上,而对其他要素漠不关心(Scriven, 1991; Stufflebeam, 2001)。如果项目的其他方面没有被审查,那么基于目标的评估就会有重大的局限。避免这一问题的一个方法是,要认识到所有项目都会有多种目标,即使是这些目标在项目规划阶段并没有被列示出来。项目规划者几乎不需要陈述说:参与人要受到尊重,学生不应该培养出依赖感,或者人民不应该因为种族和性别而受到歧视。因为这些准则并没有出现在项目目标的列表中,所以有些评估师在项目评估过程中并没有处理这些问题。

　　所有项目也都有通常没被陈述出来的“不要有消极副作用”的目标。评估师应该努力做到充分熟悉项目和参与人,这样他们才能够识别出任何严重的消极副作用。百忧解(Prozac)——一种抗抑郁药品的消极副作用已变得十分明显(Glenmullen, 2000),尽管有人热心鼓吹广泛使用它(Kramer, 2001)。有时评估师会避免暴露在项目之中,以免误导了对客观性的追求,他们转而依赖调研和记录来提供评估数据。那些没有对项目、员工、消费者、客户、学生或者病人极其熟悉的评估师就是冒着忽视副作用的风险在工作。

评估的准则与评估的目标

　　由于准则和标准的选择是依各个特定的项目而不同的,所以不可能列举出评估师在从事特定项目评估时可能使用的准则。不过,许多一般性的评估问题却是项目评估的核心;多数评估都会包括其中的某一些。处理这些问题的价值观以及错误选择准则而带来的成本,都会在后继的部分说明。

项目或规划跟利益相关者的价值观相匹配吗?

　　教育的以及社会服务的项目会被设计成实现那些渗入了价值观的各种目标。例如,初中生的性教育课堂应该包括什么内容? 政府应该资助堕胎吗? 福利的接受者需要进行公共服务工作吗? 这些问题是不能通过列举事实来回答的。

　　如果评估师帮助利益相关者清晰表明了他们的价值观和假定观点,那么他们就提供了有价值的服务。例如,多数公民认为,美国的联邦所得税应该是累进的;也就是说,收入更高的人,应该交更多的税。2006 年最高的联邦所得税率是 35%。最低税率是 10%(Neikirk, 2001)。35% 与 10% 之间的差距是太大了还是太小了? 近年最高税率降得更低了。税率降低的效果很难精确地阐释,但是帮助人们判断税率变化是否明智,这样的努力是有价值的。数据不会影响到根本的价值观差异。不过,清楚说明价值观差异会使得数据搜集关注核心问题,而不仅仅是论证外围问题。

转谈一个不同的例子,公共住房项目被设计用来以可承担的成本建造足够的住宅提供给贫困人口。多数人都会同意,这个目标跟社会价值观相匹配。不过,大城市中,公共住房政策的实施方式却导致了贫困人口的聚居,通常是在高耸的建筑内,既没有培育出社区感,也没有为居民提供安全的环境(见"High-rise brought low at last,"1998)。从理想的角度来看,公共住房项目的评估应该包括价值观之间冲突的信息,而正是基于这些价值观才有了公共住房政策,并由之产生各种结果。尽管项目评估不能告诉任何人应该持有何种价值观,但是展示出发生了什么和希望什么发生之间的争议,将会是改进项目的一个重要推动力。

项目或规划跟将要接受服务的人群的要求相匹配吗?

部分人群未被满足的要求通常是形成项目的基础。最有用的项目评估比较的是人们未被满足的需要跟通过项目获得的服务之间的情况。失业人群需要能够引致就业的技能。如果一个优异的培训项目培训的是人们并不需要的技能,那么就不能实现目的。项目不能够从社区特征和被服务的人群中隔离开,然后再进行评估。

为了证实项目计划满足了被服务人群的需求,评估师需要进行需求评估(needs assessment),并将其作为项目开发的一个组成部分(McKillip, 1987)。需求评估的方法论内容介绍在第 6 章中。此处,我们想强调的是,审查项目参与人的需求在所有项目中都是很重要的。因为项目资源总是有限的,因此评估师在展示项目基本原理的工作中一个特别重要的阶段就是提供建议,以平衡项目选择过程中具有相互竞争性的各种需求。

项目是否如约实施了?

评估师审查项目计划,首先就应该知晓其可能的作用是否跟利益相关者的价值观相匹配,以及是否满足了推动项目开发的各种需求。其次,评估师应该比较项目的运营状况跟规划方案。观察家提供了很多例子,表明了在项目规划跟运营状况之间的不尽人意之处:那些得到外科手术植入安塔布司(Antabuse,即戒酒硫,用于治疗慢性醇中毒)的嗜酒者中,只有 8/31 的人的血检表明实施的是有益健康水平的药物处理(Malcolm, Madden, and Willianms, 1974);低收入人群被发现太难于到达目的,以致一个公共资助的家庭计划中心只能够为附近的大学生展开服务(Rossi, 1978);还有,在购物中心进行的胆固醇检测被证明是相当不可靠的,因此对需要知道他们是否应该接受医学治疗的人来说几乎没有什么用("Cholesterol Screening," 1990)。项目规划准确性的定量度量方式是可以开发出来的。而大部分实施失败了的项目,都可以归结到两个主要问题上来:员工发现项目无法按照计划来提供,以及价值观冲突削弱了主要利益相关者群体之间的合作。

那些无法按照计划实施的项目。如果服务所指向的人群直接拒绝这项服务,那么项目就无法如约提供出来。社区心理健康体系被用来服务于慢性精神疾病的病人,是在社区环境之下进行的,而非将这些人限制在大型州立的心理健康医院。人们认为,安定药物治疗会使得这些病人独立生活,或者跟家人生活在一起,这样的话,社区心理健康中心就能够提供支持性的护理和药物治疗。不幸的是,许多被允许离开医院的病人(discharged patients)拒绝这种治疗方式。由于不能够强制人们去社区医疗中心,还因为资金并不如预期那样充裕,所以这个项目无法像预期那样实施了。因此,社区心理健康中心扩大了他们的关注对象,寻找那些活动能力更强的病人来服务,而不是中心开始时预想的那些人。

有时,隐藏在项目背后的理论对局部条件(local conditions)并不敏感。帮助教师在小学中教授数学的课程项目(称作"新数学")规划得相当好,(尽管)数学内容复杂,评估结果表明其在开发过程中也很受欢迎。然而,在开发过程中的那些教师,比后来大规模实施时的那些教师受到了更好的培训。习惯于给学生演练乘法表的小学教师被期望去教授集合论(set theory)。另外,对多数父母而言,新的术语也使得他们无法给孩子提供任何帮助。令人失望的几年过去之后,这个新课程项目被抛弃了(Kolata, 1977)。基于目标的评估仅会关注于学生所学概念的程度,而无法侦查出新数学课程无效的原因:许多小学教师惧怕且不喜欢数学。

价值观冲突使彻底的执行变得不可能。那些试图改变东欧和前苏联经济体系的人们遇到了巨大的阻力,其来自于那些从旧的中央计划体制受益的人。此外,许多人偏好有保证的就业以及在表面上维持的低的食品价格,而不喜欢更自由的经济体中更好的经济环境的景象。对想要实现变革的国家领导人来说,这些根深蒂固的态度产生了相当有效的制约。与日常生活更近切的例子是,大学系主任要求教师花更多的时间给大学生做一对一的学术咨询,并报告咨询的情况。那些在研究过程中感到压力的教师,或者更关注于研究生教育的教师会找到办法虚构自己遵从了系主任的要求,而并没有改变自己的真实行为,或许会把在走廊中的简短交流描述成学术咨询。

取得的结果跟目标相匹配吗?

评估运营中的项目通常要审查该项目的至少若干个结果。创新性课程的开发者(的评估)将会包括学生成绩的度量,而广告宣传活动的计划人员通常要依赖于销售信息。甚至是宗教活动的项目人员也面对相关的结果,如当他们报告因参加活动而声明发生了重要的行为改变的人的数量的时候。

取得的结果的水平(the level of outcome)。判断观察到的结果是否良好,或者仅是微小不重要的,取决于我们对已经实现了什么的估计。换言之,在一年的阅读指导之后,三年级的学生比 9 月份刚入学的时候有更好的阅读能力;不过,学校董事会和家长并不会满意于任何水平的改进。整体改进也应该跟在三年级中的 9 个月之后的指导的改进效果成一定的比例。与之类似,足球球迷希望看到的是他们喜爱的球队做到的不仅是改进,而是应该更好;他们想要看到的是胜利。这样的话,在评估师和利益相关者详细说明目标时,也必须关注到他们期望有多大的提高与改进。

如果评估师第一次跟利益相关者合作开发结果目标的表述,那么有时他们会借用在统计学课堂中学习到的假设(hypothesis)写作的风格。在统计分析中,备择假设通常表述成,项目组的均值(mean)超过控制组的均值,$H_a: M_p > M_c$。在社会科学中,两组差异的程度(amount)通常并不表述出来(is often not specified)。这并不是物理科学中使用统计学的方式(Meehl, 1978, 1990)。在发展得更加成熟的科学中,跟观测的预期数值相对照的是实际观测值,并利用统计学方法去获知观测到的差异是否比抽样误差小(合意的结果),或是否比抽样误差大(不合意的结果)。基础性社会科学研究中使用的、形成于假设之后的而且被模型化了的目标陈述,并没有比列示出对学生、病人、学员而言合意的而且是实际取得的目标更有用。例如,在框 3.1 中,直接目标**不是**仅仅说新系统将会比旧系统**更快**。相反,而是具体陈述了一个最小的绩效水平。如果新系统在最低的情况下达不到那么快,那么这个系统就没有如预期的那般工作。受过社会科学研究方法培训的评估师通常在承诺具体目标时会感到有些困难,这是因为社会科学中的基础研究并不是那样进行的。对评估师而言,还有一些解决统计学问题的替代方法(见 E. J. Posavac, 1998, 以及第 13 章)。

如何详细说明预期结果的水平。对于设定具体的目标而言,教育与健康测度方式是发展得最为成功的领域之一。学术技能的标准被标准化的成绩测试广泛采用,同时物理学家在实验室测试时也完全知晓其正常的变化范围。在职培训项目的结果可以使用学员执行雇主所需任务的能力来具体表述。不过,被有效开发出来的标准化考试可能被误用。批评使用标准化成绩测试来评估学区情况的人(Cannell, 1987; Shepard, 1990)认为,如果使用标准化测试重复评估各个学校,那么教师会调整教学行为以适应这种考试,甚至于仅向学生教授测试的特定部分内容。林(Linn, 2000)发现,在一个学区使用新测试时,开始时分数会下降,但在接下来的每一年里会上升,这是因为教师逐渐了解了这个测试。

如果项目所处的领域中不存在详细的规范准则,评估师通常会冒风险允许项目员工来具体说明项目的目标。尽管在评估的所有阶段,评估师都需要项目员工这一利益相关者群体的相关努力和贡献,但是有经验的评估师经常会发现,项目员工将会对被观测的成功的水平**过于乐观**。如果可以找到相似项目的完整的评估材料,那么这些项目所取得的结果,能够为将被评估的此项项目应该取得什么样的目标提供信息。一项评估过的项目跟将要评估的项目匹配得越紧密,前人的结果就会越相关和重要。这些信息为详细说明目标结果的水平提供了一些原则。

结果与黑箱。此时我们重提黑箱评估的各种局限,读者可能会感觉我们大有炒冷饭 * 的意味;不过,项目员工、政府审计师以及普通民众很容易就掉进黑箱的陷阱,这促使我们继续强调这一问题。伊利诺伊总审计长批评了**过早成为父母**(*Parents too soon*)项目,一项州资助的项目,其目标包括减少青少年怀孕比率(Karwath,1990)。在辩护的回应中,项目主管则描述了评估一项预防性项目的困难,并提及了 1983 年至 1998 年之间伊利诺伊州青少年中被减少了的安全出生婴儿的数量。(使用这些数字时,要注意主管采用了黑箱评估的方法。)由于这几年间伊利诺伊州青少年的数量在下降,同时由于流产的数据并不为人们所知,所以出生率的减少并不能认为是支持了这个项目。此外,有如此多的影响因素对青少年怀孕比率产生作用,以致于使用黑箱评估模型解释任何结果时都会带来了无法克服的局限。如果这个项目已经详细说明执行目标、直接目标,以及最终的底线结果目标的话,那么这个主管就会处在一个更好的位置上对批评做出反应。后继的部分中,我们会建议一些方法以便把执行目标、直接目标和结果目标相互连接起来,并以此种方式表明项目正如设想那样运转,同时这也会增强评估的力量。

使用项目理论

无论何时,人们在开发服务项目或者干预项目时,都会假定问题的形成原因以及最好的改变问题行为的方法。不幸的是,这些假定通常并没有明示(Cook,2000;De-Friese,1990;Lipsey,1993;Posavac et al.,1995)。或是由于没有清楚陈述选择性干预所依赖的理论,或是由于缺乏概念框架把干预行为跟项目结果链接起来,所以很难做出有效的评估,或是改善干预的水平(Pion,Cordray,and Anderson,1993)。

为什么说项目理论会有帮助?起初,很多评估都在没有清楚陈述指导项目设计的理论的情况下展开。德费里斯(DeFriese,1990)悲叹到,相当多的跟健康治疗相关的项目说明,都没有包括可靠的、有关干预会如何起作用的描述。在一些社区精神健康中心提供的项目中,清晰陈述这些项目的逻辑是有很大价值的,这一点已经被证明(Yampolakaya,Nesman,Hernandes,and Koch,2004)。逐渐地,有一点变得很清晰,那就是缺乏理论,项目设计会更加缺乏效率,同时在缺乏概念的真空中执行评估也更加缺乏增进知识的能力(Chen and Rossi,1989;Donaldson,2003;Lipsey,1993)。

详细说明项目背后的理论会为规划人员、项目员工、负责获得资金的人以及评估人员提供帮助。在评论一个失败的社会福利项目时,埃兹欧尼(Etzioni)提醒我们,人

---

* beat a dead horse,意思是重提早已解决了的问题。——译者注

们"毕竟是很难改变的。"而政府和各种机构经常会基于这样一个假定来提出政策建议,这个假定就是干预能够促使人们在短期内在他们的生活方式上做出很大改变。我们采取行动,好像威胁把商店窃贼投进监狱,就可以阻止他们从店铺中偷衣服一样;还好像告诉糖尿病患者要减肥,而他们就会这样做一样;还好像向青少年表明如何回收苏打罐,就会使他们停止在沙滩上乱扔罐子一样。信息是重要的;没有适应行为的知识,人们是不会改变的。不过,也有充分的证据表明仅有这些知识是不够的,特别是跟生活中主要的影响力量——如同行带来的压力、家庭惯例、媒体模式以及简单的便利性——比起来,更是如此。有时,评估师在跟项目规划委员会一起工作时,能够引导规划者搞清楚他们的假定和暗含的理论,这也可能使他们重新关注他们的相关方案。或许,相关方案应该更关注实际的目标(realistic objectives),而不是因为受到太多的诱惑,而把项目基金到处使用但每一个地方却都只有一点点。

理论化思考的第二个价值就是我们可以识别出项目的直接结果而不仅仅是最终结果。我们还应该记得,不同的人群会对一个项目的不同形式作出反应。如果一个歌星或者明星运动员赞同项目的话,那么青少年可能会作出反应;而在另一方面,商业经理可能想看到一个提高社会关注的资金解决方案。在参与之前,大多数人都需要学会设想自己如何去开展建议的行为。一位邻居偶然听到了某一新宣布的她正与丈夫争论的社区回收项目。市民被要求在周五早晨把罐子、瓶子和报纸放置在一个橙色的容器中。她并不热心,并问她的丈夫:"你准备把垃圾每天晚上都分类吗?"已经有几十年了,他把苹果皮、早报、咖啡渣和空的苏打罐都放进厨房的垃圾筐。尽管把可回收的品种跟其他垃圾分离开在规划者看来是小事一桩,但是垃圾分类的观点对一些人来说却是很新鲜的东西。有关回收项目的公众信息应该包括如何以最便利的方式参与进来的详细说明。向人们描述遵循项目的人们在生活中实现改变的过程,将会使得项目更加有效。

拥有项目理论的第三个好处就是理论会帮助我们知晓在执行评估时应该关注哪里。利普西和波拉德(Lipsey and Pollard, 1989)评论道,在项目规划和评估中,采用"基本的两步"将会改善常见的做法。规划者能够详细说明:(a)作为改变的前提条件,刚参加项目之后应该发生什么,以及(b)一种更加体现最终结果的行为,此行为反映了项目的一个目标。接下来评估师将会开发度量这两点的方法。在项目被提供出来的过程中就知道其成败,会比知道最终结果是什么或者没有实现什么,带来更多的信息。应该特别关注为什么项目没有带来直接结果;或许,需要额外的资源,或者最初的理论就是无效的。如果直接结果实现了,但最终结果却没有实现,那么似乎表明连结项目活动跟直接步骤的理论是有效的,但是一定有很强的非项目影响因素限制了合意的最终结果的实现。

如何开发项目理论。人们更容易赞同项目理论应该被开发好而不仅是去开发一个(It is easier to agree that a program theory should be developed than to develop one)。有

许多方法可以用来开发出一个项目理论。首先,评估师可以跟项目的员工谈话。有时,对项目各部分是如何影响参与人,以及中间阶段是如何导致最终的合意结果的,员工们会有一个相当明晰的观点。如果员工不能够帮太多的忙,那么评估师会转而求助相似项目的研究文献。或许,有研究表明一个项目对受教育水平更高或者更低的人们更加有效。看起来似乎是十分值得留意的项目的特征可以被总结出来,并跟一个新项目的尝试性的方案相比较。

研究性文献包含两类可能是有用的材料。首先,相似项目的评估可能会描述项目理论。例如,在初中的控烟运动中,同伴的领导行为可能会比教师在课堂上引导带来更持续地、受欢迎的结果(见 Evans and Raunes, 1990)。由于初中生对同伴的态度十分敏感,所以项目规划者可以尝试在任何想影响青少年行为的项目中利用同伴的影响作用(Turner, 1999)。另一个例子来自于能源保护项目。有作者已经注意到人们对电力的使用并不容易管控;几乎很少有人曾看过他们的电表,而且当他们看电表时,也很难把旋转的表盘跟电力的千瓦数联系起来。事实上,很少有人知道什么是千瓦。基于这些观察,项目被开发出来,以容易理解的方式,为人们提供出有关他们使用电力情况的反馈方法(见 Seligman and Finegan, 1990)。审查基础研究是让发表的研究有助于开发项目理论的第二种方法。社会支持被认为是跟健康和积极调整(项目)相关的。在社会心理研究和临床心理研究中会讨论帮助人们获得社会支持的方法(例如,Glasgow, Terborg, Strycker et al., 1997)。某些观点可以被用来丰富社会服务项目的理论。不幸的是,基础研究的作者通常只提供自变量——即干预——的简单描述,这就使得把他们的工作应用到其他背景下会很困难("The Trouble with Dependent Variables," 1990)。

关于开发项目理论的一个特别好的例子是由库克和迪瓦恩(Cook and Devine, 1982)提供的,他们描述了一个被预期的过程,在此过程中,借由心理教育干预来帮助术后病人更快地康复,并经历较少的副作用。图 3.1 就改编自库克和迪瓦恩的著作,用以说明该过程中那些把护士的教育跟合意的结果连接起来的部分,以便让病人能够更快地离开医院,而且没有坏的副作用。注意人们可以观测很多准则来评估该项目,包括许多中间变量以及成功项目的最终结果准则。

貌似合理的项目理论。有时,在选择项目成功的判断准则时,有一点是很清楚的,那就是项目理论只是貌似合理的。我们并不认为大部分项目理论是貌似合理的,但是有一些的确如此,同时明智的评估师不应该不理会这个观点:他们被要求去评估的项目的概念,很可能是基于难以置信的假定。湿地所有者正在向鞋厂售卖鳄鱼皮,其速度被自然主义者担心地认为会导致佛罗里达的鳄鱼消失。为了保护鳄鱼,佛罗里达州立法者通过了一项法律,禁止销售鳄鱼皮。这看起来好像是一个简单明了的决定。目标是让鳄鱼在佛罗里达不断繁衍。在框 3.2 中,我们展示了一个影响力模型。政策结果可以通过估算不顾禁令仍销售的鳄鱼皮的数量来评估。比较禁令颁布之前数年的

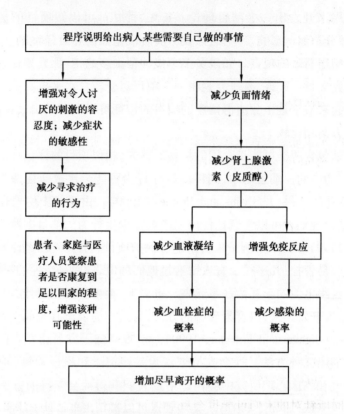

图 3.1　一个影响力模型的图示,该模型表明了在干预行为与合
意的结果之间的、期望被观察到的直接步骤[该图基于库
克和迪瓦恩(Cook and Devine,1982)所展示的结果。]

销售量,可能很好地表明了新法律成功地减少了可用的鳄鱼皮的数量。不过,真正的
目标不是让销售的鳄鱼皮数量变得更少;真正的目标是让鳄鱼在佛罗里达不断繁衍。
人们假定,无法销售鳄鱼皮的土地所有者会维持他们的土地作为鳄鱼的栖息地。如果
事实是这样的话,那么立法的目标就将实现了;然而,所发生的是土地所有者试图寻找
土地的替代性使用途径。通过抽干土地,他们可以开发新的农地。一旦他们这样做
了,鳄鱼栖息地的数量就会减少,由此对预期的结果产生消极影响(Sieber,1981)。侦
查出貌似合理的项目理论,更像是在带着特定关注而开发影响力模型时,要去发现那
些没有明示的假定。

　　项目被接受了吗?

　　好的观点很少被立即采纳。16 世纪人们就发现柑橘(当然是维生素 C)可以使水手
不得坏血病,而在应用此发现之前,却有一段令人吃惊的滞后时期,莫斯特勒(Mosteller,

框 3.2　有时项目是在缺乏深思熟虑的影响力模型的情况下规划出来的;如果是这样,那么在模型中会有未被明示的各种假定。时常这些未被明示的假定是令人难以置信的。如此,则项目会带来设计与执行之初未预想到的效应(改编自 Sieber, 1981)

政策	直接目标	[未被明示的假定]	被陈述出来的预期结果
禁止销售鳄鱼皮	减少因皮而被杀的鳄鱼的数量	[土地所有者仍将土地作为鳄鱼栖息地。]	鳄鱼将继续繁衍。
		[对禁令的合理反应]	合理的结果
		[土地所有者寻求土地的替代性使用途径,比如抽干去开发农田。]	鳄鱼的栖息地会更少并无法繁衍。

1981)则描述了这一问题。在长期的海上航行中,超过 60% 的员工死亡了。人们希望官员直接实行一项政策以减少这种令人震惊的死亡,但是在出版物首次描述如何使水手免于坏血病与 1795 年英国海军采纳这一知识之间,过去了 198 年。

项目设计时所针对的人们可能也会反对项目。慢性病病人拒绝社区心理健康中心的事前面已经提到过。有一长列的研究清晰地表明,身体出了问题的病人通常会拒绝或者忽视根据他们的条件而指定的治疗(Posavac et al., 1985)。人们试图去理解不遵从医学治疗的行为,发现医生与病人之间更好的沟通会激励遵从与合作。有些病人误解了建议的治疗方式。对某些像糖尿病这样的慢性病患者而言,维持改变生活方式的动机是很可能的事情。支持性家庭成员的参与通常是一个有效的解决办法。

许多项目在服务结束时要求参与人要完成一些调研,用以测度参与人对项目的满意程度有多大。我们认为在项目评估中这种调研可以起到作用,但是重要的是要意识到,这类调研不能提供充分的手段来评价项目的有效程度。有些人会对没有什么价值的治疗很满意,因为他们感觉受到了尊重,而且被提供服务的人看重。不过,不被喜欢或者被拒绝了的项目不可能是有效的,因为不喜欢项目及其员工的参与人不可能完全参与进来。进行市场营销的企业关注于获知潜在消费者的各种偏好,然后使产品跟这些偏好相匹配。尽管在人类服务领域中,不能够把服务设计成仅仅建立在学生、客户和患者所想的需要上,但是项目员工要意识到客户的偏好,这会带来更好地设计并提供服务的机遇,使服务被人们接受和利用。

分配给项目的资源花费得合适吗?

在项目评估中,有很多使用项目成本的方式。把成本与项目结果结合起来的基本程序会在第 11 章中介绍。这里评论的是能够处理的评估问题的范围(the range of the evaluation questions)。

在规划阶段使用项目成本。如果一个政府项目是用来向所有符合条件的人提供服务,那么就很难概算其最终成本,这是因为很难估算有多少人会使用项目。不过,如果是像针对一定数量参与人的新课程或咨询服务一样的特定项目,那么成本是相当好估算的。有时还有可能概算出结果的价值。比方说,在职培训的结果应该是薪水更好的工作,而薪水是可以估算出来的。进而,这些人交的税和他们不再使用的福利救助的数量也是可以估算的。人们会问,是否这样的结果就证实项目所需政府资金的数量就是合理的了。如果这类项目成功提供了工作技能,并使人们实现生活独立,那么可能会有很多额外的无法归于金钱价值的好处。

在规划阶段,第二个问题涉及资金的替代性使用是否会提供出更加合意的结果。由于资源是有限的,所以让关键的利益相关者认同,将被提供的服务,跟其他服务相比是更需要的,这一点很重要。这样的决策部分地而不是全部地基于成本与收益价值的考量。

提供的项目对所有的利益相关者是公平的吗? 利用种族来源以便钉住教育援助的目标是一种尝试,希望能够给予少数族裔增强克服过去歧视的信心。许多人公开支持这项政策(Dawes, 1994);不过,有些作者认为,这一项目主要帮助了中产阶级少数民族父母的孩子,而这些父母本是不需要这种帮助的(McWhorter, 2000; Steele, 1990)。某些项目的目标是提高少数民族的技能水平,对此的评估发现,项目实际上却增强了低收入家庭儿童跟中产阶级儿童的技能差距(Cook et al., 1975),这可能是由于中产阶级父母特别努力使孩子接触例如像"芝麻街"这样的项目。如果是这样的话,继续使用公共基金支持这个项目是公平的吗?

第二个例子涉及对公共教育的支持问题。因为美国公共教育主要是通过地方财产税支持的,所以富裕的社区,以及有大量工商业的社区,会在每个学生身上花得更多,跟没有产业的贫穷社区相比,更是如此。一些批评家认为,如果学校基金是在州的层次上统筹分配,会变得更加公平,这样的话,所有学区都可以提供类似质量的学校项目。使用所有研究方法,评估师都无法回答这些有关公平的问题。不过,有些作者却鼓励在评估中使用社会正义标准(见 Sirotnik, 1990),他们认为缺乏价值观的评估(value-free evaluation)方法论既不可能也不合意。关键的是,要清楚表明这样的价值观是如何被使用的;有幕后动机的评估师是无法很好地服务于利益相关者的(Scriven, 1997a)。

这就是预想的资金花费方法吗? 另一个有关项目资金使用的问题就是,资金的花费方式是否跟提供资金的利益相关者的预期目标相一致。这个问题跟传统的责任问题(traditional accountability issue)相关,而该责任问题是用来减少错误配置资金的可能性的。过去,国会和州立法者通常更关心资金是否按照预期花费问题,而不是更难回答的问题——资金花得是否明智,以及支持的活动是否满足了某些需求,而也正是这些需求推动了立法者的兴趣。

结果能够证明资源的花费是合理的吗？ 一旦项目的结果被人们所知晓，那么就有可能来审查项目成本，以便于判断结果是否值得花费那么多来实现。如果能够为结果赋予一个资金价值的话，那么我们就可以询问回报是否超过了项目成本。基于商业活动的金融分析家总是在做这样的事情。如果企业投资的预期回报没有超过投资，那么投资可能就会有更好的用途。如果资金没有寻找到更好的出路，那么企业就应该被卖掉，并把资金分给利益相关者。有时，人们批评美国企业太急于追求投资的回报；因为适度的回报可能需要一个长期的视角。在人类服务和教育领域中，赋予项目结果以资金价值是很困难的事情。在此种情况下，评估师会寻求比较那些设计成用来影响类似行为的项目，例如就业开发项目或者阅读技能项目，并询问哪个项目是最有效率的。除非有其他的约束条件制约，否则最有效率的将是提供得最好项目。

评估规划允许开发那些对不理想的副作用很敏感的准则吗？ 如果预见到特定的副作用是可能的，那么就应该改变项目计划，以减少这些负面结果发生的机会。由于评估师与管理者都认为某些未筹划到的结果会发生，所以应该规划一些观测程序，以允许副作用变得明显。这就意味着，评估师将会花时间拜访项目地点，跟所有利益相关者团体的代表谈话。某个机构的咨询师评论道，尽管是公司的管理层雇佣了他，但是他只在跟工会共同管理一个项目的时候才会接受一个项目。如果评估师仅听到关于项目或者机构优缺点的一种观点，就想去开展评估的话，那么这就是没有道理的做法。

我们关注改善的评估方法包括了对未计划到的结果的关注——不管是积极的，还是，更常见的，消极的。忽略副作用的情况更可能是这样发生的：评估师规划评估时是基于正式的或官方的（official）项目描述（而不是被执行的项目本身），获得的信息只来自于一个利益相关者（通常是管理者），接着就执行评估，但却跟项目保持着距离。一个社区护理教授描述了一个评估团队是如何评估一个项目的；这个项目是为了给郊区分散的贫困家庭提供医疗护理的。在舒适安稳的办公室中，他们准备了一份调查问卷，问卷基于项目计划书中提到的正式目标，接着仅是邮寄给了一些参与人。这些评估师从来没有拜访任何签约的中心，从来没有跟任何参与人交谈过，从来没有联系过合作的医生。这是对基于目标的评估的机械运用，其为一般性的评估，特别是基于目标的评估，带来了消极的影响。

一旦评估师认为，他们已经侦查到了消极的副作用，他们将会跟利益相关者分享观察结果，以便获得他们的确认，或者是额外的、解释观察结果的信息。更加仔细的观察过程可以发展为检查未筹划到的问题的过程。发现消极的副作用不是为了败坏项目的名声，而是为了帮助改善项目。或许项目理论能够被改进（Fitzpatrick，2002）。一个大城市部门的培训主管曾经称呼一位咨询师叫"自封的小问题的发现者（pin pricker）。"发现问题（pin pricking）并不是项目评估师的使命；项目改进才是。有时候，让一个外部观察者关注被忽略了的问题是很有帮助的,但是关注到问题仅仅是第一步;对有效的评估师来说更困难、更重要的步骤就涉及提出各种建议了。

选择评估准则时一些实际的限制

教科书的作者可以自由地描述理想的做法,而不用受到具体评估的实际的真实情况的限制。选择准则时三个重要的制约(limitations)是:评估预算,时间约束,以及利益相关者接受各种准则的程度。

评估预算

评估并不是没有花费的;需要给评估师及其员工支付薪水,调研问卷需要复印、邮寄,电话和电脑费用会迅速增加,去不同的项目现场巡视的花费是昂贵的。按照利益相关者的要求,评估师会估算他们所需的、完成一次可靠的评估工作的时间长短。通常必需通过协商才能决定这些评估参数,这是因为很少有利益相关者知道完成一项有效的评估涉及多长的时间。由于用来评估的资金是相当缺乏弹性的,所以在协商的过程中评估的核心通常会调整。执行一项适当的评估,其结果是可信的;规划一项抱负远大的项目,结果是在给定的可用资源情况下,只能够完成得很粗糙;前者比后者要好。

评估工作可用的时间

因为评估是一门应用学科,所以结果的使用通常是跟预算周期、学术年度或者政府机构的会议计划表相捆绑的。数年前,联邦政府授权进行一项福利问题的创新解决方法研究。到说明性工作和评估完成的时候,政治气候变化了,国会不再对初始的想法或者评估感兴趣了。通常,项目的持续期是更短的,比起昂贵的、多地点的、耗费数千万美元的示范项目就是如此,但是原则是一样的:在信息可以被利用之前是有一段时间的,同时,过了一段时间之后,它也就不再重要了,也就不会对决策有助益了(Sonnichsen, 2000)。评估师在接受一个工作项目之前,或者开始认真的规划之前,他们会询问工作的最后期限。如果最后期限跟利益相关者的评估要求不一致,那么评估师必须退出(bow out),或者是工作必须被重新协商。简直没有任何理由去开始一项在需要时却无法完成的工作。

对利益相关者而言是可信的准则

评估师寻求搜集到有效的数据,以使得其能够进行有效的解释;此外,利益相关者接受这些解释,也是很关键的。在规划评估时,评估师要确保利益相关者同意,共同选择的准则是跟项目的目标相匹配的,而且对项目参与人来说也是合适的。我们讨论的是利益相关者"股份买进(buying into)"准则:把协议写下来是有用的。利益相关者不需要签字声明接受;不过,规划评估时,在会议上评估师应该做详细的笔记。每次会议之后,笔记的副本应该分发给关键的利益相关者。每次会议之前,在笔记上总结好了的协议内容可以复习一下,以保证利益相关者仍旧同意这些项目准则,以及评估的关注点。

总结与预习

为评估选择准则是很重要的事情,怎么强调都不过分。它们是一个窗口,通过它们评估的使用者看到这个项目。如果窗口扭曲了视野,那么项目就会被错误地映像出来,或是令人满意,或是令人不满意。从理想的角度来看,在做教育的、心理的、犯罪审判以及其他背景的项目时,评估师不应该仅仅满足于观察那些需要参与人合作与努力的项目最终结果。通过审查这一过程,评估师及其客户都会受益,并借此将一项服务引向预期的结果。甚至是一个非常简单的项目理论,因为详细说明了项目活动、预期的直接结果、最终结果,进而极大地改善了评估师理解项目的能力。

下一章关注的是度量所选准则时人们采取的具体步骤。尽管教材把选择准则问题跟讨论测度问题分开了,但是评估师在选择准则的同时就会考虑准则是否能够被有效地、可靠地度量。

学习问题

1.考虑一个你所熟悉的环境:学校、工作场所、教堂、团队、宿舍。每一个都有规则或程序来满足特定的目标。尝试分析这个假想的影响力模型,以了解程序是如何引致目标的。例如,对多数大学学历课程来说,都有必要的课程要求或范围要求。这些要求是如何使得学生成为有教养的毕业生的? 需要发生的直接结果是什么? 你的影响力模型有多大的有效性? 画出影响力模型通常会帮助你侦查出那些貌似合理的假定。尝试找出几个隐藏于一个公共政策之后的貌似合理的假定。

2.本章认为,对于大学之间的体育运动应该如何评估的问题,不同的利益相关者会有非常不同的观点。列示一些公共政策或者项目,其可能会被视为有十分不同的目标,如果有不同的利益相关者群体评估这个政策的话。你可以考虑不同群体对交通流量、赌场赌博或者饮酒法律的观点。

3.评估师在选择判断项目成功的准则时,选择的是容易度量的,但是可能却没有实现对项目核心要点的度量;说明为何会是这样。如果在开始时有困难的话,那么考虑一下一个小的棒球联合会的成功准则,或者一个初中排球教练的成功准则。这些应该比较容易;现在开始考虑大学教育、咨询活动、法律实施或者其他重要的社区活动的成功的含义。

4.一个地方健康护理中心参加了某一项目,教授社区志愿者如何使用电脑来找到中心网站发布的健康信息。一些利益相关者认定,这种努力会减少社区中低体重出生婴儿的情况。这是这个项目的合理的结果么？这个项目更合理的结果会是什么？

5.为了详细说明项目成功的准则,可以让可能会接受服务的潜在的参与人作出贡献,这样做的话,有价值之处是什么？局限性是什么？

辅助资源

Shadish, W. R., Cook, T. D., and Leviton, L. C. 1991. *Foundations of program evaluation.* Newbury Park, CA: Sage.

这一重要著作描述了项目评估的主要的理论方法。作者是著名的理论家和方法论专家。在第一章第二段中,作者写道:"……我们几乎没有明晰的、意见一致的准则来判断社会活动的价值"(p. 19)。他们的评论强调了规划评估时工作要严谨的重要性,这样可以明智地选择出准则,并在开始时迈出正确的步伐,同时可以借由这些准则来评价未被满足的需求,或者项目的实施与结果的情况。在索引中查找"品质准则(criteria of merit)",会发现讨论选择成功的项目准则的八种方式,而这正是来自于有影响力的理论家的观点。

开发度量方法

评估师与利益相关者在对什么标明了项目成功实施和成功结果的准则问题达成一致之后,评估师面临的任务就是开发出测度这些准则的方法。心理学家从个人那里搜集数据;社会学家从市区或者邻里的层面搜集数据;而经济学家则关注更大的团体。这些差异反映了不同学科面对的不同问题。项目是用来影响个人(例如,教育或者戒酒),或者社区(例如,犯罪预防,建筑质量改进),或者州或地区层面(例如,洁净空气政策,经济刺激政策)。取决于所评估的项目,项目评估师搜集数据的方法也就会与心理学家、社会学家、商业管理者或经济学家所使用的方法相类似。不考虑项目关注点的话,每一类数据都有其优缺点;因此,评估师应该使用多种来源和方法来搜集数据。在本章中,我们不会涵盖所有的方法。相反,我们讨论最常使用的来源和方法,以及好的评估准则测度方式的特征。最后,我们展示了一些测量工具来说明这些原理。

评估中所用数据的来源

评估师面临的一个困境是,最了解项目的利益相关者可能会在看待项目的成功与否时持有偏见,而持有最少私利的,却几乎不了解项目。这个困境促使评估师要去寻求来自于多种渠道的数据,并要求使用不同类型的测度技术。

项目的预期受益人

那些关注于个人的教育项目、培训项目、医疗项目以及福利项目,通常会涉及来自于个体参与人的信息。在另一方面,经济发展项目、预防性医疗项目以及犯罪审判项目都关注于社区水平的变量,而不是特定的、可识别的个人水平的变量。对于这类项目而言,在一定程度上,社区的所有成员都是服务的接受者;因此,反映社区状况的数据会十分重要。

项目参与人。项目参与人可以提供其他来源无法获得的信息。在某些情况下,与负责评价员工能力的管理者相比,参与人会花费更多的时间跟项目员工在一起。例如,大学学生通常会比系主任更知晓一位教授的教学质量。另外,也仅有项目参与人才知晓他们对项目的反应是什么。对许多项目而言,就其自身情况来说,参与人是最好的信息来源。有很多长期患精神疾病的病人被从医院解放出来(出院),在对这些人进行采访之后,沙迪什、奥温、西尔伯和布辛(Shadish, Orwin, Silber, and Bootzin, 1985)发现,对很多病人而言,离开医院损害了他们的福利感受。由参与人提供信息的优势是搜集信息通常不那么昂贵,并且对评估许多行为性的以及情感性的问题而言,其至少也会跟其他的评估方法一样准确(Shrauger and Osberg, 1981)。不过,就人们会报告什么而言,也有一些预期之外的局限。例如,在回忆上一周吃了什么的时候,人们就会遇到困难,同时,尽管"中等"的定义会发生变化——同一次调查的不同版本中会变化200%,但是多数人却都会报告说吃了中等的饭量("On a Diet?", 1989)。施瓦茨和奥伊尔曼(Schwartz and Oyserman, 2001)已经表明了,在调查阶段中,各种小的差别是如何影响人们报告自身情况或者周围环境的。

认识到这一点会十分有价值,即多数参与人能够在项目的很多客观方面(objective aspects)提供出良好的数据或资料,但是对其他很多方面来说却做不到。综合医院(general hospital)的病人通常知道房间是否干净、护士或常住内科医师(resident physicians)是否礼貌地对待他们,以及在放射检查时他们需要等待多长时间(见 Brown and Adams, 1992)。不过,他们无法评价药物的选择是否正确或医师的能力是否胜任。与之类似,大学生可以报告教师是否及时反馈测验的情况,是否按照计划来上课的情况,以及是否引导课堂讨论的情况。但是很少有本科生可以评价课堂中的知识的准确性,除非教授实在太无能了。

富有经验的评估师不会忘记:评估对项目参与人来说并不具有什么高级优先权,这是因为他们寻求的是项目所提供的服务,为的是满足某一需求,而不是去提供各种数据资料。很多人认为如果他们的努力会帮助改进其他人所获得的服务,那么他们会分享他们的观点。然而,很少人会如此的利他,以致会花费精力去奋力改善一项组织得很差劲的调查。我们的经验是,那些对项目或公共设施感到很满意的参与人最可能是在搜集数据时很合作的人。86%的对某一有关教牧实习(chaplaincy internship)的长期调研作出反应的人,若由他们以前的管理者(supervisors)作出独立评估的话,则表明他们比14%没有返回调查问卷的(在教牧实习上)表现得更好(Posavac,1975)。霍根(Hogen,1985)发现,大学校友中,返回电子邮件调查问卷的人,比没有返回的,拥有更高的GPA成绩。

需要向参与人保证他们的调查答案或观点都会以保密的方式对待。许多人并不知道社会科学家对个体的事实并不怎么感兴趣,他们也不理解在评估报告中使用组群平均数或比例数的必要性。他们熟悉的是案例研究方法,其通常使用在报纸与电视上有关医疗项目、行为改造(correctional)项目、咨询项目或者教育项目的讨论中。不过,有时候,有关个体水平的细节也在评估报告中起作用,主要方式是通过提供成效十分成功或十分失败的形象生动的事例。洛夫(Love,1986)发现,问题青少年不可能适应大城市的心理健康或福利系统。尽管案例研究不能够说明问题的程度,但是它能够表明特定项目是如何失败的,并能够帮助政策制定者形象化地认识到需要推进项目或改变项目。

人工制品(artifacts)。在某些情境中,评估师可以利用一下项目参与人或者社区成员生产的各种物品。学校里,学生们写作小短文、学期论文、毕业论文、校报和年鉴。这些人工物品反映了课程体系、教职员工的质量,同时间接反映了学校管理的质量。在跟职业工作相关的背景下,追踪制造的产品的质量以及浪费掉的材料的数量是十分有价值的事。成功的鼓舞士气的努力,或许可由使用更多的咖啡杯、印有公司或大学标识的帽子揭示出来。考虑那些不合意的人工产品,一个社区需要预防蓄意破坏行为的项目,或许可以由高的破窗比率、未被妥当照看的院子、上了两重或三重门闩的门来证明。而成功的社区项目的明证就是这些人工物的比例很低。

社区指数(community indexes)。一些项目被设计用来改善社区水平的变量。相关的例子包括:犯罪预防项目,目的是为了提高居民参与到减少盗窃的行动中来;居民发展项目(citizen-developed program),目的是为了管理违反住房法案(housing code violation)行为,以增加或维持邻里间的居住质量。由于这些项目是向整个社区提供的,所以在评估它们时,就必须使用与瞄准个人的项目所不同的方法。不需要去寻求搜集来自于教室或者群体疗法(group therapy)中的人们的数据,而是应该去获得社区居民的代表性样本(representative sample);或者去总结概括各种社区记录,如犯罪报告,火灾损失,免疫比率等。

对社区水平的指数而言,一个主要的困难是,在项目与合意的最终结果之间还有很多步(steps)要走(Cook,Leviton,and Shadish,1985)。有如此之多的非项目事件、政策,甚至是各种习惯,都会对需要被改变的行为产生如此强大的影响,以致于甚至是一个策划得很周密的项目都可能没有带来可以侦测到的效应(detectable effect)。当然,这些影响都是在项目员工控制之外的。比方说,一个评估师正在对某一基于媒体的健康预防努力做结果评估,需要测度该项目的社区水平指数,如果他忽视了中间结果和项目执行的整体性(integrity),那么他就可能会对明显的成败原因感到十分困惑。

服务的提供者

项目员工拥有的信息对项目评估而言是十分关键的。各个项目都会保留下记录,一经概括总结,其就能够提供有关项目运营和已取得结果的重要线索。

项目员工。员工们已经接受过培训,并且被期待去评价参与人的各种需要和改善情况。也就是说,员工们知道项目每一天的管理和运行的好坏情况。从负面的角度来看,员工们希望看到的是各种改进;在自身践行帮助人们改善技能、健康情况或状态调整的承诺之后,忽视项目的各种问题是很容易发生的事情。

除了要关心员工的各种预期之外,评估师还需要认识到这一点,即评估项目在一定的程度上就是对员工绩效的评估。很少有员工们会爽快地欢迎对他们所提供服务的效果的评估;实际上,许多人都对如何使用评估结果抱有疑问。如果他们有所担心,那么他们就可能拒绝评估。一些大学教授试图通过阻止进入教室的方式来阻止学生进行课程评估,一些心理治疗师认为,病状症兆的清查单和评价表对病人的细微但是关键的变化并不十分敏感,而这些变化只有治疗师自身才可以察觉出来。尽管很难考虑到所有关心的议题,但是项目管理者可以向员工保证,项目评估是设计用来评估项目的,而不是评估个人的,同时评估师也可以向员工保证评估的保密性。此外,在充分讨论评估发现(findings)时,评估师可以将员工们包括进来,并以此作为准备报告的过程的一部分;提供规划中进程报告与最终报告会确保员工们认为,在整个评估过程中,他们都将得到相关反馈(Posavac, 1992)。

项目记录。经常是,通过打听项目记录的方式,评估师才开始开发特定的方法,以便评估各种准则(Hatry, 1994)。记录应该包括客户特征,所提供服务的数量与类型,服务的成本,以及员工们的工作量。如果这些变量是客观的,那么这些记录会是十分可靠的。如果这些变量相当缺乏客观性,通常有关过程的诊断与评论的变量就是这样,那么评估师就必须小心地使用这些信息。使用项目档案会有几个优势:测量过程不会影响项目参与者,也就不会由于拒绝或无法合作而带来的参与者漏损(loss),同时数据搜集的花费会比现场搜集数据的花费更少。然而,记录的质量可能是很糟糕的。例如,基于监狱的药物康复处理项目的记录就是如此的糟糕,以致于不得不放弃匹配处理组信息跟其他组信息的尝试(Lurigio and Swartz, 1994);一次评估中使用的离院记录(hospital discharge records)包含了很多编码错误(Green and Wintfeld, 1993)。另外,记录在预期的评估之前会被造假窜改,而五角大楼的总监察长(Inspector General)就是这么做的(Margasak, 2001)。

如果评估师是做为服务提供者的代理人来工作的,那么他就有法定的权力来使用机密记录;不过,维护记录的机密性很重要,无论什么样的作法都不会被认为是高估了这种重要性。通常,项目包括一些这样的材料,即如果公开了的话,会伤害项目参与人或员工们。即使那些重要的信息是偶然公开的,那也会将评估师置于法律的挑战之下;如果评估师在评估中没有充分照看项目或代理人的记录,那么他就会给人留下非常不专业的印象,失去人们的信任,并会被拒绝继续接触记录。

观察者

那些不是项目构成部分的观察者,通常会提供出参与者与员工都无法提供的各种视角。观察者可以是:(a)一些专家,他们熟悉很多类似的项目,或者了解类似的各种需求,而项目就是设计用来满足这些需求的;(b)一些受过特别训练的人们,他们将会评价那些能够描述项目过程或结果的各种变量;(c)一些跟参与者有关系的人们,比如家庭成员或工作同事;或者(d)评估师自身。

专家级观察者。拥有抽象目标的复杂项目通常是通过这样的方式来评估的,即让一个专家团队来审查项目的结构与产品(Averch, 1994)。医院、康复设施以及大学的鉴定(accreditations)是由专家来处理的,在提出调整之前,他们会审查很多信息,并跟员工和参与者进行交流。一项基础研究项目必须在提供资金支持之前就被评估。在评估研究项目时,已很难想象出一种不使用专家观点的方法。不参与被评估项目的专家,可能是最少偏见信息的来源(Endicott and Spitzer, 1975)。对澄清描述项目的定性信息的意义而言,专家观点可能是极其关键的。

接受过培训的观察者。许多项目可以利用接受过培训的人来评估,而他们会对判断项目成功的、定义良好的各种准则进行评定。维修和保持公园整洁的市政项目的评估,可以这样进行,即通过培训一个雇员团队,使用客观定义的维护水平检查表来进行检查(Greiner, 1994)。对受到严重心理伤害的病人的治疗服务的评估,可以让受训过的观察者使用社会适应量表(social adjustment scale)来对心理机能进行排序(Green and Jerrell, 1994)。

重要的其他人员。如果项目是被设计用来改变行为的(像矫正和咨询项目就是如此),或者是改善健康或工作技能的,那么那些跟项目背景之外的参与人沟通的人,通常能够提供出关于问题或改进的重要信息(例如,Katz and Warren, 1998)。除了医院病人或者犯人之外,员工们与家庭成员相比,见到参与人的场景会更少、时间也更短,而家庭成员则会在自然的场景中见到参与人。不过,重要的其他人员也会有偏见;他们希望在问题家庭成员的身上看到改进。希望从重要的其他人员那里获得信息的评估师,更想知晓参与人具体的改变;而空泛的(general)主观观点则将会更缺乏使用价值。

如果需要来自于其他人员的、有关参与人的重要信息,那么要事先征得参与人的许可,这一点十分必要。是否愿意让配偶或者其他人向评估人员提供个人信息,人们的表现是不同的。寻求合作时,可以强调改进他人所受服务的潜在可能性。还应该注意避免造成这样的意味,即那些许可可以跟重要的其他人交流的参与人,或者为评估提供信息的参与人,或许有好的待遇。

　　评估人员。在某些情况下,信息是由起到客户(clients)角色作用的人搜集的(Turner and Zimmerman, 1994)。信号忙音的数量,回电话的时长,待机的时间,都可以表明企业与政府机构对市民需求的反应程度(Jason and Liotta, 1982)。芝加哥市的消费者服务部设置了叫出租车的电话,以便知晓各公司是否尊重行动不便人士的服务需求;结果发现47%的这类需求被忽视了(Washburn, 2001)。定性评估的某些形式(forms)是基于熟悉社会科学方法与项目干预的评估师的彻底观察得来的,但是评估师可能并不熟悉正在被评估的特定项目。如果是一个公正无私的(disinterested)观察者来审查项目,那么员工们所做的传统实践行为(practices)和理论设定(assumptions)就可能被质疑(Guba and Lincoln, 1989)。而对项目的副作用的崭新洞见就可能被侦测。不受目标约束的评估与自然主义的评估模型都是基于评估者自身来搜集信息的。框4.1总结了刚才介绍的不同信息来源的主要优势与弱点。

　　框4.1　项目评估中所用信息的不同来源有不同的优势与弱点。使用多种来源是获得全面信息的最好方法

信息来源	优势	弱点
项目的预期受益人		
个体参与者 (调研或访谈)	能够提供项目运营的信息。 拥有独有的对项目的反应(reaction)信息。 能够说明绩效(accomplishments)的变化。	对项目而言,不是专家。 见到改善时会产生偏见。
社区居民 (调研或访谈)	拥有独有的计划用于影响社区的项目的关注度(visibility)信息。 可能倾向于不报告改进。	对项目而言,不是专家。 可能意识不到项目的存在 (当然,这也是有价值的信息。)
服务提供者		
项目员工	能够提供项目运营的信息。	可能会倾向于展示项目合意的一面。
项目记录	独有的描述项目和参与者的信息。 没有不响应(nonresponses)的问题。	有时会造假来支持项目。
观察者		
专家观察者	熟悉类似于被评估的项目的那些项目。 可能没有支持项目的偏见倾向。	拜访(visits)会很简略,观察者会被误导。
受过培训的观察者	能够关注特定的感兴趣的变量。 可能不会有偏见。	培训与维护项目现场的费用昂贵。
重要的其他人员 评估团队	观察参与人日常行为的最好的来源。 能够提供目标(targeted)信息。 可能不会有偏见。	见到改善时会产生偏见。 在数据搜集方面花费昂贵。

应该使用哪一种来源?

数据来源的选择取决于获得数据的成本,基于评估所做的决策的类型,项目的规模,以及进行评估时可用的时间。如果政府机构需要的是满足州审计长办公室要求的信息,那么很可能各种记录的概要、参与人态度的抽样(sampling)信息,还有资金报告就足够了。如果希望的决策是延展(或取消)一项费用昂贵、颇有争议的项目,那么就需要有彻底的分析,还有参与者的改善情况,还得伴随有外部专家的评价,这些就是很关键的了。这样的决策必须给予严格可靠的评估才能够作出。

不考虑展开评估的理由,评估师应该尽力使用多于一种来源的测度方法(Shadish,1993)。在选择多种测度方式时,注意要选择不会带来相同偏见的方法,这一点特别重要。例如,客户的主观评价是一个项目成功了,而这可能被客户配偶的主观感觉再一次(如镜像般)反映出来。如果项目成功程度的主观测度方式是由客观的测度方式来补充,那么评估师获得的数据集就不可能受到同样的偏见的影响。一旦结论受到多种来源的支持,那么对利益相关者而言,它就变得更加合理。

然而,不同的来源之间也很有可能并不相互一致。希普利(Shipley,1976)曾展开过一次项目评估,该项目中,大学生们作为志愿群体服务于出院的心理病人。志愿者、病人和医院员工都以热烈赞扬的方式评价该项目。不过,对病人行为的更加客观的测度[员工等级评价(staff ratings),以及有关再住院频率与持续时间的记录]揭示出,结果的波动性是相当大的。一些病人表面是受益了;而其他人则没有。应用多种测度方式使希普利得出了不同的结论,这是与仅使用主观评价来评估类似群体项目的那些评估不一样的结论。在类似的情况中,沙利文和斯诺登(Sullivan and Snowden,1981)发现,员工、客户、标准化测试以及机构的各种文件,就反映客户问题的本质而言,并不互相一致。马西和吴(Massey and Wu,1994)表明,病人、家庭成员以及心理健康机构中的病案管理者,对病人的功能性机能水平的评价是完全不同的。在评估公共资助的工作培训项目时,霍兰德(Hougland,1987)发现,主观满意度跟客观结果(例如收入水平)之间并不高度相关。因此,评估师选择的数据源与测度方法可能会对结论产生影响,其必须对这种可能性保持敏感。

评估师经常跟在服务提供技术方面受过培训的人,而不是在研究方法方面受过培训的人,一起工作,所以常常让人感到吃惊的是,评估师会自由地选择绩效的准则,以及分析这些准则的方法。一些观察家就走得更远了,甚至会说什么——通过选择各种准则和分析方法,在展开评估之前,评估师就可以决定评估结果(Berk,1977;Berk and Ross,1976;Zigler and Trickett,1978)。要对所有的利益相关者保持公平,这就要求评估师在设计评估时审查自己的态度倾向。下面的部分描述了在选择评估程序(procedures)时各种最重要的问题。

好的评估程序

在选择可能的数据来源与测度方法时,评估师会竭力使用那些有助于实现有效的、有灵敏性的、有说服力的评估的技术。使用下面讨论的高质量的测度方法会帮助你实现这个目标。

使用多个变量

通常评估师都会建议使用多个信息来源(Mark and Shotland,1987),以及来自于每个资料来源的多个变量。如果使用唯一的变量作为成功的准则,则这样的评估会使某一效应的情况变得模糊(Lipsey,Crosse,Dunkle,Pollard,and Stobart,1985)并可能会导致舞弊(Sechrest,1984)。埃利奥特(Elliot,1989)就说明了,排除其他变量的使用之后,推进学生升级以及标准测验的过程是如何被作弊的;教师们开始去促使绝大多数学生升级,并开始为了测试的目的而进行教学。巴伯和沃尔夫森(Barbour and Wolfson,1973)也提供了一个不同的例子,表明了各变量是如何被舞弊的——在这个案例中,测度的是警察的生产率(productivity)。集中关注被拘捕的人的数量,会无意中鼓励警察在搜集证据时的差劲做法,并且在不需批捕就可以更好地实现正义的目标的情况下,警官还可能会做出批捕的做法。通过警车行驶的里程数来度量警察的效率,会导致警察在公路上来回巡游,而不是出现在堵塞了的城市街道上(Chen,1994)。心理健康工作者的绩效标准(例如,"90%相关病人要与新机构建立实质性联系"),会导致更差的服务,而不是更好的服务(Turner,1977)。评估师知道,为了达到这个90%的准则,心理健康工作者会在没有完成很多其他职责的时候,就护送病人去第二个机构。提出这些例子并不是意味着教师、警察和心理工作者会推卸责任。但是因为人们会倾向于在行事时考虑回报,所以幼稚地集中于一个特定的准则,并认为其能够标明项目成功与否,这甚至会对项目造成不利的影响。

使用多个变量,会减少对变量舞弊的可能性,还有扭曲机构运行情况的可能性。如果变量之间有助于相互验证的话,那么这种方法就特别有用。这样的话,批捕率和定罪率都应该用来度量警察的生产率。成功转诊的百分比,以及被访病人的数量,都应该作为评估那些筛查寻求被关照的病人的心理健康工作者的工作情况的准则。

要使用多个变量,另外一个理由就是不同的变量会受到不同的误差来源的影响。对于一个信息源,使用相似方法度量出的多个变量可能会受到同样的偏见的影响。这种情况一旦发生,无论多么大的努力付出都会变得没有价值。使用多个变量,使用不同的方法评估不同信息的来源,评估师就能够得到这些变量之间一致的结论,这样就可以为评估增添极大的力量。案例研究1就表明了,多种测度的一致性是如何为一个青少年暑期项目提供强有力的支持的。

使用非反应性测度方式

非反应性测度方式(nonreactive measures)是指在搜集信息的程序中,并不提示回答者给出了无效的信息。例如,每当某些答案明显是访谈人员需要的时候,一些回答者就试图给出这些答案。这暗示了反应性测度(reactive measures)的问题:仅关注一个变量会导致人们改变他们的行为。甚至调查也会是反应性的,因为他们会提示回答者去思考他们以前从没有关心过的问题。很明显,如果评估导致员工或客户的行为改变的话,那么评估就不会反映项目的运营情况。除非评估仅仅依赖现有的各种记录,否则完全的非反应性测度就是一件很难实现的事情,尽管设计评估时的考虑会减少反应性(reactivity)(Webb, Campbell, Schwartz, Sechrest and Grove, 1981)。

案例研究 1

在一个针对青年的暑期社区项目评估中,使用多种测度方式

应该使用多样化视角的观测,其价值被一项社区监管的项目的评估明示出来(Thurman, Giaccomazzi and Bogen, 1993)。需要注意的是,参与式观察、焦点小组、电话调查、书面问卷等方式被使用了,同时项目成本也被展示出来。还需要注意的是,四个利益相关者群体——参与人、父母或监护人、员工和纳税人——的利益被审查了。

项目是设计用来帮助 325 名高风险儿童的,警察跟项目组合作,帮助他们培养责任感,展望职业角色,认识教育跟找到好工作之间的关系,持有对警察的正面形象。这些儿童,年龄中位数是 13 岁,由学校顾问提名,来自于经济条件最差的地区。这个一周的项目包括:(a)一段工作时间,用来清除垃圾,除杂草,清除在墙上的乱涂乱写;(b)公园中的午餐;(c)商业与博物馆参观旅程;(d)项目结束时 40 美元的收入;(e)与角色榜样(role models)交流,其中包括警察。

使用了五个焦点小组来评估孩子们的直接反应。每一场都在周末时进行,持续一个小时。孩子们自愿发表的意见似乎跟项目的目标相互匹配:他们说他们学到了责任性,被鼓励去完成对他们的教育,还有绝大多数报告了对警察的良好感觉。

项目结束后,父母或监护人被随机抽取出来,进行了结构化的电话访谈;94%同意接受访谈。所有人都说他们的孩子谈过项目的积极方面,并希望下一个暑假再参与项目。几乎所有的响应者(90%)都说这个项目没有负面影响,并且,大约一半的人说他们的孩子的确懂得了一定的责任感。

暑假结束时,所有的项目员工都收到了调查问卷。响应者了解了组织上的问题;不过,几乎所有人都对项目持有正面的认知,所有人都建议下一个暑假再办这个项目,同时,如果项目再一次提供的话,所有人都想参与其中。

项目的费用是 46 311 美元,或者说每个孩子 142.50 美元。没有办法去比较这个费用与长期的收益;不过,这些努力即使仅促使少数高风险的孩子远离帮派或者毒品的话,那么也会避免相当大的苦难,在未来,社会也将节省很多执法、立法或改造的资金。

使用跟所需信息相关的各种变量

因为项目评估是一门应用学科,所以选择的变量就必须跟特定的信息需求相关,比如设施管理人、社区代表、预算负责人以及其他利益相关者的信息需求。在规划评估时,评估师会试图知晓什么是紧迫而又没有被理解清楚的问题。跟员工和主管进行讨论,通常会揭示出重要的变量。如果决策并不会受到某一变量影响,或者如果没有哪一个项目标准涉及这个变量,那么其对评估而言就不是关键性的。评估师关心的不是测度某些利益相关者可能认为是"有趣的"那些变量,而是能够影响项目或机构运营的变量;那些变量提升了评估的成本,但是却无助于项目的价值。有时候,评估师会认为,一旦某个变量被总结出来提供给机构领导的话,他就会被赋以重要性;这样的话,富有经验的评估师有时也会充当教育者的角色。另外,评估师也试图确保他们对未筹划到的好的与坏的副作用保持敏感。

使用有效的测度方式

评估中,各种工具必须能够有效地度量项目设定的、想要去改变的行为。这些行为可以是有关最终准则的行为(例如,健康的生活,培养出的技能,就业),或者是更具有中期性的、被认为是对取得规划的长期效果有用的行为(例如,对处方写明的医学治疗更加持续的依赖,高品质的工作,或者改善了的领导水平)。为了提高评估的可靠性,评估师要确保员工们都同意这些测度。不过,由于项目员工们通常并不善于社会科学方法论,而且也无法断定测度某一变量是否可行,所以评估师并不需要依靠他们来确定所有的测度和变量。

一般来说,如果一种测度工具关注于客观行为,而不是定义不清或者模糊的术语,那么越是如此,其就越可能是有效的。客观的行为(例如,"工作中迟到通常少于每周一次"或者"在小组中谈话交流")就比各种品质(例如,"守时的"或者"武断的")的度量更加具有有效性,如果不考虑选定的特殊的度量方法的话(Mager, 1972)。

甚至有时变量看似非常客观,但是来自于官方记录的信息也可能不像乍看起来的那样有效。定义的改变,准备记录时认真程度的区别,都能够导致变量含义的改变,这就会影响评估。至少有过两次,芝加哥的犯罪记录似乎揭示了犯罪潮,而这些变化的真实原因却是警察采用了更好的记录方法。坎贝尔(Campbell, 1969)表明,在某个广受尊敬的人物被任命为警察主管之后,少于50美元的偷窃急剧上升。这并不是开启了一次犯罪潮,而仅仅是新主管坚持要有更好的报告程序,并且可能对某些犯罪进行了重新分类。由于凶杀通常会被完整准确地记录下来,并无法被重新分类进不同的类别,所以一旦新主管上任,就可以用凶杀率来判断犯罪率并没有上升。在1983年,类似的情况也被观察到,那时记录的标准又被强化了("Good News," 1983)。在重新规范(renorming)SAT 之后("Notebook," 1994),大学新生的平均 SAT 得分在 1994 年与 1995 年之间表现出了某种提高,这个结果的唯一原因就是教育考试服务社(Educational Testing Service)的测量方式(scaling)的变化。1994 年的全国失业率提高了,这是由于劳工统计局改变了所使用的评估失业的调查方式,以便更好地反映劳动力中妇女的参与情况("Survey's Overhaul," 1993)。2000 年美国调查局(U. S. Census)修改了用来标明回答者种族的分类方法(Lee, 2001)。这种改变意味着来自于 2000 年的种族信息无法直接跟以前的调查数据进行比较。使用各种记录会带来效率,也会比特地为评估进行观测的方法花费更少。不过,每当我们使用别人不是为了评估的目的而搜集的数据的时候,批判性地审查数据的有效性总是符合程序的。

使用可靠的测度方式

可靠性的概念。可靠性(reliability)是指,同一人在相同的情况下使用某种测度方式时,所产生的信息的一致性(consistency)(Murphy and Davidshofer, 2005)。有很多角度来考察可靠性问题。如果描述相同事物的不同观测者报告了相似的变量水平值,那么我们也说观测程序是可靠的。如果报告了不同的水平值,那么我们说这个程序是不可靠的。可靠性的计算使用的是相关系数 **r**。在进行多次观测之后,如果两个观测者完全一致,那么两个数据集的相关性就是 1.00,完美的可靠性。在一定程度上,他们并不相互一致,相关性则会变小;0.0 将意味着知晓一个观测者的报告,将不会对我们了解另一位观测者的报告起到任何作用。

如果要对 50 个个人所学知识的测验效果进行测度,比如来自工作培训项目的知识,那么还有另外一种方法来估计可靠性。被培训人员小组中一半人员的分数,会跟另一半人员的成绩相关;这种相关性被称为"折半"(split-half)可靠性。需要注意的是,我们关注的焦点还是一致性,恰如第一个例子中涉及跨观测者(interobserver)的可靠性那样。因为分半可靠性是个体之间的一致性问题。

如果测度程序受到观测者或被测个体一时情绪的影响是最小的话,那么可靠性就会更高。跟有效性一样,如果观测是基于客观行为而不是推测(inferences)的话,那么可靠性也可能更高。如果测度工具包括了更多项目(items)的话,那么可靠性也就会更高。如果考虑一次课堂测试的话,使用很多测试题会带来更高的可靠性,在这一点上,你可能会有很直观的感受。跟一次长的测试(long test)相比,一个单一的题项(item)会占到一次短的测试(short test)的更大比例。如果你碰巧没有掌握某一问题涉及的话题,那么在短的测试的背景下比在长的测试的背景下,你的分数将会受到更大影响。因为一个单一的问题会产生重要的影响,所以短的测试跟长的测试相比,更缺乏可靠性。测度越可靠,就越有可能侦测到项目的效果(Lipsey, 1990)。

有些评估师,会在专业学科的培训中获知个体评估(individual assessment)是很重要的,而其也会熟知课堂测验、绩效(achievement)测试或者工作选择测试的可靠性问题。评估师们知晓,使用测试来评估个体(individuals),跟使用测试来评估项目相比,二者是相当不同的,而这一点也是十分关键的。由于评估师关注的是组群而不是个体,所以那些对个体评估没有用的调查与观测技术,对估计小组的平均得分(the mean score)来说,倒是可以接受的了。通过使用测度的标准差(the standard deviation of a measure)及其可靠性,就很有可能计算出把一个人的真实分数包括在内的数值范围。比如,假定一个人在IQ测试中的得分是105分,他的标准差是15分,而可靠性是0.95。得105分的人中,68%的人的真实分数将在$105 \pm 15\sqrt{1-0.95}$之间,或者说,101.6与108.4之间。对一个人的分数加上或者减去的数值被称为测量的标准误(the standard error of measurement),而在测量个体的分数时会使用到它(Murphy and Davidshofer, 2005)。

与之相反,在估计群体的平均得分时,均值的标准误(the standard error of the mean)将会被使用,以便于计算置信区间而不是标准差(the standard deviation)。假设从一个学校中,随机选择了81个学生,构成一个小组。进一步,假设他们在与前述相同的IQ测试中得到了105分的平均分(an average of 105)。作为一个群体,我们处理的是均值的抽样误差(the sampling error of the mean);抽样误差由均值的标准误给出,而在这种情况下,均值的标准误是$15\sqrt{81}$*,或者说是1.67。我们可以得出结论:这类小组中68%的组,其真实的平均分处于$105 \pm 1.67\sqrt{1 - 0.95}$之间,或者说104.6与105.4之间。比较一下这个置信区间跟前一段中得到的有关个体的置信区间。相对于组中任一个体的分数值而言,我们会对组均值的可能数值更加有把握。即使某一测度(a measure)仅有0.40的可靠性,但其仍旧会为项目评估的目标带来足够精确的估计值(estimate),这是因为评估师关注的是各个组,而不是每一个体。阿斯廷(Astin, 1971,1993)持有近乎相同的观点,他指出,即使是三个(问题)项目的测度(three-item scales),对于评估大学经历的后继效果而言,在样本很大的时候(when samples are large),通常也会具有足够的可靠性。**

可靠性的不同形式。有些可靠性指数跟个人评价(individual assessment)相关,却跟评估(evaluation)的相关性较小。对个人品性(personality trait)的评价,会被认为是关注个人的稳定的性格特征,相对于测度某种会经常改变的行为而言,二者的差别即是关键性的区别,而这又取决于人们的各种目的(intensions)或者行为所处的环境。对性格评价而言,测试—复测(test-retest)若有较高的可靠性,则表明这种测度可靠地产生了性格的一致估计值(estimates)。有关这些测度的项目(items)被人们所选择,这是由于它们能够产生稳定的结果;然而,**稳定性(stability)却并不是评估师关注的核心**。

---

* 原文如此。而从后文的1.67来看,应该为$15/\sqrt{81} = 15/9 = 5/3 = 1.67$。这样才符合样本均值的抽样分布原理。——译者注。

** 如果总体分布是正态分布,或者近于正态分布,则这种说法会更加正确。——译者注项目(programs)是用来使人们或社区发生改变的；项目成功与否，不能够使用那些因具有稳定性而被选择的测度方式所评估。评估师寻找的是对变化具有敏感性的测度方式(Lipsey and Cordray, 2000)。

在测量的数值等级体系方面(in scales)，评估师追求的一种可靠性形式会是同质性(homogeneity)，换句话说，就是某一测度标准测量出一个事物，而不是多种行为的混合物的程度。如果是评估一个阅读项目，那么该工具应该能够测量出阅读能力的提高程度，而不是整体的知识技能或者定量分析技能。**克隆巴赫 α 系数**(Cronbach's alpha)可以用在很多统计项目中，同时，若将几个项目(items)置于一处，以便构建一个测量等级体系(to form a scale)，此时也通常会报告该系数。本质上，这个指数就是传统的**分半可靠性**(split-half reliability)的一般化，而其却不用考虑把被研究的等级体系划分成任意的两半(Pedhazur and Schmelkin, 1991)。

一旦使用了观测者等级排序(observer ratings)，那么评估师也应该追求更高的跨观测者可靠性(interobserver reliability)。如果不同的人使用同一工具会产生相似的观测值，那么它就比产生不同数值的另一工具更加可靠。显然，如果这种等级排序在不同的背景(settings)下都做过——在家里或在学校里——那么，若跨观测者可靠性较低的话，可能就是由不同背景之间自身存在的真实差异导致的。而通过设计更加细致的指导手册、培训观测者、对观测者进行周期性的指导等方式，则可以改善跨观测者可靠性(Greiner, 1994)。

使用能够侦测出变化的测度方式

要对变化具有灵敏性，这一点前文已经提及，但是其重要性还需再做强调。在学习一门课程之前，只有极少学生能够对涉及课程内容的测试表现良好。而在学习了课程之后，掌握了课程内容的学生都会表现得不错。伴随学生技能的提高，如果随堂测试(classroom tests)对这些提高与变化很灵敏的话，那么其就是不错的测度方式。而学生们那些十分稳定的特征(如智商)就不应该是导致随堂测试分数差异的主要因素。与之对照，智商测试的开发者寻求的是让特定学习技能对智商得分的影响尽可能地最小化，而要让长期发展出来的一般技能(general skills)的效应最大化。可见，在试图侦测特定项目的影响时，这是评估师能采用的近于相反的解决问题的方法(Meier, 2004)。

此外，必须关注的是，要确保对结果的测度受到的就是项目的影响，而没有受到其他各种作用力的影响。在澳大利亚的维多利亚州，人们使用社区水平的绩效来评估犯罪预防的各种努力(van den Eynde, Veno and Hart, 2003)。糟糕的是，这些项目似乎是完全无效的，而原因就在于对结果的测量并不跟项目活动密切相关。例如，某些项目(如戏剧、荒野经验、需要圆形广场表演的技能的培训)是设计用来改变年轻人文化的；即使其是有效地，那么在项目开始后的一两个月里，这些结果也很难引起医院急诊次数的变化。

人们可以使用某些方法来检验某个测量的预期的灵敏性(expected sensitivity)。在以前的类似项目评估中,若某一测量方式曾被有效利用,则会提高人们对其的信任,会认为其具有足够的灵敏性。如果这种测量方式是为某一评估而特别开发出来的,那么人们或许还会发现,在现存的组中,哪些人会在这个变量上是与众不同的。例如,人们新近开发出来一种有关科学推理的测量方式,其能够揭示物理专业与人文社会科学专业之间的不同;较之对这些组之间无法辨别出的结果的测量,它在测量创新性科学课程的结果方面表现得更好(Lipsey, 1993)。在估计一种测量方式的灵敏性时,评估师必须在项目开始之前就认真考虑参与者的典型得分(typical score)。项目开始之时,如果参与人中的多数已经在合意的条件下准备得很充分,那么人们就很难侦测出项目参与人的各种改善或提高。这个问题就叫做天花板效应(ceiling effect)。例如,在一个给定的星期中,医院病人中的大多数人都活着出院了,同时多数汽车司机也没有发生事故;接下来,即使医疗救治改善了,或者司机变得更加谨慎了,那么也很难侦测出这类变量的变化,除非针对大量的(very many)人进行观测。如果合适的话,提高来自较小变化的统计灵敏性的一种方法就是,针对同一人,在参与项目时同时进行"前测"和"后测"。重复测量的设计会提高统计灵敏性,如果可行的话,应该考虑这样做(Lipsey, 1990; Shaughnessy, Zechmeister and Zechmeister, 2005)。

使用成本—效益测度方式

在规划项目评估时,开发与提供出数据搜集工具的成本也必须考虑到。需要记住的重要原则有这样几条。第一,要努力使测试材料有吸引力,并且要容易使用,也已获得更高的响应率(response rate);计算机会使这项工作更容易实现。第二,较之搜集、分析与解释数据的成本,用于获得版权资料的资金应该较少。第三,与调研(surveys)相比,访谈是一种代价更加高昂的数据搜集方式,正因为如此,所以不应该规划经常性的访谈。不过,有些评估问题也是无法使用记录或者书面调查的方式来完成的。有时,项目参与人不能使用书面的形式(比如,儿童、老人或者病重的患者);有时,他们需要获得提示,才能够获得完整的信息(没有受过良好教育的参与人);有时,他们不回答书面的调查(医生们);或是在回答书面调查时,可能怀有戒心(吸毒成瘾者)。最后,搜集数据的工具与参与者损失(participant loss)之间的关系也要考虑到。若评估师必须花费大量时间追踪行动迟缓的潜在回答者,或者回答者很少,而导致结果不能够代表任何小组的话,那么即使某一工具自身并不昂贵,但其也并不符合成本-收益原则。

评估准则的测量类型

我们不可能记录下大量的测量未被满足的项目需求或实施结果的方式。这一部分,我们所描述的仅是其中若干最广泛使用的测量方式的优点与缺点。同时也展示了一些能够加速你们获得文献的方法。

书面调研与针对项目参与人的访谈

书面调研。或许,单一的且被广泛使用的搜集评估数据的方法,就是针对项目参与人的书面调研了。书面调研能够提供有关成本与所需努力的最全面的信息。因所提问题的性质的不同,各种调研在可靠性与有效性方面也有不同的表现。询问接受心理疗法的患者有关其所受服务的整体质量的问题,这可能不会产生特别可靠或有效的回答或反应。不过,对关注于眼下的特定行为的调研而言,其可靠性就可能非常高。评估师与利益相关者通常会草拟本不需那么长的调研,也可能会过于复杂,而致使参与人不可能彻底完成。搜集用不到的信息是对评估资源的低劣利用,也是对潜在回答者的过分要求。

使用他人开发好的调研方案,能够节约评估师写作与提出调研题目(items)的时间。此外,这些调研的以前的使用者可能会公开发表均值与标准差的信息,这将会为正在评估的项目提供比较的基础,如此,则会使结果的解读更加有效。如果项目真的是独一无二的,那么评估师就需要开发新的调研方案,以便测量出人们对项目的态度。对于能够花费多长时间来构建各种新的工具,评估师必须保持清醒的认识;就像弹吉他一样,调研题目(survey items)的写作也很容易表现得糟糕。

评估师要规划提醒潜在回答者的方式,以便完成调研。提醒信件或者电话可以在邮寄调研问卷后,就立即着手进行(Anderson and Berdie, 1975)。曼吉欧尼(Mangione, 1998)建议进行多次的提示,这是因为伴随每一次提示,会返回更多的调研问卷。如果在发送提示信息之前都已经过去了很长时间,那么收到调研问卷的许多人可能会忘记了这件事。完成调研的人的比例,会因各种原因而不同,比如说:完成调研所需的费力程度,项目的性质,人们对项目的理解程度等。若收到的返回问卷少于50%,那么我们做出的结论多数都会是具有高度的试探性的。甚至,在参与者的响应处于可接受的比率的情况下,那些没有作出反应的人,同作出反应的人相比,也可能是不同的。在一项研究中,有66%的人返回了调研问卷,回答了他们在咨询服务中的经历,他们参与的活动时长的均值是20.2,而那些没有反应的人所参与的,时长均值只有9.5(Posavac and Hartung, 1977)。

访谈。若目标群体中的人们似乎不可能回答书面调研,或者他们无法回答那些困难的或敏感的问题,除非有访谈人员在现场鼓励他们,或者评估师无法确认对潜在回答者而言究竟什么才是最重要的,在这些情况下,访谈就有用武之地了(Guba and Lincoln, 1981)。与书面调研相比,访谈所具有的不可抗拒的最大优势就是访谈人员可以直接追问回答者的核心要点。访谈是一项艰难的任务,人们需要集中精力,并且对在研项目和访谈问题都十分熟悉;它并不是跟项目参与人的闲聊或说大话。小组访谈

(group interviews)允许项目参与人或者社区居民回答有关其他人想法的问题;人们认为,这种互动带来了更加丰富和更加周详妥当的想法。在需求评估的初始阶段,基于被称为焦点小组(focus groups)的小组访谈来展开工作,通常会带来丰厚的收获(Krueger and Casey, 2000)。有时,焦点小组会被用来获得设计书面问卷所需的信息(Mitra, 1994)。同这里描述的访谈相比,定性评估中使用的访谈相对不那么正式(参见第 8 章)。

替代面对面访谈的方法是通过电话进行访谈(Lavrakas, 1998)。发达国家中,因为电话是生活必需品,所以仅通过电话,访谈人员就可以联系到任何人。此外,电话访谈不涉及出行的问题,所以其成本比当面访谈的更少。不过,访谈人员可能不得不反复打电话,并且必须在接电话的人将其认定为销售员且挂掉电话之前,迅速建立起融洽的关系。若在打电话之前,能够收到说明研究所需信息和提出合作请求的信件,那么这就可能会增加被访谈人接受访谈的机会。由于面对面访谈和电话访谈比书面调研花费更多,所以在它们中进行选择时,就不得不仔细考虑成本以及计划之中的评估的性质等因素。

各种一览表、测试与记录

一览表(Checklists)。一览表使得人们能够选择题项(items)来刻画其自身或者项目(program)。保罗(Paul, 1986)开发出了一个复杂的观测性(observational)一览表,用以评估居民心理健康治疗设施的有效性。通过对感兴趣的变量的严格定义,保罗与他的同事开发出了记录客观的、可见的特定行为(比如跑步)的清单。他的一览表具有可靠性,而且如果观察者接受过培训,并且清楚地了解目标行为的定义,那么他的一览表也可以被有效地使用。格雷纳(Greiner, 1994)也描述了若干一览表,它们则被用来评估各种市政项目,如街道维护、住宅维护等项目。

个人也被要求使用一览表来描述他们自己的或者他人的那些相对缺乏客观性的行为。例如,家庭成员可能会被要求标示出,那些出院的康复型病人在完成各项活动时的实现程度;这样,就可以标明人们在自我照料时,究竟可以做得多好。心理健康服务的职员会被要求去刻画某一病人的社会型活动的表现情况,而实现这一要求的方式就是检查其处于几种可能的情形中的哪一种——是完全依赖他人提供帮助性的环境,还是部分地依赖(例如,在经常性的治疗性干预的情况下,能够实现某些机能),还是完全不依赖(例如,不需要继续咨询心理健康中心,此时还能够很好地实现各种活动)(Carter and Newman, 1976)。

测试(Tests)。在很多的教育环境中,对认知成绩的测量通常使用的是既测量需求(needs)又测量结果(outcomes)的办法。公开出版的各种成绩测试方法都有很高的可靠性,也都被开发得很完善,而且在教育环境中被广泛接受(Murphy and Davidshofer, 2005)。正如我们已经提及的那样,教育项目的评估师如果想要的是对成绩的测量,那么他们就应该避免选择针对态度或智商的测量方式。心理健康环境中的评估师通常会找到某些标准的测试,而其恰能反映病人的压力、焦虑和抑郁情况,以及能被多数治疗所缓解的情感状态。计算机化的数据库被迅速开发出来,对一个可以接触到大学图书馆的评估师而言,这也使搜寻各种潜在测量方式的行动成为可能。对寻找跟心理健康相关的各种测量方式的评估师而言,一个特别有用的数据库就是健康与社会心理工具库(Health and Psychosocial Instruments, HAPI);这个数据库是由行为测度数据库服务中心建立的,并且在越来越多的大学图书馆中都可以使用。框4.2包括了来自于HAPI的说明性的引述。列示出的每一引述恰好都是跟所列项目类型相关的。

机构记录或档案(Agency records)。所有行业都会保存员工的详细记录或档案;医疗护理提供者会被要求保存有关病人的相当详细的信息;为了维护制造企业的运营,订单、存货和完成的产品都必须能够被准确地追踪;与之类似,刑事司法机构也会保存详细的记录。这其中的很多记录已经输入计算机数据库中(见 Miller, 2005)。有许多项目规划被用来改善健康水平、减少犯罪、提高生产率或质量,或者是提高学校儿童的各种技能,而这些项目的结果通常可以通过追踪各种记录来得到;当然,这些记录都是由资助这些评估的组织机构保存的。因为多数信息是为处理个体问题的目的而留存的,所以在项目的水平上对信息进行概括,就会得到一些先前无法获得的洞见。

准备特定的调研

调研会被十分广泛地应用于教育的、心理的、政策的环境中,所以我们要在这里简单展示一下调研设计的一些原理。

调研的形式

在获得回答者合作的过程中,在分析回答结果时,在解释发现的意义时,调研的形式(format)都是需要考虑的一个重要因素。如果一项调研是自我管理的,那么其布局结构就必须是吸引人的、简洁有序的、容易被运用的。而对于很多评估而言,结构化的回答方法这一形式是优于自由回答(开放式)问题的形式的,这是因为分析解说性(narrative)答案是一件费时耗力的事情。不过,在采用结构化方法时,如果问题有许多不同的答案选项的话,那么也还是会产生十分混乱的调研结果。例如,把"是/否"式问题、回答者需要同意或反对的态度陈述、有关过去行为发生频数的问题混合在一起,就会给回答者带来很多困难;这是因为,当他们从一个问题项目(item)转移到另一个项目(item)时,他们必须得重复调整自己,以便于适应这些回答的形式。回答者回答的问题越难,调研就越难以完成。能够使用一种形式回答的题目(item)比例越高,就越好。要使他们能够以同一种回答方式来回答问题,就要学会如何陈述多样性的问题,而伴随经验增长,这一学习过程会变得更容易。努力使调研变得更易于使用(use),而

框 4.2   来自于健康与社会心理工具数据库的有关测量信息的说明。这个数据库极大地减轻了
搜寻测量工具时所需的付出

被评项目的核心	说明性的测量名称	讨论或使用该测量的例证引述
戒毒康复	痊愈问卷(女性)	Turner, N. H., O'Dell, K. J., Weaver, G. D., Ramirez, G. Y., and Turner, G. 1998. Community's role in the promotion of recovery from addiction and prevention of relapse among women: An exploratory study. *Ethnicity and Disease*, *8*, 26-35.
少年犯的改造	多维的愤怒量表	Hemphill, J. F., and Howell, A. J. 2000. Adolescent offenders and stages of change. *Psychological Assessment*, *12*, 371-381.
儿童中的抑郁	儿童抑郁量表	Silverman, W. K., Kurtines, W. M., Ginsburg, G. S., Weems, C. F., Lumpkin, P. W., and Carmichael, D. H. 1999. Treating anxiety disorders in children with group cognitive-behavioral therapy: A randomized clinical trial. *Journal of Consulting and Clinical Psychology*, *67*, 995-1003.
自杀的预防	生活理由量表	Dean, P. J., Range, L. M., and Goggin, W. C. 1996. The escape theory of suicide in college students: Testing a model that includes perfectionism. *Suicide and Life-Threatening Behavior*, *26*, 181-186.
育儿强化	育儿责任的面谈规划	Leslie, L. A., Anderson, E. A., and Branson, M. P. 1991. Responsibility for children, *Journal of Family Issues*, *12*, 197-210.
为提高工作技能而进行的阅读	拉姆塞公司工作技能——办公阅读测试	Impara, J. C., and Plake, B. S., EDS., 1998. *The thirteenth mental measurments yearbook*. Lincoln: University of Nebraska press.

这些努力也会在评估师解释与展示结果的时候,对他们有所助益。以同一回答方式回答的项目(items),其平均的回答率可以放在一个单独的表格中,而这样就可以使得项目之间的比较变得容易。

有时,评估的目标缺乏良好地界定,这样就需要具有解说性答案的问题。如果项目的反应范围界限(the range of reactions to a program)并不清楚,或者让回答者说出自己的话是有价值的,那么带有开放式问题的调研通常就是有用的。在评估教育背景中一个绩效鉴定体系时,巴顿(Patton, 1980)就同时利用了结构式回答形式与开放式问题。阅读他的报告的读者既会接触到调研的统计学的要点,也会接触到各种个性化

的——通常也是令人印象深刻的——自由回答的答案。麦奇莉普,莫伊尔斯和塞文卡(McKillip,Moirs,and Cervenka,1992)表明,某些形式的开放式问题会比其他的更加有用。对改善项目(program improvement)而言,最有用的信息就是来自于引出特定意见的问题项目(items),比方说:"(有关这一项目),说出一件你喜欢的事情,同时说出一件你不喜欢的事情。"这些开放式、具有导向性的问题比单纯询问意见要更加有益。若打算在评估中密集使用开放式问题,那么评估师应该查询有关解说性资料的编码方案的各种材料(例如,Glaser and Strass,1967;Strass and Corbin,1998;Weitzman and Miles,1995)。

准备调研题项

对准备调研题项而言,有很多有用的指导规则存在。最重要的就是:要记住你希望谁来回答这些题项。对评估师而言是清晰的陈述,对某些从非常不同的观点来阅读这个问题的人而言,可能就不清晰了。最有可能被理解的问题就是那些写得清晰、简单、简洁的问题。这样的陈述是无法一次就准备好的;必须把它们写下来,仔细地审查,分析批判,再一次写下来,进行预测试,并且再改写。这个星期写下来的问题,通常在下个星期似乎会不再被接受。我们必须记住,除非是在测试一项技能,否则所有的回答者都应该能够回答这些问题。如果第一稿就无法再被改进,那么评估团队就还没有学会评估自身的工作。

清晰的调研问题具有若干特征。问题应该避免否定词,这是因为否定性表达的句子读起来更困难,而比起肯定性表达的,通常也更容易被误解。双重否定的表达则特别难于理解。写得好的问题使用的是简短的、常见的单词。好的调研问题只关注于一个问题;而像这样的问题——"我的治疗师是有礼貌的并且胜任的"——就结合了两个问题。在这种情形中,对肯定的答案可能是好解释的,但是对否定的答案可能就不好解释了。如果很多人的回答都是否定性的,那么机构的主管应该怎么做——是让治疗小组更具亲和力,还是让其接触最新的治疗技术?最后,调研问题在语法方面应该是正确的。

某些做法有助于侦测出需要改进的调研问题。第一,应该大声读出这些问题陈述。跟安静地审视相比,大声朗读通常会更容易侦查出别扭的表达。第二,设想阅读这些问题的人恰是不喜欢你的人,并且正试图找理由批判你的工作(这不是开玩笑,这真的会帮你找出你的书面材料的问题。)。第三,让同事阅读草稿。第四,认真思考如何解释每个问题的每一可能答案。如上所述,有时某个答案能够被解释,但是其他的就不能。第五,如果还存在模糊性,那就拿着修改稿,对即将被抽样的总体中的若干人进行访谈,这样,那些模糊之处就可能被侦查出来了。要求他们重新解释每一个问题;如果他们能够做到这一点,那么问题就是相当清晰的了。

一旦准备好了调研问题,那么它们还必须排列成序,以便于使用,而且要使其对回答者而言呈现出逻辑性。第一个问题应该指向有趣的问题,而且不应该让人感到正被胁迫着回答。目标是诱使潜在回答者开始参与调研。接下来,有关社会矛盾的问题再被包括进来。记住这一点是很关键的——人们都喜欢一贯性或相容性(consistent);因此,第一个答案可能会影响到如何回答后来的问题。如果这成为一个严重的问题的话,那么要考虑制作两种不同形式的调研问卷,这样的话,顺序起到的作用就会被识别出来。人口统计问题(如年龄、性别或者职业)最好放在最后,这是因为这些问题最不可能激发回答者的兴趣。不过,在访谈过程中,人口统计问题应该首先询问,以便于构建友好的关系(Babbie,2003)。在所有的情形中,信息将会被用于何处,都应该解释清楚。

操作指南书与预先测试

对应于调研问卷的操作指南书也应该是清晰的,因为没有访谈员能够处理所有的困难或问题。跟正常必要的情况相比,最好低估一下回答者的技能,同时给出更多的操作指南与示例。一旦准备好了调研问卷和操作指南,也不能假定潜在回答者将会恰如评估师期望的那样来理解指南与调研问题。最好的作法是对小样本的人口做一下调研,以了解他们是如何理解指南与调研问题的。很可能,调研问卷需要被再一次修改。

总结与预习

要从多种信息源来测量不同的变量,这是有效的、有用的评估的一个核心品质特征。在选择变量的测度方式时,评估师利用为良好测量手段而制定的准则,来评估特定的解决问题的办法。被测量的某事是重要的吗? 测量方法对小的变化具有敏感性吗? 测量是有效的、可靠的且有成本效率吗? 测量自身会带来被测变量的变化吗? 在选择测量方式与信息源时,评估师应试图找到不受同一缺陷制约的多种数据来源;转而,评估师要找到相互补充的变量。

为评估研究工作选择合适的准则,以及使用好的方式来测度这些准则,这些不仅是有能力的评估师的标志,而且还是在伦理上能进行合理工作的标志。由于社会科学家的发现结果会对他人有实际的影响,所以跟只做理论问题研究的人相比,评估师面对着更多的伦理困境。第5章处理的是某些伦理问题。

学习问题

1.设想一个你所熟悉的项目环境。你可以考虑你的大学的财务办公室,一所医院实验室,或者一个学前中心。思考一些参与人有能力回答的调研问题,以及一些需要特殊培训才能回答的、因而也就不应该向参与人邮寄的调研问题。

2.在同一环境中,识别出这样的群体——可以向他们调研或者访谈以获得有关项目质量的信息。项目的哪些方面是每个群体都能够提供出有用信息的?

3.设想一些变量和信息来源,它们要能反映你正思考的项目的质量。把这些变量整理成两列——在一列中,放入展示项目良好印象的变量;在另一列中,放入强调项目问题的变量。比较这两列:这两个集合是如何表现出差异的?(How do those two sets differ?)

4.思考一些只能通过访谈才能回答的评估问题,以及一些最好由定量度量来回答的问题。这两个问题集是如何表现出差异的?

5.设想一个缺乏道德的评估师想要以欺骗的方式来确保完成对某项目的令人满意的评估。他会使用哪些类型的变量来完成这个目标?与之相反,设想某人想要确保完成一项让人不满意的评估:为了这样做,他会选择哪些类型的变量?

辅助资源

Fowler, F, J., JR. 1998. Design and evaluation of survey questions. In *Handbook of applied social research methods*, eds. L. Bickman and D. J. Rog. Thousand Oaks, CA: Sage.

这一章提供了非常易读的有关问卷开发的描述,其中有很多好的和坏的说明性问题示例。许多要求进行评估的利益相关者似乎认为,任何人都可以写出调研问题。可问题是,那些准备糟糕的调研的发现,是很不容易解读的。

项目评估中的伦理

评估师会发现,他们常常处在多种伦理困境之中,而这种情况却是从事基础研究的社会科学家很少体验到的。尽管下面的情景是假想的,但是富有经验的评估师都会认同这些问题。

很难做好的项目(project)。伊夫琳·马歇尔(Evelyn Marshall)在一家从事社会科学的企业——评估公司——工作。企业员工对赢得一项评估合同很感兴趣,而这个评估项目是由州立法机构发起的关于提前假释(early parole)的项目。需要回答的核心问题是:相较于让犯人服完其大部分刑期这一结局而言,提前假释,在从监狱释放以后,是否带来了更好的结局(比如,重新被拘捕变得更少)。对提案要求的措辞是清晰的:立法机构希望评估能够审查清楚这一点,即该项目是否跟释放后降低了的拘捕率有因果关系,同时还要求评估在六个月内完成。马歇尔还知道,假释委员会不允许这样的提前假释被随机分配给犯人,而且不能进行随机分配也有法律方面的原因。在这些约束条件之下,马歇尔知道,她没有足够的时间来检验项目的有效性。尽管她和同事们都知道无法完成议员所要求的提案,但他们还应该为此做准备吗?

是辩护还是评估。莫里斯·富兰克林(Morris Franklin)完成了一个有关核心社区心理健康中心扩展项目的评估,该项目跟高中学生有关;他们在学校表现得很糟糕,而这被认为是跟滥用毒品相关的。正如常常发生的那样,富兰克林发现了支持项目有效性的证据(所有的利益相关者都喜欢这个项目)、不支持项目的证据(参与者的成绩分数没有提高),还有某些具有模糊性的证据,而这些证据可以被解释成有利的,也可以被解释成不利的,这取决于人们的观点(项目学生比非项目学生参加更多的兼职工作)。该中心主管愉快地接受了富兰克林的报告。人们计划开会来考虑增加项目的辅导时间,以便于帮助参与者提高成绩。评估师富兰克林认为他已经完成了一项很好的工作。不过,一星期之后,主管却要求他为提供资金的学校董事会写一份计划书,因为他们可能会许可把这个项目扩展到地区中其他的高中。当富兰克林提及负面的发现时,这个主管告诉他,要集中于积极的发现;他说:"我需要一份积极乐观的计划书。"写这样一份计划书,但是却不提及项目中已知的、已由评估侦查出来的弱点,这将会是不道德的吗?

适于评估实践的标准

在研究中,需要有伦理标准,这促使很多组织开发界定伦理原则的声明,以便指导研究团队的工作(例如,American Educational Association, 1994; American Psychological Association, 1992; American Sociological Association, 1989)。由于项目评估的结果可能在其完成之后就立即被应用,所以跟从事基础研究的人员比起来,评估师面对更多需要进行伦理选择的情形,而且很多选择也跟实验室科学家面临的不一样。所以,人们会明确准备好适于项目评估实践的原则声明(Joint Committee on Standards for Educational Evaluation, 1994; Rossi, 1982)。表5.1中,包括了2004年美国评估协会采用的伦理原则("Guiding Principles for Evaluation", 2004)。

本章的材料,既包括对研究过程中的伦理行为的陈述,也包括对好的项目评估实践的说明。把这两个问题结合起来,其理由则来自于作者的这种信念,即:评估过程中的伦理不仅仅意味着对研究主体(subjects)保持尊重、对金钱和数据保持诚实。我们认

表 5.1　美国评估协会采用的伦理原则

1.系统的探究:评估师进行系统的、基于数据的探究。

2.能力:评估师为利益相关者提供胜任的行动表现。

3.正直/诚实:评估师在自己的行为中展示诚实与正直,同时要试图确保整个评估过程中的诚实与正直。

4.尊重他人:评估师尊重响应者、项目参与者、客户以及其他的利益相关者的安全感、尊严与自尊。

5.为整体福利与公共福利负责:评估师清楚表达并仔细考虑整体的、公共的利益与价值的多样性,因这些利益与价值可能与评估相关。

注:每一原则之下都有若干小的要点。该原则由美国评估协会成员批准,2004年7月。

来源:www.eval.org/Guiding%20Principles.htm,检索于2005年5月16日。

为,评估师有责任为所有利益相关者提供清晰的、有用的而且准确的评估信息,而其工作也恰是围绕这些人展开的。此外,评估师的工作方式,应是以改善为人民服务的潜能为目标。评估师的工作环境已被设定是去帮助人们,其所面对的伦理,跟那些解决几乎不直接与组织机构相关的问题的社会科学家相比,更加错综复杂,这是因为基础研究中的错误不可能伤害人。从基础研究到为人民服务,这中间的路程是漫长的;而伴随这一路程,有很多机会去识别错误、抛弃错误。与之相反,搞得糟糕的评估,会影响到向人们提供服务的过程,会扰乱服务提供机构的员工的行为,会鼓励人们使用有害的新医疗治疗方式。由于这些原因,我们会把评估中的伦理看成是跟评估中的所有阶段都相关的规范——从最初的规划开始,到向感兴趣的各方展示评估结果。莫里斯·富兰克林就知晓,甚至是在评估完成之后,仍旧还有很多关键的伦理困境存在。在我们讨论中,我们把伦理问题分成了五类:以符合伦理规范的方式对待所有人,认识角色冲突,服务于评估可能使用者的需求,使用有效的方法,以及避免评估的消极副作用。

与人交涉的伦理问题

如同基础研究人员一样,评估师最重要的责任就是保护人们免于伤害。由于伤害人们的方式是多种多样的,所以对此有所考虑的评估师应保护跟项目有关的所有人免于伤害。

对无效的、新型的治疗进行补偿

通常,评估师面对的最重要的问题,就是关注,是否有哪怕是任何一种伤害,会涉及跟正在评估的项目相关的人。尽管医疗的、教育的以及社会性的服务项目的目标都是帮助那些参与人,但是有时项目或是没有影响的,或是具有负面影响的。M.B.索贝尔和L.C.索贝尔(Sobell M.B. and Sobell L.C.,1978)就报告了一项引发了争议的评估。他们为嗜酒者设计了一个项目,该项目是基于这样的行为道德标准(principles)的,即理论上应该允许参与者在参与治疗之后以一个适量的水平饮酒。这个标准跟传统的设定是相互矛盾的,后者要求如果有很大的风险再次依赖酒精的话,那么嗜酒者就不能饮酒(Burtle,1979;Mcintyre,1993)。对这个项目进行评估是符合伦理要求的;不过,由于评估师面对的治疗方式是跟普遍接受的行为实践十分不同的,所以其就应该确保,如果新的治疗失败了,那么项目参与者会获得足够的额外服务,这样他们就不会受到正被评估的项目的伤害。彭德瑞,马克茨曼和韦斯特(Pendery, Maltzman and West,1982)认为,M.B.索贝尔和L.C.索贝尔并没有追踪这些参与人足够长的时间,以便于获知受控的饮酒对参与人而言是否有效。实际上,医院记录表明,许多参与人在完成受控饮酒项目之后的数周或数月之内,又都重新回到了医院。而出版的评估报告却已暗含了这样的想法,即这种新治疗方法,对强调禁绝饮酒的传统方法而言,是一种切实可行的替代方法。

获得知情同意

保护相关人员的另外一种方法就是获得来自于参加评估的参与人的事先同意。如果评估师计划的评估包括了把项目参与人随机分配到不同形式的治疗方式中,或是随机分配到不接受治疗的受控组中,那么这一点就特别地重要。如果要获得他们的同意,那么重要的就是,他们的同意应该是充分知情的——就是说,在同意之前,他们理解这些要求。知情同意(informed consent)意味着,潜在参与人要自己作出是否参与的决定,而且有关项目的充分的信息将被提供出来,以使他们能在所有的替代选择方案中权衡取舍。如果某人被误导,或者没有给予涉及风险的足够多的信息,那么,即使是这个人已经签署了同意参与的文件,评估师也没有获得知情同意。不幸的是,有时,同意参与的文件格式是以研究人员易于理解的风格书写的,而不是以潜在项目参与人能够理解的风格书写的(Gray, Cook and Tannenbaun, 1978)。

尝试提供足够多的信息,以使人们能够作出知情同意,这会给评估师带来一种额外的伦理困境。揭示出过多的有关新服务形式的信息,会在参与人方面产生各种预期,或者会使没选择新项目的那些人士气低落(Cook and Campbell, 1979)。如果知情同意的程序具有潜在的影响力,会改变评估过程中人们的某些行为,那么评估的有效性就会受到威胁。没有明确的方法来解决这种冲突。体现在美国心理学协会的伦理规则中的一种解决方法就是,斟酌对参与人的潜在伤害。例如,申请家庭计划生育服务(family planning services)的墨西哥裔美国妇女会被随机分配到处理组(口服避孕药)或者控制组(安慰剂,看起来像药片),而她们自己却是不知情的(Bok, 1974)。控制组中有着很高的代价——10个人怀孕——这使得人们认为,这些妇女本应该被告知这项研究的完整信息。十分清楚的是,这些妇女寻求的是家庭计划生育服务;如果本来就不会有该项试验服务,那么这些妇女是可能改变她们的行为的,或者是在其他地方获得有关服务。研究中或者评估中,这种大的违反伦理原则的情况,跟过去的比起来,在近些年来变得更为少见了。

保守机密性

应该给予在评估期间搜集到的信息以最大限度的关照,这样项目参与人或者管理人员的隐私就不会被侵犯。有很多方法来保护信息的机密性。以人名(name)的方式识别数据并不总是必要的。如果前测与后测有必要是相互匹配的,那么研究人员可以使用那种仅有特定的回答者才会识别的信息,例如,回答者的母亲的名字(the first name)与生日。如果在后来必须跟回答者取得联系,那么项目主管就需独自保有一份回答者的名字(name)与地址的总清单,以及识别数据的编码体系。有些处理十分敏感信息的评估师会在不同的国家存储这些名字与编码。很少有评估师会处理那么敏感的信息；不过一旦承诺了机密性，那么我们就必须保守它。

评估师面对的角色冲突

评估师搜集信息是为了评价项目计划、执行或结果的价值情况。因为服务于项目的员工是通过他们的工作来获得生计的，所以在评估师与项目员工之间会发生冲突，而这一点是不会使人们感到惊讶的。项目所服务的客户也会跟评估结论有巨大的相关利益；如果项目被中止，那么他们可能就会失去一项本是所需的服务。公共资助的项目其利益相关者还包括政府机构与纳税人。尽管很少有纳税人知晓各种评估，甚至就此而言，也不了解项目自身，但是若项目以有效率的方式实现了目标，那么纳税人的利益也会被顾及。在涉及项目的各利益相关者之间，会由于他们的利益冲突而带来很多伦理两难或困境，而认识到这一点则具有重要的意义。从理想的情况来说，评估师服务于所有的利益相关者，尽管其通常是由一个利益相关者所雇佣的——常常是机构管理方。恰如第2章已经提到的，形成清晰的"谁需要这项评估"的想法，以及"所有的利益相关者将会如何受到评估的影响"的想法，这都是十分关键的。我们能够想到，各利益相关者会有不同的利益诉求，甚至是相互冲突的利益诉求；可以预期，这些冲突会给评估带来差异巨大的结果，那结果可能是，由于愤怒的利益相关者无法达成一致而造成糟糕的评估，也可能是权衡仔细的但却有争议的评估；也可能是二者之间的其他任何情形。

识别出项目的利益相关者是一项重要的伦理任务。设想一下，某评估师承担一项工作，要评估一种宣判罪犯的新方法。在州长提议下，立法机构批准了罪名为 X 类犯罪（Class X crimes）的宣判程序。立法被通过，是因为人们普遍认为法官的审判行为过于宽大仁慈了，而且在法官之间差异巨大。立法机构剥夺了法官手中宣判某一罪行的入狱时间长度的决定权：被判犯有 X 类犯罪的被告人现在面临的是由法律（by law）决定的判决。谁是针对这项法律进行的评估的利益相关者？

首先，委托进行这项评估的州立法委员是利益相关者，这是因为他们写下了正被评估的法律。州长也会对研究结果感兴趣，因为他对此作出提议，而且希望有关他的工作的所有评估都是合意的，目的是增加再次当选的可能性。类似地，那些投票支持该法的州立法委员也会希望有一个合意的发现（finding）。与之相反，某些反对该法的立法委员可能会更乐于见到他们的立场被一个这样的发现所支持，即该法没有预期的效果。留意法院行为并期望其能帮助预防危险个人犯新罪的所有公民都会对这个项目感兴趣。法官也有重大利益牵涉其中，这是因为他们的日常行为正是被研究的对象。监狱官员需要知晓评估的发现，特别是新审判程序对监狱设施可能的影响的发现。警察们也会对知晓新审判法会被如何执行感兴趣。辩护律师、被告人以及州律师办公室的利益也牵涉评估的结果(outcome),因为他们的策略可能会取决于审判是如何被决定的。十分清楚的是,许多集团都关心项目评估的发现。

在评估开始之前,评估师应该尝试使利益相关者之间的潜在冲突减少到最少。如果他们能够在某些问题上达成一致,那么评估师遭受的压力就会更少;诸如此类的问题包括:谁会接触到评估发现? 什么信息将会被使用? 不同的发现模式将会被如何解读? 如果评估开始了但却没有解决这些问题,那么不同集团想巧妙操纵评估使其满足自己的目标的可能性就会增加。有时,对信息的所有权持有疑虑与争议,就会使得人们无法完成一项可靠的评估。那些不希望展开评估的个体就会从中获益;不过,所有的其他人,都会遭受损失。

利益相关者之间的公开冲突会使评估师的工作变得复杂;此外,更隐形的冲突也是存在的。某些作者会从社会正义的伦理视角(见 Rawls,2000)来做出主张,认为评估师应该审视项目的假设(assumptions)和结果(outcomes),目的是要知晓项目是否是服务于正义的,以及正义是被如何支配的。如果结果的测量手段被审查而没有考虑到结果的范围大小(range)的话,那么评估师就要想办法去侦查,何种情况下,项目会对可能被忽视的某些利益相关者产生并不合意的结果(Ericson,1990)。

识别不同利益相关者的各种需求

引入利益相关者这一概念,是为了强调对评估师而言的潜在角色冲突。要使得评估对那些可能使用评估或者受到评估影响的所有人尽可能有用,就这一点而言,认真考虑不同利益相关者的需求也是有重要意义的(Datta,2000)。框 5.1 展示了利益相关者的不同观点会如何导致不同的结论,甚至是在解读同样的信息的时候。集中关注一个利益相关者集团的需求,很容易就会导致狭隘的和具有误导性的结论(McGarrell and Sabath,1994)。

项目管理者考虑的是效率

那些负责管理组织机构的人关心的是机构的运转效率问题。盈利性企业必须以有效率的方式生产产品与服务;否则,与之相竞争的企业将赢得更大的市场份额。经过一段时间之后,无效的企业就会退出经营,或者被更加有效率的企业购买。非盈利的人类服务机构的运营并不是基于跟私人企业一样的原则的;不过,在有限的机构预算内,有效的管理人员会试图提供尽可能最多的服务。按照管理人员的判断,评估中最重要的方面通常可能就是关于项目效率情况的信息。第 12 章涵盖了对管理人员而言如此之重要的成本—效率问题。

框 5.1　利益相关者价值观冲突的图示(来源:Brotman,1983)

完全成功还是毫无意义? 这取决于你如何看待它

多样性的利益相关者在观点上存在差异,这可由对工作福利项目的争议展示出来;这个项目要求申请人进行兼职的、临时的工作。其想法是这样的,福利的接受者应该为他们所受到的帮助做某些工作。他们在继续寻找稳定的工作的同时,会每月有一两个星期在公共机构或者非盈利机构中工作,而这些工作是全职雇员不做的。

某些评论家认为,这个项目是缺乏远见的,并且人们并没有学习到真正的工作技能,还有州政府也没有充分监管这些临时"雇员"。其他评论家认为,工作福利制纯粹是要求申请人为了福利而做交易,这就使得工作福利项目具有了惩罚性。一位公共援助官员反对这种说法,并认为某些参与人需要工作福利制来知晓某些东西,比如保有工作需要不断努力,待上一整天,不攻击别人,还有离家工作前要洗澡等。非盈利服务组织的报告认为,他们通过工作福利制而得到的日间护理、管理以及食物方面的服务帮助,已经改善了他们对其他贫困人口的服务。

若想搜集让所有利益相关者都可接受的数据,那么评估师将面临很大的压力,这是因为有很多根本性的价值观的冲突,而这是无法依靠数据来解决问题。

员工寻求的是服务提供过程中的帮助

如果评估能够提供实践指南,并改善项目员工服务于客户、学生、病人或消费者的有效性的话,那么员工的需求就得到了最好的满足。对大的企业部门的信息流的评估会揭示出无效率的情况。如果能够给员工提供现行程序的切实可行的替代方案,那么评估就给予了他们很好的服务。大学中,教学有效性的评估能够帮助识别出新员工困难最大的领域,这样,就能引导系主席或大学校长开发出预防性的行动措施,进而在严重的问题激化之前来帮助新职员(Angelo and Cross,1993)。医疗实习项目的评估,既能够帮助人们估计医疗实习生做出的不必要的医疗测试的比例,也能够帮助人们估计做出这些错误判断的理由。这样的话,教育项目就会被改善,而实习医生也能够为将来的病人服务得更加有效(Posavac,1995)。

评估师也会知道,评估是一个好的媒介工具来认识员工们工作的良好情况。若评估关注于各种缺点,而将提供积极的反馈排除在外,那么跟那些更加平衡的评估比起来,其很少是有用的。

客户需要的是有效的和合适的服务

评估师还必须考虑项目的参与者。在设计服务时所针对的人,通常在项目或评估的计划与执行过程中并没有发言权。反思起来,这种疏忽的情形似乎是很离奇的:受到项目最大影响的团体恰是最少被咨询到的。不过,参与者也不是联合起来的,他们很少有发言人,而且他们也不雇佣评估师。评估师实现对参与人的责任的方法可以包括：比较参与人的需求与所提供出来的服务，帮助员工与管理者更好地理解这些需求，围绕需求与人数多寡（strengths）安排好建议。缺乏对目标总体的需求的理解，就去做出各种建议，并不是没有发生过的事。有时管理者与员工的利益会优先于参与人。需要注意的是，我们没有理由假定项目参与人——学生、病人或参训人员——完全知晓他们的需求，但是这并不意味着他们的观点可以被忽视。

评估中，参与人利益的另外一个方面就是他们对边评估边持续获得服务感兴趣。展开评估，但是却不带来正常服务的某些中断，这通常是不可能的；不过，伦理考量需要使服务中断尽可能少。

社区成员需要的是符合成本—效率原则的项目

多数服务机构获得的资金支持，或是来自于地方社区居民的税收和捐助，或是间接地来自于通常是非盈利组织才享有的财产税减免的方式。在某些方面，地方社区所处的位置跟被服务人群的有些相似：社区是分散的，也不雇佣评估师。通常，人类服务机构接受来自于国家或州部门、慈善机构和基金会的更深度的支持。这些机构当然在他们支持的项目的成功与否方面有重大利益。时常，政府机构和基金会会授权对获得他们支持的项目进行评估。在这些情形中，他们的利益很可能得到了很好的保护。在伦理方面规划得很好的内部评估，也会反映为服务机构提供资金支持的团体的各种利益。

评估的有效性

要使对参与人的伤害最小化，使可能的角色冲突都被仔细审查，使利益相关者的需求都被识别，而在此之后，评估师就可以转向跟评估项目的有效性相关的伦理问题了。在作者的眼里，展开的评估若不合于被授权项目的目标，举例来看，这就跟没有保守从参与人那里获得的信息的机密性一样，都是不符合伦理的。接下来的部分包括了最常见的威胁到评估有效性的四种伦理后果。

有效的测量工具

在教育的和心理健康的背景中，评估师在测量被评项目的预期结果时通常会使用标准化了的、公开出版的测试。开发得最好的测试是标准化的成绩测试，是被设计用来估计学校中孩子的进步情况的。因为这些测试已经开发得如此之好，以至于甚至是在它们并不适合于测量项目的某个结果时，也会有一种诱惑，促使人们使用它们。换言之，人们无法简单地询问某一测量工具是否有效，这是因为有效性是依背景和特定参与人的变化而变化的。若选择了一种不合适的方法去度量设想的结果，则会使得项目的效果模糊不清（Lipsey, Crosse, Dunkle, Pollard and Stobart, 1985；Lipsey, 1990），或者,更糟糕的是,引向令人误解的结论。例如,在一次有关生态学课程的评估中,使用了涵盖卫生学、生物学和地球科学问题的标准成绩子测验(subtest),并将其作为结果变量(Joint Committee on Standards for Educational Evaluation, 1994)。而这个子测试并不适合于在创新型生态学课程中度量学生的成绩。评估的负面发现并不能反映项目的真实结果。

测试中,若没有注意到特定内容跟课程覆盖到的内容之间的差别,那么就是一个严重的失误。让任一标准化测试都能测量生态学课程中的成绩,这是不可能的,那是因为直到近来,才有少数高中讲授这种课程;评估师应该认识到这一点。若根本就没有进行这样的评估,则学区的境况或许将会更好一些;这个项目被套上了一个消极的评估——尽管这个评估缺乏有效性,但却不得不由项目的支持者来解释清楚。

技能熟练的数据搜集者

接受过很少培训的人就足以监管一次标准化测试,这是可能的;不过,许多评估使用的却是通过个人访谈而搜集到的信息。访谈不是一件容易的工作。好的访谈员拥有各种人际间沟通技能和常识,这使得他们可以在维持跟被采访人之间的好感的同时,获得所需的信息。这需要一定程度的成熟的性格,以及对真理的尊重,这样的话,才能够记录和报告跟自己的态度并不一致的看法。赖斯(Rice, 1929)发现,两个采访赤贫者的访谈员报告了非常不一样的答案,而访谈问题是为什么这些人会陷于无家可归的状态。一个访谈者报告说,许多人把问题归因于酒精;另一个则报告说,他们是缺乏正义的社会的受害者。事实上,第一个访谈者支持禁酒,而第二个则是马克思主义者,这就意味着,访谈者的报告受到了自己的社会观的影响。

对好的访谈员而言,善于获得人们的合作的技能也是必需的。古巴和林肯(Guba and Lincoln, 1981)注意到,在访谈员试图跟潜在被访谈人进行交谈时,他们需要有礼而且要坚持不懈。凯里(Carey, 1974)采访了已到晚期的病人,而这是评估医院对濒死病人的护理情况的工作的一部分。若不是更加关注数据而是关注病人与他们家庭的个人悲剧的话,那么是很难展开这样的访谈的。儿童带来的是一个非常不同的挑战。在被设计用来改善自信、学习习惯和社会技能的补偿性教育项目中,采访儿童需要的是耐心和技巧,以便获得孩子们的合作。缺乏跟儿童打交道的经验的访谈员可能对他们的感情和态度所知甚少,这是因为儿童不会如同成人那样对社会预期作出反应。实际上,如果年幼的孩子们感觉没有被尊重的话,那么他们可能什么都不说!

合适的研究设计

本书的论点之一就是,研究设计必须满足那些可能利用信息的人们的需求。正如后面的章节所示,不同的需求都或多或少需要科学上的严谨性。不过,一旦资助者的某种信息需求已被表达出来,若一开始就知道规划的评估并不能回答资助者提出的问题,但是还展开评估,那么这就是不道德的。有人会说,这并不常见;然而,沃伊特基和施米茨(Vojtecky and Schmitz,1986)总结说,有关健康与安全的培训项目评估,很少有提供出关于项目结果信息的。这似乎跟伊夫琳·马歇尔面对的困境有关,这已在本章的开始有所描述;让她展开评估来回答州议会具体指明的问题,这是不可能的。

此刻,马歇尔至少有三种选择:(1)继续这个项目,并使用她的技巧使被完成的评估好像是能够回答最初提出的问题;(2)拒绝这次评估,同时希望可能找到替代的合同,使自己被雇佣后可以更有建设性地工作;(3)就评估将要处理的实际问题展开协商。第一个方案是不符合伦理的,而第二个对马歇尔而言是有很大风险的;而第三个可能是更富于建设性的。通常,评估的资助者并不熟知各种研究方法,同时也不知晓何时他们已给评估师提出了一个不可能的任务。很可能州议会并不真的需要一个把巡逻程序的变化情况跟后来的假释者行为情况联系在一起的评估。而需要的可能仅仅是一个严谨的新法真实执行情况的记录。如果协商结果表明,执行问题是主要的问题,那么马歇尔就可以进行这样的评估;事实上,这样她就可以做得更好,跟她原本能做的相比——若是在那种情况下,她不得不尽力尝试说服他人以表明她能够回答最开始的问题。

项目与程序的充分描述

科学的一个基本特征就是它的公开性。科学工作要以他人能够评估所用的程序和重复进行该研究的方式来进行。这样的话,研究中的错误就能够被侦测出来。通常,对评估工作的描述,并没有充分详细到可以使他人理解该项目或其评估程序的程度。帕滕(Patten,1980)把详细描述项目执行情况这一优点就当成是项目评估的一个组成部分了。他发现,某个项目的评估师们——该项目是帮助年轻的低收入母亲学习养育技能和理财技能的——总结说该项目是无效的,而事实上,该项目都没有被执行过。如果这些评估师观察或描述过项目执行情况的话,那么他们就会知道项目本就没有被实施过。大部分评估都没有讨论过执行问题(Lipsey et al.,1985;Shadish,2002;Summerfelt,2003)。

除了要详细描述项目,评估的程序也需要展示得足够详细,这样的话,其他人就能够理解评估师是如何获得信息、分析信息的了。正如后文会提及的那样,并不是所有的利益相关方都想了解所有的评估程序细节。不过,有些人会考虑在其他地方实施项目,也有人需要比较其他背景下类似的项目,对他们而言,一定要能够获得这些详细的报告。若由于没有详细的报告而无法比较不同评估的话,那么人们可能就会怀疑,在报告撰写人自己的头脑中,他们是否清晰地知道自己在做什么。

避免评估程序的可能的消极副作用

对基础研究而言,本部分中的伦理问题相对不是核心问题;不过,在应用研究的圈子中,这些问题会对评估师和受评估研究影响的利益相关者带来极大的影响。

不准确的发现会伤害某些人吗?

不准确的发现,或是会错误地表明项目有积极的结果,即项目是有效的;或是会错误地表明项目有消极的结果,即项目是无效的。如果这些错误结论是由随机的统计变异(variation)带来的,那么前一个错误被称为**第一类错误**(Type Ⅰ error),而第二个错误则是**第二类错误**(Type Ⅱ error)。有明确的证据表明,有时,医学研究是在为后来被发现是没有价值或价值微小的治疗方法提供支持(Ioannidis,2005);最初的评估似乎是正面的,那是因为第一类错误。如果缺乏足够的考虑就来设计评估的话,那么也会得出这些错误的结论。缺乏认真的思考,评估师就会关注于错误的变量,或者观察的时期过短,以至于无法发现积极的或消极的效应。在其他时候,评估师对项目的热情也可能会导致错误的乐观结论。

针对前面提到的 M.B.索贝尔和 L.C.索贝尔有关酗酒治疗的问题,对可能产生的误导,已被彭德瑞,马尔茨曼和韦斯特(Pendery,Maltzman and West,1982)后来的研究所讨论。如果治疗师认为索贝尔主张的控酒疗法看似很合意,那么治疗很可能会在其他机构中被重新设计。基础研究人员会被提醒,要关注实验中被真实研究的人们的安全与福利状况。另外,评估师需要思考,项目规划者会如何使用项目评估这个问题。在展开评估过程中,由于未充分关注这些问题而造成了有伤害性的项目,若是出于疏忽而鼓励使用这样的项目,这就是一个伦理的问题,而对这个问题,基础研究人员很少需要考虑;不过,对评估师而言,这通常是一个重要的问题。

相对于错误而合意的评估,错误的负面评估也会伤害人,主要是通过鼓励人们取消各种有益的服务方式。拉扎尔(Lazar,1981)描述了"头脑开发"项目——面向低收入家庭儿童的暑期学前项目——一个被忽视了的方面。按照拉扎尔的说法,"头脑开发"为孩子们将来的学校成绩作出最大贡献的方式,不仅包括它教什么,而且还包括通过这种方式,使母亲也参与到孩子的教育中来。向母亲展示如何跟孩子一起面对问题,引导她们了解学校体系,这会鼓励她们发展出参与到子女教育中来的状态,而这通常是难以在低收入家庭中发现的。在为期八周的项目过程中,仅关注儿童智力增长的评估有些太狭隘了。若"头脑开发"项目会被取消的话,那么错误的负面结论就将伤及其他儿童。对类似于"头脑开发"这样的学前项目进行全面的评估已经表明它们提升了孩子们的很多技能(Darlington,Royce,Snipper,Murphy and Lazar,1980;Murphy and Lazar,1980;*Head Start Impact Study*,2005),这跟有方法论瑕疵的早期研究形成了对照(Cicarelli,Cooper and Granger,1969)。

考虑统计学中的第二类错误

第二类错误,是指当项目在实际上是有效的时候,统计上却无法得出项目是有效的结论;这或是因为参加评估的项目参与人的样本过小,或是因为样本恰好是非典型的,或是因为测量的结果很糟糕。无论何时,若测量是基于人群的一个样本而不是整个总体,或者测量工具不是十分可靠的话,那么随机变异就会产生第二类错误。评估师很少能检测整个总体,而对评估师而言,可用的信息来源也绝不是十分可靠的。基础研究人员担心第二类错误,那是因为开展结论并不准确的研究是在浪费时间。不过,基础研究中的第二类错误通常不会对他人带来伤害。另一方面,评估师则对随机统计误差有额外的担心:他们不想作出错误的结论,把一个有价值的项目当成是无效的。这样的话,评估师会比基础研究人员更加关心第二类错误(Lipsey et al., 1985; Sackett and Mullen, 1993; Schneider and Darcy, 1984)。

不幸的是,评估师是在各种很可能犯第二类错误的环境中工作的。要尝试减少对提供信息的项目参与人的需求,使用的可能是短期的调研,还有变量的个数是有限的。为了减少对项目的中断或打扰,仅有少数参与人能被测试到。一项有关燕麦麸对胆固醇水平影响的研究仅有 20 个健康的参与者(Swain, Rouse, Curley, and Sacks, 1990)。人们不应该吃惊于什么效果也没发现;后继的评估表明,最初的评估结论出现了第二类错误(见 Ripsin, Keenen, Van Horn et al., 1992)。在评价了 122 份出版的项目评估报告之后,利普西等人(Lipsey et al.,1985)总结认为,大部分评估行为的研究设计都是逻辑不周密的(weak),无法侦测到哪怕是中等程度的效应,更不要说很小的效应了。针对医疗研究中逻辑不周密的研究设计的使用程度情况,弗赖曼,查默斯,史密斯和库布勒(Freiman, Chalmers, Smith and Kuebler,1978)做出了描述说明。在基础研究中,犯第二类错误的概率是犯第一类错误的概率的 5 至 15 倍(Rosnow and Rosenthal, 1989)。两种减少第二类错误的方法是,使用大样本,以及使用具有高可靠性的结果测量工具(Lipsey, 1990)。

留心于各种未筹划到的效应

符合伦理原则的评估师不仅会在设计时仔细审查项目,而且在执行时也会如此。这个问题的一个方面是项目的低水平执行问题,这个在前面讨论过。这个问题的第二个方面涉及项目可能的消极副作用问题。正如医生会考虑治疗方法的副作用一样,评估师只有在对未预期到的消极副作用保持警觉的时候才会非常有效地工作。例如,福利程序(welfare procedures)可能会有辱接受者的人格;监狱管理可能会带来依赖性,导致释放后更难的决策;用随意的方法引入更安全的工作条件会使雇员感到疏远。当然,在规划好的项目目标中是找不到这些结果的。因为项目规划者和管理者可能甚至都没有预期到消极结果存在的可能性,所以评估师如果侦测到项目的重大负面效应的话,那么他们就能作出有用的贡献。

表 5.2   项目开发者未预期到的严重的消极副作用

合意的目标	项目	消极副作用
减少汽车污染	污染控制设施	减少了一加仑汽油所行驶的里程(汽油消耗定额)
节约能源	燃烧锯木厂废弃物取暖	损失的营养本可以返回土壤
提高粮食产量	使用化肥与农业机械	那些无法承担成本的贫困国家的贫困农民会卖掉农场,成为失业的城市居住者
提高公共学校教师素质	测试公共学校教师的能力	损害了好的教师;意味着满足被界定好了的最低标准

查普曼和里斯利(Chapman and Risley,1974)描述了一个为儿童捡垃圾付费的项目。项目的开发者没有想到,孩子们会从家里把成袋的家庭垃圾带过来:项目员工拒绝为这些袋子付费。孩子们就把家庭垃圾扔到附近的院子里,显然,这是一个没有想到的副作用。项目被修改了,不再是为鼓鼓的垃圾袋付费,而是打扫特定的院子。识别出副作用会产生更好的项目。宾厄姆和谢勒(Bingham and Scherer,2001)报告了一个性骚扰教育项目,由于没有在计划的例行大学系部会议上事先宣布,结果给男性参与者带来有害的影响。表 5.2 总结了来自于部分政策的一些额外的消极副作用,而这些政策都设计有令人满意的目标。西伯(Sieber,1981)与霍华德(Howard,1994)详细描述了来自政策与法律的消极副作用,而这些消极副作用带来的那些问题恰好是他们希望缓和的问题,而且又带来了新的问题。

分析评估师持有的内隐价值观

前面已经提及评估师与项目支持者之间的角色冲突。而其他未经审视的价值观可能隐藏在各种统计分析中。鲍尔和博加茨(Ball and Bogartz,1970)仔细剖析了孩子们观看"芝麻街"节目的整体的平均成绩,并总结认为,在实现其某些目标时这一节目系列是成功的。然而,库克,阿普尔顿,康纳,谢弗,塔姆金和韦伯(Cook,Appleton,Conner,Shaffer,Tamkin and Webber,1975)却把这些儿童观众按照社会经济背景分开来,并发现在认知技能改善跟收入水平之间存在正相关关系:低收入与高收入组的孩子们之间的差距实际上是增加了。尽管"芝麻街"特意是设计来吸引低收入家庭的孩子的,但是其似乎是对更富有的家庭的孩子们更加有效。换言之,尽管这个项目具有积极的影响,但是其并没有为家庭条件不好的孩子们提供特定的帮助,而这却是该项目的基本目标。若没有对评估进行创造性的再分析,这个重要的微妙的发现就将会被忽视。某些作者认为,若项目的受益是非均衡的话,那么缺少优势的组群应该受益更多一点(Bunda,1983)。评估时,需要认识到的重要一点就是:若仅仅审视整体的效果,那就意味着为边沁的功利主义伦理原则背书,因为他认为最符合伦理的结果将导向"最大多数人的最大的幸福"(见 Waller, 2005)。边沁忽视了人们之间的差异(disparities)(例如,见,Veatch, 1975)。以公开的(explicit)方式来处理伦理问题总是最好的方式。

机构审查委员会与项目评估

学习项目评估课程的学生在开始一个项目的时候,通常都会询问,在开始之前,他们是否需要获得来自于他们大学的机构审查委员会(Institutional Review Boards, IRB)的批准。联邦法律要求必须有机构审查委员会,以确保医学的和行为的研究行为是以符合伦理的方式执行的,同时研究被试(subjects)是受到远离伤害的保护的。资助发起研究的学院、大学、医院以及其他机构必须有委员会来审查研究计划,以保证被试受到的是合于伦理标准的对待。评估师需要寻求来自于机构审查委员会的批准吗?对于这一点,评估师之间存在着不一致的意见。纽曼和布朗(Newman and Brown, 1996)"强烈建议"评估师获得机构审查委员会的批准。如果得到了机构审查委员会的批准,那么当然就不会对组织机构带来伤害。对项目评估而言,要求有机构审查委员会的批准,会给项目管理者的活动带来相当怪异的限制(odd limitations)。麦奎因和比勒(MacQueen and Buehler, 2004)在评估公共健康干预项目的背景中提出了这些观点。

设想一所文理学院为第一年的学生开展了特殊的、低注册率课程(low-enrollment sections)。设想这些课程(sections),被称作"新生研讨课"(fresh seminars),被设计用来:(a)鼓励班级成员之间的互动,以及(b)在覆盖现有课程核心内容(例如,在心理学、历史学、政治学等课程中)的同时,引导学生开始大学生活。学院课程设置委员会、系主任以及招生办公室都想知道,学生们是否注意到了新生研讨课与其他课程的差别,以及他们是否觉得这样的经历是有价值的。系主任需要机构审查委员会批准对新生研讨课执行情况以及反应情况的评估吗?如果说系主任不能评估他/她所负责的部分课程的话,这会是很奇怪的。另外,若说系主任能够评估这些课程但是代替系主任而展开工作的人却需要委员会的批准的话,这也是很奇怪的。

设想一个学习项目评估课程的学生,他有机会完成一个课程项目,是为附近公司人力资源部经理工作的项目。对学生而言,为完成这个经理想要的项目,实际上是其管理的项目,却需要机构审查委员会的批准,这似乎是很奇怪的事。机构审查委员会的规定并不是设计用来管控这些情形的。机构审查委员会并不负责监管经理们如何评估自己机构内部的各种行为。与之相反,机构审查委员会负责监管的是**研究**,特别是在头脑中想要公开出版的研究。许多机构审查委员会已经认为,诸如刚才描述的那些评估并没有进入到他们的权力范围之内,所以,这些机构审查委员会并不会寻求去审查执行这些评估的计划书。除了向资助正在进行的评估活动的组织机构提供之外,这些评估报告也不会被公开。不需要机构审查委员会的批准,并不意味着可以不考虑项目评估会被如何执行的问题。系主任与人力资源经理要保守学生与雇员记录的机密,这是他们正常工作的一部分内容。代替经理采取行动的所有人也都需要遵守这些惯例(practices)。如果你被雇佣,成为了规划人员或者评估人员,你要确保你知晓该机构的这些政策。如果以前没有人考虑过这个问题,那么我们也不建议你给该机构增添出官僚主义的作风。

如果教师员工或学院学生担当的并**不是**项目经理的代理人的角色,那么情况就会发生变化。设想一位学生接触了项目主管,要求对一篇硕士论文进行一次项目评估。尽管这个工作(project)是一个项目评估,但是其更像是研究,而不表现为负责任的项目管理活动。在这种情形下,我们建议在搜集数据之前要寻求机构审查委员会的批准。

最后,利用常识:评估中学的性教育课程,会比评估针对大学生的新的日程安排过程(scheduling procedure)更加敏感。处于社会争议领域(例如,毒品康复或性教育)中的项目评估师,要去咨询熟悉这些领域评估的人,即使在资助项目的机构中没有机构审查委员会,也要这样做,而这样的做法将会是明智的。

评估师所报告的伦理问题

接下来的两项对评估实践中伦理问题的考察,会为最可能遇到的伦理问题提供出一些线索。纽曼和布朗(Newman and Brown,1992)询问了评估师他们观察到的最严重的和最常见的问题,而莫里斯和科恩(Morris and Cohn,1993)则询问了评估师他们自己面对的伦理挑战。违反良好评估实践的五种最严重情况包括:在审查数据之后,改变评估的核心(focus);在不能保证机密性的情况下,却做出承诺;没有咨询客户,就对评估做出决策;在缺乏足够培训的情况下,就开展评估;为袒护某些群体,从报告中轻易删除针对令人尴尬的项目弱点而提出的参考意见(Newman and Brown, 1992)。评估师自己遇到的挑战(Morris and Cohn, 1993),与纽曼和布朗识别出的某些问题有些类似。评估师报告给莫里斯和科恩的最严重的和最常见的伦理问题是,在清晰地、完整地、公正地展示结果时存在困难。被调查的评估师中,有59%选择了这个问题——而第二个最常见的问题仅有28%的回答者选择。在展示完整的、清晰的报告时,困难的主要来源是,评估师被利益相关者"压迫"需要去改变展示的结果。有时,评估师自己本就不愿展示所有的信息,但是这种情况被认为仅有通常情形的一半会发生。挑战是让利益相关者以解决问题的精神而不是拒绝的精神来认识项目的缺点。评估师需要承认,项目的改善是一个渐进的过程,因为项目员工(staff)的技能无法迅速提高,而资助的决策也很少是由管理项目的人们制定的。此外,评估师需要认识到,如果我们想要客户接受审慎的(critical)建设性评价,那么客户需要的是被尊重。还有,我们已经体验到了更改报告的压力,但是我们也知道,若因此就漠不关心地展示关键性的(critical)评价,这也没有服从于评估师的最终目标——促进人类服务的改善。

总结与预习

在进行评估研究时,涉及的主要伦理问题可以涵盖在五个主题之下:对被研究的人们进行保护;角色冲突的危险;满足不同的利益相关者群体的变化的要求;避免针对评估的有效性的威胁;对跟项目或评估自身有关的消极负效应保持警觉。项目评估背景中的应用性与政治性,跟基础研究人员所经历的相比,为项目评估师带来了更多的伦理困境。尽管这些冲突与限制要求评估师在执行评估时要十分审慎,但是这些问题也使评估师的角色变得至关重要和令人兴奋。

本章完成了本书整体介绍性的、导论性的部分。我们现在会进入到评估师的特定任务中去。测度项目的需求,开发方法来管控项目,就其自身而言,是核心的任务,而同时它们还有助于阐释项目的概念开发过程。项目评估的这些方面会在下面两章中陈述。

学习问题

1. 分析利益相关者的不同观点,而这些利益相关者则是学院或大学中参与教师评估程序开发的人。确保你没有假定所有的学生都具有相同的利益,或者所有教师会以相同的方式对这类评估做出反应。

2. 对比基础研究中的跟项目评估中的第一类错误与第二类错误,要特别注重对伦理方面的思考。

3. 某些评估师在正式的评估报告中并不提及所有的负面的或不合意的结果,但是在私人会面中,却定会提出这些问题,要项目管理者注意。哪些理由会支持这样的行为? 这样的行为可能会带来什么问题?

4. 设想你已经被要求写一份报告,是有关非工会化的公司的员工福利意愿的。在一天的访谈之后,你在离开公司时无意中碰到一个雇员,而你并不认识他。他告诉你,公司总管已经告知雇员要隐藏真实的感受,这样会让你误认为他们对事情的现状非常满意。因为雇员不想找麻烦,所以他说每个人都顺从了那个想法。这个雇员匆匆走开了。如果他说的是真事,那么这给你带来了什么伦理问题? 下一步你应该做什么?

5. 考虑如何应对违反机密性的压力。

   a. 已知评估师被要求去识别出那些做出了特定陈述的个人。考虑如何避免这个问题发生。

   b. 设想某人声称组织中的其他某个人在从事犯罪行为? 可能是侵吞资金的行为。对被告、原告、资助评估与项目的组织而言,你分别有什么样的伦理责任?

辅助资源

Joint Committee on Standards for Educational Evaluation. 1994. *The program evaluation standards: How to assess evaluations of educational programs*. Rev. ed. Thousand Oaks, CA: Sage.

尽管这些标准是跟"教育评估"有关的,但是我们很容易将这些原理推广到其他任何评估中。这些标准展示了(assume)本章支持的一般性的评估方法的特征;有对公平与公正地待人的伦理关注,还有对以利益相关者有用性最大化的方式完成评估的伦理关注。标准分为四类:效用性、可行性、正当性与准确性。对所有标准的讨论都伴有案例研究,以表明事情是如何变糟的,以及什么样的行动会更好。

6

评估需求

开发人类服务与教育项目是为了服务于有需求的人们,并促进积极的发展。国会为联邦营养机构分配资金,小城镇支持自愿的消防部门,还有学区修建学校并配备工作人员,这些都是因为各个社区断定,没有这些机构和服务的话,人们的需求就不会被满足。我们如何判断通过社区活动将有某一需求会被满足? 谁来做决定? 为了说明社区需求的层级水平需要搜集什么信息? 或许,必须把某一总体的**需要**(wants)做些改变,这样的话,它才能够认识到自己的**需求**(needs)(Weiss, 2002)。评估师如何跟选择项目的规划者一起工作?

对需求进行各种洞察,会受到地方与国家媒体的极大影响。如果一系列有关当地犯罪的报告出现在电视新闻中,那么人们就会开始感觉更不安全了,即使他们自身并没有经历到直接的问题(Heath and Petraitis, 1986)。吸引到媒体关注的群体通常会产生这样的感觉,即他们的顾虑比其他人的更加重要(Morgan, Fischhoff, Bostrom, Lave, and Atman, 1992; Slovic, 1993)。尽管由媒体形成的观点会增强关于人们需求什么,以及应该给予什么以资助的政治判断,但是规划委员会通常会寻求更加定量化的、有代表性的信息,并基于此来展开工作。在分析人们使用需求(need)这个术语的时候,我们会发现,人们在说他们需求某物时,人们的意思中包含了许多不同的东西。在本章中,我们首先开发出需求的定义,这样的话,评估师就会记得检查这个术语是如何被使用的。接下来,在不忽视社区的影响力(strengths)的情况下,我们仔细考察了被广泛使用的研究物质商品和人类服务的需求的方法。若评估师被召集来评估一个仍在开发中的项目,那么内部评估师可能会寻求成为规划委员会的成员。参与到规划之中,允许评估师努力去帮助规划者形成清晰的项目目标和影响力模型(impact models)。

需求的定义

许多针对需求的分析并没有包括对需求的定义。当评估师与项目员工讨论需求评估时,他们通常是指测度"是什么"跟"应该是什么"之间的不一致之处(discrepancy)。罗思(Roth,1990)指出,在谈及需求时,人们的头脑中至少有五种不一致(discrepancies)存在。其可能是指真实状态(actual state)跟(a)一种理想状态(an ideal),(b)一种规范标准(a norm),(c)最小值情况(a minimum),(d)一种欲想的状态(a desired state),(e)一种预期的状态(an expected state)之间的不一致。在社会服务的背景下,我们有较大把握认定来自于理想状态(ideals)的不一致是很少被讨论到的。但是有时来自于规范标准(a norm)的不一致会被用来界定需求,当学校孩子们的正常(normal)能力表明其低于他们的年级水平的时候,就是这样。然而,这种方法,会将人引到这样的结论上来,即在人们对等于或超过规范标准、最小值或预期状态的真实状态很满意的时候,人们就没有需求了(Scriven and Roth,1990)。这会导向一个奇怪的结论,即每早喝一杯橙汁的美国人就不再需要维生素 C 了,因为他们已经有很多了;这种不一致性的定义,如果被单独使用的话,对我们是没有帮助的。最保险的说法是,人们的确需要维生素 C,因为缺乏一点点的话,我们迟早会生病。

有可能不要对需求进行清晰的定义,许多评估师就已经能够进行需求评估了,这是因为项目规划者对其意味着什么有一种内隐理解;然而,接受一个显性的清晰定义似乎是明智的。斯克里文(Scriven)和罗思(Roth)的定义有其优点:需求是指人们处于满意的状态时必须拥有的某物 X(something X)。没有 X,他们会处于不满意的状态;有了 X,他们实现了但并没有超出满意的状态。例如,在事故中严重砍伤自己而必需缝合伤口的时候,人们需要一个健康护理工。麦克凯利普(McKillip,1987,1998)描述了使用这个定义的困境。尽管我们都同意某人需要缝合伤口,但是当我们从一个社区走到另一个社区的时候,我们会对需求(是什么)得出不同的结论。这个世界上的多数人都生活在一个不需要本科学位的情形(situations)中。不过,在知识经济的国家中,大学教育是非常重要的,而且实际上是占了工作中很大比例的。一个年轻人可能需要一部能传输图像、音乐和文本的手机,这会获得身份地位以及便利性,但是没有也不会严重地使其生活不满意。然而,房地产经理可能就需要一部这样的手机,以服务于客户,因为没有它,她可能会失去很多商业活动,而将其置于失业的不满意状态。换言之,在定义一项需求时,是不能不考虑个人或群体的生活或工作所处的社会背景的。

因此,麦克凯利普(McKillip, 1998)认为,应获得系统反应(programmatic response)的未被满足的需求是"拥有**能被解决**的**问题**的某一**群体**(group)的**价值判断**[不是客观评价]"的结果(p.263)。还需要注意的是,麦克凯利普指出,只有那些我们认为能够解决的问题才能被看成是未被满足的需求。

有关需求定义的一个潜在困惑是,在人们经常需要的东西(例如,氧气或维生素C)跟人们仅一次性需要的东西(例如,高中文凭)之间,二者的区别是什么。在几乎可以预测的社区资源的使用(例如,小学)上,以及对整个社区而言是可预测的,但在个人的基础上是无法预测的那些社区资源的使用(例如,精神创伤中心)上,二者相比,也会带来其他的困惑。个人会认为,他们绝不需要精神创伤中心(大多数人都是正常的);然而,一般说来,社区却需要。

在估算任何类型项目的需求时,在问题的影响范围(incidence)跟流行范围(prevalence)之间做出区分是有益的。影响范围(incidence)是指在某时期内经历问题(experiencing a problem)的人数;流行程度(prevalence)是指在既定时间内有问题(have the problem)的人数。例如,普通感冒的影响范围是高的(high):多数人至少每年都感染一次;儿童则特别易感。然而,多数人通常很快就康复了,因此流行范围在任一时间都是很低的(low)。这个区别是很重要的:对问题的反应会是不同的,这依赖于问题被看成是广泛但短暂的,还是不广泛但却长期持续的。例如,帮助失业的人需要不同的方式,这依赖于认为被服务的失业者仅是在转换工作之间的失业,还是可能失去工作已经很久了。

我们还需注意,对需求的定义,并不依赖于人们是否知道他们有特定的需求。人们可能没有意识到某一需求(缺铁性贫血),拒绝某一需求(嗜酒者通常会拒绝康复的需求),或者错误识别了某一需求(某些青少年在需要社会技能时,却希望要毒品)。当然,人们通常知道何时他们需要居住方面的、教育方面的、保健方面的或者就业方面的帮助。不存在一个唯一的程序或数据源,能提供出关于需求的清晰信息。

针对需求评估的信息来源

跟需求相关的信息的主要来源,包括社区的社会与经济条件的客观数据,居民自己提供的事实与观点,以及相当了解社区的专家的结论。在开始手头上的调研之前,评估师应该强调几个预备性的问题。首先,拥有正在被研究的、未被满足的需求的人们是谁? 第二,对这些人而言,现有的可用资源是什么?

描述现实状况

被研究的总体(population)。在搜集任何数据之前,我们就应该识别出被研究的人们。总体可能是一个州的居民,一个学区的学生,或者一个工厂或企业的雇员。除了把总体界定为一个地理区域或组织结构的所有成员之外,评估师可以限定他们的定义,这样就可以得到失业的男性、居家的老年人(home-bound elderly)、未婚先孕的年轻人或者女性雇员这类定义。一些公共机构会限定他们所服务的人。诸如医院和企业的私人机构很少会做出限制,这样的话,在识别它们想以新诊所或新产品所服务的人的时候,就会更加困难。开办分校的大学会想知道,现今有多少学生生活在新校园的区域附近;在未来的十年,会有多少学生从高中毕业;以及这个区域内有多少人注册了继续教育项目。某些描述总体的信息是容易获得的,而且价格不贵;其他的信息,则难于获得,而且价格昂贵。需求评估报告可能表明,部分相关群体(groups)拥有大量未被满足的需求,而其他子群体(subgroups)则不需要额外的关注。知晓人们如何去实现未被满足的需求将会是很重要的。

通过对明晰性(specificity)的考虑,评估师可以为规划过程做出贡献。讨论有法律纠纷的青少年对服务的需求,是一件事;而知晓社区中 16~19 岁的男青年每年被捕的数量与比例,则是相当不同的另一件事。说出"社区老年居民缺少容易得到的社会机会"是相对缺乏具体信息的,而报告出"2 200 名超过 75 岁的居民无法获得公共交通,同时,若服务提供的位置是镇的礼堂的话,一半人需要交通工具来参加为他们提供的服务",则提供了更多的信息。

社区中现有的资源。社会项目的批评家会批评某些用意良好的规划者,因为在开发项目时,他们忽略了社区与居民的力量(Fine and Vanderslice, 1992)。实际上,需求评估这个概念已经被批评了,说其是近视的、只关注于问题,而没有考虑现存的资源如何被壮大或强化(strengthened)(McKignt, 1995)。社会项目规划者会从企业中领悟到:在社区中,为新的商店或餐馆选址时,却不考虑已经运营的店铺的位置是不明智的。因此,为现有的项目、雇主、保健设施、教堂、学校和社区机构进行仔细地编目,就应该被包含在需求评估之中。这些机构之间的合作,会使项目在联系有需要的人群方面更加成功,同时,现有机构与服务的整合也能够为符合条件的居民带来更加全面的机遇。

需求的社会性指标

需要额外的社会服务的社区会展示出许多失范(dysfunctional)的特征。想要测量失范(dysfunction)——或者它的反面,幸福(well-being)——的程度是很困难的。一种解决方法是跟踪各种变量,而诸如犯罪率和学校辍学率之类的变量,就是社会问题的征兆(Felson, 1993)。恰如身体疾病的症状能够引导医生诊断疾病一样,社会性指标能够告诉人们(suggest)那些应该被强调的潜在社会问题(Carley, 1981; Ferriss, 1988)。若社会问题被减轻(恰如医疗保险的出现),则社会性指标应该表现出较低的社会压力与失范程度。

到哪里寻找各种社会性指标?全国普查提供了一个客观的方法来利用社会性指

标度量需求的程度。美国的普查信息被分成了普查区(census tracts)和编号区(enumeration districts),而编号区要比普查区小一些(见,例如,www.census.gov)。美国普查办公室提供的互联网资源使得普查信息能被广泛地获得;不过,也能得到纸质版(Statistical abstract of the United States,2004—2005)。获取感兴趣社区的汇总性数据,使得评估师与规划人员可以考察很多能标示出未被满足的需求的变量。由于普查信息被按照种族、性别和年龄分类,这就使精确地定位出有最大需求的地区成为可能。此外,将所研究的社区跟整个区域、州或者国家的各种模式(patters)进行比较,就使我们更加容易地侦查出可以揭示需求的那些差异。

社会性指标也可以从联邦调查局的犯罪报告中找到(Uniform Crime Reports,见www.FBI.gov/ucr/ucr.htm),还可以来自司法统计局(Bureau of Justice Statistics)的报告(www.ojp.usdoj.gov/bjs/)。各州以及劳动部(the Department of labor)都追踪就业率与失业率。国内生产总值和消费者价格指数也是社会性指标,能够揭示经济活动与通货膨胀率的水平。其他社会指标会来自于私营的(private)渠道。学术能力评估测试(SAT)分数来自于教育考试服务社(the Educational Testing Service),能揭示有关美国高中状态的情况。许多资助并支持社会与健康事业(causes)的组织也会汇编并出版很多指标,诸如各机构对政治家们的政治捐助(campaign contributions),市民对总统的信任水平,或各州的有害物排放数量等。我们的周围充斥着各种社会性指标。我们应利用互联网搜寻研究主题,并着手寻找合适的社会性指标来源渠道。跟地方单位合作的评估师,可能找不到他们所需的、有关其工作的特定社区的信息。不过,搜集到的地方性信息,一旦跟地区的(regional)或国家的数据相互对照,其就可以提供出相当有利的论据,用以表明地方性问题的存在,同时表明该问题是可能由新的或改良后的项目所解决,或至少是被缓解。

记住这一点是很重要的,那就是表明问题的指标并不揭示这些问题将会被如何解决。规划者需要某一理论,以便把各种指标跟未被满足的需求连接起来,此外,也需要一个理论,以便把可能的干预活动(intervention)跟所期望的结果连接起来。关于身体健康,高烧(a high temperature)表明有问题。然而,造成高烧问题的原因却并不是明显的。若没有能够将高温跟特定疾病连接起来的有效理论,那么无效的治疗方法就可能会被使用。回想美国的殖民时代,脸色发红以及高温,被认为是存在太多的血液。那个无效的理论引导医生要给人放血。

使用社会性指标来识别社区问题,并形成各种项目,这需要我们知道在问题的间接测度跟社会方面的、教育方面的、或经济方面的潜在弊病之间存在的关系。获得这种知识相当不容易。学术能力评估测试分数下降,这潜藏了什么弊病?有人说是看电视,一种消极的娱乐活动,将注意力从阅读方面转移走;其他人说,是缺少对学校事务感兴趣的父母;还有其他人说,是差得难以想象的老师。被断言出来的弊病意味着不同的治疗方法。即使我们对某一弊病的存在达成一致,但是有时仍会让人们想到(suggested)若干不同的反应方式。如果很多教师都不好好教,或许我们需要提高薪水来吸引更有能力的人,或许我们需要对教师进行测试,或许要有教师资格证的要求,但这样却排除了有丰富经验的、可能会成为优秀教师的人们,因为他们没有传统意义上的文凭。

对社会性指标使用的限制意味着它们不能被使用么? 不,但是这些限制的确意味着,社会性指标不应该作为社区需求的唯一信息源来使用。社会性指标就像身体病症:它们可以告诉我们问题是存在的,而且哪里是最迫切的。它们不能告诉我们问题的根本原因是什么,或者社区对它们应该做什么。其他的信息源能够帮助评估师与规划人员更加明确地对待潜在问题的原因,以及减少问题的选项。

社会性指标可能会被破坏(corrupted),注意到这一点是很重要的。德·纽夫维尔(De Neufville,1975)报告说,"美国城市中心的失业率达到20%~25%"这一信息,被政府机构隐瞒了(suppressed)。其他国家也经历着严重的问题,因为地方政府被迫,至少是被强烈鼓励,去发表一些合意的、标示经济进步的报告。欺骗性的报告归根结底是不可置信的,但是通常直到其受到政策影响时,才会被发现是这样。恰如我们参考互联网资源时所能联想(suggested)到的,信息正日益变得难于管理与控制。不过,因为有了全部的信息,所以若在使用之前,评估师能仔细评价互联网上的可用信息,则他们就可以做得很出色。因为互联网上可用信息的广泛的多样性,所以在发达的、知识密集型的国家中有意识地扭曲社会性指标变得更加困难了,特别是跟刚过去的时代相比,而那时接触信息的行为更容易被控制。不幸的是,错误的报告也会传播得很快。

针对需求进行社区调研

估算社区需求的直接方法就是询问他们的需求。社区居民对人类服务的开发以及所需的特定服务的问题,会有他们的看法。这些看法可以成为规划时所用信息的一部分。如果一项服务跟所有的居民都相关,那么就应该系统地调研这个社区,以便获得关于居民看法的代表性样本。获得一个真正具有代表性的样本是极端困难的,因此也是花费很大的。一个可能的妥协就是使用完整群组(intact groups),其对社区可能具有相当大的代表性。这一策略的花费不会那么大,这是因为在完成调研时,完整群组不需要花费调研管理者很多的时间。公共学校和教堂群体吸引的参与人,会来自于社区中广泛的小群体(sectors)。取决于正在规划的项目的性质,我们应该寻找到可能的使用者这一特殊群体。这样的话,搜集有关老年人对需求的看法的访谈员,就可能使用更加详细的问题,如果有老人的家庭被找到了的话。

评估需求的调研,通常会用来估算需求的数量大小,以及满足需求的特定方法的可接受性。准备调研需要十分用心。因为完成调研看似轻松简单,但是很少有人会意识到这个过程需要耗费心血,比如在清晰地记录时,在避免倾向性问题时,在获得所欲的信息时(Schwarz and Oyserman,2001)。评价需求时,很容易就会写下那些鼓励回答者支持规划的问题;人们会列示不同的服务,同时询问这些服务是否"应该被提供

(available)"。如果我们被问到:我们的家乡是否应该有一些机构,在一天的任何时间内,能够为发生个人或家庭危机的居民提供咨询,我们可能回答"是"。如果我们被问到:工厂是否应该为器具使用增添安全说明(features),以防止人们受伤,即使是在误用器具时,也如此。我们可能还回答"是"。尽管这些假设的问题似乎正中问题的核心,但是它们是不合适的,至少有三个原因。第一,这些问题并没有涉及(deal with)未被满足的需求,涉及的却是问题的可能的解决办法。正如在第 2 章中提到的,规划人员常常会落入这样的陷阱:在充分理解被强调的问题之前,就讨论(deal with)潜在的解决办法。最好的作法是,问题要包括有关居民的两类看法,一类是关于社区问题的程度的,另一类是关于他们自己的问题的。框 6.1 就包括了有关就业的几个问题。第二,询问一项服务是否"应该被提供",这是一个倾向性问题(a leading question)。态度测量研究(attitude measurement research)已经表明,对待问题时,人们更容易同意而非不同意(Babbie,2003)。这种偏见被称为**默许**(acquiescence)。为了避免写下倾向性问题,使用需要回答而不是同意与否的问题会是件有帮助的事。询问人们相关问题的例子,或者比较两个不同问题的相对程度,这也会是有用的方法。第三,假设的问题暗示(suggested)没有尽早提及提供服务的成本,也没有承认"提供一项服务就意味着不能提供另一项"这一点。当回答者被问及愿意付多少钱来支持这些服务或额外的防护设施的时候,他们就相对缺乏热情了(见 Viscusi,1992);不过,研究已经表明,有关愿意为服务支付多少的问题的回答,可能是误导人的(S. S. Posavac,1998)。

已经可用的服务

人们有未被满足的需求,通常就会寻求来自多种渠道的帮助,希望这些帮助能为他们提供与其自认为的需求相关的各种服务,或者,他们走得远一些去获得这些服务,或者,他们自己去实现,但却不考虑这能否使他们受益。评估师可以把估算出的需求程度跟社区现在可用的服务的水平进行对比。此外,对可用服务进行彻底的分析,能确保规划人员的新服务不是现有机构工作成果的复制品。

考察额外的心理健康服务需求的规划小组,应该识别出所有的机构,公共的与私人的,因为正是它们需要为有心理健康问题或(精神性)药物滥用问题的人提供至少某一治疗方法或帮助。这样的话,在努力了解那些因情绪问题而正接受某种治疗的人们的时候,诊所、公共健康服务中的上门服务护士、教堂的咨询中心、医生与心理治疗师,以及社会工作者就应该被考虑到。

规划人员可能需要直接跟机构的文件打交道,以便于描述客户的人口统计特征。如果这是必需的,那么就必须做到绝对的保守机密。在接触这些机构并估算病例数(caseloads)的时候,询问领导(leads),以获得额外的服务提供者信息,会是有助益的。在服务是以非正式的方式提供出来的时候,估算正在使用服务的人们的数量是特别困难的,比如儿童护理服务就是这样的。

框6.1 社区的需求评估调研的部分内容(改编自 Warheit, Bell, and Schwab, 1977)

40.你如何看待你主要的工作或职业?

_____   —不知道

_____   —未回答

(描述职务名称和工作种类)

41.你现在有工作吗?   ____是,全职(>29 小时)

____是,兼职

____否

____不知道

____未回答

____不适用(not applicable)

41.A. 如果是,你为谁工作?

_____   ____自我雇佣

____不知道

_____   ____未回答

(组织或行业类型)   ____不适用

41.B. 如果是,每周你工作多少小时?

(包括所有的工作)

____小时/周

____不知道

____未回答

____不适用

42.如果不是全职工作,询问:

没有全职工作,是因为下面的哪些原因:

	是	否	不知道	否/未回答	否/不适用
因为年龄而退休	1	2	3	4	5
身体受伤或疾病	1	2	3	4	5
心理疾病或丧失机能	1	2	3	4	5
被开除或下岗	1	2	3	4	5
上学	1	2	3	4	5
家里有孩子	1	2	3	4	5
怀孕	1	2	3	4	5
考虑成为主妇	1	2	3	4	5
无法找到合适的工作	1	2	3	4	5
没有去找工作	1	2	3	4	5
其他(请列示)	1	2	3	4	5

有需要但是却没有得到关照的人们的信息,是很难获得的,这是因为很少有社区机构会意识到这类人的存在。估算这类人的数量的一种方法,就是审查机构中那些寻求帮助但却没有得到服务的个人的报告;他们没有得到服务,原因可能是他们不满足资格条件,或无法承担费用,或有问题而无法融入机构提供的服务。洛夫(Love,1986)说明了另外一种方法,可以在需求评估中把未受到服务的人们包括进来。洛夫使用案例分析,研究了问题青少年的情况,其表明了在多伦多都市,区福利结构与心理健康服务,对想获得帮助的青少年而言,是如何变得不可能的,即使是他的嗜酒的父亲已经将其赶出家门。缺乏稳定住所的而且,有时,表现好斗的17岁的青少年,在不同的社区有好几个地址,而且也需要若干种不同的服务。十分不明朗的是,他应该到哪里寻得服务,而且只有几个机构能够帮助他解决他的多重问题。

主要的信息提供人员

主要的信息提供人员(key informants)就是十分了解社区并被看成是了解什么需求没有被满足的那些人。不过,找到这些人并不容易。开始时,一种方法就是跟某些专家会面——这些专家的工作使得他们能够跟可能有未被满足的需求的人们有所接触,而正在考虑之中的项目恰好可以服务于那些需求。此外,积极参与社区活动的人,例如牧师、政治家或者基督教青年会(YMCA)的领导者,都可以接触,以获得相关信息。所有主要的信息提供者都可以被要求,让他们推荐那些也可能拥有信息的人们。使用这种推荐的方法形成的样本可以被称为"滚雪球样本(snowball sample)"(Babbie,2003)。学校的咨询导师会对职业学校的课程体系中需要变革的地方提出某些好的看法,而且他们可能在当地企业中推荐出几个主管,而这些主管则拥有关于最近毕业的高中生的优缺点的有价值的信息。对于健康问题,医生、牧师、诊所的管理者、学校的护士,以及社会工作者都是很重要的。尽管可以向这些人邮寄调研问卷,但是如果对他们进行个人访谈,则会得到更高水平的合作。

寻找主要的信息提供人员,是因为他们跟有需求的居民有最密切的接触;不过,这种密切接触也是其最明显的缺点的来源之处。由于有需求的人们是被回忆起来的,而且由于主要的信息提供人员可能每天都看到很多这样的人,所以有需求的人数常常会被高估。卡恩曼和特沃斯基(Kahneman and Tversky,1974)称这种倾向为"可用性(availability)"偏见,因为做出估算的人们很容易想起符合这一类别的个人。结果,心理医生很可能会高估需要咨询的人数,而矫正阅读的教师则可能认为,有大量人需要他们的服务,而事实却不是这样。

与主要的信息提供人员相关的一个问题,就是他们的专门意见可能会使得他们看待问题的方式,跟其他人看待问题的方式相比,是相当不同的。给孩子一把锤子,他开始行事的方式就是,似乎所有的东西都需要被敲打。教师会把教育看成是社会问题的答案,律师会把法律服务看成是最重要的未被满足的需求,而卡车公司经理是不可能把火车看成是运输需求的解决答案。在某种特殊的服务形式方面拥有专家意见,这可能使信息提供人员很容易就想起,满足未被满足的需求的方式会跟他们的专家意见有关联。过早关注任何一个可选方案,称其为 B,会使得我们高估 B 就是缓解未被满足的需求的正确方案的可能性(见 Sanbonmatsu, Posavac, and Stasney, 1997)。

焦点小组与开放式座谈会

有若干可选方案来对社区居民的代表性样本进行需求评估的调研。这些可选方案还有额外的好处,那就是鼓励居民相互分享他们有关社区需求的观点。两种常被使用的方法是焦点小组与开放式座谈会(focus groups and open forums)。

焦点小组。展开市场营销研究的企业会使用小规模非正式的小组来讨论新产品或者有关新产品的想法(Malhotra, 2004)。尽管焦点小组强调的问题种类跟访谈中使用的开放式(open-ended)问题相类似,但是在 7~10 人之间的小组中进行讨论,会促使参与者对他们的观点的原因考虑得更加认真缜密(thoughtfully),而如果是单独的访谈的话,则不会这样。焦点小组的领导者要尝试留在背景中(remain in the background),并鼓励形成一种轻松的气氛,同时要促使组员之间分享各种观点。不过,米特拉(Mitra,1994)指出,领导者必须确保参与者围绕着核心主题展开讨论。焦点小组通常由那些在年龄、收入水平和教育水平相似的人们组成。由于目标是促进自由地交换观点,所以成员之间的巨大差异会使某些成员有胁迫感(intimidate),而使他们之间的参与程度受到限制。尽管彼此相似,但是焦点小组的成员会前并不相识,而且,此后见面也很困难。通常要对参与给予某些激励,因为受邀的参与者必须坐车到会场,并且或许还得花费两个小时来进行讨论。

可以在评估的任何阶段中使用焦点小组;不过,在了解人们对潜在服务的反应时,或者在了解对社区机构或私人组织现有服务的改革的反应时,其会表现得特别好。克鲁格和凯西(Krueger and Casey,2000)描述了使用焦点小组的事例,是为了发现为什么在明尼苏达州农场主对农业拓展课的入学率越来越低,尽管书面的调研表明农场主对这类课程非常感兴趣。人们本认为资金问题该负主要责任,但是焦点小组却讲述了一个不同的故事。农场主说他们很感兴趣,而且他们负担得起学费;不过,他们希望确保导师是知识渊博的,同时物资也要能够应用于他们的农场。此外,人们还了解到个人邀请要比印刷传单的方式更好,尽管印刷传单早已经是标准的预告课程的方法。实施了改革之后,参与率明显提高了。

尽管项目中预期的参与人可能没有意识到有关新服务的所有细节,但是在开发规划的过程中,若他们的观点被考虑的话,这也会是有帮助的。一种利用焦点小组的方法就是,利用其测试人们对特定的项目计划书的反应,为的是减少利用率不足的项目数。一位英语系老师为非英语系老师开发了一系列的研习班,目的是表明他们能够以何种方式帮助学生来改善写作技能。她从系主任那里得到资金,但是却没有评价老师们是否将参加研习班。第一次的研习班中,有很多的研究生项目评估人员参加,而不是老师这一参与者群体。如果计划中使用了老师们参与的焦点小组的话,那么她可能就会知道,很少有老师对帮助学生更有效写作的研习班感兴趣。

焦点小组强调的问题倾向于是开放式问题。框 6.2 包括了一些问题,其可以用在由农村企业人员构成的焦点小组上面。人们计划为小型农村企业开发一个援助项目,并将其作为州政府资助的农村经济开发项目的一部分。针对农村企业所有者与管理者的推广课程也在考虑之中,但是在开发这类课程之前,教学的学院需要识别出企业所有者的需求信息。这些问题就是设计用来揭示这些需求的。

开放式座谈会。开放式座谈会是另一种基于群体互动的方法。不像焦点小组那样是基于被选择出来的具有某些共同特征的人们,开放式讨论会的参与者是自我选择的群体。通常,政府机构会宣布社区会议的日期,以便考虑某些规划问题。在很多情况下,会有许多法律方面的要求去举行这样的会议。那些听说了这个会议并选择参加的人们就可以去参加了。麦克凯利普(McKillip,1998)建议把参与人的讨论限制在大约 3 分钟,同时要清晰说明并不断重复详细的程序规则。

开放式讨论会的优势包括它不限制任何想参与的人、成本很低以及可能出现好的想法。一个主要的劣势是自我选择的群体并不能代表社区,因为很多人无法或者不愿参加这种会议。一个小镇曾经举行过开放式会议,讨论如何花费少量的联邦资助,而仅有一位居民参加;他要求沿着铁路享有路权(right-of-way)的地方开发一个儿童公园,而这样的位置在规划者看来是危险的。一个相对不明显的劣势就是公开讨论可能带来了许多期望,使人们认为某件事能够满足讨论到的需求,并且这件事也会被实现。也有可能,带有不满而且做出坚决主张的个人会把会议变成发牢骚的会议,而几乎无法形成有关社区需求的信息(Mitra,1994)。

> **框 6.2 焦点小组使用的问题,为的是了解农村企业所有者的信息需求。需要注意的是,成员之间的讨论,是在每一个问题结束后进行的(改编自 Krueger,1994)**
>
> 1. 在过去的几周内,在你的企业活动中,你是否有过搜寻信息的经历?描述这种经历,并告诉我们你到过哪里去寻找这些信息。
> 2. 在过去的几年里,回想你需要别人帮助你管理企业活动的情形;概述这些情形。
> 3. 你有一个列示很多话题的清单,而这些话题则是由其他所有者或管理者为项目所提出的,为的是对他们的企业活动有所帮助。请说明哪些项目(items)对你而言最重要。(当人们提起一个话题的时候,领导者可以问下一个问题。)
> 4. 什么使得这个[话题]领域对你很重要?(此话题讨论结束后,其他提起的话题也这样讨论。)
> 5. 多人涉及的话题是[话题]。你将去哪里以了解有关于此的某些事情。
> 6. 人们以不同的形式获得信息;你喜欢如何获得信息?(领导者要探索使得答案清晰化,例如亲自交流、手机电话、通讯简报、会议、研习班、课堂。)
> 7. 什么会使企业信息的提供者让人觉得可靠?你如何知道何时才能相信你所获得的信息?

焦点小组或者开放式座谈会的使用者,在对特定个人的观点做出结论的时候,需要十分小心。对偶尔看电视新闻节目的人来说,个人的需求可能十分强烈;事实上,即使是受过训练的研究人员已经被发现,他们会把仔细展开的研究的结果放在一边,而得出的结论则是根据一两个善于表达的个人的经历的。鲁克(Rook,1987)描述了案例研究会如何更强有力地影响到各种态度以及跟健康相关的行为,而不是有效但却抽象的信息。

不充分的需求评估

评估需求的原因是为了改善项目规划的质量。若没有理解各种需求,那么就无法开发出项目目标;如果目标没有被详细说明,则项目就无法被评估。如果需求与需求的背景(context)没有被准确评估,那么项目与服务就无法做到尽可能地有效率。此外,若希望被满足的需求已经被满足,而还去设计并提供了项目的话,那么这就不是花费资源的好方式。最常见的问题是:有时需求并没有被测度,项目背景(context)没有被理解清楚,缺乏对需要的实施类型(the type of implementation)的思考,以及对需求的拒绝没有被考虑。

没有审视需求

老生常谈的是,项目设计者应该确保计划的项目是建立在服务所针对的人们的需求之上的。我们认为这一点是不需要强调的,但是有时项目在执行时却没有认真考虑未被满足的需求是什么。校园主管十分关心大一新生较高的退学率问题,从学院退学的同学中,有的人甚至是有着很好的学业表现。对于可能的项目改革,人们正在考虑一个尝试性的想法,而十分显然的是,关注的核心是希望留住学生,而不是满足退学的学生的需求。主管仅仅是猜测了学生们未被满足的需求,以及项目如何改革才会促使更多的学生重新注册大二学年。或许,退学率是由学院无法影响的个人和家庭的情况导致的,或者或许学生们感兴趣的领域并没有包括在学院的系部中。降低这类学生的退学率的尝试近于是失败的,因为没有哪个维持性的项目(retention program)能够满足这类学生的需求。

另一个没有审视需求的例证发生在 1993 年,那时人们建议美国联邦政府为所有低于 18 岁的儿童提供免费的免疫疫苗。做出这个建议,是因为人们觉得成本问题是免疫的阻碍。然而,当贫困的孩子——最不可能被免疫的孩子——被医疗保健覆盖了的时候,免疫已经是免费的了。依照总审计办公室(the General Accounting Office)的报告(Chan,1994,1995),某些贫困孩子没有参加免疫的原因包括父母对此不感兴趣,以及医生在因为其他原因看诊时,对儿童免疫缺乏主动性。这个规划好了的、也近于实施了的项目无法导致更高的免疫率,因为需求没有被恰当地评估。

没有审视需求的背景

准确理解了社区的需求,但是却没有评估社区支持项目的能力或者即将实施的项目的文化背景,这是很可能发生的事情(McKnight,1995)。在过去的几十年里,发达国家与发展中国家之间国家关系的悲剧之一就是外援行动的不断失败,而这就反映了被援国的经济与文化背景的不同。很多用意良好的努力被误用了。这些努力,至多是在浪费资源之外没有造成其他的伤害;而有时,这些努力则给受援国留下了更坏的境况(Devarajan,Dollar,and Holmgren,2000)。在健康护理领域中,重要的问题是假定发展中国家的居民需要高级的医疗服务。不幸的是,发展中国家不能支持高级的技术,而可用的外援仅仅把这类服务提供给了人口中的小部分人。不适当的项目已经削弱了某些本土健康护理系统,而这些护理系统本来给人们提供了有用的护理服务,但在发达国家中对医疗护理服务而言其却是不会被使用的(Illich,1976;Manoff,1985)。

把外国人带到欧洲或者北美的医疗学校进行培训,这意味着这些人将习惯于技术密集型医疗实践。作为这种培训的部分结果,这些医生在回到母国之后会在城市行医,仅仅服务于富人;近些年,尼日利亚90%的医疗资源已经被花费在城市中,而仅有少数人口生活在城市中(Manoff,1985)。与此同时,许多农村儿童却得不到非常便宜的疫苗免疫。布恩(Boone,1994)断言,外援"最可能帮助了最富的人的消费活动"(p.69)。

当规划人员仔细审查了严重腹泻的治疗方式的时候,更加合意的结果就发生了。如果损失掉的流质与营养物(fluids and nutrients)不被补充回来的话,这种腹泻就可以导致贫困地区儿童的死亡。可以通过静脉注射的方式补充这类流质;不过,对发展中国家而言,成本将会使人大吃一惊。盐、糖与其他原料的预混合包(premixed pack)被开发出来,可以更加容易地准备好给感染儿童喝。这种预混合包被广泛引入,尽管成本仅是静脉注射方法的一小部分,但是这还是不成功的(unfortunate),因为这些混合包仍旧太昂贵而无法给有需求的每一个人提供,而且使用它们也意味着这个人就不能照顾自己了。马诺夫(Manoff,1985)报告说,规划人员计算出在1990年将需要7亿5千万个混合包。一个更好的方法是在处方中使用当地可得的原料,并把处方教给居民。能够提供医疗护理技能的项目,跟只能满足少数需求但却在其他人中促发无助感的项目相比,会更加有效。

没有把需求跟要实施的计划结合起来

有时,项目在准备时是按照对未被满足的需求的合理理解来进行的,但是在执行时人们的参与却变得困难。食品券(food stamps)在设计时是为了帮助贫困家庭以较低的成本购买食物的;这是对营养问题的一个富有同情心的反应。不幸的是,由于地方的漠视和目标群体的忽视,只有20%的适用人群在项目的早期使用它们。在新墨西哥州,一项广告运动使得使用食品券的适用人群在 6 个月内就增至 3 倍(Manoff,1985)。在 1997 年,只有一半的适用家庭参加了食品券项目(Castner and Cody,1999)。温尼特(Winett,1995)认为,许多健康改善项目都缺乏对有效的营销活动的全面考虑。

没有处理好对需求忽视的问题

若本有需求的群体却并没有认识到这种需求,那么项目就必须包括一种教育性的努力(Cagle and Banks,1986;Conner,Jacobi,Altman,and Aslania,1985)。检查并治疗高血压的人每天都跟意识不到护理需求的人们打交道。在疾病刚开始发展的时候,上升的血压很少带来明显的症状;此外,药物治疗(medication)也有不良的副作用(Testa,Anderson,Naxkley,and Hollenberg,1993)。因为病人想要感觉更好而不是更坏,所以药物治疗之后,许多人拒绝了护理。拒绝护理就意味着项目失败了,即使药物治疗在减少心脏病和其他心血管疾病发生的可能性方面是很有效的。

有些人认为,在提及良好的卫生行为与教育机会的可得性时,通过简单的提供各种事实,社会就有实现它的责任。他们辩称,社会服务提供者没有义务去说服某人来利用项目。与之相反,要使用社会性的营销技术(Weinreich,1999)来培养人们,令其采纳更具适应性的健康行为,明智地使用政府的服务,以及维护更安全的环境。马诺夫(Manoff,1985)认为,需要有社会性营销,不仅仅是为了提供基础性的教育活动,而且是为了强化其动机。需要这些努力去抵消密集的广告的影响,因为这些广告会鼓励人们使用伤及健康的产品,如非常甜的而且有高脂肪的食物、香烟和酒精(Winett,1995)。

在项目规划中使用需求评估

一旦评估好了特定总体的需求水平,接下来,项目规划就开始了。规划人员试图开发服务或进行干预,以帮助人们实现或者靠近满意的状态。如果重要的利益相关者群体参与到规划中来,并且在选择服务与服务提供机制上合作的话,那么开发出成功的项目的可能性就会大增。利益相关者可以通过在委员会中担任正式代表的方式参与进来,或者在焦点小组中对计划开发做出反应。

在已经详细说明结果目标(outcome goals)之后,接下来的步骤就是考虑需要顺路实现的中间目标,并最终实现最终目标。中间目标可以包括,比方说,成绩(accomplishments)、行为、态度或者知识水平。中间目标能标示目标总体中有多少受到了帮助,为了具体说明这一点,规划人员必须描述项目理论(program theory)。不幸的是,恰如在第 2 章提及的,有时规划人员在开发项目时却没有询问项目参与者:在其能够实现希望的结果之前,必须发生什么,才是合适的;换言之,伴随项目的规划,需要开发出一个影响力模型(an-impact model)。

开发出影响力模型之后,规划团队就可以详述部门(agency)必须采取的行动,以实施这一项目。需要被虑及的资源包括,知识与员工的技能、物质资源、资金资源、广告活动以及推广(outreach)努力。由于规划人员不能在空头支票的假设之下工作,所以项目的所需资源需要跟可用的资金支持相对照。如果资源不充足,那么规划人员却也很多选项来解决问题。一个诱惑就是保持项目目标完整无缺,但是同时削减项目的密集度,并希望最好的情况发生。如果规划本是合理的,而且规划的概念基础也是有效的,那么这种决策就是为失败而准备好的药方(Rivlin, 1990)。在错综复杂的任务中,没能帮助人们实现变革并不是一件丢脸的事情,但是若还在继续规划一个项目,甚至连规划人员都会质疑因过于缺乏力度而无法起到好的作用,那么这就是在浪费宝贵的资源了,同时还会促发人们对社会性项目的怀疑(cynicism)。更加有用的替代方案包括,减少所要服务的人数,缩小服务的核心项目,或者甚至是改变计划去满足不同的需求,而这种需求需要的则是较少的资源。

尽管这个陈述(presentation)是直接的线性化的,但规划委员却常常会回头进行审查,以核实他们仍忠诚于资助项目的机构的使命。事实上,在开发中间目标时,规划人员可能会发现,某些结果目标是无法实现的。不会发生改变的是,在规划的过程中,需要的是以整体回溯的方向展开工作,以所要达到的东西开始,而以去实现这些目标的计划结束(见 Egan, 1988a, 1988b; Egan and Cowan, 1979)。如果没有明晰的目标,那么合理的规划就不会发生。通常,令人震惊的是,部门和机构中人们感觉到一种需求,但是却没有仔细度量它,或者以定量的方式探究它(Mathison, 1994)。有时,他们无助地观望,而项目则无法对有需求的人们产生可观测的影响。阿特休德和威特金(Altschuld and Witkin, 2000)讨论了评估师可以如何帮助人们把需求评估转化成项目,但实际的规划并不是评估师的首要责任。

总结与预习

在开始规划项目之前,要进行需求评估,其重要性是毋庸质疑的。需求的定义强调了这一点,即我们试图了解在他们的社会背景中,为了处于满意的状态,人们需要什么。尽管我们个人觉得对我们自己的需求知道得很多,但是通常我们并不完全理解需要做什么来满足我们自己的需求,恰如对客观的营养需求的边际理解的例子所展示的那样。因为教育方面的、心理方面的以及社会方面的需求如此复杂,所以人们也不会惊奇于这些需求并没有被充分地理解。结果就是,从多种渠道搜寻关于需求的信息就是明智的了。社区调研、正服务于人们的机构、社会性指标、焦点小组以及专家信息提供者都是需求信息的来源。一旦需求清晰了,规划就开始了。如果项目的概念基础开发出来了,同时利用其来设定了结果目标与中间目标,那么规划就最有可能成功。

　　在项目准备就绪之后,评估师可以继续做出贡献,因为项目必须被管控,以确保其完整性(integrity)。此外,通过管控而搜集的信息会显示项目的哪些方面应该被调整。第7章涉及对管理信息系统的介绍,还有在评估中对其的利用。

学习问题

1. 查看每日的报纸,找到有关社会服务或者消费者产品的文章,其要能够表明需求分析是如何影响对人类服务或者新产品需求的分析的。需要注意的是,如果这个例子跟消费者产品有关,那么本章中未被满足的需求的定义可能是不合适的;在这种情况下,企业通常处理的是满足愿望(wishes)或者偏好(preferences)的问题,而不是服务于未被满足的需求。

2. 寻找有关机构或者生产者的失败例子,失败是因为他们在提供服务或者向市场提供产品之前,没有进行合适的需求评估。为避免这个错误,这个机构需要寻找哪类信息?

3. 有些学生在课堂中表现得没有他们想要的那么好,许多学院为这些学生资助了一个学习援助项目。为这个项目,列出需求评估计划的大纲。假设已经有了一个项目,但是校长想知道这个服务跟需求是否匹配得好,同时服务是否需要被延长。考虑你所需的信息与资源,以及在搜集信息时使用的方法论。

4. 在什么情况下,需求评估将会威胁到某一机构。

5. 设想某人被要求去为一个大城市评估针对酒精中毒治疗的需求。问题是各项设施是否位于最优的位置,以及若资金可用的话,该市应该在哪里配置更多的资源。假定若干指标一并整合为一个指数(index),以表明跟酒精相关的问题的严重性。这个指数可能是人均酒精消费量,跟酒精相关的家庭争端的警察报告数,未成年饮酒的少年法庭记录数等的综合(total)。进一步设想,所有分配给酒精中毒治疗的资金是已知的,并且是与应有的数量相符(added up)。最后,设想这个需求指数与总的治疗资金对城市的每个区而言都是可用的。如何使用这两个变量来了解哪一个区的服务是不充分的?

辅助资源

Witkin, B. R., and Altschuld, J. W. 1995. *Planning and conducting needs assessments*: *A practical guide*. Rev. ed. Thousand Oaks, CA: Sage.

　　作者们带领读者领略了所需的每一个步骤,以识别并估算未被满足的群体需求的程度。他们相当详细地讨论了本章所述的以及额外的方法。在项目规划时,利用需求评估的方法也被说明了。利用了许多需求评估的例子,而处理方式当然是亲身实践的结果。在项目的所有阶段,他们都支持跟利益相关者的密切合作,同时告知读者要关注于项目将被服务的人们,而这也是我们遵循的方法。

管控项目的运营

项目管控(monitoring)"是最不被承认的,但可能是最具实践性的评估范畴(practiced category of evaluation)"(ERS Standards Committee, 1982, p. 10)。项目评估最根本的形式是审视项目自身——它的活动(activities)、它服务的总体、它如何发挥作用,及其参与者的条件。项目管控包括评价配置给项目的资源,以及各种努力是否按照计划被组织管理(directed)。规划评估时,仅关注于长期结果而忽略了其活动(activities),这会是一个严重的错误。认真的项目管控会带来"了不起的结果"(Lipsey et al., 1985)。

管控活动(monitoring)是任何组织的基本活动。企业通过每天结束时清点订单、编制存货清单来管理其运营情况。人类服务的主管会以某些类似于盈利企业使用的方法来管理他们的活动。不过,教育、健康护理、刑事司法(criminal justice)以及福利部门是用来以某种方式改变其所服务的人们的,而不仅仅是令其愉悦(please them),这是一个关键的差异(Weiss, 2002)。结果,人类服务的最终产品——完善的人——就不能像存货或者资产负债表那样,进行可靠、有效、容易地度量。起点就是询问一个项目是否已经按照计划实施了。如果设计良好的、鼓励人们使用安全带的广告并没有广而告之,那么也就没有理由评估其影响力。如果药物滥用者并没有参加药物康复项目,那么就没有必要去问项目是否减少了药物滥用。

管理者需要基础性信息(basic information)以促进规划与决策、预见问题,并为继续支持项目提供辩护。如果发现接受项目服务的人们的需要与项目计划提供和满足的需求相当不同,那么项目就必须被改变。参与人的退出率的增长意味着问题的存在。缺乏项目管控系统,管理者可能就会在发现问题方面表现迟滞,直到其已十分严重,难于纠正。本章描述的技术可应用于期望保持良好状态的项目。一个有限的、花费较少的项目,并不值得去开发一个本章描述的管理信息系统。不过,许多项目,比如大学咨询中心、社区心理健康中心、服务于无家可归者的地方机构联合体,都被希望能够无限期地持续提供服务;这些机构需要能够便利地获得描述其服务的数据。

评估师(例如,Carey and Lloyd, 1995; Mowbray, Cohen, and Bybee, 1993)已经表明,管控提供服务或产品的过程是有价值的,而不应仅仅评估最终结果。管理信息系统会提供信息以表明项目正按照规划来运营。追踪运营过程类似于乘坐汽车旅行时所遵循的过程,就好像我们观察路标和熟悉的地标那样。在规划旅行时,多数司机都会记录中间的位置,为的是管理旅行过程,并确保他们正呆在正确的线路上。我们不会简单地计划一次旅行,瞄着汽车,开上 4 个小时,然后问:"我们在哪里?"最后一点是如此地明显,以至于很难理解为什么这么多的服务提供者、项目规划者以及评估师都没有将这个原理应用到项目评估中。很多时候,评估规划仅仅包括了在实现最终结果方面成功与否的评估,而不是实际提供出的服务,或者所需的实现所欲结果的直接步骤。

作为项目评估手段的项目管控

评估师为项目员工总结的某些信息,会十分直接地描述所要服务的客户与将要提供的服务。有时,管理者与员工似乎认为这类信息并不是必需的,因为他们认为他们有对所提供服务的准确与完整的理解。不过,在评估师之间,存在一种共识,即管理者与员工通常会持有不正确的观点。没有计算与总结,咨询机构员工会极大地高估到来的处于治疗期的客户的中位数(Posavac and Hartung, 1977),同时护士会高估他们所护理的病人所得的疾病的种类(Carey, 1979)。索尔伯格等人(Solberg et al., 1997)描述了医疗护理中对更好的信息系统的需求,并评论道"……现今在护理得了糖尿病或其他慢性病的病人的过程中,多数的缺陷都是缺乏一致性的、杂乱无章的方法的结果,这是几乎完全依赖个体临床医生的记忆的**自然结果**(p. 586,原文即有强调)"。一旦信息系统已被实施,那么护理上的改善就会实现(Williams, Schmaltz, Morton, Koss, and Loeb, 2005)。因为我们如此容易地就被我们的影响误导了,所以形成有关客户总体与所提供的服务的概要性信息,就是评估过程中十分合适的第一步。

对客户与服务的描述可以作为"部门快照"一次性地完成,也可以作为常规活动,以追踪一段时期内部门的情况。较小的、较新的项目的管理者可能会从信息记录的概要中获益;这个过程是耗费时间的,而且很敏感,因为文件包含的材料,远多于用来描述

评估师传略 6

迈克尔·J.沃戈:管理信息系统与项目评估

在咨询公司展开项目评估工作之后,沃戈(Wargo)博士进行了有关联邦政府资助的志愿者组织的评估,比如,和平工作队(Peace Corps)与美国志愿服务队(VISTA)。他组织了美国农业部食品与营养服务评估部门(evaluation unit of the Food and Nutrition Service)。他获得了实验心理学博士学位(塔夫茨大学,Tufts University)。

沃戈博士被问及评估中管理信息系统(MIS's)的使用问题。沃戈博士回答说:"……评估师开始变得更加依赖于管理信息系统(MIS's)。对每一项评估而言,搜集新的数据都是花费高昂的。评估师应该利用他们的技能帮助设计管理信息系统,要对评估各项目标有用,也要对项目管理有用。"

他继续说道:"从现在开始,5 到 10 年内,评估师使用的多数信息都将会是那些为了其他目的而搜集来的信息。我们过去搜集信息的方法成本过于高昂了,也用时过长。"

_____

改编自:Hendricks. M. 1986. A Conversation with Michael Wargo. *Evaluation Practice*, 7(6), 23-36.

部门客户与所提供的服务所需的。在大的部门中,需要有不间断的信息系统,因为手工回溯信息是不可行的。大项目通常要为鉴定达标的部门和监管部门准备报告,每一个都会有独特的信息要求。搜集并周期性总结信息的程序被称为管理信息系统。有些作者将开发管理信息系统视为服务机构能够持续存在的关键性的活动(Freel and Epstein,1993)。沃戈(见评估师传略 6)描述了对评估师而言信息系统的重要性。

除了所提供的服务与被服务的人群的信息的根本性需求之外,若还能更好地接触到信息的话,那么服务还可以被改善。斯帕思(Spath,2000)报告说,因为每年有 100 亿页病人记录被生产出来;复杂的——但是却可得的——信息系统就是人们需要的了,如果医院和医生想要追踪病人的护理情况的话。本章是一个简介,关注于较小的、不需要像医院所需的那样复杂的信息系统的部门。

需要利用信息系统总结出的内容

通常,评估师被要求去开发信息系统,以有助于具体的部门或项目。因为每一个部门都是独特的,所以每一个信息系统都包括了独特的变量信息的集合。本部分中描述到的问题必须改变,以适应于所服务的人们的需求、所提供的服务的种类,以及提供项目的机构。

重要的信息

搜集到的信息集中关注于项目的目标与使命。适当的信息能够帮助设定员工的等级水平,满足达标鉴定的准则,规划对空间的需求,以及管控质量。有效率的评估师仅会搜集重要的信息,而不是可能令人感兴趣的信息。因为记录下来的每一部分信息都会增加数据搜集与分析的成本,评估师应该抵制对机构没有用的信息。

项目的真实状态

第二个重点就是信息系统必须描述项目现今的真实状态。评估师要认真地在描述出来的项目跟执行中的项目之间做出区别。许多在纸面上看起来很好的项目,最后失败了,就是因为员工没有或者不能遵循规划好的设计或者程序。来自于《芝加哥论坛报》的记者(Stein and Recktenwald, 1990)在建设活动被正式地计划好的期间拜访了城市公园,结果仅发现被锁上了的并遗弃了的场房。如果记者们把分析活动局限在了正式的活动计划,那么他们就会认为项目正在被提供出来。对评估师而言,没有理由让书面的计划——不管多么的正式——代替现场的观察。

描述服务时所需的信息包括:(1)项目所提供的服务的类型(例如,工作培训、群体疗法、疫苗免疫),(2)项目的广泛性(extensiveness)(例如,培训或治疗的小时数、将要学习的技能、各种设施),(3)参与服务的人数,特别是完成教育或者治疗项目的人数比例,以及(4)质量指标。为了更加有用,系统必须能够检索并汇总信息。

项目参与者

如果对项目进行了完善的规划,所要服务的总体也就会被详细具体地说明,同时项目也就为满足那个群体的需求而被量身定制好了。信息系统应该记录下使用服务的人们的身份与需求,并将这些发现跟项目的使命相比较。换言之,需要审查项目跟使用者的需求之间的吻合性(fit)。如果吻合得并不密切,那么就可以考虑对项目进行改变。如果机构部门没有界定所要服务的群体,那么对利用该部门的人们进行描述,将会是特别有启发的事情。

常规的描述项目参与人的角度是性别与年龄。对额外信息的选择与否,取决于项目的特定性质。这类信息可以包括人们居住在哪里,他们寻求帮助的主要问题是什么,转诊病人的来源(the source of referral),以及种族背景。在某些情况下,了解获得服务时存在的阻碍是很重要的。交通方面的麻烦,儿童护理的需求,在候补申请时花费的时间长短,这些都可能对描述项目、提出建议等有帮助。

服务的提供者

信息系统应该包括对谁提供了服务这一信息的描述。在某些情况下,缺乏良好培训的人是在其他人的手下工作的;对项目进行非正式审查就可能暗示出监管者即是提供者。例如,一个注册心理治疗师可能签署了保证书,但是却雇佣社会工作者来提供治疗。了解项目,以知晓谁真正在跟参与者进行工作,这一点是很重要的。员工们可能是不合格的或者能力超常的。一个项目配备了律师志愿者,他们帮助共犯重新调整以适应社区生活,对这个项目的评估表现出了混合性的结果,因为被释放的犯人向志愿者寻求的是法律救助,而不是全面的调整性救助。这样的话,志愿者的技能就阻碍了项目目标的达成(Berman,1978)。

项目记录与信息系统

如果评估师能够帮助机构选择出所要搜集的信息,并且描述参与者以及所提供的项目的特征的话,在这种情况下,使用信息系统进行的管控行为就会更加有效。如果适用的信息会被持续搜集的话,那么准备本章所示的各类报告时就不用花费大的成本了。

机构记录的问题

管控项目,但却没有留存足够的记录,这是不可能的(Vroom, Colombo, and Nahan, 1994)。不过,许多人类服务的记录通常是极端不完整的,这也不是什么秘密。卢里戈和斯沃茨(Lurigio and Swartz,1994)描述了他们遇到的困难,那时他们正试图利用不完整的记录,为基于监狱的药物治疗项目工作。文件记录通常是很糟糕的,因为记录的工作是枯燥无味的,而且还得花费时间。被吸引来做人类服务的个人常常有很多的事情要做,远超过他们的时间所能允许的,因此就会把记录工作视为把他们从客户、学生或病人身边夺走的时间。在非常短暂的时期内,那种看法可能是正确的。此外,在不远的过去,记录可能是相当不重要的,那时,在很多情况下,对成功与否以及努力的情况进行主观的评价就足够了。然而,主观的评价已经无法满足监管与鉴定部门的要求了。我们需要更好的方法来维护并总结机构记录。

增强记录的有用性

必须开发出汇总数据的方法,以便于增强文件的有用性,这是因为对评估师与利益相关者而言,无法汇总的信息是没有什么帮助的。从客户文件夹中检索材料也是花费大量时间的任务。此外,这也是敏感的任务,因为必须保护客户的隐私。一个更有效的办法就是开发出一个信息系统,要使得其能够对参与者、所提供的服务的质量指标进行常规的汇总,而不是人工搜寻那些文件,因为那些文件常常包含了对参与者和员工而言很重要,但是却跟评估不相关的个人材料。

对项目主管与其他信息使用者而言,在管理与评估项目时,必需开发出有用的核心变量的清单。本书反复强调的一点就是仅在其有用时才搜集信息。如果有合法的需求来获得某些信息,或者决策是基于这些信息的,那么就应该搜集这些信息。如果材料可以揭示出可疑的消极副作用,那么它也应该被包括进来。信息系统开发人员的挑战就是以有助益的方式来汇总这些信息。管理者需要的是重要的和有用的信息,而不仅仅是更多的信息(Ackoff, 1986)。

如何利用记录来管控项目

搜集并存储信息的最好办法就是形成一个关联型数据库(rational database)。数据库就是数据的集合。数据库程序(program)可以使我们选择感兴趣的变量,并汇总其所包含的信息。数据库中的信息可以是数值型的或是文字型的。设想一个表格,左面有参与者的姓名,还有各列包括了识别码、地址、年龄等信息。**关联型**数据库是一个表格的**集合**(*set*),而通过公共变量(common variables),各表会相互关联;这些关联使得人们在录入并检索信息时具有极大的灵活性与效率。每个表包含的信息都跟项目的关键方面相关,对所提供的服务十分重要。接下来是一个例子。设想一个咨询中心,让我们称其为新希望。新希望的关键方面包括:

- 客户:客户的姓名、住址、支付来源等。
- 员工:姓名、类型、主管等。
- 服务:在特定的时间,某些员工以一定的要价,提供给某特定客户的服务的类型等。
- 预约:客户、员工,日期等。
- 账单:客户、支付的数量、得到的付款等。

新希望的每一方面都会形成一个表格,见图 7.1。例如,在客户表中,每个客户形成一行。对中心来说,所有的有关客户的重要信息都列示在表中。框 7.1 是客户表的示例。要注意,社会保障号不应该用来作为识别码。预约表包括了一个线索,表明了客户跟哪一位员工做出了预约。客户名(识别码)被录入,但是客户的其他任何信息都没有输入,因为预约表是跟客户表连接的,而客户表则已经包括了客户的信息。图 7.1 也标示了相互关联的变量。如果需要组织包括在服务表中的信息的话,那么所有客户表中的信息也是可以使用的。这种连接展示了关联型数据库的威力。在整个数据库中,所有的信息,也就是说,所有的表格,对回答有关服务中心的问题而言,都是可用的。

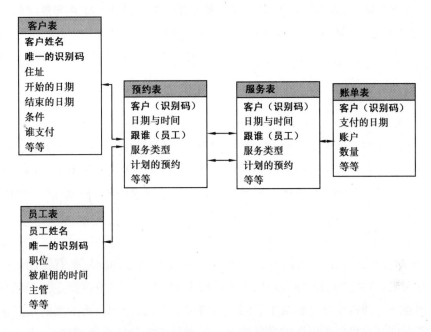

图 7.1　咨询中心的关联型数据库的大纲。在客户表中，每个客户形成一个条目（一行）；在预约表中，每个预约形成一行，以此类推。表中的公共元素可以使表联系起来，而不需要从一个表到另一个表那样复制信息

　　被要求去开发信息系统的评估师会有几个任务。第一，他们必须理解部门提供的服务。第二，他们将需要理解机构的**核心**方面（essential aspects）。对一个小的咨询中心而言，在图 7.1 中所示的 5 个方面似乎就是关键的，而且可能也足够了。这个关联型数据库很简单，那是因为新希望的所有客户实际上都在一个项目中，咨询项目。与之相反，设想一个针对城镇居民的培训中心。或许，某些人在阅读项目中，而其他的则在父母支持项目中，另一些则在工作培训项目中，等等。对这个复杂的中心而言，数据库就需要有更多的表格，这样，所有的服务才会被有效地展示出来；不过，对于这个中心，仍然将仅仅只有一个数据库。在理解了这个中心，及其服务的关键方面之后，每个表格所需的具体信息就必须界定出来。项目类型、客户的需求以及报告的内容要求就将决定什么信息会被搜集。框 7.2 就包括了一些跟新希望客户相关的可能的变量。评估师将跟部门的主管密切合作，不过，接触一些类似的部门，以便了解他们的信息系统，也是明智的做法。还有，如前所述，在互联网上进行搜索也会找到更多的建议。

　　新客户完成了如框 7.2 所示的表格，提供了信息之后，新的信息就会被录入到客户表中。如果客户的住址或者其他信息改变了，那么这个信息也将会被更新。可以每月都汇总出一个报告，用来说明新希望的新客户数。如同框 7.3 的表格就汇总了每月的新客户情况。此外，也可以准备一个图形，给出最近的 12 个月内每月的新客户数。仔细研究数月的时间段内的趋势情况，可以给出业务总量的变化趋势的看法。在中心开

框 7.1   关联型数据库的客户表,包括了需要服务的客户的信息,以及对管理部门信息要求的回答。此处只是示例,将会有更多的信息包括在这个表中

姓名	识别码	街道住址	城市	邮政编码	年龄	服务开始的日期	账单给谁	地址	等等
Sarah	445	61 Downer	Nelson	67523	34	6/25/2005	Sarah	61 Downer	
Mary	556	87 Maple	Union	67539	29	7/29/2005	Mary	87 Maple	
Jim	667	992 Center	Union	67539	16	8/2/2005	William	992 Center	
Frank	882	32 Grove	Union	67540	43	8/2/2005	Frank	32 Grove	
Jenny	981	87 Hazel	Junction	67533	53	8/7/2005	Jenny	87 Hazel	
等等									

始营业一段时间之后,在每个季度,都认真研究新客户报告的问题是有帮助的。因为在一个月内报告特定问题的新客户数可能是很少的,所以每月分析特定的问题可能没有什么助益——随机变化会掩盖了任何趋势情况。不过,仔细分析季度的信息能够使得管理者发现客户提出的问题的变化情况。如果员工被替代或者增加了,那么客户特征的变化就将十分重要。应该去寻找具有特定的资格证书的咨询师,这取决于被提出的问题。

随着客户获得服务,信息会被增添到服务表中。每个员工都会在提供任何类型的服务之后,填写一张见面表。框 7.2 就是这种表格的例子。这样的表会被录入客户姓名和识别码,而接待员会每天提供这样的表格。员工在预约之后,会填写表格,并返还给接待员,这样就可以录入服务表了。如果规划了一次新的预约,那么接待员也会把这录入到预约表中。治疗师可能会在数据库记录之外,单独保存手写的笔记;不过,数据库的价值在于手写或书面的意见可以被录入到服务表中,这就如同客户的住址被录入在客户表中一样。框 7.2 的例子仅为客户状况的短期评价留下了空间(space)。评价的种类或者信息的范围都会改变,这取决于所提供的服务的类型。

框 7.2   门诊咨询中心的可能客户的申请表格

欢迎为有效生活来到新希望

请完成表格,并装进信封,返还给接待员。

您给我们的信息是**保密的,且会被妥善保管**。

姓名 _____

住址 _____

邮政编码 _____   电话 _____

婚姻状况:(圈定一个)

没有结婚　结婚　丧偶　离婚/婚约无效　分居

性别:　　女　　男　　夫妻申请

年龄:_____　配偶年龄,如果结婚的话:_____

谁希望你来中心?（圈定一个）

自己、朋友、家庭　　　　　　医院　　　　　　其他机构:_____

另一个客户　　　　　　　　　医生　　　　　　其他:_____

牧师　　　　　　　　　　心理咨询师

什么问题促使你来本中心咨询?

_____

_____

此次,你最感兴趣的咨询形式是什么?（圈定一个）

个人　　家庭　　夫妻　　群体

近亲属有谁?

成人(写出姓名,并说明跟你的关系。)_____

_____

儿童(写出姓名,说明年龄。)_____

_____

以前,曾从其他机构或咨询师得到过咨询么?

是　　　否

如果"是",而且如果你的确参加了治疗,我们可以联系这个人或机构么?

否　　　是(写出咨询师的姓名)_____

　　　　请签名_____　日期:_____

你在哪里工作?_____

请写下会给你付费的保险公司的名称与地址。

名称_____地址_____号码_____

框 7.3 描述某咨询中心新客户的月度报告示例

新客户, 2006 年 5 月		
婚姻状况,性别与年龄	**女**	**男**
没有结婚	28	12
结婚	48	15
丧偶	3	0
离婚,婚约无效	15	3
分居	4	0
总计	98	30
年龄(平均)一年	34	27
介绍人来源	**数量**	*%*
自己、朋友、家庭	27	21
其他客户	5	4
牧师	67	52
医院	15	12
心理治疗师	2	2
其他来源	11	9
总计	127	100%
问题代码(可以申请多个)	**数量**	*%*
婚姻问题	42	33
个人适应问题	104	81
工作的问题	30	23
学校的问题	8	6
孩子的问题	62	48
酒精、药物使用	28	22
非器官性身体综合症	16	12
寻求的服务	**数量**	*%*
个人治疗	77	60
家庭治疗	13	10
婚姻治疗	29	23
团体治疗	5	4
不确定	4	3
以前接受过心理治疗的数量(%)	45(35%)	
就业的数量(%)	92(72%)	

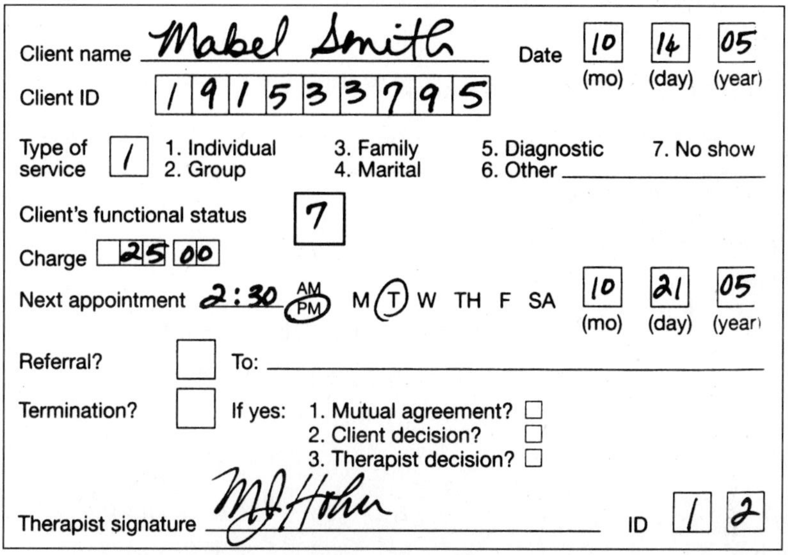

Client name Mabel Smith　Date 10 (mo) 14 (day) 05 (year)

Client ID 1 9 1 5 3 3 7 9 5

Type of service 1　1. Individual　2. Group　3. Family　4. Marital　5. Diagnostic　6. Other ______　7. No show

Client's functional status 7

Charge 25 00

Next appointment 2:30 AM (PM)　M (T) W TH F SA　10 (mo) 21 (day) 05 (year)

Referral? ☐　To: ______

Termination? ☐　If yes:　1. Mutual agreement? ☐　2. Client decision? ☐　3. Therapist decision? ☐

Therapist signature MJ Hohn　ID 1 2

图 7.2　在新希望，提供完每次服务之后，都将填写的见面表。此表中的信息将会被录入到服务表中，同时如果做了另一次预约，则也会录入预约表中

需要注意的是，客户的识别码就足以把服务表跟客户表连接起来。员工识别码可以使服务表跟员工表连接起来。人口统计信息会被录入客户表中，而由此可以界定出不同的客户群体；刚刚论及的连接状态，可以使得我们能够单独地提供出任何一个客户群体所需服务的信息。例如，框 7.4 就是在 2005 年 5 月终止跟新希望联系的客户的相关报告。我们选择年龄进行分类，以便于符合示例的目的；客户表中的任何变量都可以被使用。有关所受服务的数量与类型、在治疗开始之时与结束之时的平均的机能状况、收费数额、介绍人的数量、终止的类型，等等，这些信息都可以被汇总，并且跟以前获得的人口统计信息关联起来。仅利用框 7.4 中的信息，管理者和员工就可以知道，有大约 1/4 的客户似乎拒绝了被提供的服务。得出这个结论，是因为 24% 的客户仅接受了 2 次或者更少的咨询，而 29% 中止了参与活动，但是却没有跟治疗师讨论退出的问题。主管可能想降低这些比例。这个示例性的报告暗示了一些实现此目标的假说。报告的下半部分表明年龄大的客户比年轻的客户更经常地拒绝治疗。

为每一个治疗师独立地报告信息

也可以为每一个治疗师准备一份报告。这样的报告可以使治疗师把他们的客户跟其他治疗师的进行比较。在人类服务项目中工作的人们很少拥有特定的信息，允许他们把自己的工作跟他们同事的进行比较。然而，我们已经反复说明了反馈的价值。索德斯特罗姆，高辛斯基，卡瓦诺（Soderstrom，Koncinski，Cavanaugh，1990）评价了一些削减能源使用的方法，使用的就是消费者的反馈。通常，跟同行的行为相关的反馈十分有效,这条原理就是蒂尔尼,米勒和麦克唐纳(Tierney,Miller,and McDonald,1990)使用的原理,而其目的是为了减少不必要的医疗诊断检查数量。作者们提供了每位居民检查情况的汇总信息,并跟其他居民的检查使用情况进行了对比。

框 7.4 在一个月内,终止了服务的客户的报告,包括了提供给这些客户的服务的特征

终止服务的客户的报告,2005 年 5 月

终止的个案:84

机能状况等级评价

	客户的每个机能水平			
水平等级	治疗开始时		终止时	
功能失调:1	0	(0%)	0	(0%)
功能失调:2	0	(0%)	1	(1%)
功能失调:3	2	(2%)	0	(0%)
功能失调:4	25	(30%)	3	(4%)
机能正常:5	41	(49%)	2	(2%)
机能正常:6	8	(10%)	7	(8%)
机能正常:7	6	(7%)	4	(5%)
机能正常:8	2	(2%)	21	(25%)
机能正常:9	0	(0%)	46	(55%)
平均机能状况	5.00		8.05	

终止类型与客户年龄	29 岁以下		30 及以上		全部	
相互同意	25	(76%)	32	(63%)	57	(68%)
客户决定	6	(18%)	18	(35%)	24	(29%)
治疗师决定	2	(6%)	1	(2%)	3	(4%)
全部	33	(100%)	51	(100%)	84	(100%)

服务次数与客户年龄	29 岁以下		30 及以上		全部	
2 或更少	5	(15%)	15	(29%)	20	(24%)
3~6	7	(21%)	7	(14%)	14	(17%)
7~15	14	(42%)	22	(43%)	36	(43%)
16~30	6	(18%)	32	(63%)	13	(15%)
30 以上	1	(3%)	7	(14%)	1	(1%)
全部	33	(100%)	51	(100%)	84	(100%)

报告的信息提供者可以提供给治疗师个人的信息展示在框 7.5 中。这个假设的报告描述了过去的一个月中治疗师的业务量与提供的服务量。需要注意的是,治疗师赫尔普(Helper)有一些问题。在上个月,他的客户的退出比例,跟中心其他治疗师的相比,更高。更加重要的是,那些退出的人们接受的服务,在终止之前,比其他治疗师的,更少。这个治疗师也有相对较大数量的不活跃客户,或者说,超过 90 天没有寻求服务的客户。这个报告礼貌地要求治疗师赫尔普或是正式终止这些客户,或是确定他们是否对继续治疗感兴趣。最后,这个报告包括了一张表格,其汇总了在上一个月里,正式终止的客户的机能状况的等级评价。需要注意,只有赫尔普与他的监管者才能看这个版本的报告。其他治疗师会收到类似的报告,会包括同样的中心平均情况,加上他们自己的信息。

如果问题被识别出来,那么就可以规划治疗了。赫尔普应该带着自己的问题,即过早地失去客户。与他的监督者沟通,每个人都会偶尔有一连串的坏运气。不要把变异(variation)当成了问题,如果其仅仅是随机效应(random effects)的结果的话,那么就不是问题,而记住这一点则十分重要(见 Carey and Lloyd, 1995)。如果赫尔普的表现没有改善,而且在一两个治疗期后,还继续失去相当大的客户数量,那么他就应该寻求帮助了。或许,他早变得过于主观了(judgmental);或者或许他没有给新客户充分的进步的希望。从理想的角度来看,在治疗师的职业生涯中,尽早地注意到不合意的做法,可以使治疗师的技术得以改善,而不会使其变得根深蒂固。对反馈做出挑战是不受欢迎的,但是在传闻和谣言将其工作说成是糟糕差劲之前就做出某些改变,这也恰是赫尔普的强项(House, 1976)。对治疗行为进行反馈,对州医院的病人而言,是改善服务的符合成本—收益原则的一种方法(Prue, Krapfl, Cannon, and Maley, 1980)。

为机构开发信息系统

数据库程序(program)已经运作数十年了;不过,最近这些年这类程序已经变得更加容易使用了。新接触数据库开发的评估师不要去想过个周末就能使数据库准备就绪,可以工作了,不过,使用诸如微软 Access 这样的程序(Prague, Irwin, and Reardon, 2004)是不需要在编程方面进行培训的。对大型的、复杂的组织而言,重要项目最好咨询经验丰富的数据库开发商,这样就可以成功解决问题了。或许,已经有随时可用的程序准备好了,而某类机构也恰好需要开发这样的信息系统。在跟利益相关者合作、了解所需为何的时候,评估师处于较有利的位置上,而接下来,则需要在软件专家与服务提供者之间充当联络人的角色。此刻,我们想再向你保证,你是能够为像新希望这样的机构部门开发出中等规模的数据库的,而同时也不需要昂贵的咨询师;但是,你的确不得不分配一些时间,以做出这样的努力,并在开始的时候,也要参加一个学习班。

针对信息系统的具有威胁性的使用

可以产生框 7.5 的信息系统,也能够产生用于在治疗师之间相互比较的表格。尽管职业运动员的成绩记录都在每天的运动版面上进行比较,但是多数人都没有将他们的工作跟他人的进行仔细的比较,特别是都不会使用定量分析的方式。在框 7.6 中,所有治疗师的每月报告被汇总出来,这样,就能够进行这样的比较了。比较可以在做同样工作的人们之间进行;一个是外包的(outreach)工作者,想要征募寻求治疗的药物上瘾者,另一个是治疗师,帮助人们戒烟,那么这两个人的工作是不可能比较的,即使两人可能都为同一个心理健康中心工作。不过,可能进行比较的是,每个员工为机构带来的收入,即使每个员工的角色是不同的。在大学中,比较老师们的角度可以是他们所教的课程带来了多少学费。我们并不提倡这种低能的(simple-minded)比较分析,因为收取同样学费的课程在讲授时困难程度是不同的。我们的观点是,一旦信息已在数据库中我们就可以做很多不同的分析了,而某些可能会对员工造成威胁。

类似于框 7.6 这样的报告仅对中心管理者提供使用。这个表可以进行业务量、非活跃客户(病人)数、以及治疗师的机能状况的等级排序等方面的比较。我们可以迅速发现那些过早的、不成比例的失去客户的治疗师。需要注意治疗师赫尔普记录是如何跟其他的进行比较的。他的非活跃客户的比例最大,同时在三个咨询期(疗程)之前,比他人失去了更多客户。赫尔普对其客户的等级排序,比其他治疗师除了[尼尔森(Nelson)]对自己客户的等级排序,都更好。针对这个反差,至少有两个解释。第一,分配给赫尔普的客户都是并不需要咨询服务的。他正确地认定他们机能正常,同时没有提供不必要的服务。第二,赫尔普的咨询服务被客户视为无用。尽管他们退出了,但是赫尔普仍然把他们的机能情况定为“好”,这样就可以为高的客户损失率辩护。如果这种情况没有持续下去的话,那么第一个解释就是合理的。不过,如果不管哪一个治疗师所配给的客户都蕴含了成功的机会(opening),而且这种模式还在继续,那么第二个解释似乎就是更可能的了。如果信息系统包括了对以前的、定期复查(follow-up)的客户满意度调查,那么就更容易区别这两种替代性的解释了。负面的评估结果并不意味着赫尔普应该被解雇。这可能意味着他需要有在职培训;或许,他设定咨询阶段的方法并不适合于求助于这个中心的人群。应该认真考虑这种可能性。如果发现并解决了问题,那么赫尔普将可能成为更好的咨询师,同时他的客户也将得到更好地服务。弗里尔和爱泼斯坦(Freel and Epstein,1993)认为,在居民治疗机构中,信息系统能识别出那些需要针对特定技能进行培训的员工。

框7.5 给治疗师个人的反馈表示例

给治疗师赫尔普的报告

	赫尔普	其他治疗师
总业务量,2005年6月1日	64	433
活跃客户	49 （76%）	364 （84%）
非活跃客户(超过90天没有被服务)	15 （24%）	69 （16%）

非活跃客户姓名:

Archibald, L.	Norris, M. M.
Best, B.	Overman, S.
Boulder, M. M.	Parkowski, M. M.
Ernest, G.	Rasmussen, P.
Grand, K.	Thomas, A.
Hansen, M. M.	Traverse, P.
Morrison, S.	Wilson, G.
Narwell, B.	

请发送一个终止通知或者介绍人通知,或者截至2005年7月31日前,安排跟每一个非活跃客户进行见面。

	赫尔普	其他治疗师
在五月终止的病案		
一致同意终止	10 （48%）	47 （75%）
客户决定终止	9 （43%）	15 （24%）
治疗师决定终止	2 （10%）	1 （1%）
在2002年5月终止的客户的疗程数(中位数)	4.0	7.5

终止客户的机能状况等级:

	在某一等级的客户			
等级水平	赫尔普		其他治疗师	
功能失调:1	0	（0%）	0	（0%）
功能失调:2	0	（0%）	1	（1%）
功能失调:3	0	（0%）	0	（0%）
功能失调:4	2	（10%）	1	（1%）
机能正常:5	1	（5%）	1	（1%）
机能正常:6	1	（5%）	6	（10%）
机能正常:7	2	（10%）	2	（3%）
机能正常:8	4	（20%）	17	（27%）
机能正常:9	11	（52%）	35	（56%）

即使可能会有人反对管控,恰如框 7.6 所示的情况,但是仍旧有很重要的理由来准备这类材料。我们认为,准确的信息要好过非正式的主观印象,因其缺乏有效性。在咨询与教育的环境中,为了延长时间段,通常仅有一个人跟参与人接触。管控此种情况下的项目,需要在更大的范围内仔细分析个人的工作,并需要跟服务是由一个团队提供的情况下、个人接触是很少发生的情况下、或改进提高是更客观的情况下的工作进行比较。拥有框 7.6 这个材料的中心主管可以采取主动,帮助治疗师提高技能。对员工之间的差异进行解释分析时,必须十分谨慎。评估师与管理者需要记住:总是有一半人处在平均水平之下的;管理者应该关注异常的人(outliers),那些明显而且持续低于平均水平的治疗师。

可以补给框 7.6 的材料应该是耗费于各种行为的时间的长短。例如,如果鲁多夫(Rudov)与威廉姆斯(Williams)花费更多时间给社区延展(outreach)服务、管理活动或者领导在职培训的话,那么他们的业务量很低,就容易理解了。行为的类型可以包括治疗、管理活动、培训与社区延展服务。整合这些新增信息的一个方法就是创建一个额外的表格,如季度时间分配表。这个表应该包括各种行为信息列,涉及三个月的,以及每个员工承诺的每周小时数。由此,就可能发现每周跟客户见面较少的员工,早已经被分配了机构管理或社区延展工作。这个例子的要点仅是用来说明关联型数据库程序在反映机构细节方面的作用力。

框 7.6　给中心主管的报告,帮助其发现问题并提出改善服务的方法

| 治疗师 | 现有的病案,截至 2005 年 6 月 1 日 | | | | | | 终止的病案,2005 年 5 月 | | | |
| | 活跃的病案 | | | | | | 非活跃的病案 | | | |
	N	占中心的 %	机能状况(均值)	N	占中心的 %	机能状况(均值)	N	机能状况超过 7 的%	见面少于 3 次的%	拜访的中位数
Abrams	39	11	6.5	4	7	6.3	6	100	33	6
Coulder	29	8	7.2	0	0	无数据	9	89	22	7
Gregory	43	12	6.8	9	15	5.9	4	75	25	8
Helper	49	13	6.7	15	25	6.7	21	71	48	4
Matthews	28	8	6.5	1	2	6.0	6	50	17	9
Nelson	29	8	7.0	6	10	7.2	5	80	0	6
Nicolet	36	10	6.6	8	13	6.2	8	75	12	6
Petrovich	38	10	6.2	10	17	5.9	5	80	0	7
Rudov	19	5	7.1	1	2	5.0	4	100	0	9
Vincent	35	10	6.5	4	7	6.3	10	80	20	7
Williams	20	5	5.9	2	3	6.5	6	100	17	8
所有人	365	100	6.6	60	100	5.4	84	80	24	7

在使用信息系统时,要避免常见的问题

为机构引入信息系统是一个大的工作,在此过程中有很多易犯的错误(pitfalls)。

防犯对信息的误用

因为有了全部的信息,所以在个人之间进行比较的情况汇报可能被误用。批评家们担忧,提供隐藏于文件之后的汇总信息,使得这些信息会被以报复性的方式利用;不过,多数评估师认为,提供更多的信息会减少主管专制行事的可能性。多数不公正的管理者会限制信息,恰如专制的统治者控制他统治的国家的媒体一样。然而,关键是要清除对评估系统的担忧。如果人们认为信息的利用会不利于他们,那么他们就有动机去隐藏他们的错误(Campbell, 1987; Dening, 1986; Edmonson, 1996; Hilkevitch, 2000),并且会避免寻求帮助。管理者也必须防范这种可能性,即是把可以接受的风格变化(variations)看成是缺陷。一些治疗师可能会鼓励客户(病人)更早地脱离治疗。他们这样做,是因为理论上的信念,而不是缺乏治疗技能。在框7.6中,我们要避免这样的混乱情形(confusion),就是分别报告仅咨询一两个疗程就中止了的客户数。即使是规划短期治疗的治疗师,也是期望能维护客户两个以上的疗程的。与之相关的危险就是受到诱惑,误导地使用了信息系统,去以如此琐碎的程度来管控员工,而这样的话员工就会报告虚假的信息。

避免设定武断的标准

要避免设定武断的标准让员工实现,这是十分关键的事。可以使用信息系统开发出各种指数(indexes)以实际地反映服务质量(quality services),但是它们仅能反映服务的某些侧面。如果针对员工的付酬和晋升是基于这些质量情况的局部看法,那么员工会设法满足这些标准,但是会牺牲他们工作中的其他侧面。初中与高中老师已经学会如何安排课程,以提高标准化测试的分数,而这些分数是被人们看成是代表了有效率的学校的绩效;而大学教授知道,给学生打出更高的分数,会提高学生给出的教学情况评价等级(Gillmore and Greenwald, 1999)。坎贝尔(Campell)警告说,关注特定的变量,会造成这种可能性,即其将可能变得无效,实际上,这也是错误的(corrupted)(见Shadish, Cook, and Leviton, 1991, p. 141)。如果跟详细的质量测度结合在一起,那么信息系统的使用会更加有效。

避免仅仅服务于一个团体的需求

在组织机构中,起到不同作用的人们有着不同的信息需求,因为他们的责任是不同的(Frel and Epstein, 1993; Kapp and Grasso, 1993)。会计部门的需求跟出纳部门的

就不相同,相应地,出纳部门的也跟服务提供人员的形成反差(contrast)。仅仅跟一两个这样的团体密切合作,评估师就冒着提供的信息仅仅对一些团体有用的风险。如果这种情况发生了,那么信息系统就会被看成是跟那些剩下的未满足需求的人们不相干了,这些人就会抵制为系统提供信息,这样,就削弱了其有用性(Binner, 1993)。

避免复制记录

人类服务的员工不会跟一个有这样问题的信息系统愉快地合作,即其复制已经报告了的而且存储在其他地方的信息。仅仅是强行将一个信息系统增添到现存的记录程序中,这不可能是合意的;把旧系统所需的信息跟新系统的自动化技术整合在一起,将是十分期待的。员工们可能会质疑新系统的准确性。因为员工很少能以定量的方式来描述其服务的总体,所以他们有时会吃惊于来自信息管理系统的汇总信息。因为新系统的有效性已经被说明,所以员工们会逐渐赏识信息系统提供的新增信息。

避免增加员工们的工作

萨瓦亚(Savaya,1998)描述了开发一个一体化的信息系统的情况,其发生在一个提供家庭与婚姻咨询的机构中。尽管员工们咨询了系统的开发问题,并且被给予了使用方面的培训,但是他们被期望使用自己的时间来完成所有的评估表格。此外,咨询员工也被要求去改变评估客户成功与否的方法。员工们的合作十分有限,所以不可能有效地使用这个系统。

避免仅关注于技术

为了开发出最有用的系统,在设计时使用者必须被包括进来。在跟那些想使用信息的人们合作时,所需要的信息、汇总信息的方式、汇报的次数以及其他的问题都应该确定出来。评估师可能热心于让系统运转起来;不过,知晓什么才是有用的,就需要跟员工与主管进行耐心的合作了。尽管完成信息系统并不是在花岗岩上雕刻,但是系统一旦运营起来,大的改变还是很昂贵的,并且具有破坏性。让使用者尽早参与进来,会尽可能地降低生产出昂贵且利用率不足的产品的可能性。

总结与预习

在开始评估时,人类服务机构可以提供其对项目的系统描述、所提供的服务的数量与类型以及接受服务的人们的身份信息。这种管控活动可以使得一个机构能清楚说明所花费的资金量,同时在比较所实施的项目跟原始规划的时候,也会变得更加容易。这些比较是无价之宝,因为其能表明项目的哪些方面需要额外的努力,或者为什么项目从来没有产生预想的影响。还有,在满足授权机构与政府的调研需求的时候,也更加容易实现,如果对质量保证的管控是常规地进行的话,这也就是说管控不是仅在信息需求被提出来的时候进行。

管控是项目评估的关键方面;对追踪各种活动而言,其也十分关键。不过,利益相关者想知道项目在帮助参与者、学生或病人方面是如何成功实现其目标的。下一章关注于评估师与利益相关者所使用的方法,用以仔细分析项目实现目标的程度。这些评估将会跟来自于信息系统的信息一起使用,以便于更全面地了解这个机构。

学习问题

1. 在图1.1中,给出了项目评估功能的纲要图,项目管控如何纳入到此图中?

2. 解释管控是如何跟形成性评估与累积性评估相关的。

3. 有时人们反对评估某种努力,理由是管控行为并没有直接关注于所提供服务的质量。为什么这个批评不能成为取消管控那些构成了项目的活动的理由?

4. 设想你在管理一个电话销售办公室。有21个人,向使用DVD的教师打电话。如果潜在的买者想预览一张DVD,那么他们会被给予一个密码,允许其在线预览7天。然后决定他们的学校是否购买。你会如何开发一个管控系统,来追踪你的雇员在做什么? 你会如何度量他们成功与否? 哪些成功指数(indexes)将会是重要的?

5. 利用信息系统,可以回答哪类评估问题? 信息系统不能回答的问题有哪些?

辅助资源

Grasso, A. J., and Epstein, I., eds. 1993. *Information systems in child, youth, and family agencies: Planning, implementation, and service enhancement.* New York: The Haworth Press.

就软件而言,本书现在已经过时,但是其讨论的问题却是常见的,对计划开发服务信息系统的机构而言更是如此。作者描述了设计活动、执行活动,以及来自计算机的管理信息评估、项目评估,以及门诊决策系统;它们都专门为社会服务背景而设计,并整合了信息技术与社会工作实践。本书强调了这些问题,尽管现在可用的软件是更容易使用了。

定性评估方法

　　第2章中提出的每一个项目评估模型都有其优势与劣势。定性分析方法(或者自然主义模型)的一个主要优势就是其富有灵活性,并且适合于在创新型的和新颖的环境中使用。如果利益相关者想迅速地得到信息,或者想了解目标界定得不完善的(甚至相互冲突的)复杂项目,那么高度结构化的项目评估方法可能就不合适了。设想一下,一位私立大学的新校长已经在考虑的问题,大一新生中不注册成为大二学生的比例问题,即使某些学业成绩表现良好的学生也会这样。校长对这个问题作出的反应就是,提议修改课程体系,增加额外可得的学生活动,整顿宿舍,增加计算机终端,以及其他改善新生体验的步骤。人们希望这些措施能够引导更多的新生去认识这所大学,继续在这里接受教育,而不是转学,最后,有朝一日,成为校友并参与到资金募集活动中来。

　　在校长办公室、学生生活主管、一位具有怀疑主义的教员、招生人员与学生组织之间,进行了协商与计划之后,各种计划被制定出来,同时,项目也被实施了。利益相关者想及时获得信息,以帮助他们对这些变革做出调整。可能某些侧面需要加强,而其他的或许应该放弃。由于给项目分配了大量的精力和资金,所以它应该被评估一下么? 如何做?

　　项目将被评估。如果没有信息详实的评估,有所怀疑的利益相关者会发现失败的证据,而其他人会发现成功的证据;问题就是如何公正地评估,并且要以为利益相关者提供有用的信息的方式进行。校长办公室应该有一个核心主管,追踪这次变革促成的各种活动,但是还有更多需要做的事,因为利益相关者想知道的,远远超过管理信息系统所能提供的。使用定性分析方法的评估师需要补充来自于关联型数据的数值汇总信息,同时要直接观察跟项目有关的活动,跟参与者与员工进行讨论,以及仔细分析项目材料与制品(artifacts)。通常,这种方法就被称为**定性评估**,以区别于定量的测度方法。

定性数据这个术语有几种用法。有些人把调查问卷中针对主观印象或主观反应的等级排序的问题,看成是定性数据;这不是这个术语在本书中的用法。这些等级排序是数值型的,并当做是定量的数据。其他人认为,人们的特征(例如,大学专业、校内或校外住址、宗教关系等)就是定性变量。其他研究人员使用详细的田野笔记编码系统,或者非结构化的谈话编码系统,并把人工制品也算为评估数据。再次,观察结果被转化成为了定量的变量。相反,这里的定性评估是指能够产生非数值型信息的程序,其能帮助评估师理解项目或者参与者跟项目之间的关系,帮助解释定性信息,或者识别出不同项目背景中独特的方面(Strauss and Corbin, 1998)。

本章的第一部分强调了数据收集方法,特别是以定性评估为核心的方法;不过,几乎所有的方法论专家(Reichardt and Rallis, 1994)都认为,定性方法应该跟定量方法一起使用,而这会在本章结束时说明。

最好由定性方法进行评估的情形

对于评估方法,本书强调的是,能够最有成效地利用这些方法的项目就是具有可识别的目标的项目,这些目标要能具体陈述出来,并且能够使用定量的手段测量出来。评估师已经被鼓励去开发出定量分析目标实现程度的方法。此外,人们做出的假定就是,只要足够仔细认真,评估师就能发现项目的影响力是否引起了参与人的改变。在选择参与人时,若足够认真合理,人们就会进一步假定,若在其他地点实施,那么成功的项目也将是有效的。

经验丰富的评估师常常会发现,在这些假定无法被满足的时候,或者实际上不需要被满足的时候,他们还是会被要求去展开评估。为了体现对项目的支持,有新想法的人会故意让目标变得模糊不清(Cook, Leviton, and Shadish, 1985)。模糊不清的目标可以使不同的利益相关者在项目目标中发现自己想要的目标。不假思索地遵循第5章提出的建议,就会使评估师倾向于展开对这类项目的评估。不过,在这些背景下,评估是可能的。在找到特定的方法之前,要认真考虑其它的、难于使用定量方法的背景。

研究生入学申请

在研究生项目中,申请程序会有一些变化;不过,大部分专业的要求是类似的:本科成绩报告单、标准化测试分数报告(比如 GRE)、几封推荐信、作品以及目标陈述。如果一个人想评估研究生申请程序,那么限定评估需要使用定量方法可能是不明智的;这里有三个原因可以说明其不明智。

我们很难清楚知道申请委员会是如何整合他们审查的信息的。关于申请材料中不同部分的重要性,老师们之间也存在不同意见,有些人主要依照申请测试,其他人依据分数等级,还有些人根据他们认识的老师的推荐信。

尽管多数老师能够在见到某一位研究生时识别出一位好的研究生,但是在即将成长为好的研究生的申请人中选择出需要的,却是十分困难的事。本科项目跟研究生项目是相当的不同的;仅仅是在合适的课程体系中积累了足够的学分,这无法被认为是一个成功的研究生学业。因此,成功的本科学业不能保证良好的研究生学业。成绩等级在研究院作用有限,而通过其判断成功与否是一个糟糕的准则。此外,并不是所有完成了项目的研究生都会被老师们看成是成功的。

第三,研究院的成绩是多维度的,需要有进取心、创造性、好的记忆力、耐心、独立性与智力。有些学生无法发展出所需的自主性(self-initiation);其他人会担心将来的工作前景。由于一些老师的确在指导活动中比其他人做得更好,所以我们会对辍学究竟意味着是学生失败还是老师失败感到好奇。

不满意于图书馆的收藏

设想一个社区公共图书馆,开始收到各种抱怨,说是早就应该在藏品中增添某些书籍与其他材料了,在一次公共投票之前,这些抱怨开始增加;那次公共投票就是关于要提供资金重组图书馆的。图书馆董事会成员想对这些抱怨做出反应,以减少反对投票的可能性。在某些辩论之后,假定董事会决定评估采编部(acquisition department)。

评估师会发现,一个图书馆的采编部有着复杂的并且存在潜在冲突的目标。图书馆应该购买最受欢迎的图书,还是应该使大量的藏品跟社区的智识水平相匹配?为满足学校儿童的需求,需要花费多少预算?被要求去满足学校需求的图书馆,应该去满足学区的要求么?

在利益相关者的目标之间,也存在着冲突。有些团体一直抱怨最近购买的新小说充满了道德说教的腔调。初中与高中的学生们希望图书馆能有多份常用参考书的副本,而且他们也被要求接触更多基于计算机的在线资源。另一方面,当地退休协会的居民已经在图书馆与董事会会议外抗议,说采编部不愿意购买更多的大字印刷的书籍,而现有的数量仅仅是象征性的数量。接下来,一封来自音乐协会的讽刺信攻击了董事会,因为购买摇滚说唱 CD 是为了满足年轻主顾的要求。"我们需要满足所有人的要求么?"董事会成员相互询问。

评估一次政治运动

设想一位政客,他正在为进入一个国家级办公室(state-level office)进行竞选活动,而他对投票者对他的竞选活动的反应十分不满。不会让人感到惊奇的是,他不愿尝试去求助于专业的项目评估师。政治运动是一种难于理解的(diffuse)、错综复杂的努力行为。尽管政治运动的最终目标是非常客观的而且是可以量化的,但是如果想要去改善运动的情况的话,那么投出的票数并不是一个断定运动有效性的有用的指数。需要有一种方法,能够提供出可以被快速应用的建议。

这位政客面对的问题跟许多的情况都是相似的,在那些情况下,在得到最终结果指数之前政策就必须被评估。大型的、昂贵的评估已经被批评了,因为它为获得结果会耗时很长;在评估完成之时,政策制定者的信息需求就不再重要了。例如,当一个福利项目(称为"负所得税")的评估结束的时候,国会与白宫就不再有心情去考虑这个创新性的计划了,更不要说评估的结果了(Cook et al., 1985; Haveman and Watts, 1976)。

这四个假设的(hypothetical)评估问题——强化新生学年的项目、研究生入学申请、图书馆采编与政治运动——被提出来,是为了说明在这些情况下,所需要的评估方法,跟管控信息系统的方法或者研究设计的方法相比,是相当不同的;而那些方法将在后面的章节中阐述。这些需要定性评估的情形的关键性特征包括:(1)在项目投入与结果之间有一个长的周期存在,会比课堂教学、护理治疗或在职培训的要长;(2)全局的成功指数是基于整个项目的,而不是基于对个人的测量,例如,个人的医学测试或者提高等级;(3)在短期内就需要有结果;(4)多个利益相关者,甚至其价值观相互冲突;(5)需要为改善提供建议,而不是仅仅评估结果;(6)项目的社会背景或者项目本身与在其他地方发现的不一样。多数的定性评估都是在这些背景下展开的,至少满足其中的一些特征。

尽管本章强调了定性方法,但是需要定性方法的问题在本书的从头到尾都有涉及。跟利益相关者合作,了解什么信息对他们而言是最重要的,这是使用定性方法进行项目评估的一部分工作。在前面的章节中,我们强调了去证明一个项目已经被实施的重要性。因为我们不可能提前知道哪里出了问题,所以在实施评估时,以及在侦测副作用时,定性观测都是很重要的。

搜集定性信息

在仔细研究观测与访谈技术之前,我们必须强调评估师在展开定性观测过程中的核心重要性。

观测者的核心重要性

定性研究唯一最明显的方面就是,在搜集数据的过程中,评估师个人要参与进来。在其他形式的评估中,测度程序的设计是为了把评估师跟数据搜集过程分离开。通过使用书面的目标实现程度的测量,或者书面的诸如收入水平或生产率的度量,就可以实现这种尝试。项目成功与否的准则也在评估开始之前就界定好了,而且测量也很少需要评估师的参与,除非想要证明数据是不是按照计划好的方式得来的。一旦数据搜集的自动化程度(degree)已经实现,那么就实现了一种客观性。不过,定性项目评估的支持者会认为某些东西也已经丢失了。

丢失掉的东西就是,评估师从内部而不是置身事外地理解项目的机会(Fetterman,1998)。在搜集信息的同时,就对其作出反应的机会也丧失了。从实际的意义上来说,定性评估师被看成是测度的工具了。定性评估师直接参与到数据的搜集过程中,所以他们可以对观测的情况作出反应。这些反应可能包括调整项目的焦点。例如,在观测过程的早期,员工的预期可能是错误的,或者项目资助者的目标跟项目参与者的目标是不同的,而这些会是十分明显的。基于错误看法的缺乏灵活性的评估计划带来的只会是无用的信息。

某些评估师反对定性评估,因为他们担心评估会变得非常主观。评估过程中,可靠性的缺失带来的将是灾难性的后果,特别是对那些努力证明评估可以用来改善项目的评估师而言,更是如此。定性评估可以是严密的(Shaw,1999)。不过,严密意味着某些东西跟基础研究所需的是不同的。亚历山大(Alexander,1986)强调说,尽管定性评估师认识到了发现项目的某个正确观点的困难性,甚至是不可能性,但是这并不意味着所有的解释都是同样合理的;怎么都行,是不对的。

人们如何才能断定,何种情况下基于定性信息的结论是可靠的? 考虑一下日常生活中所用的、针对结论的有效性的测试。在推理悬疑的故事(story)中,通过整合来自不同渠道的证据,进而形成一个有可信度和说服力的陈述(story),读者会正确地得出结论"男管家谋杀了保姆"。即使是找不到目击证人,被告也可被定罪,只要其是在证据的大网中被捕获的。许多法官的决策就是建立在定性地综合很多观察结果的基础上。对法官决定的有效性的测试,跟对定性评估的有效性的测试相比,是很相似的。这些测试都涉及利用来自多种独立渠道的证据来支持结论;发展出对结论正确性的意识;以及使用了解项目的人们来强化结论的正确性。

观测的方法

非参与式观察者。由于定性评估的目标是理解项目、程序、或者正在被研究的政策,所以对评估师个人而言,观察被评估的实体(entity)就是十分关键的了。非参与式观察意味着观察者出现在项目环境中,但是他们在管理或提供服务的过程中不起任何作用。作为非参与式观察者,巴西戈尔和菲林(Bussigel and Filling,1985)观察了家庭练习的居家项目(a family practice residency program)的教学策略情况,同时他们评估了老师的质量。他们发现,教学活动几乎很少实际发生过,同时,尽管居民主张他们看重由心理学家引导的心理学问题的讨论,但是多数人或者从讨论会偷偷溜走,或者从头到尾都睡觉。

定性评估师试图理解项目是如何运行的;他们并不试图回答预先定义的(predefined)问题。事先就详细阐述了细节情况,揭示了项目是如何运转的,而结束时又将其作为重要的指南来理解它,这是不可能的事。如果能够列示出人们想寻找的所有的东西,那么定性评估就没有必要存在了;可以制作一个检查清单,并派遣一个文职助手去进行观察。为了侦测出什么是重要的,并且要发现各种细节是如何与对项目的整体理解情况相吻合的,评估师就必须自己观察。要避免成为理智方面的盲人,还要对许多可能的解释保持开放的态度,这会十分有助于定性评估。

如果评估师可以保证他们的出现不会改变项目的社会系统的话,那么使用非参与式观察者搜集信息就是可行的(practical)。观察者的出现,能够使得项目员工以一种防卫的方式行事,使他们努力想控制评估师对其的主观印象。观察者也会使得员工感到紧张,并降低了他们的效率,如果没有通知员工他们的表现将被观察的话。如果观察成为了正常运营的一部分,那么在非参与式观察者出现的时候,员工们也会十分轻松地做事情以至于会让人们怀疑观察好像是由监督者做出的一样(licht,1979)。非参与式观察在那些相对公开的环境下十分可行,比如,学校、图书馆、企业,甚至是研究院申请委员会会议。

参与式观察。如果项目提供的服务具有隐私性,以至于不允许非参与式观察者出现,或者如果员工们具有如此强的防卫性,以至于他们将不能完成其职责,那么就有必要使用参与式观察者了。参与式观察者在项目中有着正当的角色作用。急诊室中的助手会知道关于急诊室操作的详细信息。作为秘书出现在人事会议上,或者作为当地警察局的调度员,这都会带来丰富的数据,了解到正在被评估的服务的效率与存在的问题。

使用参与式观察,但是却不征得项目员工的同意,这将是不道德的,而且与我们的评估哲学不兼容。进行评估,却没有得到那些被评估的人们的同意,这违反了相互信任的精神,而在有效运转的机构中,这种精神是很重要的。一个更好的方法就是清楚解释在评估过程中参与式观察所起到的作用。通常,如果评估被看成是了解项目,并向某些人反映项目的方法的话,那么就会获得他人的合作;而那些不了解项目是如何提供的人们或者面临着什么问题的人们,就是反映的对象。显然,有相对不那么昂贵的方法来管理项目,同时如果改善服务并不是评估的目标的话,那么我们也就没有必要去自找麻烦,进行什么评估。如果员工们理解这一点,那么就会获得他们的合作。

参与式观察的一个变体就是检查这个系统的伪参与者(pseudoparticipant)。有时,伪参与者的经历实际上是以总结的方式被利用的,用来评估正常工作行为(treatment)的质量。有些商店会派遣员工在自己的或者竞争者的店铺中假装成顾客,目的是评估服务的质量(见 Stucker,2004)。罗森汉(Rosenhan,1973)评估了精神病院的治疗与护理实践,方法是让人们假装成病人,申请去精神病院。一旦被批准,这些伪参与者就报告中止时的症状,并只参与到病房(ward)活动中。对医院中心理治疗师与护士对待病人的方式,罗森汉与他的定性评估师们提供了令人心寒的批评。这些观察意味着,病人表现出的缓慢的改善,可能部分地被归因于员工们对待病人的非人性化的方式。

仔细研究踪迹(traces)。踪迹是指跟生活相关的种类广泛的有形物。考古学家仔细研究已经消失了的社会的踪迹。运营一个项目也会产生很多踪迹。第4章中提到的记录就是踪迹的一种形式,不过还有数量众多的踪迹由项目生产出来。在学校,踪迹包括年级作业、教学计划、测试、走廊中的垃圾、墙上的涂鸦、学生俱乐部会议记录、学生的报纸与年鉴、运动会奖品,以及损坏的课桌与锁头。在评估社区开发项目时,评估师会研究被抛弃在院子中或者空地上的器具与家具,还有院子与巷子中的垃圾、被弃的汽车,以及小心维护的院子、花坛、公园中的家庭与新建立的小商店。在干预(intervention)之前与之后的照片,都可以在评估中使用。

物质的(physical)踪迹为评估增添了一个新的维度,这是难以通过其他方式获得的。通过系统地研究前面提到的踪迹,评估学校项目的人们会得到相当多的对学校与社区的理解。如果没有评估团队成员个人的到场,这种理解是无法得到的。尽管评估师可以高兴地考虑可以观测的踪迹,但是定性评估师开始观测时,不会使用一个准备好了的项目(items)清单;在整个观测过程中,任何重要的事情都会被观测。

任何单独的一个物质踪迹的含义都是近乎无法理解的。从许多踪迹中积累起来的证据才能够导向结论。此外,尝试性的解释需要跟访谈或行为观测得到的信息进行比较。通过寻找来自不同渠道的多种形式的信息,评估师试图得出在很多方面都是协调的结论。定性评估师借用调研人员的三角测量(triangulation)的想法来描述这一过程。针对三角测量,定性评估师的意思是他们使用了不同方法来了解项目。

案例研究2说明了一个使用定性方法的评估。注意,费特曼(Fetterman,1991)使用了非参与式观察与参与式观察,还仔细研究了各种踪迹。

案例研究 2

在评估大学图书馆的过程中,使用定性方法

对大学生活来说,图书馆是很关键的。尽管很多人利用图书馆的服务,但是很少人理解图书馆究竟做了什么,使得读者能够找到架子上的图书、杂志与缩微胶卷。费特曼(Fetterman,1991)被要求去评估一个处于麻烦之中的大学图书馆。人们可以问那里有多少书,审核馆际借阅需要多长时间,或者,有多少系部参与到批准一个新的杂志的订阅中来。不过,无论这些整体的活动指数多么重要,但是他们不会告诉评估师图书馆的员工为什么会经历精神面貌方面的问题,为什么会经常有主管流失。费特曼花费了 6 周的时间,在图书馆中成为一个参与式观察者;在采购与编码部门工作的时候,他每天都会对员工进行访谈,并且跟他们一起吃午饭。这种接触使得他能够从内部来了解图书馆。而从调研、行为的计量(counts of activities)、或者因果性的分析程序中,他是无法理解到这些问题的。

首先,他对从架子上拿到图书的各个阶段有了感觉。他发现,管理活动中没有对协调这些任务给予足够的重视。不同的部门有它们自己的数据管理系统,用来追踪采购情况(acquisitions),但是这些系统没有协调好,而且无法有效地汇总,以追踪整个图书馆的情况。仅仅通过观察使用系统的人们,费特曼就发现了缺乏协调的情况,及其对员工的影响。当他被告知编目人员跟管理者之间的纠葛的时候,当他被告知对管理人员的正式的委屈抱怨的时候,他就发现了深深的不满的存在。在编目人员工作的被称为"血汗工厂"的工作环境跟为老师与学生服务的图书馆员的豪华漂亮的工作环境之间,他发现了明显的反差。整体上,他了解到,图书馆的运营已经培育出了一些亚文化,而其并不匹配于(appreciate)图书馆的整体使命。

他的建议集中于帮助图书馆建立起所有成员共享的一体化的使命。具体来说这就意味着,例如,一体化的信息系统,以便灵活地服务于所有的需求,并协调图书馆的信息。这还意味着,需要关注为架子和目录准备材料的生产员工的工作条件。只有通过密切的和深入的观察,费特曼才能够侦测出这些根本问题,并为改善提供建议。

评论:这个案例研究是在需求没有被界定好的情况下就进行的需求评估的一个例子;说需求未被界定好,是因为似乎没有人了解整个系统。如果不是从所有的视角来理解问题,想开发出有效的纠正问题的方法是不可能的。*

---

* 这个研究例子在费特曼的著作《民族志:步步深入》中亦有提及,该书中文版已引进,有兴趣的读者可以找来看。——译者注

通过访谈获得定性信息

定性访谈跟简单的在口头上管理一次书面调研是不同的。以口头的方式说出一个结构化的调研，那还是一个结构化的调研。定性评估师使用开放的、非结构化的问题，是为了了解项目的详细信息。访谈人员希望回答者在回答问题时能够使用他们自己的词汇、思考模式和价值观（Patton，1980）。

准备访谈。在进行访谈之前，评估师要确保被采访的人已经理解了访谈的目的，并已经同意接受采访。在访谈的目标方面试图误导个人是没有任何意义的。在呈现报告的时候，这种不符合伦理的行为可能会给评估带来冲突与不信任感。让被采访者在一两天之前签字确认，这是一个好的想法。采访者应该准时，甚至是提前。如果访谈者按照组织机构的规范来着装，那么其就会获得更融洽的关系。在对企业经理进行访谈时，你不需要找设计师设计一套套装来穿，不过也不要带着棒球帽出现。

建立融洽的关系。在访谈开始的时候，被采访者常常会表现出防卫性。为了在访谈者与回答者之间建立起融洽与信任的关系，需要有私人的关系。通过询问信仰取向（orientation）方面的问题，并表示接受，同时对回答者做出友好的反应，这些都可以培养起融洽的关系。开始时，询问"你如何成为图书管理员的?"会给图书管理员一个机会进行交流和放松。

问问题。在定性访谈中，最关键的要点之一就是，避免使用"是"或"否"来回答的问题。巴顿（Patton，1986）提供了几个问题的集合，而仅在被采访者自发地（spontaneously）把答案扩展到实际问题（actual questions）上的时候，其才会产生有用的信息。框 8.1 就受到了巴顿的建议的启发。恰如框中所示的问题，定性访谈者使用问题鼓励回答者进行交流与详细的阐述。最好的问题是使用诸如这样的短语开始："在……的时候，它看起来像什么（What is it like when …）"；"你愿意如何以……来描述这个雇员（How would you describe the employee at …）"；"请告诉我如何……（Please tell me how…）"；或者"人们喜欢他什么（What are people like who…）"。有些人会拒绝完全地回答问题，或者可能给出误导性的答案；不过，这些问题的格式鼓励信息提供者提供信息，并揭示出重要的信息。

探究更多的信息。有时，访谈者会认为没有额外的事情需要说出来了，或者被采访者没有理解问题的要点。进行定性访谈，给评估师提供了一个机会，去调整访谈使其适应回答者。探究的目标是为了获得更多的信息。鼓励回答者更全面地回答似乎很容易：在回答者说话的时候，访谈者常点头。在电视访谈中，我们会经常发现这种鼓励的信号：记者会在新闻提供者讲话的同时，不断点头。访谈者正寻找的是信息；因此，访谈者要向每一个人表明非主观的导向性（nonjudgmental orientation），这一点非常重要。要点头，去鼓励谈话的人，而不要考虑访谈者实际上对正在谈论的东西同意与否。有一类（generic）探究叫作沉默。在回答者已经停止谈话的时候，不是去提出新的问题，而访谈者仅仅是保持安静，同时看着回答者。保持安静五秒钟，就会有令人惊奇的强烈影响（impact）。

框 8.1 为应用社会心理学研究生项目主管准备的两个可能的问题集。两列的对比是本框的要点。不过,一定要注意,定性访谈者不应该使用准备好了的缺乏灵活性的问题集。在头脑中你可以让问题十分清晰,但是实际问出来的问题将是根据访谈的过程逐渐发展变化的

不可能从被采访者哪里引出有用信息的问题	鼓励被采访者提供信息的开放式访谈问题
这是一个社会心理学研究生项目么?	这个研究生项目的名称是什么?
你是主管么?	在项目中,你的角色是什么?
重点是社会心理学的应用么?	请描述这个项目的重点。
参与项目的学生对应用感兴趣么?	项目申请者的兴趣是什么?
课程是应用导向的么?	课程如何跟项目的重点相关联?
学生喜欢应用的导向么?	学生如何对应用导向做出反应?
学期论文与毕业论文跟研究主题相关么?	学期论文与毕业论文是如何跟研究主题相吻合的?
毕业后学生想找教职么?	研究生想找什么样的职位?
研究生得到了好的职位么?	研究生是如何利用从项目中学到的技能的?

十分显然,任何一种方法都可能被做得过头,而变得矫揉造作了(artificial)。可以使用更加积极主动的探究方式。参访人员可以简单地询问:"你可以告诉我有关……更多的信息么?"想核对某种说法的解释的访谈人员可以询问:"让我想想,如果我理解了你,你刚才说……如果那是准确的,那么你可以告诉我接下来发生了什么吗?"要避免使用导向性或者引导性的询问,这是十分关键的。一位访谈人员想理解愤怒的口吻,如果使用导向性的询问,则接下来的问题会是:"那为什么会是你愤怒?"而非导向性的询问将会是:"想起……,你的感觉如何?"使用这种方式,采访人员可以对情感表现作出反应,而且还能够在不冒着给其贴上错误标签的风险的情况下,去了解它。

记录下答案。针对记笔记,林肯和古巴(Lincoln and Guba,1985)评价了对访谈进行录音的优势。尽管全程录音可能很好,可以提供出录音带,但是他们却建议使用手写记笔记的方式,这是因为手写的威胁性更小,记笔记也可使访谈者参与进来,设备的技术问题也可以避免,访谈者能够记下自己的想法,同时手写的笔记也比录音带更容易被接受(work with)。对大规模的研究而言,有可用的计算机程序来组织口头的材料(Weizman and Miles,1995),同时关联型数据库程序也可以被使用(Prague,Irwin,and Reardon,2004)。有些访谈人员直接把评论记录进便携式电脑中,但是这可能对访谈人员与被访谈人员而言都是不方便的(awkward)。日益增多的语音识别软件可以用来把口头语言转化为文本文件(例如,ViaVoice,2002)。

结束定性访谈。结构化的访谈是以最后一个准备好的问题结束的。与之相反,定性访谈可以不断继续下去。如果计划好的约定(scheduled appointment)近于结束,或者

参与者感到疲倦,或综合讨论的信息已经变得冗余,那么就是中止的时候了。访谈人员最好总结一下主要的观点,例如,可以这样说:"我是这样理解你的看法的。你说你喜欢教授特殊的大一新生课程,但是关于其跟同样课程的常规内容有什么不同的问题,你却从系主任那里得到很少的信息。你说这是令人沮丧的——这正确么?"进行总结可以带来很多好处,其中包括在离开之前有机会证实某些解释,还可以允许回答者就某一点进行展开。最后,访谈人员要感谢回答者的参与,以及富有想法的回答。你还可以问一下,如果可能的话,以后是否可以为了澄清某些看法而回来进行复查,如果需要的话。

执行自然主义的评估

跟使用调研与检查表(checklist)的传统评估方法相比较,尽管自然主义的评估需要评估师更多的参与以及创造性,但是定性评估的核心规划方案(plan)跟人们如何学习任何事情是十分相似的。我们按照阶段提出评估的规划方案;不过,如果读者把这些阶段看成是按部就班的处方(recipe),那么我们就是犯了错误的。这些阶段是重叠的,而且更靠后的阶段会提供反馈,能够引导评估师去修改最初的结论。然而,在评估过程的不同时间段中是有不同的活动占据主导地位的。

第一阶段:进行不受制约的观察

定性评估始于观察最重要的项目事件、活动、书面材料以及背景。定性评估师不想随机选择活动或者人群,进行观察。通常,他们寻找那些比他人知道更多的人,而且要对事情在那个背景中是如何运转的这个问题能够提供更多的信息。尽管对访谈与观察是没有制约的,但是评估师会尝试把信息搜集过程导向项目的重要因素(elements)。观察、印象与访谈会被记录在田野笔记中。范·桑特(Van Sant,1989)评论道,若评估师的结论是基于碰巧是便利的背景、人群或条件的话,或者是由项目管理者决定的话,那么结论就有可能是错误的。定性评估师的接触活动不应该受到制约,而且应该从项目或机构的所有侧面来搜集信息。

第二阶段:整合印象感觉

第二阶段,实际上是以最重要的(first)观察或访谈开始的,就是整合在不受制约的观察期形成的印象感觉(impressions)。从这些印象中,评估师形成某些特定的观点,如项目是如何运转的,服务是如何提供的,参与人是如何理解结构的目标的,如此等等。为了检查这些印象的准确性以及"填补漏洞(fill in the holes)",可以展开进一步的观察与访谈(Caudle,1994)。有了额外的定性信息,评估师会精炼他们最初的印象。一旦额外的观察不再能改变这些印象,那么信息搜集的主要阶段就完成了。

第三阶段：分享解释

伴随印象的形成，评估师会跟利益相关者与其他评估师分享他们的看法。定性方法已经被某些批评家所误解，认为是让主观性放肆横行。向其他了解项目的人，或者有利益关联的人，或者理解定性评估方法论的人，描述一些尝试性的印象，这是一种获得反馈的方法，这样的话，印象就不会仅仅反映评估师的先入之见(prejudgments)了。熟悉项目的人们能够提供额外的信息，来纠正误解。有经验的、但是没有参与其中的评估师会对一些缺乏充分支持的解释提出挑战。评估师传略7就包括了两个审查定性田野笔记的评估师的评论。

第四阶段：准备报告

一旦跟利益相关者与同事的核查证实了已经形成的印象的准确性，那么评估师就能够提出对项目的描述了，同时也可以对项目得出评估的结论了。报告常常是冗长的(lengthy)。定性评估的一个核心目标就是，通过利益相关者的眼睛与评估师的洞见，

评估师传略7

伊丽莎白·惠特莫尔和玛丽莲·L.蕾：定性评估工作的可靠性

当这份材料被展示出来的时候，伊丽莎白·惠特莫尔(Elizabeth Whitmore)是位于新斯科舍省(Nova Scotia)的达尔豪西大学(Dalhousie University)社会工作专业的助理教授。她从康奈尔大学获得博士学位，专业是人类服务研究。玛丽莲·蕾(Marilyn Ray)是政策与项目规划与评估主管，位于纽约州伊萨卡市的五指湖法律与社会政策研究所(the Finger Lake Law and Social Policy Institute)。她也从康奈尔大学获得人类服务研究的博士学位。

在她们的职业活动中，惠特莫尔与蕾研究了定性研究与评估的可靠性(trustworthiness)。为了实现这一目的，她们审查了若干定性评估的数据资料。在某次审查中，她们表明了："确保访谈记录包含数据信息(data)的重要性，而不是仅仅包括总结或者访谈中的个人印象。"在其他的审查中，她们说："尽管评估的设计决策的制定带有直觉的意味(intuitive sense)，但是研究的可靠性(dependability)并没有被充分地评估，这是因为在设计决策背后的特殊的逻辑与原理在任何地方都没有被记录下来。对查证定性评估实际上不仅仅是基于直觉的主观看法这一点而言，这些记录是十分关键的……这个发现强化了全面的反思性的记录的重要性与有用性，不仅仅是为了个人研究，而且是为了定性研究在整体上的可靠性(credibility)。"

来源：Whitmore, E., and Ray, M. L. 1989. Qualitative evaluation audits: Continuation of the discussion. *Evaluation Review*, 13, 78-90.

对项目做出详细的描述。评估师的工作是整合许多利益相关者的看法，这样的话，每个人都可以比以前更好地理解项目。尽管项目包括的细节传递了（communicate）对项目的理解，但是需要及时信息的利益相关者也可以给予更短的、更加集中的报告。

报告并不是项目的决定性的（definitive）评估，这是因为额外的信息可以后来才为大家所知，条件可能发生改变，还有利益相关者团体的成员关系也可能改变。定性评估的发现可以用于其他地方的程度，取决于其他背景跟评估的哪一个方面的相似程度。由于定性评估师对很多会影响项目成功与否的具体因素十分敏感，所以把项目结论推广到其他背景的事情，仅在极端谨慎的情况下才可以做。

定性评估是主观的吗？

如果读者对这些陈述（presentation）以怀疑的眼光做出反应，那么这是不会让人感到惊奇的；它的确看起来很主观。可以提出两个评论作为回应。第一，几年前，第一作者在跟一位更加富有经验的社会心理学家讨论研究方法的问题。谈话涉及的正是本章的核心——传统的定量研究程序与定性的个人观察的对比。当被问到："如果你想去了解一个你一无所知的群体，你是会去跟他们生活在一起，还是会邮寄调研问卷？"这位教授回答说："去生活在那里。"尽管我们都偏爱直接参与其中，将其作为个人的认识行为的模式，但是在那时我们都没有足够勇气去用定性观察来补充我们所用的定量分析技术。定性方法允许逐渐发展出对项目的理解，而这是无法通过预先定义好的调研问卷和问题清单来获得的。一旦评估师非常彻底地理解了项目，那么他们的评估就可以包含可能有用的合理建议了。斯塔弗尔比姆（Stufflebeam, 2001）认为，反击主观性问题的方法，就是去使用良好的项目评估的标准（见第 5 章）来对评估进行评估（to evaluate the evaluation）。

关于定性评估的主观性问题，第二个评论集中于其他评估方法的客观性究竟如何的问题。在对调研进行打分时，或在分析项目记录时，是看不到主观性的。然而，定性评估师会立即辩称，选择评估变量，决定什么是重要的而要去控制，以及什么不需要被控制，这些也会影响评估的发现（Guba and Lincoln, 1989；Smith, 1994）。对定量与定性评估而言，尽管先入之见影响评估的方式是不同的，但是评估师必须同等程度地小心对待未经审查的假定，而不要考虑评估的形式是什么（Reichardt and Rallis, 1994）。让没有缺点的方法论专家首先发起进攻吧。

协调定性的与定量的方法

对多数评估师而言，问题不是是否使用定性方法或者定量方法；问题是如何使用两种方法，这样的话，他们就能以最好的方式相互补充（见 Campell, 1987；Cook and Reichardt, 1979；Maxwell, 1985；Reichardt and Rallis, 1994；Rossman and Wilson,

1985；Silverman，Ricci，and Gunter，1990）。依赖于被回答的评估问题，每种方法强调的重点是变化的。莱特和皮利梅尔（Light and Pillemer，1984）写到："良好的科学追求应该超越个人对数字或叙述的偏爱。"（p. 143）

评估的内容实质

尽管一次政治运动主要需要定性评估以及迅速的反馈，但是候选人也可能想对运动资金的分配进行仔细地核算，同时定性地分析民意测验的观点。实验性的药物治疗的有效性主要需要定量的测量，其会标明健康的改善情况，病人死亡率的长期复查情况，并详细列举出副作用。然而，如果在关注生命长度的同时，补充以对生命质量的审视的话，那么医学研究就会被改善（McSweeny and Creer，1995）。罗西（Rossi，1994）指出，对提供给跨民族学校的大量项目而言，他会主要使用调研的方法，但是对由少数当地学校提供的项目来说，他会更多地使用定量方法。

从多数成功的参与者那里获得洞见

在第 2 章中，我们说明了成功案例法。在工作培训项目中，如果参与者想了解如何最好地利用项目，那么他们可能会向那些已经完成项目并找到稳定工作的人了解。如果这个项目的员工想获得如何改进项目的洞见，那么他们也会从那些已经做得非常好的人那里获得想法。当然，某些参与人在项目之后做得好，其原因跟他们在项目中的经历没有任何关系。一个寻找成功的参与人的定性评估师会对那些或许并不真正需要项目的参与人十分敏感。但是在那些看起来是典型的参与人之间，一旦他们开始了项目，总有一些已经做得特别好了。那些以前的参与者可能十分有助于员工去了解哪种活动是相对更无益的，同时哪些是相对更有益的。他们也会告诉员工他们是如何使用学习到的技能的。在那些用于界定项目的行为之外，他们表现得如何？尽管员工拥有参与人并不拥有的资源，但是员工们还是不能进行完全的换位思考。仅有定性评估方法能有志于得到使用这一方法才能获得的洞见，这是因为关键变量与洞见是不能被预见到的，因此也就不能使用调研的方法来发现（见 Berkerhoff，2003）。需要注意，这一方法的优势，并不关注于（focus on）典型的，或者平均的，参与人的结果（outcomes），而其他许多评估方法却是这样的。这并不是说平均结果不重要；它们重要。但是创新性的观点是很少能通过关注平均结果来提出的。

随着理解的扩展，改变重点

在单独的一次评估中，除了要整合各种方法之外，若评估仅是按照定量评估进行规划的，而在未预见到的、消极的副作用又被发现的时候，为其增加定性分析的成分，则其也会变得更加富有成果，而这是很可能发生的事。通常，评估师在发现副作用方面会表现得很迟缓，这是因为未预期到的影响，好的或坏的，都无法被筹划。若观测无法如约进行的话,那么评估程序也会改变。为了对数据做出某一解释,有必要利用更加定性的方法。

以类似的方式,在评估问题十分集中和清晰的时候,定性评估也会变得更加定量化。一旦人们已经很好地形成了对定性分析的印象,那么针对项目结果的定量测量的预期模式,去形成各种假说,就是可能的了。使用这种方法,定性评估师能够强化其结论的某些侧面。

评估的问题

评估已经被分成对需求、过程、结果和效率的评估几个部分。某些特定的问题可能更需要强调定性方法,而其他的则需要定量方法。仅适用定性信息来比较项目的成本与结果,这是不可能的。不过,大多数评估都有着多重的目标。在能够预见可被观测的结果之前,执行就必须已经发生。对执行的评估可以是定量的:多少期?(How many sessions?)多少参与人? 有多少参与人满足正式的资格标准? 但是,知道这一点也是很重要的:员工与参与人之间的互动运作有多良好(healthy)? 参与人的家庭如何对参与做出决策? 弗赖伊和米勒(Fry and Miller,1975)表明,在一次创新性的、合作性的公私合作救助嗜酒者的努力中,在概念与执行方面有如此严重的缺陷,以至于其导致了员工间尖酸刻薄的人际关系,反过来,又减少了对嗜酒者的帮助,而不是改善护理状况。在社会方面的和健康方面的服务领域中,这些问题对决定如何改进项目是十分重要的。因为许多评估的问题都是复杂的,所以期望那些涉及定性与定量两种方法的,会比那些只限于一种方法的,表现得更好,这看起来是十分合理的(Datta,1994)。

评估的成本

罗西(Rossi,1994)描述了对一个在全国多地的大型项目进行定性评估的各种困难。把观察者派遣到各地去,或者招募并培训个人,都将是困难的,而且实际上是非常昂贵的,特别是与向各地发送调研问卷并获得记录相比,更是如此。巴赞斯基,伯纳和贝克曼(Barzansky, Berner, and Beckman,1985)报告说定性评估的成本给他们带来了一些问题。因为定性评估的开放性,花费是复杂的(compounded)。委托进行定性评估的某些人必须估计(trust)这项工作会产生有用的信息,甚至是在评估师知道需要观测什么之前,或者是知道观测结果会在报告中如何使用之前(Lincoln and Guba, 1985)。如果定性方法跟定量方法结合起来的话,并用在证实诸如恰当的需求评估或者可靠的项目执行之类的特殊问题上,那么成本就会有更好的构成核算,并被更准确地估计出来。

哲学上的假定

定性评估方法的某些支持者把定性研究程序的使用看成是源自于一种这样的知识观（view of knowledge），即其与使用定量方法的评估师持有的明显不同（Guba and Lincoln，1989；Lincoln，1990b）。在最极端的角度上（at the most extreme），这些作者采纳了建构主义哲学（constructivist philosophy），其似乎认为，现实是社会一致同意的函数，而不是外在于人身并可被科学地研究的事情（见 Hedrick，1994）。古巴和林肯（Guba and Lincoln，1989）断言"除了人造之物，没有什么现实"（p. 13）。在另一方面，他们也承认："……没有外部约束条件，能够制约我们对什么达成一致"（Lincoln and Guba，1985，p. 85）。在实践中，多数观察家都觉得，即使是最偏袒定性评估的支持者，在其最抽象的著作中，也没有把他们自己限制在其他人设想的、自己坚称的主观主义哲学的方法之中（见 Datta，1994）。

还有第二个话题，其遭受的困惑相对较少，那就是要把最热衷于定性分析的评估师跟主流评估团体区分开。对多数评估师而言，评估的目的就是，通过研究项目的执行情况与影响力，来改善对有需求的人们的服务提供。林肯和古巴（Lincoln and Guba，1985）断言，定量评估的规划与管理方式是，在评估中排除某些利益相关者的参与。相反，他们认为，评估应该受到有意识地引导，给予社会中最缺乏有利地位的团体以权力。他们称这为"真正的（authentic）评估"。一些观察家暗示，在很多评估中，给予所有利益相关者权力是不可能的（Greene，1987；Mark and Shotland，1987）。林肯与古巴可能是极力主张评估师要比他们所授权的做得更多一些，而实际上他们也做得到这一点。

赖卡特和拉利斯（Reichardt and Rallis，1994）征募了一些评估师，并为他们编辑了一部书，而恰如这些评估师表明的那样，正被使用的定性方法，连同并不接受某些定性评估方法论专家持有的哲学假定的评估师所认同的定量方法，二者的档案（record）都是长长的、高产的（见 Denzin and Lincoln，2000；Guba and Lincoln，1989）。沙迪什（Shadish，1995）已经表明，对定性评估方法的哲学基础而言，"往最好上说，是消遣娱乐（distraction），而往最坏上说，是彻头彻尾有害的"，这是对解决"评估中如何使用定性方法"这一争议的努力的伤害。

总结与预习

在某些背景中，评估师无法使用基于社会科学模型的研究方法。某些需要在相当短的时期内进行评估的复杂项目，是无法仅使用定量方法来处理的。有时，需要有直接的观察来充分地了解项目。此外，当评估师对项目及其利益相关者——特别是成功的参与者——

有了很好的了解的时候,改进项目的建议才最具有可应用性。定性方法(谈话、观察并得出结论)看似简单,但是在评估师试图整合其搜集到的信息的时候,却是相当复杂的。不过,联合使用定性的与定量的方法,会增强项目评估的力量。

如果项目的目标可以被详细具体地陈述出来,同时如果影响力模型(impact model)已经被开发出来,那么人们就可以使用在社会科学领域中已经形成的传统研究方法。我们现在就转向这种项目评估方法论的形式。

学习问题

1. 多数大学的课程评估的表格主要是由问卷调研构成,包括的问题项目(items)是 5 分或者 6 分的等级排序。下面就是一张表格中的几个问题:

    a. 在学期的开始,课程目标被十分清楚地展示出来

    b. 课程有助于我的知识技能开发,比如批判性思维或者问题解决的技能。

    设想做一些改述,可以使定性评估师可以使用在访谈中,去了解同样的问题。

2. 回顾第 7 章的内容。针对定性方法如何补充并澄清评估师搜集的定量材料的汇总信息的意义,提出某些看法。注意框 7.4 中早期终止者。定性评估师会提出什么访谈问题,同时要求其是利用书面调研的方法十分难于处理的?

3. 许多观察家担心内部评估师会有很大的压力——有时是公开的,有时是微妙的——在进行令人欢喜的(favorable)评估的时候。请讨论这些压力会如何影响定性评估师。

4. 重新思考本书第 1 章开头描述的项目。评估师会如何使用定性评估技术,来搜集大学咨询中心提供的有关性骚扰预防项目的有效性的信息。

5. 设想一个为期 6 个月的母亲教育项目,其由一个城市大学(urban university)开发,并被成功地执行,而其针对的是在公立医院生孩子的母亲们。当这个项目被提供给若干农村地区的符合公共资助条件的家庭之时,年轻母亲们极少返回参加项目的第二期或第三期。使用本章中的观点,开发出若干方法,以便于了解在农村背景中为什么项目遭到了彻底的拒绝。

辅助资源

Shaw, I. F. 1999. *Qualitative evaluation*. Thousand Oaks, CA: Sage.

肖(Shaw)对定性评估方法进行了全面的评论。他展示出一个十分均衡的方法,即使对那些他觉得一贯(typically)无法提供出充分的、真正有用的信息的评估方法而言,也是如此。他认为定性方法需要跟项目进行长期的、紧密的接触,需要有对项目背景与文化的整体主义的概观,需要密切关注细节(particulars),需要内部人(insider)的看法与解释,而很少需要或者不需要标准化的工具,以及对项目的条理分明的解释(coherent account)。在评

估方法中,他坚决主张要有严密性,但是在支持游说评估(advocacy evaluation)并物色"最可能支持让无依无靠者受益的项目的数据"(p. 194)的时候,他比本书的作者走得更远。对我们来说,无论我们是否使用定性的或定量的方法,都需要有严密性,这样才会知道项目在实际上是否的确(而不是仅仅允诺)使无依无靠的人受益;评估师不是在数据中挑三拣四(pick and choose)。向想对定性评估获得深思熟虑的观点的所有人,倾情推荐这本著作。

单组、非实验的结果评估

　　一个针对老年糖尿病患者的三个等级的课程,以及一个育儿技能研习班,都是在特定时间开始与结束的项目,都是针对有类似需求的一组人群,同时都被规划向所有的参与者给予类似的帮助。在这些背景中,展开评估的最常见的方法就是,在项目结束之后,仔细研究参与者表现得究竟有多好。本章展示了这类简单的评估的价值与弱点。后面的章节则说明了这些基本的方法如何被强化,用于改善解释的效度(validity)。读者应该弄懂(develop a sense)这一点,即:在说明项目中的经历帮助了项目参与者实现项目目标的时候,每一个控制的等级水平(level of control)会如何增加评估的效力。本章与后两章中的方法更像是常见的研究设计,而不是迄今讨论过的用于评估的方法。

单组评估的设计

仅在项目之后进行观测

　　在教师、护士、主管或法官探究项目成功与否的时候,他们常常使用结果评估的最简单的形式,这是因为他们想知道,在服务已经被提供之后,参与者的遭遇究竟如何。参加在职培训的群体中的成员,在获得技能培训 3 个月后,找到工作了吗? 有多少参加戒烟门诊的人在完成项目之后真的一口也没有吸？判断项目是否有用的第一个步骤就是去了解,项目参与者是否以某一跟项目目标相匹配的成绩水平完成了项目。所需要做的是,在完成项目之后的某一具体特定的时间内,对参与者进行一系列系统的观测。需要注意的是,这种评估方法甚至连参与者在项目过程中(during the program)发生的改变都没有显示出来。

在项目之前与之后进行观测

如果利益相关者想了解在被项目服务的过程中(while being served)参与者是否有了改善提高,那么前测—后测设计(the pretest-posttest design)会被使用。例如,在一年的阅读指导课之后,学生们应该学会更好地阅读;在病人已经被治疗了一段合适的时间之后,胆固醇水平应该变得更低。项目中的经历可能会引发改善提高;不过,从这种设计中搜集到的信息并不允许我们做出这样的解释,这是因为许多替代性的解释也仍旧是切实可行的,甚至是在比较前测与后测之后发现改变已经发生了的情况下,也是这样的。这些替代性的解释已被坎贝尔和斯坦利(Campbell and Stanley, 1963)称为"针对内部效度的威胁";这些威胁将在本章的后面部分中讨论。

本书是建立在这个假定之上的,即评估的设计应该围绕着需要被回答的问题以及项目的复杂程度来进行。评估不是基础性研究;评估师不认为,评估必须设计用来回答同种类型的问题,而这恰是基础性研究所强调的。如果项目花费相对不多,对参与者无害,而且是十分标准的(standard),那么就不需要进行严格的评估(Smith, 1981)。不过,对评估师而言,认识到何时需要一个更加富有雄心的设计是很重要的。

在某些情况下,评估在规划时是不可能比这两个中的任何一个更加复杂的。1993年政府绩效与结果法案(the Government Performance and Results Act, GRPA)被通过了,目的是改变政府决策与责任制的关注重点;改变之前,关注的仅是列示政府机构从事的活动——比如,分配来的拨款与被雇佣的审查员;改变之后,关注的是这些活动的结果,比如,在受雇就业能力方面、安全性、响应性方面或者项目质量方面的各种收益。在该法案之下,机构会开发多年的规划,分析实现目标的程度,还有每年的报告。尽管GRPA最初只是对联邦机构的要求,但是许多州也采用了类似的法律(Aristigueta, 1999)。对政府机构的活动结果的评估是通过仔细分析实现了什么来进行的。例如,在有国家科学基金会(the National Science Foundation)的情况下,许多科学活动是跟其有关联的,但我们就不可能将其跟没有 NSF 时的科学活动水平进行比较。与之类似,也不可能把社会保障支付中止一年,然后在没有社会保障的老人中间,测度其贫困水平。我们的重点是,评估这类全国项目的唯一方法就是,在项目已被执行之后,仔细分析核心的变量。当你考虑这类评估方法的局限时,需要记在心中的是,许多大规模的政府项目的评估,至多仅是前测型(pretest)的设计,或是前测—后测型的设计。

使用单组的、描述性的设计

参与人符合标准吗?

萨基特和马伦(Sackett and Mullen,1993)指出,在许多工作培训的背景中,为了能够成功地做好工作,存在需要被培训者必须掌握的客观的、具体的技能;在这一背景中,仅仅后测的(posttest-only)评估就会使人满意。许多作者认为,对心理健康的测量,能够揭示出何时接受治疗的人们是同没有诊断出情感问题的人们难以区分的(Jacbsen and Truax, 1991)。仅仅使用后测设计也能测量出法律的有效性。迪佛兰萨和布朗(DiFranza and Brown,1992)仔细研究了一个香烟行业项目的有效性问题,而该项目声称会减少针对儿童的非法的香烟销售。在项目开始了 7 个月后,仅有 4.5% 的零售商正参与着该项目,同时在那些参与的人中,86% 的还愿意向 13~16 岁之间要求买烟的购买者销售香烟。当项目被超过 95% 的目标总体忽视的时候,同时,甚至在参与者之间其都是无效的情况下,是没有必要展开一项复杂精密的项目的。

参与人有改善提高吗?

人们的一个重要的关切会是,参与者发生改变时,所导向的方向是不是项目设计用来鼓励的。在参加康复项目之后,康复病人在说话与走路的时候表现得更好了么?案例研究 3 描述了前测—后测型设计是如何用来评估一个小的项目的,而该项目是教授一年级学生关于皮肤癌预防知识的。当然,改善提高是项目的根本目标;不过,在项目期间发现有改变发生,不应该被混淆成这样的观点,即认为如果没有项目的话,同样的改变就不会发生。某些利益相关者似乎认为,在前测与后测之间的统计上的显著差异,会为“项目导致改善”这种观点提供证据。统计上显著的发现(findings)仅仅能够表明,改变不可能仅仅反映抽样误差的影响,但是其并没有揭示后面要解释的那种因果关系(causality)。

参与人改善提高得足够大吗?

如果在前测与后测之间的改善提高从统计学上来看是显著的,那么评估师就面临另一个问题:改善足够大(enough)么,能表明在他们的日常生活中其是一个真实的效应么?辛,格里尔和哈蒙德(Singh, Greer, Hammond,1997)发现,公民责任课题项目的结果是在 92 分的态度测试中提高 3 分。作者们认为,变化量,尽管统计上显著,但是还是没有大到足以对儿童的生活产生实际的影响。某些临床心理治疗师也主张,要研究的是对病人有意义的变化进行评估(见 Ankuta and Abeles, 1993)。

案例研究3

一个前测—后测型的设计,用于评估一个基于同伴的皮肤癌预防项目

福克,R.F.瓦格纳和 K.D.瓦格纳(Fork,Wagner R.F.,and Wagner K.D.,1992)利用前测—后测型的设计,评估了一次基于同伴的教育干预行为,其希望用来使一年级学生更加了解被太阳过度暴晒的危险。7 个三年级至五年级的学生学习了皮肤癌预防知识,接下来准备好了表演活动,要向一年级学生教授皮肤预防知识。一年级以及更高年级的学生都被给予了前测,而测试的是预防太阳暴晒的知识。

一年级学生观看了滑稽喜剧,接下来跟高年级的学生结成对子,然后被要求看完一本"太阳破坏者"的彩图书。在表演结束后一个星期,两组学生又都被测试一次。在如何保护自己免于太阳暴晒的知识方面,两者都表现出了进步。匹配组 t 检验被用来分析每一组的结果。作者们发现,高年级的学生很乐意成为老师,同时一年级学生对观看滑稽喜剧十分感兴趣。

评论:对这个不算昂贵的(modest)项目评估的效度而言,存在着若干未控制的威胁;不过,其对结论而言,似乎并不致命。在一个星期之内,几乎没有在孩子们身上发现成熟过程效应,同时他们也不可能在其他地方接触到类似的知识。结果变量是客观的信息,不是态度,所以对工具的含义而言其也不可能发生改变。实际上前测已经使孩子们对这些知识敏感。这就意味着我们应该认为前测就是项目的一部分。*

有许多方法来评估参与人改变得是否足够大。没有方法是确凿无疑的;所有的方法都需要考虑周全。我们将讨论两种方法:(1)当结果变量自身是有意义的时候(例如,成功地找到工作),以及(2)当结果变量是某一变量的替代变量(a proxy for a variable)的时候,此时针对那一变量的测量是十分困难的,或者是花费巨大的(例如,关于找工作的被改善了的态度,以及在填写工作申请表格时被提高了技能,而不是在找工作上[on a job]真的成功)。

那些就其自身而言即有意义的结果。设想一个中止吸烟的项目。因为人们购买20 支装的香烟,所以吸烟者能够很准确地报告他们每天吸了多少烟。同时,如果他们停止了,他们也会报告。停止会带来最大的好处,但是减少吸烟的频率也是有价值的。针对中止吸烟项目的结果,一个有意义的指数将是项目开始前每天的吸烟数量与项目之后的数量之间的差额。

$$Reduction = N_{preprogram} - N_{postprogram}$$

---

* 此处涉及若干效度威胁,本章后面就会进行说明。——译者注

此处,N 是每天吸的香烟数量。对每一个参与者计算好这个指数之后,就可以计算所有参与者的均值了。第二种指数是在项目之后不再吸烟的参与者的比例。把在中止吸烟项目过程中的减少的数量,跟其他类似项目所减少的数量进行比较,这会使我们了解正被评估的项目是否产生了合理的结果。

健身项目也能使用有意义的度量单位来报告项目结果。一个人能够举起的最大重量的增量,绕着跑道完成一圈所需时间的减少量,以及做某些特定活动时降低了的心率,这些就是三个针对健身项目的有意义的结果指数。为了判断改变是否有价值,需要跟其他健身项目进行比较,或者跟适于参与者年龄的心率标准进行比较。

使用代理变量进行测量的结果。评估师无法测量人们所要的真正的项目目标,这也是常发生的事。大学老师想培养受过良好训练的人,但是我们却选择(settle on)了计算一下 GPA,或者使用标准化测试中的得分。咨询项目是计划用来鼓励参与者成长为能很好地适应社会的人,但是我们却选择去了解在焦虑、压力和抑郁测试中以前的参与者的得分是否降低了。这些变量起到的作用就是代替真实的事物。因为这些变量能够使用多种在数值方面会发生变化的测试来度量,所以单一的得分或者参与人群体的平均得分都不能告诉我们项目的价值。不过,我们可以把在项目前与项目后的均值差标准化,进而得到标准化了的效应值。一旦被标准化,我们就可以把正在被评估的项目的效应值跟其他项目的结果进行比较了。如果项目是设计用来减少某一行为的,那么计算效应值的标准公式就是:

$$g = \frac{M_{preprogram} - M_{postprogram}}{s}$$

用文字来说,参与项目之前的均值跟项目之后的均值的差分,除以变量(比如,焦虑)的标准差,就得到了效应值(见 Posavac,1998;Zechmeister and Posavac,2003)。列举一例:一个咨询项目是用来减少第一年学生的考试焦虑的;假定这些均值:

$$M_{preprogram} = 37.4$$
$$M_{postprogram} = 31.8$$

如果标准差是 6.4,那么效应值就是:

$$g = (37.4 - 31.8)/6.4 = 0.88$$

这样计算出的效应值,使我们发现项目的期望的效果产生的是一个正的效应值。如果效果量的值的增加方反映了一个合意的结果,那么效应值公式的分子会被调换过来*。

有两个问题应该涌现在脑海里。第一个,标准差 s 来自哪里?我们做出的假定

---

* 即取相反数,变成后者减去前者。——译者注

是,除了随机变异之外,前测的与后测的标准差是相同的。换言之,被测的特定人之间是会有某些不同的,同时任何人的得分都多少会有差异,而这些是取决于在既定的某天,问题是如何被解释的。你可能会回想起来,在使用 t 检验和方差分析的时候,我们也做出了标准差相等的假定。这样的话,此例中,我们能利用的最好的信息,就是前测标准差与后测标准差距离之间一半之处的值。假设前测的标准差是 7.1,而后测的标准差是 5.7;这两个数值的均值就是 6.4。

第二个问题应该是,0.88 是好还是坏? 为了做出判断,评估师需要知晓心理治疗师持有的针对焦虑测试的效应(值)。可能会有一些关于它的报告。如果评估师找到了一些,那么就可以针对每一个计算出效应值,这样就可以得出有关被评项目的发现的某些见解。如果缺乏这些信息,那么评估师可以仔细研究大量评估的概要信息。利普西和威尔逊(Lipsey and Wilson,1993)汇总了不同领域的评估中超过 300 份的评论。他们发现,效应值的中位数是 0.44,而第 20 个百分位数是 0.24,第 80 个百分位数是 0.68。以这些标准为背景,0.88 这个效应值可以被看成是一个大的数值了。

第三个问题——这个可能还没有出现在脑海中——就是:如果我使用利普西与威尔逊的标准做出判断,那么它是有效的(valid)吗? 其实,并不必然。你必须把你的常识留在心里。如果一个研习班是来教授如何使用 Access 的(在第 7 章中提到的数据库程序)。前测可能表明使用 Access 的技能仅仅是零,但是后测可能表现出一个巨大的增加。在这种情况下,我们可以预期一个非常大的效应值,因为多数参与者开始时的技能仅仅是零。相反,设想一个新的治疗方法,针对的是有心脏病的人,其能在 45~60 岁的人们之间减少仅是 1% 的死亡率。使用 Access 的技能增加 1% 不会是一个好的发现,而中年人心脏病死亡率减少 1% 却是一个好的发现。

我们想精确地告诉你如何解释一个效应值;但是我们做不到。不过,计算出一个效应值的确可以使我们比较类似的项目之间的改变,而这些项目要使用类似的结果测度方式,如果不是相同的话。如果我们没有使用效应值公式的话,那么这是没有办法做到的。

如果项目评估师想让他们的工作对机构部门产生影响,那么就需要其对有意义的改变这件事敏感,而不仅仅是敏感于统计上显著的改变。对评估师而言,断定什么构成了有意义的改变是一个任务,需要向项目的利益相关者说明这一点。若额外的信息是可用的话,则解释就会更加有效:利用关于项目、参与者、替代项目以及机会成本的详细知识,就可能界定出有意义的改变。在第 10 章与第 11 章中,我们会讨论有关改进的问题,针对的仅仅是后测的方法,以及前测—后测的方法。

把改变联系到服务强度和参与者特征上来

在教育和培训项目中,有效项目的一个标志就是,得到更多服务的参与者发生的改变,比那些得到服务少的人们的改变,要更大。学生们完成的小学年级越高,他们的阅读能力就越好。不过,吃更多的食物与更好的健康之间的联系,仅在一定程度上成立;若继续下去,它会导致问题。最健康的人会找到他们最优的饮食水平。在多数情况下,提供给穷人的服务是比最优水平更低的,尽管某些人认为这是一个复杂的问题(McKnight, 1995)。尽管所得的服务跟结果之间的关系,可以使用不同的方法来解释,但是在特定的情况下,这也会有很大的好处。例如,在医学研究史上,一些重要的研究就遵循了这个策略。在 1835 年,皮埃尔·路易(Pierre Louis)(Eisenberg, 1977)报告了一个结果,他比较了从处于肺炎(pneumonia)[后被成为炎症(inflammation)]康复过程中的病人身上抽取的血液量。在 19 世纪早期,医学理论使人们认为,抽取的血液越多,治疗就越好,也更有可能康复。路易测量了从病人身上抽取的血液量,然后追踪他们的身体状况。他发现,治疗后他们的状况跟去掉的血液量之间没有什么关系。这个发现对那个时代的医学实践有很大的影响,并且有助于人们最终不再相信放血这种治疗方式。路易没能发现肺炎的原因,或者合适的治疗方法,但是他的确识别出了一种无效的治疗方法。

即使是不能识别出发生改变的原因,也还有另一个理由去展开评估,那就是寻找那些可能跟实现项目目标相关的参与人的特征。男性比女性体验到了更好的结果么?少数民族族裔的成员在完成项目时,跟多数族裔的客户一样迅速吗?使用简单的研究设计,就可以探究,或者尝试性地解决这些问题。如果在结果与参与者特征之间可以发现跟政策相关的关系,那么那个变量就可以被包括在将来的任何一个评估中。若项目似乎是对目标总体中的某部分有好的影响,而对其他部分影响很小,则可能会发现存在中介效应(an immediate impact)。

把个人的与服务的特征跟项目中的成功联系起来,同时讨论该联系的价值,尽管这是件很容易的事,但是把改善提高跟其他变量联系起来的统计学方法却常常会被误解。最直觉的方法就是从后测得分中减去前测得分,称其为差分改进(differences improvement),同时,把这个差分改进跟其他任意感兴趣的变量联系起来。这种看似显而易见的方法并不为方法论专家所认同。变化得分(change scores)——前测与后测之间的差分——不应该被使用,这是因为它们是建立在值得质疑的统计学假定之上的(Nunnally, 1975)。此外,处理变化得分的复杂方法是难以向客户与利益相关者解释清楚的,而且是会引发争论的,甚至是在专家之间也是如此。不过,因为某些项目的长度,例如心理治疗项目,并没有被标准化,同时因为人们接受的是有差异的服务量,所以把结果跟所受的服务量联系起来会是有益的。不幸的是,如果评估师感兴趣的是,把项目参与者的某一特征或服务量跟改变联系起来,那么就有一个有效的技术可以使用了。

处理结果跟参与者特征的最好方式是使用高级的结构方程模型(见 Raykov, 1999),而这些方法超出了本书的范围,也超出了多数内部评估师的资源范围。不过,还有某些分析改变的方法可以告知利益相关者。把改变跟所受的服务量,或者项目参与者的某些特征,联系起来,一个有效的方法是**偏相关**(partial correlation),而不是原始的变化得分(Judd and Kenny,1981)。偏相关可能听起来复杂,但其实不是。首先,思考一个问题。两个参与者以良好的等级水平完成了项目,而他们在开始时相对于其他参与者可能有更好的等级水平。例如,有学生在课程 X 中表现很好,而他们可能在第一天的课程之前就有更高的 GPA。这个关联是不完善的,但是我们认为,多数学生会发现这个原理在整体上是正确的。其次,发现那些有着更高的前测得分的人,比那些前测更低的,会更加经常性地参与到项目中去,这不会使我们感到惊奇。在大学中,一般说来,有更高的 GPA 的学生,比那些 GPA 更低的,会更加定期地去听课。换言之,如果这个原理是正确的,那么在前测得分、后测得分与参与水平之间,我们通常可以期望找到一个正的相关性。如果我们想了解参与程度是否可以预测更好的结果,那么我们需要在统计上控制在前测得分上的差异,否则,参与跟结果之间的相关性可能很强,但这仅仅是因为二者都跟前测得分相关。通过使用后测得分和参与程度之间的偏相关,我们就可以控制前测的差异,保持前侧得分不变。

框 9.1 包括了 26 个参与者的假想的数据,他们参加了为期 20 次的在职培训项目。设想一下,评估师想了解出席情况跟技能水平提高的紧密程度如何。从效果上看,对后测与参与程度的相关性而言,偏相关系数从统计上去掉了项目参与人之间前测差异的影响。很少有评估师会使用手工计算器来计算相关系数或偏相关系数;多数人会使用计算机。为了得到偏相关系数,我们具体说明哪些变量是我们想要去关联的(在这个案例中是后测得分与参与程度),哪些变量是要被控制的(在这个案例中是前测得分)。对框 9.1 中的数据而言,偏相关系数是 0.40,其表明在技能水平改进与参加的次数之间有十分强烈的相关关系。在技能水平形成方面,培训的次数似乎是有价值的;经常出席的人的成绩更好,这并不是因为经常参加的人在开始的时候,有更高的水平。

我们认为,偏相关系数是"相当强的",这是基于很多的相关系数值而得出的结论;那些值是在社会科学研究文献中找到的。科恩(Cohen,1987)发现,0.10 是小的,0.30 是中等程度的,而 0.50 可以被认为是大的。如前所述,这些值就是指导准则(guides),不过其需要被调整,使其适应于评估工作所处的背景。

关键是需要注意,这样的内部分析仅适用于这一情况:被培训者在出席率方面有相当大的差异,同时利益相关者想了解出席率有多重要。如果被培训者都去了 19 或 20 次,这样的话,出席率的波动范围就减少了,那么偏相关系数可能就会很小,这就恰如相关系数的情况一样,在一个变量的波动范围很小的时候,其也可能很小(Brown,1984)。在那样的情况下,出席率似乎就不那么重要了。不过,合适的解释将是,如果被培训者的参与次数是 19 或 20 的话,那么其是不那么重要的;低的偏相关系数不意味着,12 次的作用会跟 20 次的一样。

框9.1　设想的数据,用以说明技能水平的变化可以跟服务量联系起来;使用偏相关系数是为了调整项目开始前技能水平的差异

项目参与者	技能水平		培训次数
	前	后	
1	24	26	18
2	23	29	18
3	19	26	20
4	18	27	16
5	20	19	17
6	24	31	19
7	25	22	15
8	24	25	15
9	21	22	17
10	14	16	12
11	21	30	18
12	14	26	17
13	18	22	17
14	16	15	17
15	23	26	17
16	14	13	13
17	23	26	16
18	19	29	16
19	17	28	15
20	16	27	17
21	14	15	17
22	22	21	18
23	25	26	17
24	23	19	16
25	21	27	17
26	22	29	18

　　尽管结果与在项目中参与得多少之间存在正的偏相关系数,支持了项目存在的价值,但是这没有消除所有的跟项目无关的替代性解释,而它们也可能会解释为什么参与者有了改善提高。在断定是项目导致了改善提高的时候,需要小心谨慎,而各种缘由在本章中还是悬而未决的问题(are described in the balance of this chapter)。

对内部效度的威胁

不管评估是不是表明了参与人有所改善,剩下的重要事情就变成是,针对发现的结果,提出若干貌似合理的解释了。如果某种跟项目无关的影响力(influence)能够对发现的结果负责的话*,那么我们就不想声称究竟项目是有效的,还是无效的。"内部效度"这个词指的是,在评估师断定是项目导致了参与者的改善提高的时候,其确定性的程度(the degree of certainty)。许多评估师使用这些单组设计。评估师要了解为什么这些设计无法满足内部效度这个标准,这会让评估师们评估出各种评估设计的效度。

发生在参与者身上的、真实但却跟项目无关的改变

两个对内部效度的威胁指向导致参与者发生了真实的改变的、但却跟项目无关的各种影响力。

成熟过程(Maturation)。成熟过程**是指在人们身上发生的自然的变化,其仅仅是由于时间的流逝(the passage of time)。伴随他们长大,孩子们能完成更加复杂的工作;随着人们工作而不睡觉,人们会逐渐变疲惫;对成人的发展变化(development),有可以预测的模式存在。在评估时,如果使用的结果变量能被认为是仅仅伴随前测与后测之间的时间的流逝而发生改变,那么成熟过程就会是一个貌似合理的解释。换言之,评估师可能已经发现在项目的过程中真实的改变已经发生;不过,此改变发生的原因可能是项目持续了 6 个月,而这样的话,参与者已经长大了 6 个月,也变得更加成熟了(experienced)——而不是因为参与人从项目中学到了什么东西。有时,人们过段时间后就会变得好很多(例如,多数后背疼痛的人经过一段时间就会感到有改善,甚至是没有接受治疗),同时人们过段时间后会变得更差(例如,随着孩子们长大,有更大比例的人会尝试吸烟和毒品)。如果使用单组设计,那么诸如后背疼痛之类的改善提高会随着时间的流逝使项目看起来有价值,但是像尝试毒品这样的行为会使预防项目随着时间的流逝看起来很糟糕。

发现了成熟过程已经发生,并不意味着其是观测到的改变的唯一的解释。也不是说,貌似合理的备择假设(alternative hypothesis)意味着项目是没有作用的。如果评估师能够知道多少改变是因为成熟过程、多少是因为项目的话,那么解释就会变得更容易。使用单组、前测—后测设计时,这种分离是无法实现的。估计成熟过程导致的改变,这会涉及检验参与者或潜在参与者的其他组别的问题,还有检验更多的时间段的

---

* 意思就是可以解释发现的结果。——译者注
** 国内还译做成熟或成熟度。——译者注

问题,我们将在下一章对此进行解释。

历史(History)。历史效应是指发生在前测与后测之间的、会影响到参与者的事件(events)。例如,一次经济衰退甚至会使帮助人们找工作的设计优秀的项目看起来像个"废物"。另一方面,一次经济复苏会使得运营糟糕的项目看起来很成功。这些同时发生的国家经济变迁就是貌似合理的、针对培训项目参与者变化的替代解释。用来为成熟效应(maturational effect)做出说明的某些方法,也能帮助分离出历史效应(historical effect):检验额外的组别与检验额外的时间段,我们在下一章会做出说明。不过,跟成熟过程相比,历史效应更加难以被预测。难以预料的全国性事件可能会影响到结果的准则(outcome criteria),而这会随时发生,或是在一次既定的评估过程中,根本就不发生。此外,库克和坎贝尔)(Cook and Campbell, 1979)指出,历史效应不需仅指影响所有参与者的事件,这种效应可被称为**地方性历史**(local history)。有很多事件,诸如员工之间的争论,一个治疗小组中不寻常的个人,或者一次地方社区的灾难,是不能被任何的评估设计来解释的,除非那些设计在许多不同的地点被重复进行的。

依赖于被观测者是谁的表面变化

当参与者不是受益者群体的随机样本或者典型样本的的时候,必须考虑到三种对内部效度的威胁。

选择(Selection)。对许多人类服务项目而言,参与是自愿的。自我选择的人是不同于目标总体中的典型成员的。在仅是后测的评估形式中,自我选择的过程可能意味着参与者在项目开始的时候,境况是相对较好的。后测侦查出合意的状态,这一事实证明不了项目的有效性。最喜欢参加教工培训项目的大学老师"都是好老师,想变得更好(Centra, 1977)"。在项目之后,这些老师中的多数人还会是好老师。他们的能力不能告诉我们任何有关项目质量的事情——这些教师在开始的时候就比典型的老师要更好。观测他们在项目之前的表现能使评估师估计出未料想到的自我选择效应。

人员流失(Attrition)。人们是否会参加一个项目? 他们是否会完成其已经参加了的项目? 在这些问题上,人们的表现是不同的。如果参与者在完成项目之前就离开了,那么仅是后测设计是不足的。学生们会逃掉他们不喜欢的课程,病人在了解到个人改进(personal growth)是很困难的时候会终止治疗,而内科病人则有时会去死。实施评估所需的时间越长,人员流失效应越有可能发生(Keating and Hirst, 1986)。

在项目结束时,观测到的成绩水平可能表明了项目起的作用有多好,选择参加项目的人的情况有多好,或者人们是如何被激励去参与项目直到结束的。作为一个普遍的准则,那些待下去的人们,比那些退出的人们,会为项目做更充分地准备。不及格的学生,比那些得了 B 或 A 的,更可能逃课。死去了的病人更可能出现在那些从治疗项目中得益最少的人们中间。没有前测的话,评估师无法准确地判断项目的有效性。一个小型的药物滥用项目的主管曾非正式评论说,他的项目有 90% 的成功率。不过,在一番探究之后，大家了解到仅有大约10%的一开始就参加了项目的人留下来完成了整个项目。在100个开始项目的人中，有9个成功了，这跟有90%的成功率是相当不同的。

跟选择效应一样，前测—后测设计能相当好地处理参与者人员流失效应。通过前测，评估师会知道谁退出了，还有他们跟那些留下来的人是如何不同的。前测—后测设计使评估师能够知道，对项目结束时被观测到的结果水平而言，项目实施前的成绩和参与者的退出何时才不是貌似合理的解释。

回归（Regression）。朝向均值回归这一威胁是最难理解的一个。不过，跟基本的统计学知识一样，很多人已经对朝向均值的回归有了一种直觉的理解，尽管他们可能没有前后一致地应用它。

人们会被回归效应（the effects of regression）误导（Kahneman and Tversky, 1974）。如果你仔细思考下面的例子，你就将理解回归是什么意思，还有为什么它的效应常常没有被侦测出来。据说，在一次特别出色的着陆之后，航空训练师并不会向学员祝贺，因为一旦做出了这样的祝贺，那么下一次着陆常常就是相对不好的了。另一方面，在糟糕的降落之后，培训师会严厉地训斥学员，目的是激发出下一次更好的着陆。从经验上看，十分显然的是，在被称赞了的出奇地好的着陆之后，紧跟着的常常是相对差一点的，而被训斥了的差的着陆之后，紧跟着的常常是更好一些的。无论如何，让我们想想，为什么称赞与训斥跟下一次的着陆质量之间可能没有任何的关系。

设想一下学习一项复杂任务的情形。起初，表现的质量会变化波动——有时更好一些，有时更差一些。什么导致了更好的表现？至少有两个东西：学习到的技能和偶然性（chance）。飞行学员知道，他们应该在着陆时保持机头朝上，但是他们无法一开始就领会到这个准确的时刻——在降低机翼的同时，调整好升降舵，以获得合适的降落角度（Caidin, 1960）。有时，他们调整得有点过早，而有时会有点过晚。因为这些错误部分地是由偶然性造成的，所以学员在连续两次中都在精确的时刻把所有的事情做好的可能性是很小的。因此，对学员而言，两次连续的好的着陆的概率是很小的——或者说两次坏的也是如此。换言之，训练师不应该期望新手有两次连续的好的着陆，不论说了什么，还是没说什么。

朝向均值回归的效应还可以进一步用一个愚蠢的但却有启发的例子来说明。选择20个便士硬币，每一个都连续地抛6次；记录下出现头像的次数。找出那些产生最"过量的"头像的便士——5个或6个头像就可以被认为是过量的。训斥这些硬币，因为它们产生了太多的头像。接着，就再抛这些便士六次，同时看看训斥是否起作用了。如果硬币产生了比第一次做的时候更少的头像，那么这个硬币就正在按照其被要求的行事方式行事。平均来看，训斥似乎会在98%的时间里有效，如果一个硬币最初产生的全是头像的话；89%的时间里有效，如果最初的结果是6次中有5次头像的话。二项分布（the Binomial distribution）可以计算出这些百分比（McClave, Benson, and Sincich,

2005)。

总结来看,均值回归效应警告我们,不管何时若效果水平是极端的,那么下一次的效果就可能相对不那么极端了。这个原理可以应用于飞机着陆和抛硬币的情况中,也可以应用于情绪调节的情况中。如果现在感到最郁闷的人们被关注上 3 个月,那么很可能他们作为一个群体将会相对不那么郁闷了。这并不意味着,他们会处于健康的调整水平上。极有可能的是,他们仍旧比公众整体更郁闷。不过,某些转瞬即逝的、导致了最郁闷的情况发生的随机事件将会过去,而且作为一个群体,他们将比以前不那么郁闷——不管是否进行治疗。

对前测—后测设计而言,回归效应是对其内部效度的威胁吗?并不必然如此,但是却常常如此。如果某个完整的群体的所有成员在项目之前与之后都被测试,那么对使用这种设计的评估而言,回归就不是个问题。例如,若学校中所有孩子都参加了一个特别的阅读项目,则回归就不会是内部效度的威胁。不过,如果仅有在前测中阅读水平最低的学生参加了该课程,那么回归就会威胁到对发生在前测—后测之间的变化的解释。孩子们在一次测试中得分低,不仅仅是因为不佳的阅读技能,而且还因为很多随机的事情,诸如表现糟糕的猜测,弄坏了笔尖,得了感冒,误解了答题说明,正担心得病的妹妹,或是正想着课间游戏。此后一天、一周或者一学期,进行第二次测试,而在测试过程中,这些事件将恰好不会再被同样的孩子体验到。一般来说,对那些在以前得分最低的孩子们而言,这些重新测试的得分会比来自第一次测试的要更高。这并不意味着,所有分数不佳的孩子都会提高;它的确会意味着他们的平均成绩会上升。因为那些得分最高的学生,他们的平均表现也会下降。

如果服务瞄准的是那些特别需要的人,那么对前测—后测的变化而言,回归就常常是一个貌似合理的备择假设(alternative hypothesis)。救助项目不是为所有人准备的,而是给那些已经落后了的人们准备的:阅读能力不佳,挣较低的工资,或是感觉郁闷。有时,在评估方案中,为项目挑人的筛选测试也会被当成是前测。例如,在阅读测试中得分最差的学生将被放在阅读提高项目中,而后,进行同样的或类似形式的第二次测试,则其就可能跟前测的得分进行比较了。这是一种糟糕的做法;至少对部分改善提高而言,回归效应是一个非常合理的解释。另一方面,当回归效应本应该导致改善提高的时候,如果阅读较差的人或者麻烦的客户变得更糟糕了,那么这个评估就可以被解释了。这个正确的解释就是项目是无效的。

跟获得观测值的方法相关的变化

两个额外的貌似合理的假设,测试效应与工具效应,是由评估师自己或者他们的观测方法带来的。

测试(Testing)。测试效应(the effect of testing)是指,由观测技术而导致的行为改变。一个观测工具被使用两次,则这两次的结果可能是不同的,其仅仅是因为回答者已经更熟悉这个工具了。对起初不熟悉测试的人来说,能力测试的得分确定会在第二次测试执行中增加(Murphy and Davidshofer, 2005)。为了找工作而去面试的人,会从面试经历中受益,同时会在后来的面试中表现得更好。

测试效应的第二个方面被称为反应性(reactivity)。当人们知道他们正被观测的时候,他们会做出不一样的表现。第 4 章中讨论了这个概念;不过,它值得记住。当知道他们的行为、观点或感觉正被记录下来的时候,客户、病人、犯人以及学龄儿童都会受到影响。在他们会如何反应方面,观测技术会呈现出不同。

在控制测试效应方面,前测—后测设计显然是软弱无力的。如果参与者不熟悉观测过程,那么在第二次测试时得分可能就会发生改变。改变的方向是无法预估的,因为重复测试对预期的提高而言并不是看似清晰的,除能力与成绩测试之外。

测量工具(instrumentation)。测量工具效应(instrumentation)是指测量程序自身的使用(带来的问题)。多数大学老师知道,在为学期论文考试给出等级的时候,他们是没有办法完全具有一致性的(consistent)。标准会变化,因为老师对学生们回答得如何会变得熟悉。标准可能会变得更高或更低。如果并不十分客观的衡量方式(measures)被用在了前测—后测设计中,那么直到后测被执行之后,再为前测进行打分就是明智的做法了。接下来,这些测试可以被放在一起,重新"洗牌",再由区别不清前测与后测的某人进行打分。

如果测量要求观测必须在项目之前和之后进行,那么主考官(examiner)会更加熟练,因为他们已有了经验。这样的话,后测可能会进行得更加顺利。如果是这样,那么在断定项目有效时,测量工具的变化就是一个可行的(viable)的替代解释。在这种情况下,在前测之前就十分富有经验了的主考官是最有效的(effective)。

这些威胁交互作用的效应

除了这七个对内部效度的威胁之外,两种威胁的联合影响也会使各种解释变得困惑难懂。这发生在父母为孩子们寻找特殊的教育机会(自我选择的一个例子)之时,因为跟没有这么做的孩子们相比,他们的孩子们会进步得更快[不同的成熟率(rate of maturation)的一个例子]。这种效应被称作**选择与成熟的交互作用**(selection-by-maturation interaction)。

对内部效度的威胁是把双刃剑

当人们对均值进行认真的比较的时候,要考虑到本由一个内部效度的威胁导致的、表面上是积极的效应,是否增加了前测与后测之间的差异,这是很重要的事情。尽管人们常常关心的是这些威胁冒充了项目效果,但也十分有可能的是,对这些威胁中的某个而言,其掩盖了项目效果。因此,若项目缺乏效果,在样本很大而且测度也是可靠的情况下,则可能是由于项目是无效的,或者可能是由于未被控制的内部效度威胁起到了减少前测与后测之间差异的作用。例子包括一次经济衰退,参与者对后测感到厌倦,最成功的参与者无法参与后测,起初得高分的参与者朝向均值回归,还有侦测机能失调的、最敏感的观测程序被相对不敏感的前测遗漏掉了(missed)。

在下一章中,几种改善设计的方式将被提及,是作为消除对改变的貌似合理的解释的方法而提出的,而那些变化本是跟项目无关的。只有当这些解释是不可信之时,我们才能把好的结果确定无疑地归因于项目。与之类似,好的实验控制会为明显的项目失败提供更好的解释。

在前测—后测设计中的建构效度

建构效度(construct validity)指向变量实际测量的那个概念[或建构(construct)]。在前测—后测设计中,如果评估师使用的是参与者自我报告的测量结果,那么就有必要仔细分析一下,在参与者如何看待自己的问题与优点方面,项目可能导致的改变。创伤后应激障碍的老兵报告说,某项目是很有助益的,但是却把自己描述成比在完成项目之前身体机能更差了,且体验到了更多的综合症(Spiro, Shalve, Solomon, and Kotler, 1989)。这个项目是有害的么? 看起来似乎是,项目导致他们对自己的问题有了更加准确的认识,同时也更愿意去承认了。项目是有益的,而不是有害的。评估师已经区别了不同种类的变化;为了区别它们,我们称其为 alpha,beta,与 gamma 变化(Arvey and Cole, 1989; Millsap and Hartog, 1988)。

Alpha 变化是在感兴趣的行为上发生的真实改变。改变的原因跟内部效度问题有关,如前所述。Beta 变化发生在回答者改变了对测量含义的理解的时候。例如,接触到真正好的高尔夫球手,这会使人把自己的技能等级降到更不满意的程度,相比于仅仅是跟朋友们一起玩的时候,就会如此。对技能水平可能是怎样这个问题有更好的认识的那些人,当他们完成前测的时候,可能会认为自己表现得相对不好;这种变化在数值上表现为一个损失(loss),但是其可能标明了一个更加准确的自我评价。Gamma 变化是指前测与后测之间的、由对被测变量的含义的再概念化(reconceptualization)导致的差异。例如,一位高中老师可能没有把他的身体症状看成是压力问题造成的;一旦他意识到这一点,那么他自己的压力等级就会变化,这是因为他对症状的理解已经改变了。当正式的定义随着时间而改变的时候,得自于记录的数据也可能受制于这些定义。能被客观度量的变量不会受制于 beta 变化与 gamma 变化。对不同的参与者或利益相关者而言,若一个变量意味着不同的事情,那么我们就可以说这个变量缺乏建构效度。

若评估师需要一次包括了自我报告的行为、态度或目的的前测,艾肯和韦特(Aiken and Weat,1990)提出了几个建议,以便于把对建构效度的威胁降到最低限度,包括:(1)把搜集用来评估项目的信息跟需要用其作出干预决策的信息区别开来;

（2）引导回答者,要使他们想到他们所报告的内容会以某种方法被验证;（3）使用那些对被评项目与回答者遇到的问题都富有经验的访谈人员;（4）为回答者提供明确的参照组,以便于他们自己与其进行比较[例如,"在你的部门,如何把你的领导才能跟其他管理者进行比较?",而不是"把你的领导才能从1(差)到10(优秀)进行打分"];（5）使用行为锚点(behavioral anchors),而不是评价性的术语(例如,"我是如此郁闷,以至于无法完成任何事情",而不是"非常郁闷")。回想型的(retrospective)前测比在项目开始前的测试要更好,这是因为在经历了项目之后,参与者会对他们的行为有更好的理解(Evans, Stanley, Coman, and Sinnott, 1992; Robinson and Doueck, 1994; Spiro et al., 1989)。

过度解释了单组设计的结果

当评估师使用一个简单的设计的时候,他会受到一种诱惑,想要通过测量很多变量,去为设计的弱点进行补偿。一旦这件事发生了,那么发生第Ⅰ类统计错误的机会就会增加。没有受过研究方法训练的人,很少会意识到极有可能发生的事情会是变量间观测到的关系模式仅仅是通过抽样误差形成的。很多人严重地低估了随机共变的概率,反而认为因果链接已经被观测到了(Paulos, 1988)。第Ⅰ类错误是指前测与后测之间的统计上显著的差异,即使是在项目是无效的情况下。发生第Ⅰ类错误的原因,完全跟这个事件的原因是相同的,那就是抛20个便士,每次一个,每个抛6次,你似乎会发现有些硬币倾向于产生令人吃惊的高比例的头像。我们知道,通过不断重复6次一组的集合,随机变异就可以解释这个事件。不幸的是,在执行评估的时候,新的观测值不会像额外多抛几次硬币那样容易获得。

没有发现第Ⅰ类错误的第二个原因是跟事后聪明偏见(hindsight bias)相关的。事后聪明偏见是一种倾向,就是在我们意识到真正发生了什么之后,倾向于认为我们本就已经预期到了某事(Bryant and Guilbault, 2002)。在项目评估中,它描述了这样的倾向,即在已经仔细分析了数据集之后,才倾向于搞懂了几乎任何一个数据集的含义。有一次,一个困惑的研究生(实际上是本书的第一作者)向教授提出了似乎跟教授的研究明显矛盾的发现。这位教授仔细分析了相关系数表(columns of correlation),并使用一种方式迅速解释了该发现,说该发现跟以前的研究几乎完全吻合。为了做到这一点,他开发了一个崭新的、繁复的解释,而其却并不是原始理论的内容。一个星期后,这个学生发现计算机程序出了错误,同时最初的结果也被贴错标签了(mislabeled)。一个替代的程序产生的结果跟教授的工作是十分一致的。面对一张纸,上面写满了不同测量结果的均值,或是写满了相关系数,此时,有创造性的人们总能够搞懂它们的意思——甚至是在变量被标错了标签的时候。

当很多变量都被测量出来,以及当研究也没有被仔细地控制的时候,这些问题——忽略了第Ⅰ类错误的可能性以及陷入事后聪明偏见(hindsight bias)——很可能影响到对结果的解释。通常,评估师能得到很多人口统计学变量,而且从结果记录中能够设法得到(extract)很多过程与结果变量。没有一个清晰的影响力模型(impact model),令其表明项目过程是如何起作用的,那么人们很容易就屈从这样的诱惑,即能把任何事情与任何事情联系起来。接下来,评估师或者他们的客户会把解释强加到结果之上。新颖的发现最好被试探性地对待,特别是如果他们出现在大量分析的背景中,而那些分析却又不被潜藏于项目之后的理论所支持之时。所有的评估设计都能被过度解释,而不仅仅是单组设计;不过,无论何时,若设计主要是描述的设计,而且几乎没有试验控制,也可能有一定的试验控制,那么这种倾向就更可能发生。

在作为项目评估的初始方法时,单组设计的有用性

若有合意的结果变量的具体的等级水平,或者在项目过程中没有参与人退出,则前测—后测设计可能就足以为项目的成功做出证明。然而,甚至是在还缺乏标准可用的时候,读者也不应该有这样的印象,即这些方法缺乏其他合理的(legitimate)用途。跟那些更具雄心的方法相比,这些单组设计具有更少的侵入性(intrusive),花费更少,需要更少的努力就可以完成。这样的话,在评估师的工具箱中,这些设计是能起到很重要的作用的,可以作为规划更严密的项目评估过程中的第一步。如果没有标准可用的话,那么单组评估的目标可以包括:(1)评价更严密的评估的可能的有用性;(2)在项目中,寻找可能跟成功相关的变量;(3)提议机构在未来准备控制更严密的评估。

评价更深入的评估的有用性

在着手进行一次严密的而且控制了许多貌似合理的替代解释的评估之前,单组设计会起到的作用就是,表明是否还有改进解释的空间(Patton, 1989)。如果没有参与人因被培训而找到工作,那么就没有深入研究的必要了。目标并没有被实现。不再需要统计分析了。如果康复项目的参与者以合意的功能水平完成了项目,那么前测—后测设计可能会表明他们在参与的过程中有了改善提高。某些利益相关者可能会对这个发现相当满意。此外,发现可靠的改善可能证明需要一个更加复杂的评估。简单的评估是第一步,可以了解电话的使用是否帮助审判前的被告提高了保释金。报告表明有22%的使用电话(在暂时的基础上可用)的被告人的确提高了保释金,这意味着一个更加严格的评估是值得的(Lenihan, 1977)。如只有2%~3%的是成功做到这一点,那么可能的效应就很小,同时也不需要做深入的研究。

把改善跟其他变量联系起来

使用前测—后测设计以及偏相关系数,可以把改善提高跟服务量与参与者特征联

系起来。发现结果变量有一个相当大的标准差,这意味着参与者构成的不同小组
(subgroups)的结果是很不相同的。很可能是这样的,对于主要为有强烈需求的总体规
划的项目,其受益人群却是那些境况相对较好的人们。这样的话,令人满意的平均结
果可能就是因为相对有能力的人选择了去参与项目。如果是这样,那么进一步的评估
努力可能就不必要了,除非项目被改变。另一方面,在项目结束时,合意的结果可能真
实地表明了许多参与人有了整体的改善。或许,改善是因为项目的影响力;展开进一
步的工作是值得的。

为便利于更深入的评估而做准备

前面的评估中,仅仅使用了参与者,而进行这样的评估的第三个理由就是去帮助
员工接受评估的想法(the idea of evaluation)。恰如在前面章节所述,服务提供者——
从辅助专职人员的咨询师到教师,再到医生——正开始意识到他们的工作能被评估,
并且将被评估,尽管服务的质量是难于量化的。如果评估师在开始工作时使用了较少
的具有威胁性的方法,那么他们就有更大的机会,引领服务的提供者去发现评估的有
用性,去准确评估评估师的贡献。

本章所述的方法是最不具有威胁性的。我们是不可能了解到另一个项目以更低
的成本实现了完全相同的成功的。当员工与管理者担心其他项目会更有效的时候,由
此带来的焦虑就会导致敌意,同时会限制了跟评估师的合作。正是这种类型的反应,
发生在了一个医院项目的内部评估过程中。项目主管发起了评估,并且表明其对评估
持有明显的开放性(openness),其表达的意见是这样的:"可能,我们帮助的人,没有我
们设想的那么多——我们应该知道是否如此",还有"在离开这里之后,如果病人被送
往社会收容机构了(institutionalized),那么我们就是失败的。"然而,评估师希望搜集来
自于没有同样项目的邻近医院的观测信息,这样就可以增强评估的内部效度;此时,主
管似乎改变了他的立场。进行这样的比较,可能会表明,诊断结果相似的病人,没有参
加项目,而也能跟那些参加了昂贵的项目的人们做得一样好。接下去,他说额外的数
据是不必要的,因为这类项目的价值已经是众所周知的,而且被充分地记载了。扩展
的项目继续进行下去了;因为没有发现受控的研究支持这个项目的价值,所以这个情
况是某些人极其熟悉的了,而这些人就是为广泛接受的医学实践仔细寻找支持证据的
人(见,例如,Edly, 1990)。人们逐渐清晰地知道临近医院几乎没有类似诊断的病人,
这样也就没有信息会质疑他的项目的有效性,此时,这位主管开始变得平和起来。合
作与友好的关系又回来了。

合理地使用资源,归根结底(ultimately)需要进行这种比较性的研究。但是,其完
成的方式不应该是使员工们士气低落——或许,前例中的评估师在寻找额外的观测值
时过于坚定而自信了(assertive)。有些内部评估师试图坚持进行方法论上严密的评
估,他们可能会发现他们失去了对员工的影响力。利用非威胁性的方法开始工作,这

可以使评估师获得员工与管理者的信任。这种策略并不意味着不需要严密;然而,一开始的时候,使用相对不太严密的评估在获得员工信任方面是有用的。

总结与预习

本章强调了两个要点。第一,要对评估使用者的需求有一种表示赞同的理解,这会表明一个简单的研究设计就能很好地满足特定时间内的信息需求。第二,对利益相关者而言,单组设计无法回答许多十分关键的问题,因为针对结果的许多解释仍旧都是貌似合理的。这些貌似合理的解释被称为针对内部效度的威胁。

下一章包括了几种方法,它们能够清楚阐述对评估结果的解释。这些程序需要作出额外的观测,这些观测要针对(1)项目组;(2)非项目组;(3)不希望被项目影响的一些变量。

学习问题

1. 不是很远的若干年前,一个孩子常常出现喉咙与耳朵的阵痛,而家庭医生建议切除扁桃体。一般来说,此后孩子的健康情况会改善。父母与医生把健康的改善归因于这次手术:哪些针对内部效度的威胁被忽视了?

2. 大约 50 名小学生在位于一个大城市郊区的上学的路上目睹了一场残忍的谋杀。学校管理者正跟社会工作者、学校心理医生和其他人一起工作,试图帮助孩子们控制他们的情绪,避免长期的负面影响,同时还帮助父母照料孩子们。在悲剧发生一年之后,似乎没有发生什么严重的副作用(aftereffects)。若主张这些努力是有用的,则必需有哪些假定成立?

3. 政客们的一件臭名昭著的事就是,把政府与经济事务中任何的改善都归因于他们自己的努力,把任何恶化都归因于其他人的政策。哪些针对内部效度的威胁会使这种的解释变得无效(invalid)?

4. 为什么一个中止吸烟的门诊项目能够使用单组设计来评估?

5. 准备一些前测—后测评估的例子,其结果是令人满意的,因为有针对内部效度的威胁的存在。还要准备一些假想的评估的例子,其表现得无效(ineffective),也是因为针对内部效度的威胁的存在。

辅助资源

Shadish, W. R. Cook, T. D., Campell, D. T. 2002. *Experimental and quasi-experimental design for generalized causal inference*. Boston: Houghton Mifflin.

对项目评估师而言,本书是标准的研究设计资源。它是坎贝尔和斯坦利(Campell and

Stanley,1963）的经典著作以及库克和坎贝尔（Cook and Campell,1979）的更近的标准著作的继承者。前两个作者是极其受尊敬的方法论专家，他们的著作是跟项目评估相关的。沙迪什曾是美国评估协会的主席，而且出版了有关项目评估的广泛的书籍。库克是，或许是，活着的最知名的社会研究方法论专家了。唐纳德·坎贝尔跟社会研究方法中很多的创新有关。第 2 章与其他章节详细讨论了针对内部效度的威胁。

针对结果评估的准实验方法

　　非常简单的设计可以回答利益相关者某些重要的问题。不过,第9章强调的这些设计,很少能够使评估师以清晰明确的方式识别出项目参与者发生改变的原因。一旦项目主管或政府官员委托评估师去发现是否是项目导致了这些变化,那么评估师就必须进行更具复杂性的评估了。为了表明某事导致了其他事,就必需去说明:(1)在时间上,原因是先于被认定的结果的;(2)原因与结果之间存在共变(covaries),例如,原因越多,结果就多;以及(3)除了该假设的原因,找不到对结果的其他的切实可行的解释。第一个准则很容易被满足,同时检验第二个也不是很难。使用第9章中描述的方法,都可以对其加以说明。不过,第三个就比较麻烦了,这也是本章和后面章节的重点。

　　在本章中,我们提出了几种研究设计,跟已经描述过的简单的设计相比,这几种研究设计拥有更强的内部效度。用于检验因果假说(causal hypotheses)的结果评估的效度(the validity of outcome evaluation)可以通由若干方式得以加强,其中包括:(1)在先于以及后于项目的额外时间内,观测参与者;(2)观测额外的,由没有体验过项目的某些人构成的自然组;(3)使用多个变量,其中某些变量期望会被项目所影响,而其他的,则不希望被影响。使用这些方法的设计被坎贝尔和斯坦利(Campell and Stanley,1963)称为准实验(quasi-experiments);尽管这些方法没有实现真实验所具有的无懈可击的控制,但是准实验的确控制了某些偏见(biases),而这样就能产生极其容易被解释的(interpretable)评估——如果规划做得很认真谨慎的话,而且也能在适当的背景中进行应用。

进行大量的观测

进行跨时间的、数量众多的观测能够帮助解决两个相关的问题。第一,我们需要能够把下面的二者区别开:(1)从一个时间段到另一个时间段之间的随机变化;(2)反映在被测变量身上的、系统的真实变化。所有的项目变量都会表现出随着时间的变异。例如,在某天或某星期的犯罪数并不是一个常数(constant),也不是均匀一致地增加或减少的数值。对犯罪数而言,尽管有某些可预测的影响力对其产生影响(例如,寒冷的天气会抑制暴力犯罪,而温暖的天气似乎会鼓励犯罪;见,Anderson,2001),但是针对每天的比率变化而言,似乎还有非系统性的原因。不过,大众媒体的评论家通常在讨论此事时,就好像这些原因已经众所周知了一样,而且还好像有效的救助方法也被很好地理解了。

在纽约,数千警察只是短暂地歇工了几日,而就在这两天里,便出现了极端异常的谋杀数量:在7月8日发生了9起;7月9日有8起(Egelhof,1975)。这两个高犯罪的日子,被拿来与数年间的平均数——每天4起——进行对比。埃格霍夫认为,如果不是因为这次短暂的歇工,那么高的谋杀数量本就不会发生。有人会试图去解释这两天的高犯罪率吗?它是由于警察的歇工导致的吗?有很多理由可以说明为什么这个记者的结论是难以成立的(unfounded)。因为我们知道温暖的天气跟高暴利犯罪率相关,所以去把一年中每一天的平均数跟来自夏季中间时段的数据进行比较,这是错误的做法。如果可以得到纽约市7月的谋杀数的均值,那么我们也需要知道标准差,以便于反映出每天之间的变异。为了断定这两天是否是不同寻常的,我们可以使用7月天数的均值与标准差,这样我们就会得到包括,比如,90%的七月天数的数值范围*。这个数值范围被称为置信区间,而其也可以被近似地计算出来,方法是以均值为中心加上与减去1.67倍标准差。** 缺乏关于每天之间的变异,我们无法知道是否有其它需要被解释的事情。一个相关的程序被称为**统计过程控制**,被用在制造业中(Wheeler and Chambers,1992),同时正被日益用在人类服务领域中(Carey and Lloyd,1995;Spiring,1994),目的是为了识别这样的情形,即此时一个特殊的观测值跟人们关注的品质的一般模式相比有相当大的不同。

现在,我们假定7月8日与9日的谋杀率是非同寻常的。把这些增多的谋杀的原

---

*　即进行置信水平为90%的区间估计。——译者注

**　这样就得到了置信区间的上限与下限。临界值+1.67可以从标准正态分布表中找到;它就是一个 z 值,把正态曲线最高的5%跟剩余的分布分开来;类似地,临界值-1.67把正态曲线最低的5%跟剩余的分布分开来。结果,剩下的就是中间的90%。——译者注

因归结为警力规模的减少，记者的这个看法是正确的吗？对符合因果关系的结论而言，第一个准则是满足的：在谋杀之前，警察们停止了工作。不过，我们并不知道谋杀率跟警力规模之间是否存在共变，同时也没有考虑到替代性的解释。缺乏关于常规的每天之间的变异信息（information on normal day-to-day variation）以及天气的信息，我们甚至无法得出最具试探性的结论，即警力数量削减对谋杀率有，如果存在的话，影响。对两个事件之间的因果连接而言，忽视随机变异与针对内部效度的威胁会引致非常错误的解释。

在研究康狄涅格州的汽车限速的效果时，坎贝尔（Campell，1969）说明了一个例子——因为信息有限而导致出现不准确的解释的可能性增加了。在 1955 年，每 10 万居民中有大约 14.2 个人死于汽车事故。这个比率是一个记录，而且相较于前一年也特别高。在下一年，州长发起了限速运动，同时死亡率也下降为大约每 10 万人 12.2 个。州长能够合理地声称，他采取的措施起到了减少死亡率的作用么？在继续阅读之前，读者可以停一会儿，想想这个问题的答案。

断定州长是否应该因死亡率下降而得到好评，这需要一些信息，其要能使我们拒绝除了限速之外的有关下降的解释。限速年份之前与之后数年的死亡数据就是必需的。1955 年之前的死亡数可能表明每年的死亡率是系统性地增加的，这是对康狄涅格州的路上的汽车数以及每车的行驶里程数的反映。当车辆增加的时候（保持其他所有的变量不变），事故数也常常增加，因为如此，所以死亡率就会稳定地上升，尽管令人讨厌，但在这种情况下这种上升可能是无法避免的。为减少死亡而设计的项目可能会面临强大的阻力，而且想必是只能产生有限的结果。

第二个替代性解释将会是认定 1955 年是一个非同寻常的年份。或许，悲惨的但稀少的死亡多人（multifatality）的事故发生了。或者，在假期人们上路的时候，特别糟糕的天气来了。因为连续数年遭遇不寻常天气是不可能的，所以对高死亡率的补救措施可能是看似成功了，而无关乎其被设想得多么好或多么坏。因而这次下降可能是由于朝向均值的回归，而不是人们尝试过的任何补救措施。

坎贝尔（Campell，1969）报告了康狄涅格州限速之前与之后数年的死亡率，而这些数据也被展示在图 10.1 中。1955 年的比率似乎的确是一个不一致的（discrepant）数值，即使从一年到另一年之间的波动很大。目前，需要注意的是，跟仅分析项目在刚引入之前与之后的比率相比，仔细分析一段时间内的事故比率，可以得出一个更加富有信息量的结论。在本章的后面会更详细地讨论这个例子。

麦克凯利普（McKillip，1991）也使用了时间序列数据来分析伊利诺伊州的 HIV（AIDS）测试法案的效果，该法案要求在领取结婚证之前夫妻俩要进行 HIV 测试。通过分析了 116 个月的每月批准的结婚证数，麦克凯利普发现这个法案跟伊利诺伊州领取的结婚证数的 14% 突降有关。邻近的州，没有类似的法案，相应的结婚证的数量有所增加，不过中西部跟伊利诺伊不相邻的州在结婚数上没有表现出变化。看似明了的

图 10.1　**康狄涅格州年度的每 10 万居民的汽车事故死亡率，限速开始之前与之后的数年（改编自** D. T. Campbell 1969. Reforms as experiments. *American Psychologist*, *24*, 419. **版权归美国心理学会所有。经许可复制。）**

是，伊利诺伊州的夫妻中，有很大比例的人在邻近的州获得了结婚证，而避开了进行检测带来的麻烦。

时间序列数据的设计

近年来，人们相当关心横跨若干时间段的信息的使用。这种方法被称为**时间序列分析**。经济学家与行为治疗师都使用时间序列设计。经济学家使用跨越许多时期的信息，想去了解政策变化对诸如收入水平、行业产出与就业之类的变量的影响。在非常不同的规模（scale）上，行为治疗师利用的是跨时期的单一个体的客观度量，而在此期间内，不同的治疗干预被开始或结束。被评估师采纳了的策略就是，要在进行干预并记录下发生的变化和变化的维持情况之前，去获得基准测度（base-line measurements）。

经济学家与行为分析师使用的数据，比人们认为的他们的工作重点，相互之间有更多的相似性。无论是一个国家，还是单独的儿童，研究人员会在每个研究的时间段内获得每一个变量的数值，或者进行一次观测。例如，对经济学家而言，在每个时期内都仅有一个 GNP 或者通货膨胀率的数值。对行为分析师而言，每个时期内也仅有一个关于特定失常行为的指数。这样的话,作者们在这两种情况下都能参考单一主体的研究(single-subject research)。

时间序列设计可以用于项目评估,这得到了来自于坎贝尔和斯坦利(Campbell and Stanley,1963)的著作的鼓励。横跨很多时期搜集数据,这种方法直面了前面某些章节中描述的内部效度的挑战。因为在干预之前与之后的时期内,成熟效应可被追查到,所以混淆项目效果与成熟效应的可能性大大减低了,如果使用时间序列设计而不是前测—后测设计的话。类似地,跟评估时使用的观测值仅仅来自于一两个时期相比,使用时间序列设计,历史效应也更容易被侦测出来。通过把因变量(dependent variables)的变化跟历史事件联系起来,就有可能,至少是在定量分析的水平上,把项目的效果跟其他影响因素的影响区别开来。

项目评估的时间序列方法至少要包括如下的特征:(1)单一的分析单位被界定出来(a single unit is defined),同时(2)进行各种测量,(3)测量是跨越很多时间间隔的,(4)时间间隔要先于并后于某些受控的或自然的干预行为(Knapp,1977)。使用实验设计的语言,被测的分析单位(人,群体,或国家)充当它自己的控制(serve as its own control)。不像经济学家那样,当在一段特定的时间内发生了一次明确的干预的时候,项目评估师近乎只会使用时间序列设计。这种设计常常被称为一个**间断的时间序列**(interrupted time series)(Cook and Campbell,1979),评估师的工作就是去了解中止干扰或中断(interruption)——亦即,项目的引入——是否产生了影响。

跨期结果的模式

在跨期的项目结果图上,可以观察到很多可能的模式。图10.2说明了某些可能的情况。在图的各部分中,数轴是相同的:时间段绘制在横轴,而结果变量的大小绘制在纵轴。幅面A,表明干预是无效的;在项目开始后观测到的变化中,看似没有背离常见变化模式的情况。与之相对,在间断的时间序列分析中,幅面B常常是最希望得到的结果。图形表明,在干预前有一个相当平稳的水平,(此后)有了明显的增加,而标准也维持得相当平稳。一个有效的培训项目提升了雇员的技能,或是节约劳动力的设备被引进了,而从这两个例子中,我们都期望看到这样的结果。十分显然的是,当干预是为了降低变量的数值(例如,事故率和失败率)的时候,也能够使用这种设计,就如同增加的情况一样。

所有C-F的幅面表明在干预后有了增加,但是针对它们的解释会更加不明晰。幅面C表明在干预之后,斜率有了增加。被测度的变量开始随时间而增加;然而,没有像幅面B中那样的立即的影响。诸如阅读培训或者营养改善之类的影响力,因其作用是扩散的(diffuse)和累积的(cumulative),故可能会产生像幅面C这样的结果模式,如果经济福利状况是结果变量的话。在幅面D中,看似有一个增加,不过干预是附加(superimposed)在一个整体增长的趋势之上的。

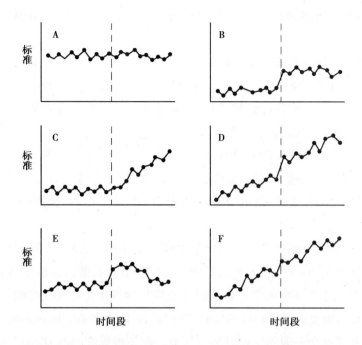

图 10.2　跨期的项目成功模式的某些可能例子。项目或干预的时间
　　　　由竖的虚线标示

在幅面 E 中,干预看似是有影响的;不过,似乎是暂时的。很多项目在引入时进行了非常多的公共宣传(much publicity),而深度参与其中的员工们也相信项目的价值,并努力工作以使其有效。然而,一旦项目成为日常生活步骤的一部分,而员工的热情也消退了的时候,结果变量就回复到它以前的水平。在其他情形中,项目的新颖性可能会导致暂时的效果。施内尔等人(Schnell et al.,1978)表明,在高犯罪地区,直升机巡逻时犯罪减少了,但是他们想知道如果这个实验在起始的试验期之外继续的话,这种效果是否会保持下去。可能发生的是,尽管直升机巡逻这种新颖的方式起到了阻吓潜在小偷的可能性,并由此暂时减少了犯罪,但是飞机巡逻长期固有的(inherent)有效性可能并不强。

对评估师而言,在得到诸如幅面 F 所示的那种模式时,会存在一个可能的陷阱。此时,能够观测到一个跨期的稳定的增长。一个幼稚的分析方法会是,把干预之前的若干时期内的均值跟干预之后的若干时期内的均值进行对比。这意味有一个明显的差异存在,但是在理解干预的效应时,这是没有什么帮助的。

对时间序列设计进行分析

针对间断的时间序列数据的严格分析超出了本书的范围。赖卡特和马克(Reichardt and Mark,1998)描述了被普遍接受的方法,SPSS 的趋势模块(*SPSS Trends*

13.0,2004)能够进行各种间断的时间序列分析。不过,分析时间序列的相对简单的方法可以比较容易地学会。

　　当干预被执行并接着被去掉的时候。某些干预可以被开始并接着被暂时地中止。在建立一个基准(baseline)之后,行为治疗师引入一种干预,希望能够减少问题行为的发生频数。设想这个干预是有效的;问题行为减少了。在几个观察期之后,干预被去掉了。如果适应不良的行为(maladaptive behavior)的比率增加了,那么就似乎表明干预是有效的——变化不是仅仅由成熟效应与历史效应造成的。如果干预被重新引入,而适应不良的行为再次减少,那么就可以十分安全地得出干预是有效的结论。这种方法是一种标准的 ABAB 设计,常被治疗师(例如,Horton,1987)与组织心理学家(例如,McCarthy,1978)使用。

　　当干预无法被去掉而效果也是巨大的时候。在其他情形中,干预无法被去掉;不过,如果效果是很大的话,那么干预的影响力可能仍旧是显著的。医学教育研究文献表明,住院内科医生——在医院中接受过专业训练的医生——比注册的、富有经验的医生,会要求病人做更多的诊断性的实验室检测(Rich,Gifford,Luxenberg,and Dowl,1990)。要想知道这个一般的发现对某一特定医院是否成立,我们绘制了每月的实验室检测数量的图形,其时间的范围是从大规模医生项目开始前的 4 年到此后的 2 年。因为在这 6 年之间,医院的规模和住院率(住院床位的百分比)都没有发生系统性地变化,所以这些历史效应的影响被忽略了。一个令人震惊的发现是,在这些医生开始为病人提供照料之前的几年里,实验室检测数就有一个增长:每月有平均大约为 500 次的额外检测。不过,在项目扩大之前的最后一个月与医生项目开始的第一个月之间,却增加了超过 1 万次的检测。因为此次大跳跃之后每月又继续了稳定的增长——也就是说,这个图形类似于图 10.2 中的幅面 D——我们能够安全地把这次增长归因于医生要求检测的行为,正是他们接下来要求进行大量测试的。使用复杂的方法可以分析这些数据的。相反,我们仅仅简单地平滑了医生数增加之前的 48 个月的数据点,此外还有医生增加后的 24 个月的数据点。图 10.3 表明,在医生开始工作的时点,有一个跳跃。图中,光滑的线被称为 lowess **线**(lowess lines),而利用 SPSS 软件,在将数据做成散点图之后,就可以将其绘制出来*。记住这一点是很重要的,即实现平滑需要两步:第一,针对医生项目开始之前的 48 个月的趋势;第二,针对此后的 24 个月的趋势。在图中,医生的影响是很难被忽视的。(实际上,项目主管制定了程序,去减少医生对检测使用;这些程序的效果被反映在图中的后 12 个月里。)因为这个效应如此之大,以至于解释似乎是明确的。如果效应更小,那么去掉干预并在后来再次引入干预将会使解释变得难以令人信服(compelling)。但是由于社区医院在没有极大的努力之下是不能

---

　　*　该线的英文全称为 locally weighted scatterplot smoothing,简写为 lowess;中文含义是局部加权的散点平滑,实际上主要是指局部加权多项式拟合。——译者注

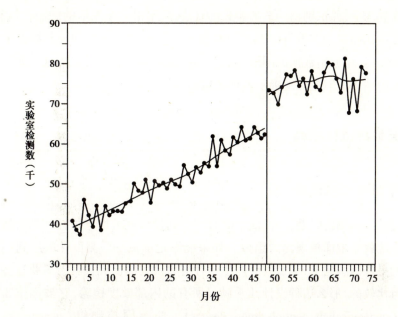

图 10.3 住院医师开始服务于医院的病人之前与之后的实验室检测数。
针对项目开始前 48 个月和项目开始后 24 个月，得到了一条
lowess 线。注意在第 48 个月与第 49 个月之间的跳跃

变成教学医院的，所以这个机构的变化将无法被去掉。与之类似，在了解法律是否会带来合意的影响的时候，其也无法做到先被去除并再被复原。

可以不使用计算机就对时间序列图进行平滑。一种方法就是，使用三个相邻数据的中位数（median）替代掉原始的数据点（Marsh，1988；Turkey，1977）。设想得到如下 15 个月的观测值：30，22，40，17，35，25，32，（干预），45，23，55，42，47，35，52，43。首先，绘制这些数值的图形，使用得到图 10.2 的时间序列结果的方法。接着，绘制中位数的图形。30，22 和 40，这头三个数的中位数是 30；这个数值画在第二个月的位置上。接着，22，40 和 17 这三个数的中位数（是 22）画在第三个月的位置上。对整个时间序列使用同样的方法，以此类推。顺便说一句，如果你不这么做一下，你可能无法理解其中的要点！当你完成的时候，你会发现这个图就已经被平滑了，同时，也可以清晰地发现干预的效应。在干预被希望是有一个长期持续的改变的时候，或改变是永久的时候（就像在医院引入住院医师那样），这个技术是有用的，但结果的测度也表明从一个时期到另一个时期之间有大的随机波动。当干预仅有短期的效应的时候，平滑程序是不起作用的；例如当一所中西部的私立大学赢得了全国大学生体育协会（NCAA）篮球赛的冠军的时候，这激发了大一新生在下一年注册入学，但是并不是在此后的许多年都是如此；在这种情况下，平滑程序就是不适用的。

当平滑技术第一次被提及的时候，某些学生会反对说，数据正在被改变。计算一

个数据集的均值,并识别出一般的模式的做法,跟平滑一个图形的做法,二者是没有什么不同的。我们很少在报告中列示原始数据;相反,我们报告均值与标准差。一个被平滑了的图形,比原始数据的图形,能够更好地揭示图形中的模式;这就如同均值比原始数据点的列表能够更好地揭示典型的数值一样。

对其他组进行观测

非等同控制组设计

通过扩大观测的时期,一个简单的时间序列设计就可以增加评估的可解释性。而另一个方法就是增加被观测的组数。如果能够把前测—后测设计应用到一个没有接受项目的另外的组之上,那么就会产生一种潜力巨大的研究设计。只要这些组之间是能够进行比较的,那么这种设计几乎满足所有的内部效度检验,它被称作**非等同控制组设计**(nonequivalent control group design)。非等同控制组(nonequivalent control groups)也可以被称作**比较组**(comparison groups)。

跟比较组相对照,我们期望项目组(program group)在前测与后测之间发生更大的改进,就像图 10.4 展示的那样。分析这些数据的统计工具是"2(组)×2(期)的方差分析",而其使用的是跨期的重复测量(Kirk,1982)。其他统计学家称其为**混合设计**(mixed design)。如果项目是成功的,同时组均值遵循图 10.4 中的模式,那么方差分析将揭示出在组与检验期之间的一个显著的交互作用。其他统计分析也可以被使用:在使用前测得分来控制项目参与者之间起始的差异的情况下,赖卡特(Reichardt,1979)说明了如何使用方差分析来解决问题。不过,他也说明了,取决于组均值的模式,这种分析方法会给结果带来不同方向上的偏误(bias)。他的讨论超出了本书可以评论的水平。不过,针对实验的方差分析会在下一章讨论。意识到这一点是很重要的,即不同的方法都是可用的;任何一个都不是永远正确的。在开始进行统计分析之前,仔细地审查(inspect)数据总是一个明智的做法。从理想的角度来看,我们想发现的是,与图 10.4 中的均值相关的标准差,是类似的。进一步,该图形表明了项目之前的均值几乎是相等的;如果前测的均值有很大的差异,那么非等同控制组设计的分析就会是误导人的。

需要注意的是这个设计的积极特征。把比较组包括进来,这可以使我们从若干貌似合理的解释变化的效应中分离出项目的效应。因为比较组跟项目组一样都被测试了,所以二者来自时间的成熟度效应量是相同的。历史的影响力大概(presumably)也是同样地影响了二者。因为二者都会被测试两次,所以测试效应也是等同的。最后,在前测与后测之间的参与者损失率也可以被仔细分析出来,这样就保证了它们是相似的。在机构的一部分接受项目而其他部分不参与的时候,非等同控制组会特别有用。由于选择进入项目不是被参与者能够控制的,而且参与者的需求水平也不决定其是否

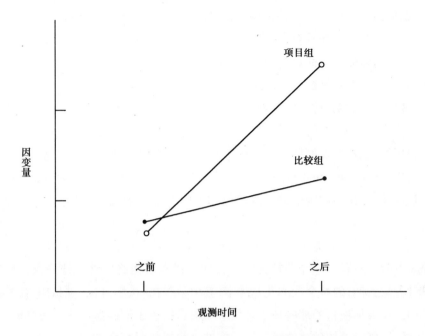

图 10.4　非等同控制组(比较组)设计的假想的结果

符合项目条件(eligibility),所以两组的可比较性是十分良好的。不幸的是,恰如后文所示,这些合意的条件常常并不满足。正如第 9 章提及的,因变量的意义(meaning)可能已经受到了项目的影响,我们必须考虑到这种可能性;如果那是可能的(is likely),那么在前测与后测之间进行比较就是无效的了。

选择比较组时的问题

要依照被研究的评估问题来选择比较组。如果人们想知道项目是否有任何的影响的话,那么就可以使用非处理组(a no-treatment group)。不过,如果利益相关者想比较提供服务的不同方式的话,那么非处理组并不适用。在那种情况下,可以比较不同的项目。如果怀疑关注(attention)就能够影响到结果,那么比较组就应该是一个安慰剂组(a placebo group),或者说,这个组参加项目,但是人们却不希望其在结果变量上受到影响。

在所有的非等同控制组设计中,主要的弱点是很难找到一个比较组,而其必须是跟处理组(treatment group)极其相似的,足以使我们得到有效的结论。例如,那些选择进入项目组的人们可能会比那些在控制组中的人们成熟得更快。与那些不寻找特定项目的父母相比,为孩子寻找特定项目的父母,也可能在家里的时候就更愿意关注他们的孩子。如果因为在前测中有了极端的得分而导致该项目参与者被选择的话,同时比较组是从那些得分相对不极端的人中选择的话,那么另一个问题就产生了。如果是这样,那么恰如第9章提及的,结果可能会被回归效应所扭曲。

事实上,会有一个问题存在,那就是在项目组与比较组之间的前测结果上会有差异;寻找这个问题的答案的评估师可以让项目组中的人们与那些比较组中的人们相互匹配(matched)。人们是被选来形成一个比较组的,这是因为其在收入水平、客观的测试得分、被定级了的调整性、居住地点或者其他准则方面跟项目参与者十分相似。尽管匹配方法常常用来选择比较组,但是有时它也会带来错误。针对"头脑开发"项目,被广泛引用的、最初的负面评估(Cicarelli et al., 1969)被人们所批评,就是因为其执行了匹配的方法(Cicarelli and Erlebacher, 1970)。"头脑开发"项目是为缺少有利条件的学前儿童设计的,而他们则最缺乏跟学校相关的技能与态度。此外,营养的与医疗的目标也包括在内(Zigler and Muenchow, 1992)。

当"头脑开发"项目最初被评估的时候,其已经被广泛接受了,并被提供给很多社区(Datta, 1976);所以,这个项目无法将任何一组孩子拒之门外。评估仅仅使用了后测的设计方法,针对的是全国的儿童样本,其中某些在"头脑开发"项目中,而其他的则不在其中。不参加项目的那些孩子被跟参加项目的孩子们匹配起来。评估时,把一年级、二年级、三年级参加项目的孩子们的标准测验得分跟相似的、没有参加项目的孩子们的得分进行了比较;结果发现,"头脑开发"项目是个很失败的项目。评论家们利用若干理由批评了这个评估的方法论;不过,现在我们讨论的重点是成熟效应,很可能是它导致了这次评估的结论。

没有参加项目的比较组中的孩子们,相比"头脑开发"项目中的孩子们,会面临相对更少的不利条件;所以选择这些孩子作为匹配对象,对"头脑开发"项目中的孩子们而言,是不等效的(could not be equivalent)。为了找到符合项目条件的孩子以及类似的不符合项目条件的孩子,不得不让以下两点或其中之一成立是:(1)比较组来自于那些相对缺乏能力的、不符合"头脑开发"项目条件的孩子们,或者(2)处理组来自于那些参加了"头脑开发"项目的、相对具有更强能力的孩子们。在这个无效的匹配方式中,为了理解朝向均值的回归效应,重要的是要理解为什么前述句子得是正确的。针对全国性的项目,一旦在选择某组时是建立在需求的基础上,那么就不会再有其他组是类似于项目组中的人的了。那就没有好的比较组了。不过,在某些变量上(例如,家庭收入、在学校的年级情况、考试得分),符合条件的人们与不符合条件的人们之间会存在着重叠(overlap)。谁会重叠在一起?处于"有需求"组中的人要跟"没有需求"组中的人相互重叠,这必须发生在"有需求"的人中具有相对更好的福利状况这一情形。那些处于"没有需求"组中的、跟"有需求"的孩子们重叠的孩子们必须是在"没有需求"组中的福利状况最差的(Crano and Brewer, 1986)。

思考下面的例子。假设一位教师想为所有二年级的学生提供一个特定的拼写项目。如果这位老师想找到一个比较组,那么她能够找到某些三年级的学生,而他们的得分则低到了跟二年级学生一样的程度。这些组是等效的么?可能并不是。这些三年级的学生可能仅是三年级中相对较少的部分,而一般来说,跟二年级这一处理组相比较,三年级这一总体是具有更强的拼写能力的。在再次测试这些组的时候,会发生什么? 因为没有哪个拼写测试是完全可靠的(perfectly reliable),所以比较组中得分低的三年级学生看起来会有所提高,这不仅仅是因为他们学会了一些新词,而且也因为他们正朝向三年级的均值回归。这种回归将使得二年级学生的提高由于项目的原因而显得相对较小,就没有其本应有的那么明显了。

案例研究 4

用来评估就业激励计划的非等同控制组

> 佩蒂,辛格尔顿和康奈尔(Petty, Singleton, and Connell, 1992)研究了公共事业公司中的一个就业激励项目。其目标是提高生产率,降低成本,提高雇员士气。激励系统为雇员们提供了资金回报,如果实现了群体目标的话。通过让雇员参与激励系统的设计,人们希望雇员会喜欢这个系统。项目组由一个公司部门构成($n = 618$),他们自愿参加这个评估;而比较组是由经理选定的,该部门跟项目组有最大的相似性($n = 587$)。结果变量包括评估期间每个部门的运营成本、每个部门基于 5 个现存的公司指数之上的生产率,以及评价士气的雇员态度测试和对激励计划的反应。
>
> 项目组(1)在花费方面表现得更好(例如,其花费的比预算的要更少,而比较组则花得更多),(2)跟目标以及以前年份的基准相比,在 9/10 的变量上,实现了更高的生产率,但是(3)跟比较组相比,没有表现出更好的士气。整体而言,公司的资产负债表有了盈利,而顾客则得到了更低的成本。
>
> 不幸的是,尽管 72% 的雇员想继续这个项目,但是其被中止了,因为工会成员以及其他部门的管理者对这个计划作出了消极的反应。评估师推测是经理没能在这一年的尝试中使各种利益相关者充分地参与。

评论:评估师没有讨论的一个问题是预算的节约是如何实现的。很可能是工作更有效率了,但是也可能是某些花费被延期了。在短期内,通过推迟维持运营的费用的方式,任何机构都能实现显著的节约,但是这会引致后来的额外成本。作者没有提及项目组是自愿参加评估的——自我选择效应就无法被评价了。此外,比较组中的管理人员与雇员知道这次评估;非正式的信息表明,有人努力想超过参与项目的部门。这次评估展示了人们会经历到的某些困难,特别是在利用非等同控制组评估运营中的机构的创新行为的时候,会经历到的困难。人们试图去控制这些效应,这就需要付出比这次评估更大的努力;而这次评估则已有 1 205 名雇员参与,奖金是 707 567 美元,而且还有至少 18 个月的数据搜集期。控制所有的貌似合理的替代解释的唯一方法将需要仔细分析横跨数年的、而不仅仅是一年的预算花费,还要包括其他的随项目变化的公司部门的,同时还需要更加融洽地跟雇员与管理方的利益相关者合作。评估不是缺乏勇气的人能做的事(Evaluation is not for the faint of heart.)。

　　换言之,有不同的影响因素对这组的孩子提高其得分产生了作用。项目组的孩子可能表现出提高,因为**新的**项目已经影响了他们,同时还因为他们也成熟了一些。比较组的孩子的提高是因为接触到了**常规的**(regular)拼写课,成熟度的增加,以及回归效应。"头脑开发"项目最初的评估是有偏误的,这就恰如这个假设的教师进行的评估一样(Campbell and Erlebacher, 1970)。因为人类服务项目常常只产生小的改进,所以回归效应的大小甚至可能会超过项目的效应。实际上,坎贝尔与厄尔巴赫(Erlebacher)认为,回归效应可能使得补偿教育(compensatory education)*看起来是有害的,而事实上项目可能已经产生了小的积极影响。这个教训(moral)是清晰的:当各组在某些维度上存在系统性差异的时候,非等同控制组设计对回归效应是特别敏感的。因为存在于处理组与比较组之间的系统的前项目差异(preprogram difference)可能会在补偿教育评估中被发现,所以需要在使用非等同控制组设计时格外小心。

　　我们强调朝向均值的回归,这不是说其是非等同控制组设计的唯一弱点。强调回归效应,是因为某些利益相关者可能认为,选择特定的参与者进入到评估过程中,能够对前在的(preexisting)、存在于各组前测得分之间的差异做出补偿。还有很多其他理由可以说明现有的各组相互之间是不同的。为了了解在一个教室中使用的教学法是否更加有效,人们可能会比较临近的教室。尽管两个教室中的孩子们看似是等效的,但是可能在后来我们才了解到比较组(即,非处理组)教室中的教师正在使用的方法是跟项目中使用的是相似的**。或者,当两个医生的病人被用来评估病人教育手册的作用的时候,可能的结果是,分发手册的医生已经系统地鼓励她的病人去阅读,去了解他们的病情和治疗情况。这样的话,她的病人比其他医生的病人就更可能阅读这些材料。这种在病人群体之间的前在的差异,可能使得病人教育项目,跟本来可能的情形相比,看似更加有效,如果是要求不同的医生来分发材料的话。

　　总而言之,尽管在前测时各组之间的差异能够导致高估或低估项目的效果,但是如果有类似的组可以用来形成处理组与比较组的话,那么非等同控制组设计还是相当有效(powerful)和有用的。案例研究4是一个大型的非等同控制组设计评估;这个项目尽管范围大,但在其被完成之后,仍然留有可能引来批评的问题,即没有控制内部效度的威胁。

断点回归设计

　　有这样一种情形存在,即可以在非等同组之间进行比较,而在一定程度上,这是一

---

　　*　提高贫苦儿童教育水平的教育工作。——译者注
　**　暗含的意思是本应该是不同的。——译者注

种比迄今为止提到的方法都更强有力的方法。如果接受服务的合格条件(eligibility)是建立在连续变量的基础上,例如,收入、成绩(achievement)或者身体丧失功能的等级*(level of disability),那么就可能使用断点回归设计(Regression-Discontinuity Design)的方法(Trochim,1984,1986)。例如,假设在秋天有 300 个学生参加了针对阅读成绩的测试。得分最低的那些人被定义为最需要额外辅导的人。如果项目能容纳 100 个学生,那么看似合理与公平的做法就是让这 100 个得分最低的人参与项目。这个策略就是非等同控制组设计的一个特殊案例;不过,跟其他的选择比较组的方法不同,评估师对两组是如何形成的有一种定量的测量方式。

如果在学年结束时所有的 300 人都被再次测试,你会期待发生什么? 需要注意的是,我们不会期望这 100 人的表现超过那 200 个常规的人。相反,如果项目是有效的,我们会希望被处理的学生有所收获,要超过"假设他们呆在常规的教室中"这一情况下能得到的收获。断点回归设计能够帮助评估师测量出这个效应。

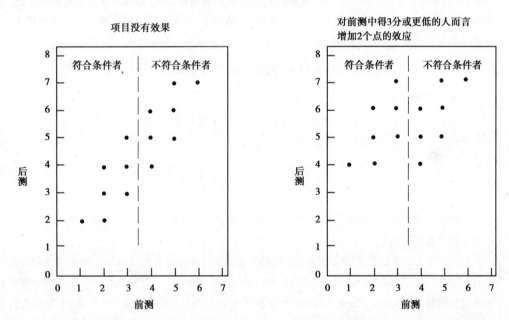

图 10.5　前测得分与后测得分之间的相关性;而得 3 分或更低的人则是符合特定救助项目的,项目为的是提高他们的后测成绩。左侧的图表明了救助是无效的情形;如果跟没有特定救助时相比,项目使得符合条件的人提高 2 个点,那么数据的展示方式就会像右侧的图表明的那样

---

*　其是否为连续变量,可能有争议。——译者注

框 10.1   如何计算并解释断点回归分析

如果你已经研究过多重回归分析,那么进行一次简单的断点回归分析是很容易的。首先,需要有有关人群的前测与后测信息。只有在前测中处于低端(高端)的人才可以进入项目。不考虑他们的得分情况,我们必须对所有人进行两次观测。假设,在前测中——分班测试中,低于 60 分的学生符合救助条件,可以不参加常规课程。为了评估救助的有效性,我们可以使用断点回归设计。后测,即常规课程中的最终测试(final),是因变量(需要被预测的变量)。分班测试是一个自变量,X_1,同时是否得到救助是第二个自变量,X_2。100 位接受救助的学生的 X_2 的值是 2;200 位没有接受救助的学生的 X_2 的值是 1。

我们完全有理由期望,对课程的最终测试而言,分班测试(placement test)是一个强有力的预测因子(predictor)。如果救助项目有助于提高最终测试的得分,那么 X_2 也将是最终测试的强有力的预测因子。

下图(左侧)展示了一个散点图,其中,项目参与人提高了后测得分。回归直线也被画在了图中;项目效应产生了一个断点(a discontinuity),此时我们会发现,在分割线处有一个突然的跳跃,而分割线则把合格得分(60 及以下)与不合格得分(60 以上)分开来。回归方程也支持这个结论,即参与项目会提高最终测试的得分。

$$Final = 21.25 + 0.57 \times (Placement\_Test\_Score) + 7.67 \times X_2$$

对不合格者 $X_2 = 1$,而对合格者 $X_2 = 2$。

参与(或不参与)项目与第二次测试的关系在统计上是显著的($t(297) = 4.027$, $p < 0.0005$)。项目效应是+7.67 点。项目的效应值大小是

$$g = t \cdot \sqrt{\left(\frac{1}{n_1} + \frac{1}{n_2}\right)} = 4.037 \times \sqrt{\left(\frac{1}{100} + \frac{1}{200}\right)} = 0.493$$

依照第 9 章中提及的利普西和威尔逊(Lipsey and Wilson, 1993)的发现,效应值大小表明救助产生了中等程度的效果。

在更加复杂的情况中,使用断点回归分析的其他细节可参考特罗契(Trochim, 1984, 1990)的著作,以及其同事的著作(Reichardt, Trochim, and Cappelleri, 1995)。尽管断点回归设计的例子常常出现在补偿性项目(compensatory program)的背景下,针对的是处于掉队危险之中的人们,但是它们同样也可以用来评估针对天才的项目(Maesh, 1998)。请注意右侧的散点图。点的分布情况跟左侧的图是相同的,但是却没有回归直线。没有断点回归分析的帮助,就不容易侦测出救助的效果。

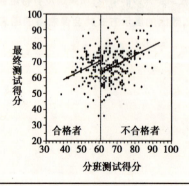

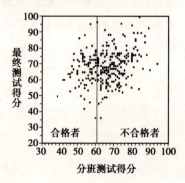

图 10.5 展示了关键的概念。左侧的散点图表明的是如何看待前测与后测的相关性：有一个强烈的、线性的、正的相关。前测与后测，用不着完全相同（identical）；它们仅需要去测度同样的建构（construct）——阅读技能、化学的掌握程度、育儿技能即可。如果那些在前测中得分低的人接受到一个有效的项目，而该项目则为后测中参与人的成绩增加了 2 个点，那么散点图就将看起来像图 10.5 的右侧的情形。为了测度出项目的效应，需要使用框 10.1 中所解释的那种多重回归分析。在框中，散点图表明了为什么评估师需要进行统计分析。没有这种统计分析方法，就不可能发现项目效应的大小。这种回归分析的确能侦测出项目效应，同时绘制出的回归线也十分清晰地展示出了间断性（discontinuity）。如果特定项目跟常规课堂是等同的，那么我们就能发现前测与后测之间的一种平滑的关系。如果项目真的（但愿不会如此！）比常规课堂差，那么我们将发现项目学生的得分会比基于前测的预期结果要更低。在这种情形中，间断性将会是图 10.5 和框 10.1 的反转的（reverse）形式。

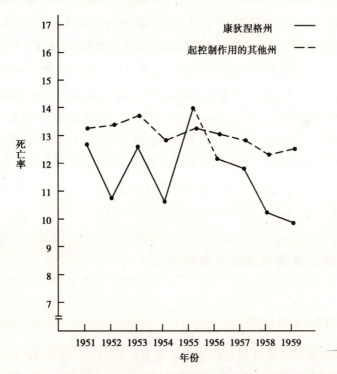

图 10.6 康狄涅格州与可比较的州的每 10 万居民的汽车事故死
亡率（改编自 D. T. Campbell 1969.Reforms as experiments.
American Psychologist，24，419. 版权归美国心理学会所
有。经许可复制。）

观测其他的因变量

此刻，第9章中描述的方法，已经被扩展成了包括对项目参与者在多期内进行观测的情形，同时也包括了对除了项目参与者之外的群体进行观测的情形。通过观测不期望被项目影响的，或者至多有很小的边际影响的，额外的因变量，就有可能增加解释的效度；这种设计被称为**控制建构设计**（control construct design）（McKillip，1992；McKillip and Baildwin，1990）。

对新增的因变量的测度必须跟主要因变量的相类似，而且不能受到项目的强烈影响。在特定的项目之后，如果孩子们真的阅读得更好了，那么我们就可以期望，跟参加阅读项目之前的自己在社会科学上的表现相比，他们将会在社会科学测试中表现得更好；因此，对于阅读项目而言，一次社会科学测试将不是一个好的控制建构测度方式（not a good control construct measure）。不过，数学技能的测试仅仅需要最少的阅读水平，而其就可能是一个优秀的新增因变量。在健康教育项目中，病人们集中关注如何避免心脏病，而针对有关心脏功能、胆固醇和其他主题的知识，他们则应该会有所增长。他们不应该被希望对骨质疏松症的知识有所增长。当有可能找到额外的因变量的测度的时候，这种设计就是一种强有力的设计；不过，这需要满足两个条件：（1）跟结果变量一样，额外的因变量受到同样的威胁内部效度的因素的影响；但是（2）额外的因变量不会受到项目的影响。麦克凯利普，洛克哈特，埃克特和菲利普斯（McKillip，Lockhart，Eckert，and Phillips，1985）使用跟酒精相关的、但却不受项目制约的控制建构，在大学校园里，对一个基于媒体的酒精教育运动进行了评估。这篇论文已经被压缩，并按照评估报告的形式重写过，被放在本书的附录中。

为增强内部效度而结合使用多种设计

时间序列与非等同控制组

最容易解释的准实验设计就是那些把前述方法结合在一起的设计。如果能够观测跟项目参与者类似的群体，那么简单的间断（interrupted）时间序列设计的实力就会被大大增强。通过仔细分析4个相邻州的死亡率，康狄涅格州限速项目的效应就很容易被分离出来。图10.6就对比了康狄涅格州以及这四个州的死亡率均值。在图中，我们可以发现，在这5个州中，似乎有一个整体下降的趋势；不过，康狄涅格州的1957—1959年的死亡率正日渐降得比邻近州的更低。尽管朝向均值的回归是对1955—1956年的下降的一个貌似合理的解释，但是如果在后继年份一直有效力的限速是没有效果的话,那么后继的合意趋势是难以解释的。里肯和博鲁奇(Riecken and boruch,1974)认为,定性地理解针对因果结论的多种内部效度威胁,比统计上的显著性检验似乎更重要。

对观测结果进行有效的(valid)解释的关键在于能够重复这些观测结果。如果发现的结果可以被复制,那么跟无法复制的情况比起来,人们就可以更加确信结论的准确性。图10.7就展示了来自于这类评估的最容易解释的模式。这个设计被称为**可转换复制的间断时间序列**(interrupted time series with switching replications)(Cook and Campbell,1979)。如果观测值符合图中的这个模式,那么几乎不用做什么统计分析。麦克凯利普等人(Mckillip et al.,1985)的评估报告(见附录)就是基于此种设计,其表明了这种设计可以用于追踪基于媒体的教育运动的影响力。

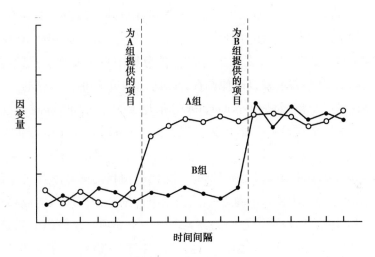

图10.7　可转换复制的间断时间序列设计的假想的结果

选择性控制设计

通过理解项目的背景,评估师可能会识别出最可能影响评估的、针对内部效度的威胁。接着,评估师可能会选择比较组去控制特定的内部效度威胁,这样的话,最貌似合理的解释就被消除了。如果有合适的非等同控制组可以使用,那么选择性控制设计(Selective Control Design)就是最强有力的方法(Cordray,1986)。

这里就有一个基于选择性控制设计的评估的例子。一位文理学院的校长要求对学院提供的三年级学生的海外项目进行评估。学院的理事会会议将在6周后开始,需要这份报告。显然,是没有机会进行时间序列设计的。(恰如早前所述,对评估师而言,有截止期限的工作是常见的情况。)评估在显而易见是可比较的情形下被规划出来——曾在前一年去过海外学习的大三学生 VS.仍旧在母校学习的大三学生。在进行这次比较的过程中,作为内部效度威胁的自我选择是无法被忽略的。在海外学习一年的学生跟留在国内的学生是不一样的。通过在出国之前就对个体进行测试的方式，人们可以估算这两个组之间的潜在差异，但是前测—后测设计是不可行的，因为分配给研究是时间太短了。因为决定去海外学习需要非常多的规划，所以学生们很早就为项目做准备了。通过比较已经出过国的大三学生跟正准备出国的大二学生，自我选择的威胁会被控制住，因为这两组已经把自己选入项目了。不过，现在，第二个内部效度威胁却成了一个问题：跟大三学生相比，大二学生相对更不成熟。两年对中年人或老年人来说可能并不重要，但是两年可能为评估大学生项目带来非常大的差异。通过增加另一个组，不想出国的大二学生，针对这次评估的主要的内部效度威胁就被控制住了。

这个设计被总结在框 10.2 中。如果自我选择效应跟因变量中的高分相关，我们会看到第一行中的各组会有更高的得分。如果是成熟效应导致了更高的得分，那么第二列中的人应该有更高的得分。如果项目，大三学年在海外，有效果，那么右上的组，自我选择的在海外学习的大三学生，应该有如框所示的、特别高的得分。如果出国学习的学生取得的进步一如所愿，那么在 2×2 的方差分析中将会发现交互效应。不幸的是，计划出国的大二学生没有被及时地调查。因此，框中的均值是假想的。

劳勒和赫克曼（Lawler and Heckman, 1969）描述了一个更加复杂的选择性控制设计。他们想去评估这个项目是否成功，即让保管员（custodians）设计自己的激励计划以减少旷工的项目。作者们认为，如果是雇员们自己设计的，那激励计划将会最起作用。由于不能让不同的激励计划同时对雇员起作用，所以项目的测试使用了全部的、现有的工作团队，同时在评估中使用的是非等同控制组。三个工作团队构成项目组，通过咨询项目规划者/评估师，设计了它们的方案。第一个非项目比较组的激励方案跟项目组的很相似，但是却是由管理者强加给他们的。把这一组包括进来，能使评估师对**雇员自己设计**的方案的效果与激励自身的效果做出区分。第二个比较组仅仅需要跟项目规划者讨论工作与旷工问题。之所以要有这一组，是为了表明任何的旷工的减少，都将是由于激励计划，而不是由于受到了管理者的关注而做出积极的反应。最后，没有激励的和不进行讨论的比较组也被加了进来。

框 10.2   在大三学年的游学评估中，关于国际知识的假想的均值分数（高得分意味着更多的国际知识）。项目的效果由这些均值标明

		成熟效应的水平	
		大二	大三
自我选择效应	将会或者已经游学的学生	50	65
			（处理组）
	不打算游学的学生	40	45

分析数据时,使用的是时间序列设计,这是因为(1)旷工率可能会缓慢地改变,同时(2)旷工情况每天都被记录下来,而不管是不是有项目。把干预之前的12周的旷工水平跟此后12周的进行比较,结果发现,参与的雇员有了改进,从12%的缺席变成了6%的缺席;而其他组的比率则没有变化。需要注意的是,没有这三个非等同控制组的任何一个的话(如同前述海外学习项目那样),某些替代性解释仍将是貌似合理的。选择出来的比较组反驳了对项目组旷工减少情况的特定的、貌似合理的解释。

这个设计没有处理某些针对内部效度的威胁,因为它们在这个背景中本就是不合理的解释。例如,测量工具效应(instrumentation)涉及在结果测量上的可能的变化,因为在评估过程中观察者变得更加警觉(vigilant)或者老练。因为旷工是工作环境中的关键变量,所以项目的发展不可能导致在旷工测量方面的任何改变。类似地,测试效应被忽略了,因为在工作背景中出席情况总是会被记录下来的,而不管是不是有一个特殊的项目存在。这样的话,评估师就不需要担心这种情况,即评估导致对雇员的管控行为增加,而反过来,其影响了雇员的行为而不是项目。

总结与预习

在项目评估中,对准实验设计的使用是非常广泛的。这种方法常常会把中断(disruption)的影响最小化,还能够搜集到足够的数据,去分离出创新性项目的可能的效果。不过,不应该机械地使用准实验设计;在每一次的评估中,评估师需要考虑哪些具体的内部效度威胁必须被解释清楚。预先想到这些威胁会让评估师头疼:没有标准的方法来规划准实验设计。有时,跟这些设计一起配合使用的首选的统计方法是有争议的。

如果条件允许进行一次受控的实验评估,那么评估师常常都会利用这个机会,这样的话,他们就能控制住最多的内部效度威胁。如果干预的花费很大,会影响很多人,或者可能导致严重的副作用,那么进行受控研究就是可取的。第11章会讲述利用实验评估项目的价值与局限。

学习问题

1. 说明哪一种内部效度威胁没有被包括在假释项目的评估中,而在此项目中,对男性获假释者在项目之前与之后进行了测试,同时也把他们跟同一地区的男性获假释者进行了比较。

2. 假设一个学区中的阅读等级水平在数年中已经出现稳定的下降,同时一个新的阅读项目也被实施了,用以抵消这种趋势。两年以后,阅读水平又下降了,但是主管却说阅读项目是成功的,因为阅读水平本会下降得更多,如果没有项目的话。必需怎样做,才能评估这个解释的有效性。

3. 假设一种新的干预被提供给了位于上流阶层郊区的病人。作为一个比较组,相似年龄的、有相同诊断的病人被找到了,而他们则在一个县医院中,被给予了免费的(医保)治疗。评价这个非等同控制组评估设计。

4. 准实验评估中常常出现的一个问题就是,一组特殊的(particular)结果能够被解释,但是一组不同的结果就不能够被解释。例如,假设提供给贫困组的服务被认为是导致了某些变量上的更高的得分(见第3题)。如果贫困组的后项目(postprogram)水平比中产的比较组更高,那么解释这个评估是相对容易的。不过,如果最初的贫困组的后项目水平提高了,但是却仍旧比中产的比较组的更低,那么就会有很多可能的解释出现。请解释这些陈述。

5. 如果你没有绘制本章给出的时间序列图,而且也没有进行平滑过程的话,那么现在就做。

辅助资源

Shadish, W. R. Cook, T. D., Campell, D. T. 2002. *Experimental and quasi-experimental design for generalized causal inference.* Boston:Houghton Mifflin.

对评估师而言,这本书是规范的研究设计材料。它是坎贝尔和斯坦利(Campell and Stanley,1963)的经典著作以及库克和坎贝尔(Cook and Campell,1979)的更近的标准著作的继承者。在这本新书中,第4章到第7章提供了本章提及的准实验设计的更多细节。

利用实验进行项目评估

即使是在完成了仔细设计的准实验评估之后,人们仍旧会存有这样的担心,即忧虑是某一效应而不是项目造成了参与者的改变,或者是掩盖了项目的真实效果。把这样的忧虑最小化的一种方法,就是使采用的评估设计策略要能最好地控制住针对内部效度的威胁。实现这个目标的最简单的方法就是利用实验,将其建立在把参与者随机分配到项目中并进行观测的基础之上。本章仔细研究了对实验的需求,并将其作为项目评估的工具之一,同时说明了实施实验的最佳时机,还针对在组织机构中实施实验研究会遇到的问题,提出了实际的建议。

项目评估中的实验

实验的好处

在前一章中,我们说明了,当分配人们去体验或不体验项目是不道德的时候,或者当机构的条件无法实现随机分配的时候,我们能够使用的设计就是准实验设计。在这些背景下,评估师会利用现有的完整组(intact groups);然而,这些组的形成原因不是为了满足确定无疑地解释评估这一需求。结果就是,这些组在项目开始之前很可能是不等同的。

可以使用几种办法让各组更具可比性——匹配,寻找类似的组,或者使用统计调整的方法。在某些情况下,这些方法会起到很好的作用,但是也常常无法充分地控制住所有针对内部效度的威胁。在案例研究4中,佩蒂等人(Petty et al.,1992)仍旧担心项目组是自愿参与到激励计划的评估中来,这是跟比较组有差异的。如果没有随机形成的等同对照组,针对具有周期模式的慢性病的治疗的研究是无法有效完成的(Densiton and Rosenstock,1973)。从现有的组中选择出匹配组,这会为没有考虑到相关问题的评估带来统计上的陷阱(Cook and Campbell,1979)。尽管选择性的控制设计被认为是一种准实验的方法,但是在每一次特殊的评估背景中,却需要有相当多的先见之明,来预见哪些针对内部效度的威胁必须被控制。而实验则会避免这些问题。

实验的设计

最简单的实验设计会涉及随机分配人们到一个或更多的项目组中,或者随机分配到控制组中,然后比较各组在后测的结果上的得分。如果各组是随机形成的,那么就不需要前测,这是因为在实验开始之前各组不可能存在系统性差异(Boruch,1998)。实验能够控制的针对内部效度的威胁包括:(1)在成熟水平或比率上,各组不可能有差别,(2)人们不能自我选择进入一组或另一组,(3)虽然个人在开始时可能有不同的严重程度,但是各组在开始实验时在结果变量上不会有不同的水平,(4)所有人都经历同样数量的测试,以及(5)所有组都代表了相同的总体,所以各组不会同时朝向不同的均值回归。换言之,如果事情顺利的话,那么利用统计技术,后测均值就可以有效地用来对比。多于两组的话,仅仅意味着要使用方差分析而不是 t 检验。在框11.1中,我们简单介绍了方差分析(ANOVA),而后文还有涉及它的改良做法。

如果可能的话,我们总是建议在项目开始之前就测量项目参与者。如果人们是随机地分配给各组的,那么在项目开始之前各组的均值不会有系统性的差异。进行与结果变量相关的前测,这可以使我们利用协方差分析(ANCOVA)的方法,而跟独立组的 t 检验或 ANOVA 分析比较起来,ANCOVA 分析受到的第 Ⅱ 类错误的制约相对较小。在框11.1中,我们也简单介绍了 ANCOVA 分析。

利用前测,可以给评估师带来额外的好处:在描述研究发现时它们可以帮助利益相关者。如果在项目之前和之后都能够测度作为结果的变量,那么人们就能够把在参与项目期间发生的变化描述成改进与提高;许多利益相关者十分看重这种信息。如果人们确信让参与者对结果测度敏感并没有带来问题的话(一个针对内部效度的威胁——测试效应),使用前测,还有另外的一个好处。给基本的实验设计增添前测,会使评估师确信,即使在随机化的实施过程中出现了问题,但某些分析工具仍旧是可用的(Flay and Best,1982)。不幸的是,没有什么事情总是正确的。不过,从最差的方面来看,数据还可以被看成是前测—后测非等同控制组设计。

框 11.1 方差分析与协方差分析

　　方差分析(ANOVA)是指一种统计检验,其中有三组或者更多的组被观测——比如一个创新型的社区强化项目(CRP)组,一个传统项目(TP)组,以及一个候选名单控制(WLC)组。如果参与者是随机分配到三组中的某一组的话,那么来自三组的结果的均值就可以被有效地比较。ANOVA 利用的 F 比率表明了,组均值之间的差异是否大到足以拒绝这个想法——各组是等同的(比如,虚无假设)。例如,寻求治疗的大麻使用者被随机分配到预防复发的项目中,一个个性化的评价与治疗项目中,或者一个候选名单控制组。假设在 4 个月的治疗后,评估师发现下述的三组均值和均值的标准误,其测度的是大麻上瘾问题。

项目组	均　　值	标准差	均值的标准误
CRP($n=33$)	43.22	15.67	2.73
TP($n=32$)	47.91	19.65	3.47
WLC($n=33$)	48.34	20.33	3.54

　　假设 ANOVA 没有表明均值存在统计上的显著性。这意味着 CRP 是不成功的么?可能的确如此,但是评估师需要注意,被处理的 CRP 参与者的状况比 TP 参与者的要更好,而且两个处理组的人们都比候选名单组上的人更好。ANOVA 程序比较的是均值上的差异跟人们预期的、建立在各组的标准误的基础上的各组之间的差异。标准误表明了均值的估计值的不确定性,而原因则在于随机的抽样误差。如果我们能够控制结果变量上的随机变异,那么我们可能就会发现在三组均值之间实际上存在着统计上的显著差异。此时协方差分析(ANCOVA)就能帮助我们。

　　如果有针对参与者的大麻使用问题的严重性进行前测评估,那么我们就能够减少标准误的大小。简单来说,ANCOVA 允许我们,在项目之后,以病人在项目开始前的问题的水平为基础预测他们的问题的水平。即使人们被帮助了,如果他们在项目之前就有相对更严重的问题,那么他们在项目结束之后可能仍旧比其他参与者有相对更严重的问题。ANCOVA 允许我们控制参与者之间的那些先前就存在的各种差异,同时降低了误判项目效果的可能性。

　　为了使用 ANCOVA,你只需要在使用计算机程序时指明前测(premeasure)是"共变的"(covariant)。如果人们认为 ANCOVA 可以控制诸如我们期望发现的、如果大麻使用者选择了去参与哪一组之类的组间差异的话,那么 ANCOVA 就会被误用。换言之,ANCOVA 无法对未控制的内部效度威胁所产生的偏误进行补偿。如果已经随机分配各组,而且评估师已经进行了跟结果测度相关的、在项目之前的测度,那么 ANCOVA 就是一个减少第 II 类错误的价值无限的统计工具。

　　在随机形成项目组时,另一个改良的做法就是将相似的人们置于"模块"(blocks)中。或许,这种对人的模块化(例如,分组)可以建立在年龄、技能水平、疾病的严重程度或者以前的在类似项目中的经历之上。然后,再把人们从所有模块中随机地分配到项目组(Dennis,1994)。这种改良的好处包括,在分析数据时可以提供一个选择,用以仔细分析那个用来分块的变量与其他数据的关系。有可能出现这样的情况,即老年参与者比年轻的参与者会更强烈地受到项目的影响。

反对实验的理由

尽管在使评估变得容易解释方面,实验具有很明显的好处,但是很多人反对在服务的背景下使用实验的方法。对评估师而言,熟悉这些最常见的反对意见是很重要的,而人们则生怕在规划评估的一开始就碰到它们,甚至更糟糕的是,在随机分配项目已经开始了之后,碰到它们。

不要在我的身上进行实验!

人们并不热心于参与实验,这可能部分地是由于实验有时已经被与科幻小说中的"疯狂的科学家"联系起来了。此外,大众媒体并没有像实验设计的教科书那样以认真仔细的方式来使用**实验**(experiment)这个词。结果就是,没有受过社会科学方法训练的人们,会把实验等同于评估社会项目或者医学治疗的效果,而且认为其方法是利用隐秘的计划来将危险性的药品分给了未加防范的人们,或者是利用未经过严格训练的做法来理解人们的行为;而发生这样的事,一点也不会让人们感到奇怪。规划一项实验的评估师要以更大的敬意来小心谨慎地处理实验方法的问题。实验的优点应该被强调,同时"创新型的项目已由富有经验的人们来进行规划"这一事实也应该向志愿者和监管研究的委员会讲清楚。

我们已经知道最好的是什么了

有时,人们在执行实验时,针对的是许多专家认为不需要评估的那些治疗。特悲惨的就是具有消极的副作用的无效的医疗干预。非控制型的研究已经使医生和护士认为,纯氧会增加早产儿的存活率;不过,起初,人们并不知道使用纯氧也会使婴儿失明。一旦这个严重的副作用被侦查出来,那么是否有必要给早产儿使用纯氧就成了一个重要的问题。在研究氧气价值的过程中,某些自认为无所不知的护士在夜间调换了氧气,为的是确保常规空气组的婴儿得到某些纯氧。直到完成了受控实验,人们才知道,实际上纯氧的施用要为婴儿视网膜的非正常生长负责任。此后不久,人们才知道具有更高浓度的氧气(而不是纯氧)的空气可以用来提高早产儿的存活率,而同时也几乎不会伤害他们的视网膜的生长(Silverman, 1977)。起到稳定不规则心跳的作用的药物对冠状动脉疾病患者会产生什么效果?一些不充分的评估导致了1985年至1989年之间成千上万的人们早死(Moore, 1995;参见 Hine, Laird, Hewitt, and Chalmers, 1989)。埃迪和比林斯(Eddy and Billings, 1988)发现,医疗证据的质量并不像人们常常认为的那样高。

我知道怎么做对客户是最好的

某些服务提供者确信他们知道对特定的客户、学生或病人而言什么是最好的。结果就是,他们并不急于决定去遵循受随机分配指导的治疗方式。与之类似,人们在参与服务项目的实验性评估时也会犹豫不决,这是因为他们认为人类服务提供者能够选择出最能够满足他们需求的服务。而事实却是,依据什么理由来选择提供给人们的服务并不为人所知。不同的咨询师会遵循不同心理治疗理论,而医生们并不遵循设定的治疗方案(Eddy,1990),不同的城市和州会设立不同的福利政策,同时法官们并不会给犯了同样的罪行的人判定同样的惩罚。尽管会有相当合理的理由来支持人们选择不同的治疗方法,但是个人提供者并不会做出同样的选择,即使是在面对有同样的问题的病人之时,而同时不同的护理人之间也是相互不一致的(Dawes,1994)。

要向服务提供者解释清楚他们的想法并不总是有效的,这需要有很大的智慧。提供一些例子,用来说明非控制型的评估会在后来被控制型研究证明是无效的,这可能会帮助提供者发现感觉错误的可能性,以及清楚地记录下服务的有效性的好处。在前面我们提到过这样的观点,即像进行实验那样,通过处理新的人类服务项目,社会将会受益——把失败看成是我们对人们和组织机构的不完善的理解,而不看成是服务提供者缺乏动机或者能力(Campbell,1969;Deming,1986)。不幸的是,某些人类服务项目的提供者把负面的评估看成是表明他们有过失,而不是他们的理论或技术的问题;因此,一旦特定的个人看似没有从服务中受益,那么他们就会进行各种解释与文饰(rationalization)。通过把所有的失败都解释掉,项目经理也失去了成长的机会,但如果他们在反馈的基础上改进他们的做法的话,成长就是可能的。此时,评估师会感受到冲突带来的全面的压力,而冲突则存在于他们对项目的作用的怀疑跟提供者给出的服务是有效的证据之间。

实验真是太麻烦了

任何想继续评估的人都知道,付出时间和精力是必需的。在非实验室环境中进行的实验,需要进行规划、执行和管控等很多的孕育过程(Boruch,1997;Dennis,1994)。如果评估师不能接触到合理地执行评估所需的资源的话,那么他们就不应该同意去进行一次实验评估;不过,跟非控制型的研究相比,也许只需要花费一点点额外的精力来进行实验评估。有时,特定的组织机构的协议提供了进行实验评估的机会。凯里(Carey,1979)能够进行针对医院护理的替代方法的评估,这是因为不同的护理形式是在两个医院的普通楼层进行的。在某一楼层,护士们遵循被广泛使用的团队方法,其中不同的护士对很多病人负责(例如,管理药物使用),而其他楼层的护士则遵循首要护理模式,其中一个护士负责四个病人所有的护理需要。因为病人是按照床位的可得性被分在房间里的,而分配不是按照诊断情况或者医生的偏好,这样的话,病人的随机组就形成了。在这种情况下,进行实验,除了会在数据搜集上耗费一些精力之外,并不会为医院增加任何的负担。克利夫兰健康服务中心(Cleveland and MetroHealth Center)开发出了一个类似的方法,该方法建立在四个平行的医疗护理提供商的基础之上。病人被随机分配给四个提供商(Neuhauser, 1991)。在成功的改变发生在整个中心之前,一个或两个企业的可能被接受的改变需要被评估。

在考虑使用评估的成本时,常常被忽略的就是**没有**(not)做实验的成本。前面提出了一些例子,其中被认为是有益的医疗护理实际上是伤害了病人。对某些一时间广受支持的医学治疗研究的评价,促使人们发现其竟然从来没有被充分地评估过。吉尔伯特,莱特和莫斯特勒(Gilbert, Light, and Mosteller, 1975)评价道,让人们做实验的替代的说法就是让人们"浪费时光"。而很少有服务提供者会通知他们的病人、客户或者被培训的学员,说提供的服务或者护理并没有被充分地评估,尽管这常常是真的(见Eddy and Billings, 1988;Dawes, 1994)。

最适宜于进行实验的时间

本书的观点之一就是评估应该被整合进所有组织机构的日常运营中。而通常来说,这种评估实践不会是实验,而是在第7章和第9章中提及的行政管控和绩效管控的方法。我们同意利普西等人(Lipsey et al. ,1985)的观点,即实验模型并不是万能的项目评估方法论。不过,在有些情况下,理解因果关系的最好方法却是实验。

在引入新项目的时候

在引入新项目时,有几个条件可能会增加员工和管理者在实验评估方面的兴趣。第一,人们被随机地分配,去接受现有的服务形式,为的是形成一个控制组;此时,很难认为他们是被不公正地对待了。不过,当人们强烈地认为处于一个新项目中,或者被有效的服务孤立开的时候,他们仍可能会提出公正的问题;在研究AIDS新的治疗方式的时候,就发生了这样的事(Palca, 1990)。

第二,新项目可能需要一些时间来执行,这样的话,就为评估提供了时间。在大型的组织中,许多新的项目是分阶段起作用的;评估师能够利用这种延迟性来进行评估。执行培训活动,提供新的设备,或者重组机构,这些很少是在公司的所有部门同时发生的。这就为我们规划引入随机性提供了可能。接下来,随着项目在不同的部门或者地点的开展,几个组将会在同时开始项目,但却会在不同的地点。从理想的角度来说,期望被改变的变量将会随着项目的执行而改变。如果类似的影响在不同的时间被观测到,那么历史效应、成熟效应和朝向均值的回归效应就不是发生变化的貌似合理的替代解释了。为了让管理者在规划执行的时候能够考虑到评估,评估师就必须投身于规划委员会中,同时管理者必须重视有关他们的决策的有效性的信息。

第三,在有必要记录下项目成功情况的时候,进行实验可能就是有吸引力的。进行这样的记录可能是为了内部的目标,也可能是为了外部的目标。在示范项目是由基金会资助的时候,资助机构会希望得到证明,以表明项目在其他地方也能起作用。第四个关于为什么新的项目更常可能被评估的理由就是,与严格评估之前就被规范接受了的项目比较起来,人们会不太担心其失败的可能性。忽略机构的类型,跟新项目合作的评估师需要在员工中鼓励一种探索的精神,因为即使是规划良好的创新也常常不如预期的那样起作用(Dial,1994;Light and Pillemer,1984)。

在利益很大的时候

如果项目花费很大,或者参与人很多,或者将被改变的行为很重要,那么就有必要控制所有可能的针对内部效度的威胁了。福利政策、学区的组织、汽车的安全监管,以及有效地提供医疗服务,都是会对人们产生重大影响的问题。有些项目是为了舒缓社会问题,或者减少伤害或者疾病的风险,而这些项目的支持者会主张新的服务或者政策。由于没有社会能够执行所有可能做到的事,所以选择资金的最优利用方式就是明知的。恰如在讨论政策失败和项目的消极副作用的时候所展示的那样,当被支持的政策并不曾是有效的时候,或者当政策具有跟预期的影响作用相反的时候,资源就已经被浪费掉了(见 Howard,1994;Sieber,1981)。

有时,如果相关的利益很大的话,那么支持者会希望避免把时间用在实验评估之上,这是因为很明显有需求的人们可能会受益,即使这种干预并没有被评估。评估师知道,有时这种热情会造成误导;不过,重要的是,要在没有被看成是愤世嫉俗的反对者的情况下,鼓励评估。在这种背景下,去执行评估的方法之一就是仔细研究用来断定需求的准则。如果人们的需求水平落在了没有需求的人和有明显需求的人之间,那么似乎就能够利用这些人来进行实验了(Crano and Brewer,1986)。这种形成实验组的方法,曾被用来根据提高的写作技能将新生分配到或是常规性英语班或是矫正性英语班(Aiken,West,Schwalm,Carroll,and Hsiung,1998)。在这次实验中,既没有接纳明确要上大学的人,也没有选择绝对缺乏技能的人。

在对项目的有效性存在争议的时候

本书的读者不会对这件事吃惊,那就是利益相关者常常对项目是否可能是有效的、或者甚至是如何定义有效性无法达成一致。回想一下框 5.1 中工作福利项目的争议。在医疗护理中,医生对他们是否应该在发展人际交流技能方面来培训学生们无法达成一致。尽管病人会对仔细聆听其意见的医生更满意,但是有些医生认为人际交流技能是无法讲授的。案例研究 5 所描述的是,在一项受控实验中,医学学生被随机分配到一个培训沟通技能的项目中或者控制组中。

案例研究 5

向医生讲授医生沟通技能:利用随机分配与前测进行的评估

在医学诊断技术方面接受过培训以后,许多医生开始关注病理生理学的抱怨,即没有认识清楚病人生活中的社会与心理方面。尽管培训带来了诊断的技能,但是随着培训的开展,医生们似乎在跟病人的关系方面变得更差了。埃文斯,斯坦利,科曼和辛诺特(Evans, Stanley, Coman, and Sinnott, 1992)评估了沟通技能项目的有效性,而该项目则包括了演讲和指导性的技能实践。从每 60 个医学学生中选择一个人,把其跟病人之间的 20 分钟的诊断性谈话进行录像,然后其被随机分配到沟通项目中,或者分配是去记录病人们额外的治疗史,而时间长度则是跟项目等同的。在项目的演讲部分结束后,两组又都被再次录像。在指导性技能实践部分结束后,这两组被第三次录像、对 2 个项目组学生和 3 个控制组学生没有进行后测评价。

两个评估师独立地给录像带评定等级,而他们并不知道录像带是来自于项目组学生还是控制组学生,也不知道录像带是前测的,还是后测的。使用以前开发的技能评估系统,评估师定出了 16 个等级,包括从安置病人到如何有效地结束谈话。在项目组与控制组之间的对比使用了方差分析,结果表明在演讲之后受训学生的沟通技能比控制组学生的要更好;在 16 个变量中有 14 个,他们的均值超过了控制组的均值。在完成了项目之后,项目组学生的得分再次超过了控制组学生;在 16 个变量中有 15 个,项目组学生的均值超过了控制组的。前测使评估师能够利用更有效力的重复测度设计;因为组中只有 28 人或 27 人,所以有必要尽可能地使用具有统计效力的工具。评估表明医学学生能够学会改进沟通技能的行为。

评论:评估师并没有考虑这个问题,即是否这些改进会延伸到学生的未来工作中,而那时他们将不会被观测;这就是一个外部效度的问题,而不是一个人们是否能够正确地解释项目组与控制组之间的差异的问题。需要注意的是,评估师报告了各组的人员流失情况;流失率很低。

当政策改变正是人们想要的时候

建立在实验方法基础之上的项目评估,有时在执行时,会存在着广泛的对现有政策的不满意,但是对需要做出什么样的改变却没有一致意见。人们希望改变福利政策,而这也伴随着不确定性,即关于替代政策会如何影响人们的行为;而这种希望也带来了对实验性的收入维持项目的富有雄心的评估(Kershaw, 1972)。防止或至少是减少环境不利城乡儿童的失学率的需求导致了一系列与头脑开发项目有关的实验,一个学前项目,目标是改善认知技能、健康状况和营养状况(Datta, 1976)。

当需求高涨的时候

如果与在现有条件下能够被帮助的人相比,有更多的人想得到项目或服务的话,那么进行实验评估显然就是正当合理的了(Dennis,1994)。为了增加需求,作为评估工作的一部分,此项目应该被公开(Cook and Shadish,1994)。不幸的是,这种额外的公开性会对那些没有被选入项目组的人们产生影响。控制组可能不会按照他们没有听说项目时那样行事。如果控制组知道了项目,则会带来额外的针对内部效度的威胁,而这会在本章结束时讨论。

随机的受控实验在 1990 年代变得更加常见,特别是在社区健康促进领域和劳动经济学领域中(Cook and Shadish,1994)。美国教育部曾经资助过实验评估(U.S.Department of Education,2003)。此外,进行大规模的、全国性的、跟政策相关的评估的评估师很少使用准实验的方法,而更多的是受控实验。内部评估师可能主要在特别合适的时候进行实验,就像前面的团队护理和首要护理的例子所表明的那样。

要从实验设计中得到最多的信息

迄今为止,本章强调的是,对结果评估而言,实验比其他方法具有很多明显的优势,同时其也能够在多种的背景中被执行。有时,实验在缺乏充分规划的情况下就已经开始。一旦开始了,实验就可能因为没有悉心培育而走向失败。并且,有时对得自实验评估的信息的分析也会被错误地解释。为了成功地完成一次实验,评估师要在多个方面护卫评估的完整性(Dennis,1994;Rezmovie,Cook,and Dobson,1981)。

在数据搜集之前采取预防措施

与利益相关者密切合作。跟利益相关者密切合作的评估师更可能把握实验设计的特征,同那些认为跟部门的主管达成一致仅仅是为了保证评估是有章可循的评估师比起来,就是如此(Dennis,1994)。正如在前面的章节中提及的,要保持员工们对信息知晓,让员工们对提议的程序有所反应,提供反馈,并对部门的工作保持敏感性,这些努力会给评估师带来更多的合作机会。除了这些可以用于所有评估规划的行为以外,实验参与者的人员退出率也是一个大的问题。在了解了他们将参与到哪一组之后,或者在花时间为评估提供了所需的数据之后,如果人们不想参与了,那么我们就无法保证各组的等同性,而这种等同性本是已通过随机分配的方式实现了的。

使人员退出率最小化。减少人员退出的一种方法就是延迟随机分配,直到已经搜集好前测数据同时某些退出已经发生之时。这种策略的好处就是只有相对忠诚的和负责任的参与者会成为实验的一分子,这是因为他们能够被期望提供结果变量所需的信息。这种减少人员退出的方法会产生一个具有内部有效性的评估;不过,结果却不再能够被应用于项目设计用来满足的整个总体。换言之，这种评估仅有有限的外部效度；人们无法知道结果能够被推广到整个总体的程度。里肯和博鲁奇（Riecken and Boruch，1974）批评了一项福利改革的评估，因为在向参与者解释信息需求的时候，仅有少部分符合条件的人同意参与项目。另一方面，如果一项干预的结果是相互矛盾的，那么仅利用最可能留在项目中的参与者的负面评估就可能带来重要的贡献。富勒和他的同事（Fuller and colleagues，1986）研究了用于戒酒治疗干预的戒酒硫的有效性，而利用的仅仅是那些最有可能受益的嗜酒者——要求进行治疗的 6 626 人中的 612 个人。评估揭示出戒酒硫几乎对这种被选入实验组的被试都没有什么用，此时新的治疗方法的价值就受到了严重的挑战。

其他的减少人员退出的方法包括，为按照计划完成项目和结果测量的人们提供激励，获得知晓参与者在提供信息之前就搬到哪里去了的参与者亲属的姓名和住址，花费时间和精力来寻找参与者，以及持续地追踪失去联系的参与者（Cook and Shadish，1994；Shadish，2002）。把不会流失的变量包括进来，比如来自于机构记录的信息，就是一个很好的预防措施。

规划一个统计上有效力的实验。利益相关者、政府监管部门和基金会都想要有统计分析的评估。在规划实验的时候，人们需要选择一定的样本容量，要使其能够进行合适的统计分析。选择样本容量不是猜谜游戏（Shadish，2002）。第一，如前所述，有必要了解多大的改进会为项目的花费提供合理的支持。对项目员工和管理者而言，这是一个困难的决定。不过，一旦结果的测量方法已经被选定，那么跟利益相关者合作的评估师就可以询问："能够保证你们会认为这个项目是成功的、来自参与者与非参与者之间的得分的最小差异是多少？"为了对这种讨论有所帮助，评估师可能会展示一些其他类似评估的发现，同时使用利普西和威尔逊（Lipsey and Wilson，1993）的评论的结果，为的是提供一个讨论的背景。在利益相关者同意以后，人们就能够使用测量的标准差来计算为项目辩护的最小的效应值。设想一下，人们一致同意，抑郁症检查清单的 10 个点的减少是可以接受的。如果在中等抑郁人群中检查清单的标准差是 22，而合意的效应值是：10/22，或者 0.46。这个值大约等于利普西与威尔逊的典型项目的效应值。

一旦有了效应值，人们就能够使用统计效力表（见 Cohen，1987；Lipsey，1990）来计算所需的样本容量，这样的话，就会有很大的机会计算出在统计上显著的差异，**如果结果匹配于或者超过为项目变化提供支持的最小的效应值的话**。此处我们没有复制这个表但是我们想提供一些关于决策的视角。如果使用的设计仅仅包括了对项目组和非项目组的后测，那么使用到的分析就会是独立组的 t 检验。为了有 50% 的几率侦测出 0.46 的效应值，需要在每一组中大约有 27 人，而需要使用的是针对原假设的单尾检验（使用 0.05 的 p 值或者更小的值，来作为统计显著性准则）。换言之，如果对实验评估来说有 54 个可用的人，同时如果参与者在结果准则上的改变大约是标准差的一半的话,那么抽样误差将会是具有统计显著性的类似评估的一半。或许,利益相关者需要一个更大的几率。如果有80%的几率侦测出0.46的效应值,那么所需的样本容量就是每组60人,或者是总计120人。在这一过程中,最大的挑战就是知道多大的效应值会使项目值得去做。员工们常常期望一些比在类似的项目评估中实际发现的更大的差异。

在实验的过程中追踪随机化的情况

一旦实验已经开始,评估师要保持跟资助项目的部门的密切合作,为的是检查随机化程序是否被执行,以及项目是否也在按照计划实施。此外,在实验开始以后,也会形成一些额外的针对内部效度的威胁。

项目的扩散与模仿发生在控制组的人们知晓了项目并在实际上也执行了它的时候。在学生抵制酒驾(SADD)的项目评估中,某校的非SADD控制组的学生们在两年的项目评估过程中同时也形成了一个SADD规章(Klitzner, Gruenewald, Bamberger, and Rossiter, 1994)。

尝试对控制组进行补偿会发生在这样的情况下,即员工们试图给控制组的人们施以特殊的服务,为的是补偿他们没有接受到项目的服务。如前所述,护士们会努力给早产儿提供纯氧,即使这些早产儿是被分配在常规空气组中(Silverman, 1977)。在其他的评估中,员工们会额外地关注控制组。试图对控制组进行补偿,会产生削减处理组与控制组之间的差异的效果——这样的话,会使得项目看起来没有那么有效;在极端的情况下,对控制组的补偿会使原本被证明是值得做的项目失去可信性,如果实验评估没有被擅自改动的话。

某些控制组会感觉到**来自于实验组的竞争**。在案例研究3的雇员激励计划的评估中,我们曾提到这种竞争。

感到愤恨的士气低落会发生在这样的情况下,即控制组的人们开始认为,实验组的成员比他们有优势,同时导致的结果就是,控制组中的人们不再做出努力,而若是他们不清楚项目的话,本是会付出这些努力的。在给某些失业人员提供工作培训的项目时,这样的事就很容易发生。没有参加项目的人们会认为,在回旋余地不大的劳动力市场上,项目的经历会使参与者找到工作;结果就是,控制组的人们会认为,不值得去付出努力来找工作。如果控制组已经士气低落,那么其成员就不会努力去解决他们自己的问题;这种反应会使得项目看起来比真实的情况更加有效。

跟试图维持实验的评估师相关的另一个问题就是未筹划到的事件的可能性,而其专门发生在控制组上或是处理组上,并影响了结果。库克和坎贝尔(Cook and Campbell, 1979)称这些事件为**地方性历史**(local history)。例如,在群体治疗的评估中,特别好的人际关系可能会使某组十分成功,而不管被评估的是何种群体治疗方法。与之相反,小组成员之间的某些特别的人际冲突可能使同样的治疗看起来缺乏效果,甚至是具有了破坏性。最小化地方性历史效应的方法就是去提供这一项目,并在许多小的组中(如果合适的话,甚至是针对个人)评价其有效性,而不是仅仅去评价一两个大的组。如果很多小的组是相互隔离开的,那么项目的模仿的可能性、对控制的补偿的可能性、来自项目组的竞争的可能性以及影响评估的士气低落的可能性也都会被减轻。

对这些威胁的回顾,揭示出研究结果的评估师们的一种整体思考方式。定量化的结果数据没能揭示出很多有关项目的日复一日的运营情况的信息。这样的话,在其被补充以项目的管控的时候(如第 7 章所述),结果评估就是最有效的估计项目执行程度的方法了。此外,评估师常会参与到项目的观测之中,为的是形成对这些问题的理解——比如员工与参与者之间的互动质量问题,项目满足参与者需求的程度问题,以及项目是如何被整合进资助项目的机构中,或者是如何被提供给社区的。联合使用定性与定量评估方法,这些问题就会被讲清楚。

带着反思来分析数据

人们对统计假设检验存在很多误解(见 Nicker, 2000)。许多本科生和一些研究生通过了统计学考试,他们会认为,如果 t 检验(或者其他统计显著性检验)没有统计上的显著性,那么他们就有证据认定各组似乎是相同的,或者至少它们之间的任何差异都很小,以至于显得有些微不足道。如前所述,如果样本容量很小,那么就有很大的可能性说明一个有效的项目没有导致统计上显著的结果。如果评估在设计上就缺乏统计效力,同时其又被规划和分析,那么得出项目失败的结论就是错误的了。若不考虑原假设是否会被拒绝,需要报告出来的最好的统计信息就是 90% 的置信区间。我们建议的是 90% 的而不是 95% 的置信区间,这是因为在项目评估中我们通常假设参与者会比非项目组变得更好。这种假设带来的是单尾检验。我们设想一下,在抑郁症检查清单问题中,每一组中仅仅使用了 24 个人,同时评估发现了两组均值之间 9.4 个点的差异。如果混合的标准差是 22,那么 90% 的置信区间就是

$$(M_t - M_c) \pm t \times \text{均值差的标准误} =$$

$$(M_t - M_c) \pm t \times (S_{pooled}) \times \sqrt{(1/n_t + 1/n_c)} =$$

$$9.4 \pm 1.68 \times 22\sqrt{(2/24)} = 9.4 \pm 10.67 = -1.37 \sim 20.07$$

或许用图形的方式重新写下这个置信区间是有益的:

-2	-1	0	1	2	3	4	5	6	7	8	9	10	11	12	13	14	15	16	17	18	19	20	21
-1.37											9.4											20.07	

这个置信区间会告诉我们什么? 它告诉我们这个差异在统计上是不显著的,这是因为置信区间的左侧延伸到了 0.0 以下。它**没有**告诉我们项目没有实现提高和改进;跟相

信真正的差异比 18.7(即,20.07−1.37)大比起来,人们没有更多的理由来相信真正的差异比 0.0 要小。评估师能够说什么? 如果面对的是统计上不显著的结果,评估师应该这样说:

(1)发现了 9.4 个点的差异;这个差异比 10.0 个点要更小,而 10.0 个点被认为是为项目的花费做出支持的最小的数值。

(2)t 值在统计上并不显著;这会使我们的资助机构感到沮丧。

(3)置信区间表明,利用我们得到的小样本,各组之间的差异是很小的,或者说其远远超出了支持服务所需的最小的数值。

(4)发现的效应值是 0.43(即,$g = 9.4/22$);这个效应值并不比人们认为的必需的最小值会小很多。

概言之,我们必须保持小心谨慎。评估表明项目有机会成为一个很有效的项目;不过,样本很小,同时发现的差异不如所需的那么大,也就无法提供一个侦测出甚至是所需的最小差异值的机会。我们应该继续管控项目。

这些观点听起来是在含糊其辞回避责任,但是它们在统计上是准确的。同时,它们并没有给项目贴上无效的标签,因为有超过 50%的概率犯第 Ⅱ 类统计错误(见 Abelson,1995;E. J. Posavac,1998)。如果评估师被告知:"我们需要 10 个点,除非我们真正相信不是这样的",那么鉴于这些结果,我们建议继续项目,而同时也继续评估。

总结与预习

一旦项目评估是用来了解一项人类服务项目是否给被服务的人们带来了任何变化,那么实验评估设计就应该被考虑。不过,人们不应该将其强加给那些不满足实验研究要求的项目。一旦完成了评估,那么比起第 10 章中那些相对缺乏控制的评估,建立在实验研究基础上的项目评估就更加容易解释和分析。不过,即使是最仔细设计的评估也会无法解释,如果其没有按照计划执行的话。评估师知道,很多人类服务专家并不完全理解实验方法的优势,而且会通过对控制组提供额外的关照的方式,无知地降低了实验评估的有效性。对所有的评估形式而言,都有一些人要去管控给人们分组的方法,数据是如何搜集的,以及项目是如何实施的。

不考虑成本的话,只有极少数的项目结果会是值得做的,而且对社会而言是合意的目标也都能够通过一种以上的方法来实现。结果就是,使用成本—收益与成本—效率的程序,成本常常就会跟项目的结果关联起来,而这些会在第 12 章中讨论。

学习问题

1.列示项目评估中实验设计和准实验设计的优点和缺点。你可以使用平行的两列表,这样的话,在你完成的时候,你就有了比较这两个方法的简明的方法。这会在考试中起到帮助的作用。

2. 使用没有受过统计学和研究方法训练的人都能够理解的语言,来解释实验的好处,要包括随机分组的内容在内。设想你是在给小学老师、护士和警察讲课。你的答案是否足够好,取决于技术的准确性和听众的接受能力。

3. 设想一下,在实验被解释清楚以后(如同第2题那样),某些人问道:"如果新的项目是值得花时间与精力来研究的,那么某些人就必定认为其是值得的。同时如果员工们认为新项目是好的,你怎么来为不同样让所有人都从项目中受益做辩护?"你会如何回答?

4. 奥斯汀(Austin)决定使用实验设计的方法进行毒品康复项目的评估,而该项目是针对缓刑期的女性的。他要求缓刑办公室去随机分配妇女到项目组或控制组中。项目持续了15个星期,其中每周见面3次。在项目结束之后,参与者被建议去参加一个强度小很多的后继项目中。奥斯汀为缓刑办公室准备好了打分表格,用来在项目结束时进行打分。他们使用表格对项目参与者和控制组妇女在这几个方面的表现程度打分——过上没有毒品的生活情况,形成稳定生活习惯的情况,和避免进一步的法律问题的情况。奥斯汀打算把这些打分作为他的结果变量,来比较项目组的情况跟控制组的情况。奥斯汀遵循的某些程序几乎使得他的发现无法被解释。针对他的程序,列示其问题,同时他可以怎样做来产生更可靠的评估。

5. 玛乔丽(Marjorie)是门诊室的一个新的评估师。她还不清楚她的角色。她知道,几个关于怀孕和婴儿护理的短期课程已经提供给了准妈妈。仅有40%的符合条件的母亲参加了课程。因为这些项目从来没有被评估过,所以玛乔丽向门诊主管建议进行一次评估。玛乔丽建议把对课程感兴趣的女性随机分配到课程中或是其他替代的诸如有关家庭预算的讨论组中。她提出使用问题清单来作为结果评估的方式,而这些问题则是在婴儿出生后新妈妈们会遇到的。如果课程是有价值的,那么她认为,完成了课程的人会遭遇到更少的问题。

在她的计划书中有很多问题。首先列示伦理方面的和设计方面的问题。其次,联系玛乔丽要评估的课程,提出一些建议。

辅助资源

Shadish, W. R. Cook, T. D., Campell, D. T. 2002. *Experimental and quasi-experimental design for generalized causal inference.* Boston: Houghton Mifflin.

前一章也提及了这个材料。第8、9、10章是关于随机实验的。第11、12、13章考虑的核心问题是某些评估师会关心的;这些评估师会被问到这样的问题,即有效的项目是否能够被应用在评估执行时的那种背景以外的背景之中。

分析成本与效果

如果成本没有被考虑到的话,那么项目就没有被充分地评估。一项评估可以控制了所有的内部效度威胁,并且在项目参与者身上发现了统计上显著的重大改进,然而即使如此,如果实现这些改进所需的成本超过了社会愿意支付的水平,或者超出了可以解决同样问题的替代方法的成本,那么其仍旧是一项不会令人愉快的(negative)评估。按照德蒙和哈什巴杰(Demone and Harshbarger, 1973)的说法,针对项目开发所提的建议,如果没有配合以成本估算的话,那么其就是哲学论述,不应该被认真地看待。能够将项目的效果跟成本联系起来,这对想让自己的发现在机构决策时被利用的评估师而言正在变得越发重要。对人类服务的效率情况的顾虑已经变得非常广泛(Fals-Stewart; Klostermann, and Yates, 2005; Harty, Newcomer, and Wholey, 1994)。不幸的是,服务提供者和评估师很少受到成本会计方面的培训,同时那些在非营利组织工作的人们对提供服务所需的成本问题的看法实在是相当的幼稚(见 King, 1994; Yates, 1994)。如果你偷听过哪怕是一次大学老师们之间对高等教育预算的讨论的话,那么你会发现许多人甚至不了解大学是如何资助他们的活动的。

不过,成本分析对企业主管而言并不是什么新鲜事。地方的硬件仓库主管每天晚上都会数数收据,并周期性地看看成本记录。通过把交易转化成美元,主管们就能够比较成本(工资、存货和建筑费)跟现金收入。比较这些数字,能够告诉管理者他们是赚钱还是赔钱了。当然,计账(bookkeeping)并不是这么简单的事;不过,其原理却是明白直接的,而且分析的单位,美元,也是被广泛接受的。在人类服务的背景中,这些原理就相对不清晰了,而且收益常常也很难转化成美元价值。

在任何事情被执行之前的选择可能的项目的过程中,就会用到成本预测和项目目标的信息。项目规划者会提出相关的服务,并证明资金的投资是合理的。在项目已经被提供之后,评估师会评价项目的执行质量与影响力,并将这些信息跟花费的资金联系起来,而使用的方法就是本章所要描述的内容。

成本分析与预算

把成本分门别类,这能帮助评估师认识到什么才是提供项目所必需的。

成本的类型

变动成本与固定成本。有些成本在开门向第一个客人提供的时候就是必须耗费的。如果培训的是汽车修理工,设备与工具的成本在哪怕是一个人注册之前就必须考虑到。不管是一个还是二十个人受训,这些成本都是一样的。另一方面,还有其他成本是因项目的活动水平而变化的。供给与维护的成本就会随着额外学生的增加而增加。大学有更高的固定成本,因其要有大型的建筑物和有终身教职的老师。增加更多一些的本科生,仅会增加很少的可变成本;甚至是注册率有 5% 或 10% 的增长,这也不会对固定成本的花费带来很大的增长。另一方面,注册率下降,以及大量的固定成本的减少,对大学的预算而言会是十分不利的(hard)事。

增量成本与沉没成本。增量成本(incremental costs)是指那些为了项目能提供出服务而必须每天都得考虑到的成本——例如,员工工资和维修费。沉没成本(sunk costs)是指那些已经被花出去了的成本。一辆汽车的原始成本与其现值之间的差额就是沉没成本。做出这样的区别,原因在于人们在理解"沉没成本不应该决定未来的行为"这一论述时存在着困惑。美国邮政服务部安装了一个价值 10 亿美元的邮件分拣系统,而两年之后,总检察长办公室就认为其是一个废物(*Chicago Tribune*,1990)。维护成本——增量成本——是如此之高昂,以至于超过了替代性分拣方法的费用。设备的原始成本就是跟有关未来的决策不相关的成本,这是因为增量成本已经正在超过继续使用该系统所能获得的收益。人们会发现做出"斩仓止损"(cut their losses)的决策是很困难的,可是在某些情况下损失在未来一定会持续。选择放弃一项失败的政策或者昂贵的、不足够好的设备,常常都是很难做出的决策,甚至是在不这样做会意味着损失将随时间而继续增加的时候,也是这样(Brockner,et al.,1984)。

经常性成本与非经常性成本(recurring versus nonrecurring costs)。恰如名字所暗示的那样,经常性成本是指那些日常期间发生的成本,比如工资、租金和事业费(utilities)。设备或者建筑被认为是在实物损耗之前会延续数年的,所以是非经常性成本。

隐形成本与显性成本(hidden versus obvious costs)。这种区别表现在其强调了这一点,即某些成本是容易被识别的,而其他的则是容易被忽视的,特别是在服务被扩展延伸了的时候。例如,一份建筑物增置的规划总会包括新建筑的成本。但是已经有无数次,规划者都忘记考虑家具或保管费用。如果项目扩招了员工,那么不仅仅必须向预算中增加考虑额外的工资,而且附加福利与责任保险成本也必须被考虑进来。

直接成本与间接成本。区分成本的另一种方法就是考虑那些跟提供服务相关的成本,以及那些支持公司得以提供服务的成本。社会工作者的工资与附加福利构成了给特定客户提供服务的直接成本。然而,为了提供这项服务,公司必须被有效管理起来,必须安排好接待人员,电话必须保持畅通,还有建筑物必须保持清洁。如果公司想维持运营的话,所有的这些花费(还有更多的)都会发生。通常间接成本被称为**间接费**(overhead)。在估算提供一项项目的成本的时候,规划人员必须考虑到直接的和间接的成本。

机会成本。在考虑接受一个项目的时候,人们常犯的一个错误就是忽视了进行选择的必要性,即在资金与精力的备择用途中进行选择的必要性。因为接受了项目 A,所以就不可能接受另一个不同的项目。我们无法做到的就被称为**机会成本**——一个损失了的机会,如果你愿意的话。读大学的最大耗费项目不是学费——耗费最大的项目是在读大学时学生们无法挣到的收入。如前所述,多数大学毕业生需要补偿的不仅仅是学费的成本和期间放弃的收入。不过,在其他的背景中,对一个公司而言,选择了一个项目,就无法再服务于其他的目标。常有很多有前景的活动在预算内无法得到支撑,尽管所有的活动都是人们所需的,而且也是有助于实现公司的使命的。无论何时,花费金钱总是为了缓解一种需求,同时其就无法被用来缓解另外一种需求,这就是一种机会成本。在资助哪个项目的争论中,某些特定活动的支持者会倾向于忽视那些无法被资助的项目,如果正在被考虑的项目被资助了的话。

关于预算的一个例子

框 12.1 给出了一个预算表,是针对准备不充分的大学生的特定机会项目的。计划书的作者认为一间小的、装修过的办公室可以在现有的建筑中找到。该作者也没有包括进维护成本、保管成本或保险费,因为不管这所大学将要支持哪一个项目,这些成本都是一样的。如果需要的话,大学主管会估算这些成本。预算涵盖了跟这个项目相关的特殊的成本。大学主管会判断,这个项目,跟把这所房子用做其他活动场所相比,是否会帮助大学更好地实现该项使命。

仔细分析成本问题的必要性

公共机构和私人机构都不能忽视成本问题。因为资金是有限的,所以就总得做出选择。阿肯色州的一个农业县资助了一个针对老年居民的项目,为的是改善他们的生活质量,并提供服务以延缓对家庭护理的需求(Schneider, Chapman, and Voth, 1985)。评估师发现,尽管多数老年居民认为获得服务是一个好的想法,但是仅有 12% 的人会每周去这个中心一次以上。按照采纳的会计设定，运营中心的成本每年**每用户**为教育一个学童九个月的成本的58%~71%。尽管使用服务的人们已经从中受益，但是中心的成本似乎超过了所提供的服务的价值。

尽管阿肯色州老人中心的成本分析是对项目运营的评估的一部分内容，但是规划人员也试图在执行之前预测出政策的和项目的成本。不幸的是，许多估计是粗陋的，而且有错误。有时，项目并没有吸引到预测的用户数，并且有时又有极多的人追寻项目。在1973年，国会通过了一项法案，依靠医保的方式为无法得到肾移植器官的肾透析患者支付费用。在法案被批准之时，估算的成本是低于一百万。然而，截至1978年，这项费用就已经是10亿美元了，已是全国健康机构（National Institute of Health）的全部预算的一半了。在1987年，联邦政府为透析支付了24亿美元，而在1992年，则超过了60亿美元（Dor, Held, and Pauly, 1992），在1995年，则是97亿4千万美元（Schreuder, 1998）。在2010年，肾透析的医保成本预期是280亿美元（*Baseline Report*, 2001）。这些服务延长了人们的生命。我们不是说这是一个花掉联邦资金的坏方式；我们的观点仅仅是——对项目的未来成本继续准确的估算是很困难的。这些成本并没有被预料到，同时也就无法应对其他紧迫的健康问题。没有满足其他的需求，这就是一项机会成本，而其则提出了重要的伦理问题（见Moskop, 1987）。

框12.1   服务于35个大学生的特定机会项目的第一年计划预算

工资（雇员）	
主管（兼职）	$30 000
办公室秘书主管（兼职）	$16 000
附加福利	$8 050
学生助理津贴	
3个高级助教（研究生助教）	$34 500
3个基础助教（工读本科生）	
（大学分担45%；州分担55%）	$3 300
补偿金总计	$91 850
办公支持	
日用品	$3 000
计算机与打印机	$3 000
文件夹	$900
复印与打印	$1 700
电话费	$1 500
办公支持总计	$10 100
项目总计	$101 950

比较成本与效果

决定成本仅仅是问题的一个组成部分——尽管并不总是很容易,但是却是相对更简单的部分。更加复杂的任务就是估算项目的各种收益。如果实现了目标,那么收益就发生了。如果医生切除了生病的阑尾,那么就避免了早产死亡的发生。因为此后他们的病人开始了生机勃勃的生活,所以对这次手术以及许多手术过程而言就存在相当大的利益。一个委员会希望削减政府的机构,而其则被报告说已经节约了委员会成本的 350 倍的金钱支出(Abelson,1977)。增长的收入就是大学毕业的一种收益(Gross and Scott,1990)。在某毒品预防项目中,据估计,很多收益都可归因于参与者的朋友与家庭成员(Caulkins,Rydell,Everingham,Chiesa,and Bushway,1999)。佛伦奇(French,2000)发现了嗜酒治疗服务的回报。

另一种比较成本与收益的方法就是,计算如果项目的成本被节约存在银行里而不是花在项目上的话,你会在银行里得到多少钱。设想一下,一位学生会有多少可以使用的金钱,如果他没有上大学而可以挣到一部分钱(减去生活费),再加上学费、书费和杂费的成本。假定这些钱被用来投资了。利用关于不同职业的工资收入的研究文献,一个经济学家就能够把大学毕业生生命周期中的平均工资收入跟仅仅是高中毕业的个人的进行比较。如前所述,截止到大学毕业生开始全职工作的时候,在高中之后直接开始工作的人会有很多钱在账户里;不过,大学毕业生将会每年都挣得更多。这个高中毕业生会维持领先的地位么? 对节省下来的钱而言(如果不读大学的话),(使用本书没有涉及的技术)可以计算出高中毕业生需实现的一个利率,而该利率可以使该项投资等于读大学的收益。结果是,30 年工龄的高中毕业生需要找到一个每年达34%的投资来源,才能说在 1970 年代高中毕业就直接去工作有金融方面的价值(Sussna and Heinemann,1972)。由于很少有投资能够达到这么高的增长率,所以这个分析就意味着大学毕业的金钱回报是超过其成本的。类似的分析表明存在着不同的百分比数值,但是都得到了相同的结论——大学的价值超过其成本(Sanchez and Laanan,1997;对于类似的基于欧洲的研究,见 Hartog,1999)。不过,读精英大学比读普通大学要有额外的成本,而这个花费却是不值得的(Kahn,2000)。

成本—收益分析的精髓

施奈勤等人(Schnelle et al.,1978)对直升机巡逻项目进行了评估,其可以用来说明成本—收益(cost-benefit)分析的精髓。在邻近地区的研究中,多数盗窃发生在白天的时间里,同时也是由当地青年实施的。因为在直升机中的警察能够重复观察大的区域,所以人们认为航空巡逻防止了犯罪发生。施奈勤,柯克纳,尤斯尔顿和麦克尼斯(Schnelle,Kirchner,Uselton,and McNees,1977)发现,直升机巡逻减少邻近地区的犯罪。

上午 9 点至下午 5 点之间的盗窃率是研究的变量。在常规汽车巡逻期间,每天的盗窃案均值是 1.02,而在利用直升机增援地面巡逻的时候,每天仅有 0.33 起盗窃案;不过,这样的巡逻也提升了成本。很合理地,人们就会问盗窃案的减少是否证明了额外的费用就是正当的。

因为直升机、飞行员已经是警察部门的一部分,所以这些成本就不应该被考虑。大概在紧急情况下,直升机会被重新部署。需要注意的是,尽管项目的确是利用了本是被浪费了的资源,但是如果警察局是想让直升机在他处巡逻而利益相关者却想维持在本地巡逻的话,那么成本—收益分析就会发生极大的改变。新增油料和维护的成本要包括在内。这些成本应该拿来跟收益——被界定为没有被偷走的商品的价值——进行比较。框 12.2 汇总了对收益/成本比率的计算。直升机的成本是容易计算的。盗窃的成本也可以通过保险公司的材料来估计。事实上,收益/成本比率达到了 2.6,这表明项目是值得做的:没有被偷走的商品的价值超过了巡逻的成本。

也有若干成本与收益没有被考虑进来。居民的安全感可能提高了(一项收益),但是对噪音的愤怒也可能增加了(一项成本),而隐私感可能也下降了(另一项成本)。更少的盗窃意味着警力与法院成本的节约,同时警察就能够把精力转向其他的犯罪预防工作和调查工作(更多的收益)。这些成本和收益被忽视了,这向评估师表明了一个重要的原则。一旦核心问题已经被回答,那么评估师就不需要寻找额外的信息,这是因为测度或估算其他变量的值是不必要的,会给利益相关者增加更多的成本。对施奈勤等人(Schnelle et al.,1978)来说,核心的问题很容易利用成本与收益方法估算并回答。因此,他们没有去尝试非常困难的工作,即为额外的成本和收益进行定价。由于收益/成本比率是如此之大,以至于他们有效地说明了直升机巡逻是十分值得的。对于那些对学习"真正的"收益/成本比率知识不感兴趣的评估师而言,通常这样的结论就足够了;对评估师而言,其满意的情况就是有足够的信息来支持一项实践可行的决策。如果直升机有其他的替代性的使用活动,那么就需要有一个更加复杂的成本与收益分析了。

框 12.2　直升机巡逻的成本/收益比率的计算

	总计	每天
项目成本(24 天)	$3 032	$126
在没有直升机巡逻的期间盗窃的成本(55 天)	$27 171	$494
在直升机巡逻期间的盗窃成本(24 天)*	$3 853	$161
收益(24 天的项目)	$8 004	$333
成本/收益比率	——	$333/$126=2.6

*Schnelle et al.(1978)没有提供盗窃成本的数值;不过,这些成本可以从其报告中近似地估算出来。

注:这些成本和收益没有针对通货膨胀进行校正,因为必须要使用某一个通胀率;而这些变化会被抵消掉,那么成本与收益的比率会保持不变。

施奈勤等人能够忽略难于估算的成本和收益;然而,在很多成本—收益分析中,却必须对此进行估算。拉库马和佛伦奇(Rajkumar and French,1997)仔细研究了人们在使用毒品时所犯罪行的无形成本(比如,增加的痛苦、恐惧等)的估算问题。因为毒品预防项目减少了犯罪行为,所以这种减少的情况应该被包括在毒品使用预防的效果中。这样做会表明,毒品使用预防项目产生的收益明显地要超过项目的成本。美国陆军工程兵部队(the Army Corps of Engineering)已经常规性地利用水利工程估算出的娱乐消遣性价值(recreational value)来帮助证明建筑成本是合理的。为了计算一个能够减少工作现场伤害的安全项目的收益/成本比率,人们就有必要去估算被延长了的雇员生命的美元价值。如果一个职业培训项目使得某些参与者不再需要福利支持,那么收益就可能从工资收入中估算出来。但是,更好的心理健康状态的美元价值是多少?在癌症患者中,焦虑被缓解,又值多少? 对六年级学生而言,在标准化的阅读技能测试中5%的提高呢? 被提高了的艺术与音乐欣赏能力呢? 显然,这些效果是有价值的,但是在它们值多少钱的问题上,人们是难以达成一致的。

军事规划活动提供了一个甚至更加令人震惊的、可以说明成本—收益分析的局限的例子。一次轰炸的各种收益要如何计算? 轰炸带来毁灭。如果有收益的话,收益也是积累的(accrue),若赢得了战争或避免了(averted)战争。然而,战争的净收益是负的,而不是正的,即使是对胜利者而言也是这样。如果不去计算收益/成本比率,那么人们可以询问轰炸在实现其目标时有效性究竟如何。成本—效率(cost-effectiveness)分析被开发出来,用在了收益的美元价值很难量化的情形中;不过,必须要做的就是在各种具有替代性的方法之间进行选择。

成本—效率分析的精髓

使用炸弹造成的弹坑的立方码的大小,再除以炸弹的成本,就可以把轰炸的效果进行排序。我们是没有办法去断定每美元的立方码的大小是好的还是坏的,直到能够把它跟第二次轰炸的立方码/美元比率进行比较为止。通过比较这两个比率,军事规划人员就能够挑选出更大的美元—轰炸效果。一旦提高与改进可以被量化,那么相同的方法就可以用在人类服务机构中。如果两个或者更多的项目都产生了相同的行为改善,或者减少了同样的问题发生频数,那么就可以计算每个项目的每美元的效率(effectiveness),这样的话,就能够识别出成本—效率更好的项目。假设有若干项目用来帮助嗜酒者戒酒,而这些项目则需要被评估。通过计算戒酒超过12个月的人的比例,效率就可以被测度出来。对每一个项目而言,效率比成本的公式就是:

$$效率 / 成本比 = (戒酒率) / 成本$$

而比值最高的项目就是最具有成本效率的项目。为了避免很多的小数位数,我们需要以千美元为单位而不是以美元为单位给出成本的数值。*

成本—效率分析在测度企业的生产率的时候是十分重要的。戴(Day,1981)描述了一个位于俄亥俄州的企业是如何常规地计算3个指数并帮助进行钛生产过程的管控的。首先,生产出来的数磅钛被雇员人数相除;第二,生产出来的数磅钛被工厂的总资产相除;第三,由于在生产过程中能源消耗非常高,所以数磅钛又被生产过程中所需的热量单位(BTU,British Thermal Unit)相除。第二个指数是传统的成本—效率测量方式——产出除以成本;不过,其他两个会帮助管理者发现工厂运营过程中为效率好坏负责的某个方面。跟过去的效率水平进行比较,就可以侦测出各种问题,并追踪新的生产过程或者设备的影响。这个例子距离本书的读者太遥远,也就无法要求其来做这样的计算,但是使用这个例子,是因为它说明了评估师可以如何采用成本—效率分析来研究需求问题、测度项目的结果和他们所工作的机构的成本。

彼德森(Peterson,1986)描述了3种在规划和管理一个机构时可以使用的成本—效率分析方法。第一,如果可以使用**一定数量的金钱**(a set amount of money)来缓解需求的话,那么就可以进行分析,以了解哪种花钱的方法被认为是能够实现最好的效果的。例如,设想一下,目标是较少的公路交通事故。可以花费一定的资金用在更多的警察巡逻上,可以花在教育项目上以增加安全带的使用,或者用在修建工作上以消除农村公路上某些危险的转弯,通过这些方式都能够实现这个目标。这个方法允诺的是回报最好的项目会被选择。第二,实现**特定目标**(a specific outcome)的成本可以跟可能的解决问题的不同方法进行比较。一个学区希望把平均的每天出席率从87%提高到92%,而人们可以考虑抽签的办法,让每周出勤表现优异的学生得到一张游览票,也可以让自动电话系统在孩子缺席时通知家长,或者重新规划职业课程体系。第三,如果一个人需要使用特定类型的项目(a specified type of program)去分析问题,那么成本—效率的单一类型项目的不同强度(the cost-effectiveness of different intensities of single type of program)就将会被计算。例如,一个市议会想知道,花费两百万、四百万或者六百万在医疗人员和密集使用的医疗救护车上的话,会在多大程度上减少冠心病的死亡。

当效果无法被整合进同样的单位的时候

在前面的例子中,不同的项目的效果都能够被放进同样的单位(units)中——例如,公路事故中被减少了的死亡人数能够在几个项目之间进行比较。然而,对规划人员而言,更常见的是,他们被要求在用来实现不同目标的项目之间进行选择,而哪一个目标都不容易转换为美元价值。国会如何比较资助给空间研究的资金的效果与医疗

---

* 有时,人们会使用倒数(reciprocal),也就是说,成本除以效率。在这种情况下,最具成本—效率的项目似乎是比值最低的那个。计算比值是不重要的;重要的是要知道使用的是哪个版本。

服务的效果？大学校长无法支持员工们的每一个建议，而某些人会希望多招化学老师，其他人则想要一个更大的艺术馆，还有其他人认为应该资助美国研究所。还有教练主张，再招两个篮球奖学金获得者，那么学院就会在女性篮球比赛中具有更强的竞争力。尽管这些建议的成本能够被估算出来，但是它们给大学带来的可能的收益确无法转化成相同的单位。而成本—效用分析方法则有助于做出这些选择（Levin and McEwan，2001）。简言之，成本—效用分析要求利益相关者仔细研究并比较感觉到的欲求的效果（主观效用），而研究与比较的对象则是这些非常不同的建议的成本。在假设的特定机会项目中，由框12.1给出了预算情况，其将会跟其他项目在主观层面上进行比较，即比较不是在定量的效果或者收益的美元价值的层面上进行的。

成本分析的某些细节

在进行成本分析时，有很多细节问题需要仔细分析。尽管这些观点都从属于前述的主要的概念性想法，但是其能够影响人们对成本—收益和成本—效率分析的印象。也没有标准的方法来解决这些问题。

分析单位必须反映项目的目标

分析单位（units of analysis）应该跟要比较的项目的目标相兼容。宾纳（Binner，1977，1991）展示了在对住院病人的心理护理过程中，如果使用了两种不同的分析单位，在进行成本分析时是如何产生很大差异的。最明显的方法就是计算每天的成本。如果100位病人在一个机构中，而且年成本是7 300 000美元，那么每位病人每天的成本就是200美元。每人每天的美元数是一个合理的分析单位么？要回答这个问题，只能针对把人置于公共机构之下这一目标，并在此目标的关照之下来进行。如果目标是帮助病人恢复在社会中生活的机能，进而离开这个机构，那么每人每天的成本就是一个给人以误导的单位。使用这个单位会鼓励管理者去诱导资金提供者寻找每天成本更低的方法，这样的话，就可以服务到更多的人。试图以最低的成本装进更多的人已经被称为人口仓储行为（warehousing people）。另一方面，如果目标真是使人们康复，这样的话，他们就能够在社会中独立生活，那么更好的单位是每位离开的康复病人的成本。

需要注意的是，在下面的例子中，选择的单位会影响到从成本—效率分析中得出的结论。宾纳（Binner，1977）论及在1901年一所州立医院能够以每天2.38美元（使用1974年的美元值）来安顿一个病人。在1901年，每位离院病人的成本是10 309美元。把这所医院跟1974年的平均水平相比较，宾纳发现的证据可以证明在成本上有了1 300%的增长和50%的下降。宾纳证明了为什么这两个数字都是正确的。在1974年，每位病人每天的平均成本是30.86美元（1 300%的增长），但是活着离院的病人的平均成本是5 513美元（50%的下降）。州议员是应该因为这种增长而有所警觉，还是应该因为这种下降而受到鼓励? 如果干预的目标是让病人回到社区生活中去,那么医院就应该受到这种下降的鼓舞。这些数字的差异反映了人们对提供咨询、恢复社区交流、开处方药等方面日益增长的关切。发展这些服务提升了每天的成本,但是却降低了每位离院病人的成本;跟 1901 年相比,在 1974 年病人更有可能重回社区生活。

R.L.凯恩和 R.A.凯恩(Kane and Kane,1978)得出了跟宾纳相同的观点,而他们则主张,针对老年人的家庭护理的评估应该建立在居民的身心状态的基础之上。使用每人每天的成本来评估家庭护理的效率会鼓励人们对治疗标准的侵蚀,在有限的私人空间中,会进而导致表面化的医疗护理,而消遣的机会也会集中在看电视、准备简单且拙劣的食物等活动上。

在考虑分析单位的时候,我们应该记住,项目的影响并不必然是线性的。对某个人而言,形成新的工作技能,使收入从 0 美元(例如,失业状态)增加到 15 000 美元,会比从 4 000 美元增加到 19 000 美元更加困难,即使增加的数值是相等的。帮助失业者找到工作,这可能需要讲授工作的态度行为,也需要讲授特定的工作技能,而结果就是,跟帮助已经就业者提高技能以胜任更好的工作相比较,这会是更困难的事情。

估算未来的成本与收益

一个复杂的成本分析会包括对在未来预期会发生的收益的估算。针对使用毒品上瘾的人而言,成功的康复意味着这个人将会变得有生产性,而在未来不需要额外的服务(Rajkumar and French,1997)。在工作技能、心理调整和身体健康等方面的改善,对被服务的人群的孩子们也是有很大的收益的。毫不奇怪的是,这些长期收益的价值是难于估算的。把人类服务的接受者看成是家庭和社区系统的一员,这种方法可以使人们对各种可能的收益变得敏感,特别是在该收益就是项目参与者因参与项目而发生的行为改变的结果的时候。成功地从使用毒品的状态中康复,这会导致更少的犯罪事件(Gerstein,Johnson,Harwood,Fountain,Suter,and Malloy,1994),而这是因为毒品上瘾的人常常通过偷盗的方式来满足他们的毒品使用。如果犯罪减少了,那么商业活动就可能会增加,这是由于企业家更倾向于在以前受到毒品摆布的地区进行商业投资冒险活动。还有,犯罪率降低了,这意味着社区在侦查、检举和惩罚犯人方面的花费也会变得更少。

在比较项目所需的资金和项目生命周期不同阶段中所提供出的收益方面,一些不是经济学家的人会遇到困难。在未来所需的资金和可得的收益会比现在同样的资金和现在可得的收益要更小。在你询问自己更偏好现在的 100 美元还是 12 个月后的 100 美元的时候,这个原理就会显得很重要。正常情况下,我们都偏好立即的满意与喜悦,而忽略这一点的话,现在的 100 美元就会变得不同了,这是因为如果将其置于储蓄账户中,在 12 个月后它会值更多的钱。这个观察可以帮助我们解释为什么在 20 年内分发完的州彩票大奖是没有声称的那么多的。在 100 万美元的奖金中,公布奖金时的第 20 个 50 000 美元的现值仅仅是 10 730 美元,这是因为把这个数额的钱投资在每年 8%利率的账户中在 20 年后就会值 50 000 美元。

计算未来收益的现值的方法被称为贴现,而感觉上也有点复杂微妙。不过,需要记住的是,项目的成本应该包括来自于资源的替代性使用的部分。例如,为了确保未来得到 200 美元的收益,在现在投资 100 美元是值得的么? 答案则主要取决于设定的使用 100 美元的替代性方式的回报率。得自替代性使用资源的收益就是机会成本。如果替代性使用的回报率是 3%,那么在项目中(而不是在银行中)投资 100 美元,并等待得到 200 美元就是值得做的事,而这是因为以 3%的利率投资 100 美元在 10 年后仅仅值 131 美元;机会成本小于收益。另一方面,如果回报率是 8%或者更多,那么就不值得去支持项目了,这是因为 8%的回报率在 10 年后会带来 216 美元;机会成本会超过收益。

若仅仅是因为使用了不同的设定就得到了不同的结果,那么为了解决这个问题我们就必须进行灵敏性分析,而其主要的方式就是在一系列可能的设定之下重复进行该分析过程(Levin and McEwan,2001)。如果在某些假定的范围之内项目是有很大前景的,甚至某些设定对项目是不利的,那么我们也会对结果有更多的信心。如果不同的设定导致了不同的结果,那么更多的关照就必须在规划的过程中付出。大规模水资源项目的支持者对成本—收益分析提出了批评,他们声称假定的利率是不现实的,实在太低了(例如,Hanke and Walker,1974)。如果设定的是较低的利率,那么与设定更高的利率的情况相比,来自于项目的更小的未来收益就会看起来更加合意;而该规划似乎没有进行灵敏性分析。很显然,通货膨胀率的波动把这些分析变得极端复杂了。

是谁支付成本而又是谁得到了收益?

迄今为止,讨论的要点是人们是否应该在现在投入资源并在以后获得收益,而这暗示了承担成本的人们就是获得收益的人。然而,多数项目是由没有得到收益的人们资助的。初等教育的成本是由社区承担的,而仅有孩子们(和他们的父母)和教师们得到了收益。社区的其他居民最多是间接地得到了好处;如果社区得到了有好学校的名声,同时吸引并留住了居民,那么房子的价值就会保持在高位,而好的雇员也就不可能会搬走。针对增税的公民投票也就更可能通过,如果居民认为在社区中有好学校会使他们至少是间接地受益了。公共交通系统常常受到批评,而批评者则是那些不使用公交车和快捷的中转地铁的、但是却需要用税收来支持它们的人。

耶茨(Yates,1999)指出,人们采取的视角会影响成本—收益分析的结论。如果政府的资金覆盖了项目的成本,那么对个人而言看似有所值的项目可能从社会的视角来看就不值得了。在案例研究 6 的评论中,这一点也会被提及。另一个冲突的例子发生在那些为某一政策付费和得益的利益相关者之间,而我们则会在快速发展的门诊手术活动中看到端倪。医院承担着来自保险公司和联邦政府的巨大压力,要求去降低成本,至少是限制增加。对这种压力的一种反应就是建设门诊手术中心。需要小手术的病人不需要在医院中连夜等待 10 天或者 20 天。提供门诊手术的成本,跟住院手术的相比较,显得十分低。家庭成员有望在病人手术之后照顾他们(一项成本),但是病人却并没有从这种改变中获得收益。通过门诊手术省下的钱回到了医疗保险、医疗救助和保险公司手中(Evans and Robinson, 1980)。尽管人们希望社会在整体上会在医疗保险和税收上花费更少的成本,如果手术的成本被尽可能地降低的话,但是有证据表明,医生提高了他们在医院外所做的手术的费用(Millenson, 1987)。而在门诊手术受到鼓励的时候,这种消极的副作用就是规划人员没有预料到的一个结果。然而,一定要注意的是,门诊治疗受到病人的喜爱,并且减少了感染的可能性,这对病人而言是一个额外的收益。

我们指出了存在于付出与得益的人们之间的对立,但这种矛盾不应被认为是少见的。自愿参与项目活动的人就没有希望从中得到金钱收益。家庭的、生命的和汽车的保险政策是用来为那些得病或出事故的人的需要而提供资金的。而成本则是由很多从没有机会使用这种好处的人分担的。年复一年的好处就是心理上的平和感,其来自于自己知道如果发生不幸的话会花费一大笔钱。多数人会对这些保险满意,同时也会对没有收到来自于保险公司的资金好处而高兴。

成本—收益分析与成本—效率分析的某些批评人士会认为,这些技术是有缺陷的,因为其对长期大范围的成本是不敏感的。豪斯和沙尔(House and Shull, 1988)认为,对自然资源的利用效果的很多分析并没有反映出来自未来世代人口的成本。例如,森林的资金价值会是所有者砍伐光所有的森林,卖掉木材,而留下荒芜的林地(Clark, 1989)。森林会有土壤保持的作用,提供氧气循环,维护生态多样性,而森林的这些贡献并没有被一根筋的所有者考虑到,这是因为社会从整体上分担了生态成本,而不是被所有者或木材的购买者承担。这些成本也由未来世代的人口所承担,而如果环境破坏导致更低的生活质量的话,则他们就可能遭受到痛苦。成本—收益分析会揭示出为什么市场与现在的价格会引导某些公司进行砍光森林的活动,而对未来世代的人口而言,显然这是一个糟糕的长期政策。成本分析能够以不使用成本和收益分析就不可能发现这些问题的方式来强调这些问题。

使用成本—收益分析与成本—效率分析

如果项目的收益能够被以美元进行定价,同时也能够使用成本—收益分析来展开工作,那么选择项目的一个方法就是采纳收益/成本比率最大的那个项目。在许多的决策过程中,所涉及的远不是支持或反对项目那么简单的事(Nagel, 1983a)。因为政府机构只有有限的预算,所以机构的管理者就不可能自由地选择那些收益/成本比率最大的项目,如果成本超过了分配的预算的话。与之相反,管理者的理想做法应该是,去寻找可用资源能够带来最多的收益的那个。给定不同项目的成本和预算的规模,最值得选择的项目可能不是最有效率的项目。

案例研究6

在工作时间内,为雇员提供停止吸烟的门诊的价值

　　一家俄亥俄医院提供了一项在工作时间内中止吸烟的门诊项目;70位吸烟的雇员参与其中。六个月后,11位项目参与者报告说,他们已经停止了吸烟。韦斯,朱尔斯,勒萨热和艾弗森(Weiss,Jurs,Lesage,and Iverson,1984)仔细研究了医院提供项目的成本和带来的收益。

　　成本要素是建立在项目和给参与项目的雇员所发的工资的成本基础之上的。因参与的雇员的工资的不同,项目成本对20人一组来说是从1504美元变化到2930美元,或者说每位雇员是从75美元到147美元。

　　对医院而言,预期的收益是建立在更低的健康和人寿保险以及降低了的缺席率的基础之上的。基于公开的研究,这些预期收益可以用来资助项目。

　　在停止吸烟以后,雇员在医院工作的时间越长,医院就会节省越多的资金。使用雇员的记录,评估师预测了不同年龄的男性和女性雇员未来在医院工作的平均年限,还有如果一个人停止吸烟的话,医院可以预期到的节省的资金。

　　此时,评估师拥有了停止吸烟的人的项目成本和预期的节省的资金这些信息,而其是分年龄分男女的数值。利用不同的研究数据库、两个贴现率和四个年龄段,评估师发现,如果一个男性雇员停止吸烟,那么医院的收益的变化范围是从55岁的人的100美元到25岁的人的380美元。

　　评估师发现,即使只有2/11的人不再抽烟,那么对医院而言项目的回报也要比项目的成本更高。如果仅有一个人没有再抽,那么项目的收益/成本比率仍旧比1.0更大,如果停止吸烟的雇员大约50岁或者更小的话。在某些设定之下,甚至是对年龄更大的雇员而言,项目的预期回报也要比成本更大。对所有年龄段的人而言,如果仅有两个人停止吸烟,那么这个项目也是明显值得提供的。需要注意的是,在70人中仅有2人成功,这个2.8%的成功率是相当保守的;因此,认为提供项目会对医院有好处是很安全的结论。

评论:要注意到这次评估是针对谁的——是医院雇佣了项目的参与者。停止吸烟的雇员人数越多,通过减少保险成本和增加雇员生产率的方式,医院就会节省得更多。有些人(嗯,至少是第一位作者教过的很多学生)很难认识到,提供改善健康的项目并不是为了节省金钱的目标。相反,这些项目是用来改善生活的质量和延长生命的。在一个长的周期中,每个人都要死去,而在这个过程中,多数人会积累显著的医疗护理成本。这次评估的作者表明,项目为雇主节省了金钱,但是停止吸烟的项目没有为一个人在生命周期内节约全部的医疗护理成本(Barendrent,Bonneux,and van der Maas,1997)。这个事实并不意味着,停止吸烟项目是不值得提供的;它意味着,我们应该指向提供项目的方法,而不是为了节省金钱。

如果替代项目的结果是使用不同的单位来表示的,那么利益相关者和管理者仍旧能使用跟成本和结果相关的分析方法,并依此来选择哪个项目应该继续下去或者进一步扩展。这个技术的关键是要列举所有可能的行事方式(courses of action),并进行相互之间的比较,而每次只比较两个。例如,设想一个项目,要每年培训 3000 名低技术工人,为了持续下去,要以同样的成本被资助 10 年;而同时,在同样的 10 年内,一项道路改善项目被认为是能够减少 5 人死亡和 20 人受伤。如果二者的结果是相同的(依据以前的研究和评估),那么哪一种行事方式应该被州立法会选择呢? 不用估算工作的价值和避免掉的死亡与受伤的价值,就可以做出选择;然而,这个选择反映的是多数议员看待两个结果的相对重要性。接下来,第三个项目将会与被选的那个项目进行比较。这样的话,即使无法使用成本—收益分析和成本—效率分析,通过把成本跟效果联系起来,我们也能够清楚说明争论的问题,同时使利益相关者更清晰地看待各种选项,而如果没有这些分析的话,那么他们是无法理解得这么清晰的。如果政府和其他机构的资金约束是极端重要的话,那么此时做出这些分析,并帮助决策者理解他们的决策的影响似乎是值得做的事。

针对成本分析的主要批评

针对成本—收益分析和成本—效率分析都有许多批评。如果注意到了指出这些技术局限性的批评,那么这些方法的使用者可以从中获益。

心理上的收益难于估算

如前所述,心理健康状况被改善,这是很难充分定价的,然而清洁的空气又怎样? 干净的河流? 整洁的公园? 一种方法就是研究人们愿意为避免环境恶化而支付多少钱。另一种方法是去计算必须要支付多少钱,才能够诱导工人接受从事肮脏的、尘土飞扬的、充满噪音的或者危险的职业(Viscusi,1992),同时仔细分析人们愿意为更合意的工作职位所支付的额外费用(Paerce and Markandya,1989)。这些方法都是间接的方法,可能根本无法让人完全满意,但是它们的确会提供某些指导。

为生命制定价格似乎是错误的

当人们被问及是如何考虑"可以对生命制定价格"这个观点时,人们都会感觉很不舒服。经济分析是严格地建立在现在的或者与预期的人力收入的基础上的,而给儿童的生命赋予了较低的价值,这是因为他们要到未来的 10 年或者 15 年后才会有收入。实际上,把未来的收入贴现不是一个了解人们对生命赋予多少价值的方法(Viscusi,1992);人们在行事时并没有将行动建立在孩子们有没有经济潜力的基础之上。大量的资源用在了孩子们身上,特别是得病的儿童。病重的早产儿可能在医院住上数月,而成本可能是数万美元。与之类似,当应用于老人的时候——那些不可能找到工作,因而也就表现为负的经济价值的老人——这些经济分析也是无效的。

然而,社会在行事时的确会考虑到生命的经济资金价值。这些价值是估算出来的,主要的方法是:仔细研究需要多少额外的工资,来为伤亡率比普通工作更高的工作雇佣工人,以及为了降低风险人们愿意支付多少钱。大象的护理员会得到额外的补偿金,相对于其他照看更不危险的动物的管理员而言(Viscusi, 1992)。通过研究大象护理员中跟工作相关的更高的死亡率,我们就能够逆向推导出生命已经被赋予了多大的价值。这里有一个十分简单的逆向推算的例子。在车祸中,死亡的风险是将近 1 亿英里每人(National Safety Council, 1999)。这就意味着,如果你每年驾驶了 1 万英里,那么你在车祸中死亡的风险就会是一亿分之一乘以 1 万,或者说是一万分之一。当然,你可以通过劳累时或者酒后从不开车的方式降低你的风险,但是就让我们接受美国人口的这个均值吧。设想一下,你能够花费一笔金钱,并降低你的风险到这个平均水平的一半,也就是说,把风险降低到两万分之一。你愿意付出多少钱?仔细考虑一下——每年 50 美元?每年 100 美元?每年 200 美元?多少?如果你愿意每年支付 200 美元,那么在实际效果上,你就把你的生命赋予了四百万美元(200 美元除以你可以容忍的风险,即 1/20 000,等于四百万美元)。这是一个人为的例子,因为我们很少能够遇到这么清晰的问题;不过,我们每天都在决定是否购买一氧化碳或者烟雾探测器,是换掉用旧了的插排还是继续用下去,是买一个自行车头盔还是根本就不用它而省下 40 美元。在 1992 年,维斯库斯发现,工人们做出的类似决策揭示出他们把自己的生命赋予的价值在三百万到七百万美元之间。

使用一定的成本来降低风险,在研究政策时使用这样的方式能够使我们揭示出未被注意过的假定。国家科学研究委员会向国会报告说,在校车上需要有安全带,而这个估算来自于为避免掉的每次死亡花费四千万美元(Derby, 1989)。很容易想出其他的花钱方式,而其对儿童健康会有比在校车上安装安全带更好的效果。这些替代性的用钱方式,并不意味着政策制定者不需要乘校车的儿童的生命价值;其意味着有更好的符合成本-效率的方式来减少儿童的事故死亡率。

奥克伦特(Okrent, 1980)引述了若干报告,说明了在农业工人中会花一万美元来减少每次的死亡事故,但是在英国的高空作业的工人中,为避免每次死亡花费的是两千万美元。没有人会决定为保护不同类型的人们花费这么多的金额,但是用这样的方式来仔细研究不同的政策的效果是有用的,这样的话,人们及其政府代表就会不时地重新考虑各种政策。如果社会成员对政策的结果不满意,那么政策就应该被改变。知晓社会行动的后果是什么这一做法并没有贬低生命的价值。估算出美元价值会看似降低了生命的价值,如果批评者假定有无限的资金池来保护人民免于各种风险的话。有时,人民会如此行事,特别是在他们要求他人承担昂贵的成本来减少特定的风险的时候。然而,公共资源不是无限的;在各种好意之间也必须做出选择。有时,人们会建议使用相对缺乏效果的治疗方式,因为最有效的方法需要极大的成本(Kent,Fendrick,and Langa,2004)。

成本—收益与成本—效率分析需要很多假定

只要是估算未来的成本和收益,就需要做出假定和预测。由于在选择假定和做出估算时存在一个很大的范围,所以成本—收益与成本—效率分析可以被用来支持预先已经设定好了观点,而这一点也不会让人感到奇怪(Joglekar,1984)。对各种假定要保持开放的态度,同时要给出估算背后的原因,这就使其他人能够评价各种分析的有效性。此外,采用不同的假定和贴现率可以使评估师提供出一系列的结果。如果在这样的范围内政策都得到了支持,那么我们就会对结论有更强的信心。卡明斯,鲁宾和奥斯特(Cummings,Rubin,and Oster,1989)评论了一些文献,是关于医生鼓励病人停止吸烟的效果的;他们发现,即使仅有1%的人在交流之后停止了吸烟,那么比起对高血压的治疗和其他常见的预防治疗行为来说,这些努力也是更具成本—效率的。

进行敏感性分析是很关键的,如果不考虑所做的特定的估计的话,项目就看似是具有成本—效率的,那么结论就会呈现出更多的可靠性。如果项目仅在相当脆弱的假定之下才表现出成本效率性,那么针对这个分析的怀疑应该是受到欢迎的(Joglekar,1984)。案例研究6就说明了计算一个项目的收益范围的活动。读者们如果仍旧对向减轻的痛苦和避免的死亡赋予美元价值不舒服的话,那么他们需要记在的是,资金的考虑不是选择项目的唯一基础。但是资金问题却无法被忽略。

总结与预习

在私人和公共部门中,成本核算是运营一个机构所必需考虑的方面。有效的利用资源需要把成本归类,并将其作为选择项目和管理现有项目的助益工具。如果项目的收益可以被转换成美元价值,那么收益/成本比率就可以算出来。如果项目效果无法转换成美元价值,那么有类似效果的项目就可以用来比较,以便于了解哪一个项目是更加有效率的。甚至是在无法计算定量的指数的时候,利益相关者也必须要在项目成本和资金的替代性用途的视角下仔细分析各种结果。

本章终结了我们对评估策略的讨论。有经验的评估师知道这个领域是一个混合物,跟定量分析、对项目和政策的实际理解和与机构合作的技能都有关。这些方法和技能会为利益相关者生产出信息;如何报告这些信息,如何鼓励对信息的利用,这将是本书最后的话题。

学习问题

1. 设想你正参与一个项目,关于为贫困居民规划临街店铺的合法的援助项目。规划第一年的预算。对工资、租金、供应等做出经验估算。对每一个项,表明其是否是经常性成本、固定成本、隐形成本,或者其他的成本类型。某些成本可以有超过一个的类型。把这些成本分成直接成本和间接成本两组。

2. 使用效率/成本比率来比较两个阅读项目。A 项目的成本是 6 000 美元,结果是一个月的阅读提高。B 项目的成本是 13 000 美元,会导致半个月的平均阅读成绩的提高。假设 A 项目服务于 100 位儿童,而 B 项目是 300 位。哪一个项目是更具有成本—效率的?

3. 比较成本—收益与成本—效率。考虑不同的决策类型和分析时所需的信息的种类。把结果总结为两列。

4. 医疗技术状况是这样的,病人或伤者如不能看、听、交流、读、走、照顾自己或者穿戴,但心脏仍旧跳动的话,那么他们仍旧被认为是活着的。他们可以通过食管喂食,并通过呼吸机保持心肺运动来维持活着的状态。有时在心脏停止跳动时,人们也会做出极大的努力来复苏这些病人。这个问题有伦理的、法律的和成本方面的考量。针对那些被通过食管喂食而且没有机会恢复健康和交流的病人而言,成本—效率分析会为紧急复苏救助提供怎样的建议? 在你思考答案的时候,请考虑心理成本和收益、机会成本和对其他病人的服务。

5. 成本—效用分析的优势和劣势是什么?

辅助资源

Levin, H. M., and McEwan, P. J. 2001. *Cost-effectiveness analysis*, rev. ed. Thousand Oaks, CA: Sage.

尽管书名意味着其仅是关于成本—效率分析的,但是它也涵盖了成本—收益分析和成本-效用分析。这本容易理解的书非常适合项目评估师。书中展示了把未来的收益和成本进行贴现的原理。许多例子跟教育学有关;然而,这些原理可以用在任何领域的项目中。

评估的报告：解释并交流结果

　　交流是一个多对维度的、互动的过程；因此，为了做到尽可能有效，评估报告就必须是多维度的、互动的。尽管不以书面总结报告的形式呈现的评估很少见，但如果评估师认为评估的最终产品就是唯一一份书面报告的话，那么他们就犯错误了。缺乏对交流过程的仔细思考，甚至是精心打造的评估报告也不会被人理解，同时如果没人理解的话，那么其包含的信息就无法被利用。交流是一个复杂的过程，正如想着去控制针对内部效度的威胁一样，评估师也需要想着去控制针对有效交流的威胁。

　　交流中的第一步已在第 2 章中提及。让利益相关者参与到形成评估问题和规划评估的过程中，就会吸引利益相关者进入项目，这是十分关键的。在大型组织或政府部门中，置身其中的评估师会是由主管任命的，这是不会跟管理者或员工商量的，而评估师则会寻求跟项目员工合作，这样的话，项目才能被准确地反映，同时信息才会被提供出来，用以改进项目。即使项目主管不能跟评估师合作，但是其仍旧是一个重要的利益相关者，而他的意愿则会是很有用的。赫加蒂和斯波恩（Hegarty and Sporn，1988）说明了在美国食品药品监督管理局中让利益相关者参与进评估工作的重要性，其也强调说，有效率的评估师要避免看似在某个人的背后工作。遵循第 1 章中的建议会提高以积极的方式开始工作的机会。

　　在最初的讨论之后，需要形成一份交流计划，而其要能反映各利益相关者的信息需求。本章会强调为交流而进行清晰规划的重要性。接着,将会说明一些原则,以指导我们准备口头的和书面的报告。因为很少有利益相关者能理解数表的含义,所以评估师应该尽可能多地利用图形。最后,在提交最终报告之前,要分享草稿,以便获得反馈。

形成交流方案

探究利益相关者的信息需求

形成交流方案的第一步就是准备一个清单,列示清楚各种利益相关者的不同信息需求,以及在评估过程中评估师将会获得的、来自于利益相关者的反馈的次数。尽管利益相关者有信息需求,但是他们也会提供信息。如果利益相关者能够对评估师的方案做出反应,同时又能提供出解释性的(interpretative)洞见,并且这些洞见又只能来自于这些非常熟悉项目的人,那么项目评估师的工作就会更加有效率。

规划若干次报告会

安排好跟利益相关者之间的已经规划了的会议是很有帮助的。框 13.1 展示了一个交流方案,针对的是某新发展技能项目的假想的评估,评估是在我们称之为桑德斯学院(Sanders College)的地方进行的。这个项目所服务的学生已经被承认是某延展项目的一部分,有希望成为高中毕业生,但他们尚未做好准备。这次形成性评估的目的是搜集信息,了解项目运转得如何,是否很好地满足了学生们的需求,并为改进提供建议。利益相关者包括被服务的学生、员工、项目主管与大学校长。尽管有点远,但是其他的重要利益相关者包括学生的父母和为项目分配资金的大学管理人员。我们设想,评估项目被规划在夏天进行,从秋季课程开始之前的学前培训开始。需要及时地为教职工和系主任准备完整的报告,以便他们在后继学年的项目中做出各种改变。

恰如框 13.1 所示,评估师列示了不同利益相关者何时会使用信息,以及何时获得针对试探性发现的反馈是有益的。评估师还规划了跟参与者之间的会议,即跟项目中的学生的会议。跟参与者之间的会议通常是在项目评估过程中进行的,但是这些会议在不同的项目类型中会有不同的功能。在医院的背景中,评估师可能会对某些理解在研项目的病人进行访谈,但是很少会有医院的病人会花费住院中的很长时间参与访谈,而且想到要跟评估师见面,绝大多数人会感觉很不舒服。另一方面,桑德斯学院中的项目参与者至少要参与一学年,因此,把他们分成若干组以参加简短的会议是可行的。需要注意的是,会议的内容会因各种利益相关者群体而不同,这是因为他们的信息需求是不相同的。告知校长的方式可用简单的进程备忘录,但是要规划好给主管的更加详细的信息更新。

设定交流日程安排

完成交给主管和校长的报告的日期会跟学期日历有关。在展开下一学年的规划之前,对校长而言,提出建议并跟主管进行讨论是很重要的事。到 4 月 2 日,许多新来的学生会被接纳参与下一年的项目。不过,相对于第一年,对参与的学生数量做适当增加或减少,这也来得及。而且,也有时间去改变资金支持的程度,或者规划一些指导模式方面的变化。进行报告活动的很多日期也可以随保证的条件而被改变。不过,向主管和校长报告的日期似乎缺乏弹性,因为他们必须为一下年做计划。

结果的亲自演示

评估师很快就会知道,管理者是非常忙的,而且不可能花费大量时间为书面评估报告伤脑筋。因此,评估师准备的报告要跟管理者的学习风格相兼容,口头演示通常

框 13.1　交流方案的示例,针对的是准备不足的大学生的学业需求的项目评估

利益相关者	需要的信息	交流的形式	何时信息可用	环境设定
研究团队	项目过程中的时间约定,项目的下一步	团队会议,内部备忘录	每两周一次	团队会议
	在评估会议中,如何解决问题	特殊会议	根据需求情况	团队会议或者面对面会议
项目主管	过程的更新信息	口头演示和一页纸备忘录	每月一次	评估师与主管的领导会议
	最终的建议性报告	口头演示和书面最终报告	3 月 15 日	正式会议
员工咨询组	将要被搜集的信息	口头演示与讨论	在规划评估的过程中	团体会议
	尝试性的建议	口头演示与讨论	在解释发现的阶段	团体会议
学生咨询组	将要被搜集的信息	口头演示与讨论	在规划评估的过程中	团体会议
	尝试性的建议	口头演示与讨论	在解释发现的阶段	团体会议
大学校长	过程的更新信息	针对各种文件的一页纸备忘录的复印件	当备忘录交给项目主管的时候	内部办公邮件
	最终的建议性报告	口头演示和书面最终报告	4 月 2 日	正式会议

是合适的方式(Hendricks,1994)。尽管这些报告的内容跟书面报告不一样,但是主管与校长应该在演示之前就获得书面的报告。尽管他们可能会在会议之前翻阅这些报告,但是评估师不应该认定利益相关者在会议之前已经阅读了这些报告。

对亲身演示的需求

尽管我们有技术先进的信息交流系统,但人们仍旧更加喜欢面对面的交流而不是其他方式的交流。在评估师传略 8 中,请注意弗雷希特林(Frechtling)是如何说的,为什么亲身演示在她作为评估师为一个大型学区工作的时候是很关键的。在真实的感受上,对评估发现的交流是态度变化干预(attitude change intervention)的一种形式(见Posavac,1992)。也就是说,评估是被委托来做的(are commissioned),这是因为人们正寻求新的方法来接触项目。关于项目的一些想法被期望受到评估的影响。通过个人之间的对话,比通过书面材料,更容易实现学习活动(Preskill,1994)。一个理由就是,人们会更关注真人而不是纸上单词。亲自演示也是有效率的,这是因为演示可以针对演讲对象而作调整。可以提出并回答特定的问题。甚至可以有面部表情的反馈来说明困惑的程度、怀疑的情况或同意与否,而这些就会给评估师提供出改进演示的信息。

> **评估师传略 8**
>
> **乔伊·弗雷希特林:提交一份评估报告**
> ----------
>
> 乔伊·弗雷希特林(Joy Frechtling)是蒙哥马利县(马里兰州)公立学校项目管控部门的主任。此前,她在国家教育学院(the National Institute of Education)工作。弗雷希特林博士获得的是发展心理学的博士学位(乔治华盛顿大学)。
>
> 评估师之间常关心的问题是向利益相关者展示结果的最好方法是什么。她被要求回答这个问题:"你是说,为了产生影响,就必须有讨论会么? 如果仅有(书面)报告,其会产生影响么?"
>
> 弗雷希特林博士回答说:"可能不会,因为没有哪个报告是完美的(perfect)。除非人们愿意花时间坐下来讨论它,否则人们是不会依照行事的。他们没有兴趣……我们试图确保他们能知晓各种信息。为了这个目的,在报告被交给主管或公开之前,我们会给他们提交一份草稿。他们就有机会对其做出评论或者注释。如果我们无法达成一致,那么他们甚至会在报告写作的同时写下反驳意见。这种参与活动也会起到其他作用,因为有时我们甚至会发现改变项目这样的事情竟然就发生在报告发布之前。"
>
> ----------
>
> 改编自:Wills, K. 1987. A Conversation with Joy Frechtling. *Evaluation Practice*, *8*(2),20-30.

亲自演示的内容

亲自演示常包括对评估背景的一个简单介绍(review)。在框 13.1 展示的交流方案中,校长将会收到若干进程报告。因此,在口头演示中,仅仅会有简短的针对评估的原因提示以及过程概览。多数演示会持续 30—60 分钟;可用的时间应该集中于描述结果、建议和现场的问题(fielding questions)。抽样过程和数据分析的细节不会被讨论,这是因为决策者(在这个例子中,即是校长)想知道的是研究的结论(而非某些细节)。如果评估师已经获得了来自利益相关者的信任,那么管理人员就不会对已经使用的方法进行评价了(second-guess)。

在亲自演示的时候,视觉辅助系统是有益的。使用空中投影仪或者由计算机产生的视图会帮助人们掌握要点,并能够使听众关注于这些信息。每一个视图应该集中于一个要点。也可以分发一些跟投影相匹配的传单(Hendricks,1994)。框 13.2 就是一个可能的传单——不过,对一张投影或者屏幕而言,它确实包含了太多的信息。除了演示技术的复杂性之外,提供一些可以跟听众讨论的东西也是明智的。

如果利益相关者声称评估师发现的结果已经是众所周知的事,而且评估团队也并没为他们增加任何有关项目的新知识,那么此时就会产生一个大的误会(misunderstanding),而这对评估师而言也会是一个灾难性的经历。评估师可能是独立于利益相关者而工作的,而事实上他确实复制了已有的知识,这当然可能是真的。不过,如果评估师密切地跟利益相关者合作,就像本书建议的那样,那么就更有可能提供出某些新的信息。而声称"没有发现任何新东西",则很可能是"事后诸葛亮"这一偏见(hindsight bias)的一个例证(Guilbault,Bryant,Brockway,and Posavac,2004)。研究人员已经发现人们的一种倾向,即人们倾向于把新知识整合进他们已知的知识,进而认为他们"从来就是知道这些的。"收到评估报告的专家们也很容易受到这种偏见的影响。我们不应该把这个倾向跟有意地威胁否定评估或者回避新思想混淆起来;"事后诸葛亮"这一偏见似乎是很常见的,而且是不假思索就会发生的(automatic)。而评估师面对的挑战就是,要向利益相关者说明信息对他们而言是崭新的,而同时还不能伤害了评估师与利益相关者之间的人际关系。

某些评估师会试图让利益相关者去清晰地陈述出他们期望评估所展示的东西。因为利益相关者可能不喜欢做公开的陈述,怕后来被证明是不正确的,所以这种策略应该被谨慎地对待。我们曾使用过下面的程序:(1)提供给听众一个图形,要包括坐标轴、单位尺度标准,还有标题,但是却没有数据;(2)建议他们绘制出期望发现的评估结果;同时,(3)紧接着提供出带有所有数据的完整图形。如果听众这么做了,那么他们就可以把他们自己的期望跟真实数据进行比较(这样做会使"事后诸葛亮"偏见的影响最小化),而他们也不会公开地揭示出自己的错误。如果单位经理开

框 13.2 在亲自演示过程中,可以作为传单使用的示例性卡片

> **计划中的第 5 个问题:社区心理健康中心服务于老年居民的力度是不够的吗?**
>
> **理由** 中心的使命是为社区所有人提供所需的服务;然而,很少有老年人利用了中心。
>
> **核心的观察结果**
>
> - 超过 65 岁的社区居民的比例已经增长到 15%;3%超过了 75 岁。
> - 超过 75 岁的居民中有一半跟亲属生活在一起;在这样的家庭中,有 45%的情况是:在白天,除了老人,没有其他人在家。
> - 警察的报告说,他们认为,在没人可用的时候,来自有问题需要帮助的老人的电话或者跟老人有关的电话,已有所增长。
> - 社区提供给老年人的服务局限于对得重病的老人的家庭护理,而他们则是符合医保条件和中心图书馆高级与经典图书讨论项目的(the Central Library 's Seniors & Classics book discussion program)。
> - 在该州的北部地区,若干 CMHC 的客户已经形成了一个针对门诊老年人的、无需预约的、非正式的"白天护理"服务;同时,一个针对有老人需要帮助的家庭的、可长达 7 天的缓解型服务则在任何时间都能够被利用。会针对每一项服务收取按比例增减的成本(sliding scale cost)。
>
> **建议** 要有计划地增加针对老年居民的服务,而开始时可以修建一个基于会员费的无需预约的服务中心。进行需求评估,目的是为了估算社区对缓解型服务与所收费用的反应。

会,想获得针对雇员工作态度的多种量表的反馈,那么在这种情况下,这种程序会很有效。经理会得到整个部门的测量均值,但不是他们自己单位的,直到他们私下做出对自己的雇员感觉如何的明确表态。没有人知道任何一位单个经理是对还是错;不过,每一个经理能够发现其所预期的哪些信息是正确的,同时还有哪些信息确实是新的。需要注意的是,这个程序也使听众参与到反馈过程中来,而不是令其被动接受。

亲自演示时所要面对的听众

包括桑德斯学院的校长在内,其他出席摘要报告会的人可能包括项目主管、直接负责项目的校长助理、评估师/演示者,以及评估师助理。项目的规模大小会影响到听众规模大小与性质。跟桑德斯学院的小项目相比,如果展示的是联邦项目,那么出席的人数会十分庞大。甚至是对一些小的项目而言,在演示中,让评估团队中一个以上的成员参与进来也是有好处的。第二位成员可以分发传单,调试视觉辅助系统,提供演示者可能忘记了的信息,还有澄清各种问题。由于助理并不负责演示,所以他或她会有更多的时间来评价听众对演示的反应。

分发报告的草稿

在向项目主管与校长亲自演示之前，应该提供给项目主管一份书面的报告草稿。这个版本应该被称为草案，并被标上"机密"二字。尽管各种解释与有关可能的改进领域的意见已经在交谈中展示给了教职员工与学生，但是各种建议还是受制于情况的变化。主管在浏览报告草稿之后，可能会提出额外的建议，或是指出错误之处。对草案进行讨论，可能会带来报告的各种变化。

称报告为"草案"会避免冒犯到多数资深的主管，而他们会认为最终报告应该在被于其他地方分发之前先提交给他或她。如果有了这份担忧，那么评估师就能够指明草案已经被讨论过，但是最终报告是会首先就被提供给这位主管的。进行了口头报告，并获得了主管的同意，此后其他人就可以得到书面报告了。就分发信息的情况而言，到底要多正式，这在不同的组织是会变化的；要跟利益相关者密切合作，原因之一是为了在资助项目的组织中对设想的交流模式形成良好的理解。

最终的书面评估报告的内容

向决策者进行亲自演示，这是最重要的一种报告形式。但是，还有其他很多渠道来说明项目评估结果；本部分描述的就是书面报告的内容。

牢记正式报告要实现的目标

评估师几乎总是希望能提交一份能够全面描述项目评估过程的报告。甚至是在主要利益相关者已经被常规地通告评估进程的时候，在其已经参与口头简报的时候，一份全面的报告仍旧是必要的。首先，提供书面报告，记录下已被执行的评估的情况，这是很关键的事情。针对预算的可核查性，那些达成协议想资助项目的人们可能需要一份明确的（tangible）报告。第二，书面报告能够回答关于评估发现的问题，或者关于评估方法论的问题，而这个方法论问题则是在后来很可能会被提出来的。第三，如果主管做出的决定是基于口头简报的，那么他们会希望把书面报告作为备份，并在他人质疑决策的理由的时候利用它们。第四，由于主管、项目员工们和评估师会就任新职位或者退休，所以他们对评估的记忆就会消失。而书面报告则会保留下来，已备他人审查。在头脑中要这样来写作：要使用日期，而不是诸如"去年"之类的字眼；要包括个人的职务名称，而不仅仅是他们的名字；要在封面写上日期。如果没有书面报告，某些人可能会提议进行一项新的项目评估，而实际上这已经有了。对规划委员会的成员而言，提议搜集关于某问题的信息，而目的仅仅是为了了解有关同样问题的研究是否在一两年前就被完成了，这样的事并不鲜见。甚至如果规划人员认为额外的评估是有必要的，那么对未来的评估师而言，去接触以前研究的书面报告就是很有帮助的事了。在某些少见的情况中,利益相关者仅仅会要求口头报告;在这些情形中,组织机构似乎是不想在文件中留下任何与法律纠纷(challenge)相关的东西。

提供出大纲与概要

框 13.3 是一个示例性的报告大纲;在为这个大纲增添了页码之后,它就会成为报告的内容表格。尽管多数项目主管会仔细阅读他们的项目的评估报告,但是许多主管仅会阅读一下概要(summary)。概要不是许多研究论文前面的那些摘要(abstracts)。跟杂志的摘要不同,概要会更长,而且可以独立存在。摘要通常会包括诸如"发现的含义将会被讨论"这样的措辞,但根本没有提及那些含义具体是什么。而概要则是报告的缩短版本,会包括具体的建议;在讨论的部分,各种结论也不会被省略。概要通常会有两页长,尽管针对评估的复杂程度其长度会有所改变。

在写报告的时候,某些新手评估师会在使用小标题方面犹豫不决,相反,却会长篇累牍地写下去,而在理解报告的整体的流畅性(the general flow)方面却没有给读者提供出什么帮助。评估报告的读者需要我们能够提供出的所有的帮助。设想一下,你在阅读本书时发现每章只有两三个标题。没有小标题,书读起来会是很不流畅的。

描述评估的背景

一份全面的书面报告会包括对项目背景、项目员工和评估目标的描述。在口头报告中,这些主题仅会被简单提及,这是因为听众常是那些要求进行评估的人,而伴随项目的执行,他们就一直被告知关于项目的信息。然而,书面报告的读者的情况是更加难于预测的(anticipate);因此,书面报告是提供给那些对项目或员工所知甚少的读者,以及那些代替了主管来授权进行评估的人。

要描述一下被评估的项目,这也是很重要的事。准确地预测项目是如何演变的、资金资助情况会如何改变、或者主管会如何调整,这些都是不可能的。为了使报告对将来的读者而言是易于理解的,必须要描述一下项目本身。某些描述活动可以使用项目中已经准备好了的材料,同时也仅需要简单地将其放在附录中。很可能发生的是,某些组织机构比大学更适合存放记录;在数年以后,项目主管已经离开了大学,那么人们常会发现去寻找描述的项目记录可能是一件极端困难的事情。

描述项目的目标也是核心的事情。尽管大多数的评估都是形成性的(被用来形成用于改善项目的新想法),但是在报告中陈述评估的目标仍旧是明智的做法。也要列示清楚将要强调的明确的问题。有一个项目是评价员工们对培训的需求情况的,而另一个是评估现有的培训的项目的有效性的,那么这两个项目就是有重大差别的,尽管这两个项目都需要度量某些相同的变量。

框 13.3　评估报告的纲要。请注意能够传达信息的副标题的使用

综合医院的医生住院项目的执行:对医院文化的影响已经具有了可持续性

概要

住院项目

　1.综合医院转变为教学型医院

　2.教学型医院与社区医院之间在提供医疗服务方面的不同

　3.各种顾虑引导人们针对住院项目的执行情况进行评估

程序与方法论

　1.信息来源

　2.将被评估的医院文化的各个方面

　3.访谈程序

发现

　1.许多利益相关者重视教学医院面临的挑战以及会给人们带来的令人兴奋的情形。

　　•参与医生的反应

　　•给病人提供服务的护士以及医院其他团队的反应

　　•病人的看法

　2.护理技术的质量可能已经提高;不过,有人担心护理活动中人际关系方面已经受到了伤害。

　　•技术技能的看法

　　•护理活动中人际关系方面的看法

　3.成为教学医院,已经出现了重要的组织影响。

　　•医院雇佣了更多的医生

　　•为了给门诊病人提供服务,门诊中心已经开始工作

　　•不同科室的病人之间已经发生了冲突

　　•病人比参与的医生要求更多的检测,而这增加了治疗成本

结论与含义

　全面的说明(comments)

　含义

附录

　A.资料与参考文献

　B.表明住院项目发展情况的表格

　C.访谈表

　D.具有数值答案的访谈问题的均值与标准差表

描述项目的参与者

　　通常,评估报告要包括对那些接受了项目服务的人们的描述。人口统计信息能帮助其他人去判断项目是不是特别适合于被服务的人们,还有项目是否可能适合于其他

的背景环境。除了诸如年龄、受教育情况、性别等信息外，对参与者的描述可能还包括人们是如何参与到项目之中的。被服务的人们是否代表了项目所针对的目标总体，或者他们是否知道这项服务，并自己发现项目，进而跟目标总体是不一样的，这两个问题是有很大差别的。希望改进项目的任何人都会对退出率（the rate of attrition）和针对没有完成项目的人的描述感兴趣。我们要重复一下来自于第 5 章的要点：尊重参与者的隐私。

为选择的准则提供辩护

不管项目是需求评估还是累积性评估，我们都需要选择某些准则来标明未被满足的需求或是项目成功与否。未被满足的需求的指数应该跟需求评估时所关注的核心问题相关；结果准则也应该被清楚描述出来，同时其也应该跟项目的各种目标相关。在一份结果评估（outcome evaluation）的报告中，这一部分可能是提供项目影响力模型（impact model）的合适的位置。

接下来，评估师应该更加全面地评价在观测技术方面存在的弱点，并说明在侦测项目的效果的时候其是如何削弱评估的统计效力的（Lipsey，1990）。评估师可能想去证明，在他们规划项目的时候，这些问题就被他们考虑过了；不过，一个好的做法却是把这些有关测量技术的有效性与可靠性的技术材料放在附录中，因为这种材料对主管和提供服务的员工而言会有点难。

描述数据搜集过程

描述所用的获得数据的程序是很重要的事，这是因为数据的搜集方法会影响到结果。未经过良好培训的访谈员会比受训良好的得到更少的信息；1990 年的普查比 2000 年的普查在描述未被满足的需求的现状时更加不准确；自我报告的调查结果比通过各种记录搜集来的材料更加受制于个人兴趣的偏见（self-interest bias）。最好能够表明负责数据搜集的人跟被评的项目是独立的关系。

提供结果

使用图形。 我们可以得到某些用户友好型的软件，而这样的话，除了最复杂的、昂贵的评估以外，我们已经减少了让专家们来专门制图的需求。图 13.1 不仅展示了各组的均值，而且也包括了置信区间（Cumming and Finch，2005）。图形的均值（左幅）来自于框 11.1。新型处理组（innovative treatment group）（CRP）没有比传统项目（TP）表现得更好；不过，TP 参与者的均值位于 CRP 组的 95% 的置信区间之内。显然，针对创新的价值而言，这仅是一个微弱的证据。在右侧的幅面中，均值与置信区间说明了一个更合意的结果。置信区间提供了一种方法来展示均值之间的差异。（左侧的）一系列发现没有提供出观测到的差异的可信证据，但是（右侧的）第二组均值的确能使我们认为创新导致了更好的结果。需要注意的是，针对结果的测度而言，可能的得分范围是

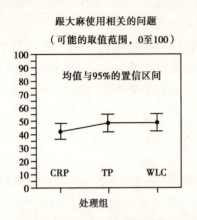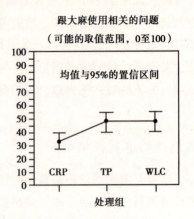

图 13.1   在报告各种均值时,置信水平为 95% 的置信区间的示例

在纵轴给出的。这个范围是展示结果的第二个方法。在项目评估中,利益相关者希望获得某些信心,希望项目的差异会对参与者有实际的重要性。在某一背景下,找到组均值的最好的值和最差的值会帮助人们解释发现的结果。在基础研究中,人们关注的是找到能够反映出针对被测理论的任何差异;在评估中,重要的是了解结果的水平(the level of outcome),而不仅仅是相对水平(relative level)。需要记住的是,不能因为某一类图形是能够通过计算机程序绘制出来,就认为这个图是好的,而实际上可能并不是这样。

预先考虑各种误解。对评估师与评估报告的读者而言,会有很多解释方面的陷阱存在。尽管这些问题是跟其他研究方法所共有的,但是对评估来说这些问题可能特别重要,这是因为评估会影响到员工们如何维持自己的生计(earn their living)。对评估发现进行不准确的或者给人以误导的解释会产生严重的后果或含义(implications)。认识到这种可能性会鼓励评估师准备出好的报告,去最小化这种对结果进行错误应用的可能性。

许多读者,包括某些受过良好教育的人,会混淆样本容量与样本的代表性这两个概念(Nickerson,2000)。大量的、自我选择的样本的价值常常被高估,而在应答率较低、并且意味着发现并不能被看成是对感兴趣的总体的描述的时候,也是这样。样本容量更小一些,但是通过谨慎的抽样而得到的代表性样本会产生更加准确的总体估计值,但是却会受到不公正地批评,而仅仅是因为样本容量小。

尽管很多人都能够理解两个均值之差的含义,但是对很多人而言,标准差却是一个非常难于理解的概念(Carey and Lloyd,1995)。有时,读者会把两组之间均值的统计显著性差异理解成为不重叠的两组人在得分上的分布(Posavac and Sinacore,1984)。避免对均值之间的差异的误解的办法就是使用图形展示数据。设想一下,系主任开始考虑老师与助教(TAs)在得分等级方面的差别。一个分析该问题的方法就是仅仅比较老师与助教在 A 与 B 课程上得分等级的百分比均值。假定系主任知道老师的均值百分比是 53%,而助教的是 63%。两个均值在统计上存在显著的差异($t(116)=3.723$,$p<0.0005$)。效应值是 0.70,而相对于利普西和威尔逊(Lipsey and Wilson,1993)的发现所建议的原则,这意味着一个很大的差异。许多利益相关者可能会误解这些发现;许多人会认为,较低的百分数揭示出多数 TAs 比多数老师得到了更高的等级得分。如果此均值之间的差异能够在组内变异的视角下解释,那么这种误解就可以被避免。框 13.4 展示了 A 或 B 的得分等级的百分比分布。我们很容易发现,如果不考虑教师的类型的话,在教学内容的得分等级上是存在巨大的变异的。在展示评估结果时,预期到常见的各种误解会提高报告的有用性。如果系主任决定依照这些发现采取行动,或是去寻求更多的信息,那么理解好这个大的变异是很重要的。

另一个常见的误解就是对两个均值或百分比之间的数值差异大小的反应。如果不考虑所涉及的变量的性质,是没有办法理解各种差异的。甚至只是一个小的数值差异也可能带来巨大的社会重要性。多数项目,即使是执行良好的项目,也可能在结果上仅产生很小的改变。因此,最好将对组间差异的解释置于项目效应大小的背景之下,而项目效应的大小则要是在许多项目中被实际观测到的(Light and Pillemer,1984)。如前所述,利普西和威尔逊(Lipsey and Wilson,1993)搜集了将近 300 份评估概要,涉及数千次的评估。他们发现,很多项目产生的效应值仅有 0.25 那么大。这个值表明,项目组的均值仅比对照组或候选名单控制组(wait list group)的均值大出大约 1/4 的标准差。甚至是更小的效应也会被证明是很重要的,特别是在医疗领域中当因变量是生或死的时候,更是这样(Rosenthal,1990)。

第 II 类错误也常常被忽视(Freiman et al.,1978;Lipsey,1990;Shadish,2002),以至于这个问题值得再次强调。很可能,提供给评估师的资源,不足以展开一次具有足够统计灵敏性并能侦测出具有社会价值的效果评估。在毒品使用与酒精滥用方面,甚至是一个很小的减少——0.5%——都能产生具有社会价值的效益(Caulkins,Rydell et al.,1999),但是这个效果如果不适用大样本的话是无法侦测出来的。一个评估可能设计得不足够好,而无法侦测出在社会意义上有用的效应,此时我们都不会感觉这是一件值得高兴的事,但是承认这种可能性,要好过写下批评项目而又不承认评估的局限性的报告。有些读者会把"$p<0.05$"解释成项目是成功的,而"$p<0.07$"则是失败,那么这些人就没有理解发生第 II 类错误的高的概率了(Abelson,1995)。

利用附录。描述发现的结果不能全以口头汇报的方式,而以书面报告的形式则可能十分冗长。因为评估报告的读者不是由那些受过研究方法或统计教育的人们构成的,所以诸如均值和标准差的表格以及概率水平等细节内容最好放在报告的附录中。遵循这个策略的价值就是能够形成完整的报告,特别是对那些愿意追踪结果发现与各种建议之间的联系的人而言,更是如此。此外,评估师常常想去表明他们的确展开了对支持他们的解释而言是必要的分析。(附录也可以起到证明的作用。)

框 13.4　助教与老师在 A 和 B 得分等级上的百分比茎叶图。茎叶图揭示出(a)助教之间在 A 和 B 得分等级上的百分比较之老师之间的要更高,但是(b)两类人教授的内容在 A 和 B 得分等级上的百分比方面表现出巨大的变异。重要的是,利益相关者要认识到这种组内变异,同时不要未经反思就假定多数助教的得分比多数老师的要更高

助教与老师在 A 或 B 上得分等级的百分比

助教		老师	
频数	茎与叶 *	频数	茎与叶
0	1	1	1 .8
0	2	0	1
0	2	1	2 .9
[>]1	3 .2	8	3 .02334555
1	3 .79	4	3 .678 9
0	4 .	10	4 .0011122344
2	4 .78	5	4 .56778
5	5 .01234	12	5 .000111223334
5	5 .56678	6	6 .677899
8	6 .00002344	8	6 .01123355
16	6 .56666777777788999	5	5 .67889
1	7 .3	6	7 .003445
4	7 .5679	2	7 .69
1	8 .3	1	8 .03
2	8 .6	0	8
1	9 .1	1	9 .3

* 所有的原始数据点都绘制在了图中。茎的列是十位数,而叶的列是个位数。例如,TA 的第一个数据点(见[>])意味着,一个 TA 得分等级的 32% 是 A 或 B 级别。在 TA 这一列向下,我们能够发现学生中有 69% 给 16 个 TA 打了 A 与 B 等的 65 分。有 54% 的学生给 12 个老师打了 A 或 B 等的 50 分。

形成各种建议

　　许多评估师会把精力集中于研究设计、数据搜集、分析,而形成各种建议几乎成了后来才添加的东西(afterthought)。需要规划好时间安排,这样的话才会有时间去理解评估结果究竟意味着什么,以及对项目而言哪些建议是有价值的(Weiss,1988)。恰如框 13.1 中的交流计划所暗示的,形成建议时最好跟利益相关者进行咨询。可以向利益相关者提出尝试性的建议,目的是了解在机构的局限性之下建议是不是合理的。依照

评估师与项目主管之间的关系情况,这些协商活动会以不同的方式展开。如果评估师已经在为了证明主管的要求下工作,那么建议将会严重地受到组织机构的影响,而这仅是因为建议若被认为是不合适的,那么其根本就不会被执行。从理想的角度来说,评估会给想利用信息改进组织机构的项目主管提供出新的洞见。此外,评估团队的不同视角,可能会说服该组织机构的员工去重新思考他们对目标总体或者可行的结果的思考;不过,评估师却没有权力去施加压力让组织去做超出其意愿之外的事。与之相反,如果机构的主管已经要求对其资助的项目进行评估,或者如果政府部门已经委托总检察长办公室去展开针对该部门资助的项目的评估,那么评估团队可以做出项目主管可能不会立即支持的某些建议。这并不意味着评估师可以在不咨询项目主管的情况下就展开工作;通常,如前所述,初始的草稿会被散发开。不过,如果评估团队无法跟项目主管达成一致,那么就没有理由去改变所提的建议。可以把无法解决的矛盾在书面报告中表明,方法就是将项目主管的看法包括在里面,而这就是美国健康与人力资源部的总检察长办公室的做法(Office of Inspector General,1990)。

各种建议都应该限制在利益相关者的心理范围之内。需要在组织中进行大的变革的建议一定会被拒绝。若评估认为项目的规划、执行或有效性方面有大的问题,那么评估师就有更大的机会影响该项目,如果建议的变革考虑到了执行的可行性的话。如果评估是用来帮助改进项目的,那么其就绝对不能被看成是对项目进行等级排序的一种方法。如果没有发现不法行为或者不公正之处,那么评估的目标就是去帮助改进项目,而不要去考虑项目运营情况到底如何。

评估师应该谨慎地避免认定自己在项目应该如何设计与管理方面是专家。有时,利益相关者不想要任何建议。如果评估师认为评估指出了需要改进的地方或者新的创意,或许,"建议"这个词能够被避免使用,这样做只是因为他们想避免可能的侵扰性(intrusive)。或许,诸如"含义"这样的术语可能会更加温和一些,可以在提出问题的时候不会触犯管理者的敏感性。

正式的报告应该看起来吸引人

在认真地准备书面报告时,既要针对报告的内容,也要针对其形式。在应用的背景下,管理者会经常跟咨询师和销售人员打交道,特别是那些能提交出吸引人的建议或者产品描述的人。如果评估师的报告看起来像学术论文,那么他们就会失去可信性;这可能不公平,但却是真的。

评估师常会把公司的标识放在报告的封面上。人们可以使用有清晰塑料封面的报告活页夹,这样的话,报告的封面就会表现出从头到尾是完整的(shows through)。最便宜的镭射打印机就可以产生普通人眼中看起来像精美排版的打印效果。我们建议在附录中使用彩色纸张——选择柔和的颜色,而不是粉红色或者浓重的黄色。使用彩纸有两个目的:许多人会感觉这个报告实际上更漂亮,同时让他们确信他们不需要去读完整的报告——只是白色的页面。

提供进程报告与新闻稿

因为评估至少要花费几个月才能完成,同时因为对从评估中能够知晓什么存在着很多疑虑,所以关键利益相关者应该随时被通告项目的进程信息。进程报告应该安排在常规的日程中(如同框 13.1 所建议的那样),或者安排在评估周期中的里程碑事件上。例如,当数据搜集开始的时候以及完成的时候,就应该写出进程报告。进程报告也可以用来感谢那些在评估的某阶段中配合工作的员工们。

如果社区是一个利益相关者,那么新闻稿可能就适合于报告给公司之外的人们(Torres,Preskill,and Piontek,2004;W.K.Kellogg Foundation,1998)。当然,评估师在向公司外发布信息之前,征得利益相关者的同意是十分关键的。某些私人机构可能不允许进行这样的公开;其他的则可能对此很热衷。相比之下,一旦评估办公室的主管接受了报告,那么某些政府资助的评估的报告要注定成为公共文件。

总结与预习

对评估结果进行交流,不能被看成是事后的点缀;在评估正被规划的时候,交流就应该被规划到。如果从一开始规划就被清晰地阐明,那么交流就更可能被执行。评估师的明智做法是向利益相关者告知进程,特别是如果评估花费的时间超过两个月的话。对结果进行亲自的口头报告,是向再决策时可能使用评估结果的人展示结果的最好方法。评估师的明智做法是预料到各种误解,并为避免它们而提供各种合适的信息。书面报告的概要详述评估的情况;起到正式说明评估的确已经进行了的作用;同时要包括程序、结果与统计分析的细节,此外,更加简短的报告和新闻稿也是跟利益相关者进行交流的有用的形式。

如果评估师报告了他们的发现,那么他们就会特别关心如何鼓励利益相关者利用这些发现的问题。尽管利益相关者就是那些决定如何利用评估结果的人们,但是也有很多做法评估师可以遵循,并增加好建议被采纳的可能性。这些做法会在下一章中描述。

学习问题

1.针对定性评估与定量评估而言,交流计划可能会有怎样的不同?

2.设想你已经展开一次评估,针对的是学生运动员对学术援助的需求。考虑你可能搜集信息的变量。形成一个表格,要是能用来让利益相关者在得到这次需求评估的结果之前就公开他们的预期的。

3.找到一篇描述了某次评估的杂志文章。针对评估结果,准备一份口头演示的纲要(outline)。准备该评估的书面报告的纲要。注意这些纲要跟原文中的有什么不同。

4.准备你所用的文章的概要(summary)。注意此概要跟该文的摘要(abstract)的区别。

5.针对你所用的报告,列示会参与反馈过程的利益相关者群体。这些群体在所需信息的类型与细节方面有什么差异?

辅助资源

Henry, G.T., ed. 1997. Creating effective graphs: Solutions for a variety of evaluation data. *New Directions for Evaluation*, *no.*73. San Francisco: Jossey-Bass.

在这本书中,该章的作者讨论并展示了对项目评估师而言什么是好的图形展示。有效的图形使得利益相关者无法忽视关键的发现,而这也恰好是评估师想引起注意的。

Torres, R.T., Preskill, H.S., and Piontek, M.E. 2004. *Evaluation strategies for communicating and reporting: Enhancing learning in organization*, rev.ed. Thousand Oaks, CA: Sage.

该书中包括了大量的极好的操作建议。不过,除了建议之外,作者们还提供了很多表格、图形与传单的示例。这本书说明了在形成交流策略方面评估师可以走得多远,而要超越的则是几年之前的标准做法。这章中强调的主要经验就是有效的评估师要对交流进行规划。在进行评估的时候,很容易就仅关注于技术问题,如搜集、分析与解释数据,而忘记了只有在他人理解了结果的情况下那些工作才会是有用的。这本书将会对你有帮助。

鼓励对报告的利用

　　鼓励利益相关者使用评估的其中一个方面就是要让提交报告的方式得到关注。不幸的是,在许多评估项目中,报告只取得了鼓励利用评估的效果,没有更多的实际应用。本章将探讨利用评估的阻碍,以便评估师能够认识并主动利用它们。评估师可致力于能够扩展评估影响力的机构,以促进利益相关者愿意考虑评估结果产生的影响。即使评估的解释是不明确的,表面结果可能也不明显,但评估往往还是会有一定的启示。

　　许多评估师已经研究了如何利用评估。现将举出一些实例。比奇洛和恰尔罗(Bigelow and Ciarlo,1975)在一个大型社区精神健康中心与30位管理者和监察人员一起研究了评估的反应。作者的结论是,经理们有意于利用那些能够影响他们修改项目进程的评估信息,这些评估导致一些对特定管理问题的进一步探讨。莱文顿和博鲁赫(Leviton and Boruch,1983)跟进了联邦资助的21个教育项目的评估,他们发现评估结果真实影响了项目评估进展和新法律的制定。帕顿(Patton,1986)报告了一例健康项目评估的结果所产生的影响;他发现评估信息成为常识的一部分,并有利于减少行政人员工作的不确定性。在引入管理信息系统后(见第7章),那些为儿童设立的大型住宅机构的管理者们发现,一些被普遍认为能够为儿童提供优质服务的指标并不适用于他们的机构。基于上述儿童服务产生的问题,管理者们改变了一些自己的做法(Overstreet,Grasso,and Epstein,1993)。我们可以推断出很多评估结果被有效利用,但是评估师要认识到机构管理者们担当的复杂角色以及评估结果的多方面应用(Weiss,1998)。

针对有效利用的障碍

应该先讨论阻碍评估过程中落实调查结果的常见问题。评估师并不总是能消除这些障碍,如果能意识到这些问题,评估师可以最小化这些问题所产生的影响。

对管理者的约束

项目经理可能无法利用评估结果,因为在工作中有很多方面会约束他们的自由(Sonnichsen,1994)。在评估师看来,决策者好像并没有对评估结果给予足够的重视,而且他们也没有意愿重新检查评估报告中指出的政策问题。这仅仅是可能,无论如何,管理者必须满足各种竞争选区的要求。在一个受预算约束的复杂机构中,满足不同利益相关者的需求。有时评估师高估了管理者运用新信息改变项目运作方面的自由决策度;评估师会忽略组织结构对管理者自由决策度的约束。

利益相关者之间的价值冲突

当利益相关者在一个问题上表现出两极化倾向,评估结果很可能难以被采纳。当人们持有不可改变的价值观时,评估结果很可能不受注意和重视,或者当事人赞同部分评估结果而否决剩余部分。一个明显极端化的例子是 1968 年联邦枪支控制法案的评估。齐姆林(Zimring,1975)从他的研究推断出,在寻求缓和枪支引发的社会问题的过程中,联邦枪支控制法案的影响是有限的,他的报告可以被争论双方利用,倡导枪支管控的一方主张更强有力的控制,同时反对者认为评估显示了枪支管制的努力和失败。松纳(Sonner,1975)在管理一项当地农贸市场的研究中发现了类似的问题。在他研究开始和结束的这段时间内更换了董事会,新的董事与之前的持有完全不同的人生观,因此他做出的报告被认为是无关紧要的。

当利益相关者持有坚定的观点时,评估可能无助于产生太大的变化。当两极化情况不明显时,将有助于各方提早在预先构建的结论上达成共识。一旦利益相关者发现评估结果有用时,评估师没有办法阻止他们思想的改变;不过,在评估结果出来前进行的一些抽象论证及讨论,可能会传播一些具有影响力的观点,并鼓励人们持有开放观念来接触评估。

对方法论的误用

评估师有时试图用现有的资源实现更多的成果。在检阅已发布的评估报告时,利普西等人(Lipsey et al.,1985)表示,虽然许多结果评估曾计划研究结果中某一程序的因果效应,但是该研究相对较少的得到实施,这会使评估与建立起的因果关系被隔离开来。此种情况发生在这种情况下,如评估中过少的项目参与者被列入观察对象,当内部效度的威胁不能被令人满意的控制,或者像第10章中提到的,不能可靠的及合法的衡量结果变量。在过于野心勃勃的或不明确的评估要求下还限制资源利用的话,就不能进行有效的实验评估或准实验评估(见 Moskowitz,1993)。通常情况下,未经评估方法训练的人不理解在服务背景中执行有效研究的挑战。若一项评估无法被解释,那么这会损害这个学科的声誉,并浪费机构的资源。重要的是,要使评估的设计方案与机构寻求的评估方向相匹配。内部评估师很少有必要表明程序引起了结果变量的变化;累积性评估也很少需要(Pasavac,1994)。评估师通常能够帮助利益相关者开发一种方法来追踪和验证项目的执行,或帮助工作人员澄清他们的隐含的影响力模型(Lipsey and Cordray,2000)。

在可及范围内评估项目

本文鼓励评估师在规划和实施方案评估的过程中与利益相关者密切合作。这是明智的做法,这样评估报告可准确地反映出该项目及其操作环境。评估过程中,如果评估师不与利益相关者中的管理者及提供评估工具的工作人员密切沟通,将对评估报告完成后的充分利用产生障碍。当人们都参与到评估当中,利用评估建议来影响项目改进就会更有可能实现(Fross, Cracknell, and Samset, 1994;Torres, Preskill, and Piontek,2004)。当评估结果已经精确反映了员工的信息需求,员工将会对评估结果更感兴趣。如果利益相关者觉得评估小组了解该评估项目所服务的人群,为项目提供帮助的机构,项目本身及员工需求,则他们会更有可能毕恭毕敬地聆听评估师的建议。上述了解并不是通过与高层管理者的会议或细致查阅项目的官方描述文件获得,它只能通过旷日持久的相互交流获得,包括大量倾听评估项目中与日常操作最直接关联的利益相关者的意见。

处理混杂的评估结果

当一项评估的某些研究结果对该项目支持而其他研究结果不支持时,项目的鼓吹者会关注于支持性的结果,同时把消极结果解释成不成立。当机构内部的不一致意见遍及项目价值观或所涉及的工作时,处理混合复杂的评估结果的难度就会加重。

不要放弃你的责任

评估师可以报告其研究结果,并把解释文件留给利益相关者——管理员、员工或资助机构。这可以通过省略对评估结果的解释和出具没有意义的评估结果来实现。有时候评估师被要求做一项研究,却被明确告知不用做出任何建议。在这种情况下,该机构聘请评估团队是看中了该团队具备的调查和统计专业水平,而不是因为它可能对组织发展做出的贡献。在这种情况下,允许别人去决定混合复杂的评估结果的意义是相当可行的。

在通常情况下,评估师可以在项目规划及完善过程中发挥重要的作用。此外,项目员工会希望评估师尝试找到混合复杂的评估结果对项目有何意义。评估师不要表现得好像数字在为他们说话,因为它们确实没有。评估结果将被解释——如果不是由评估师,则会由其他有利益相关的人做出解释(Richmond,1990)。如果评估师避免对评估结果做出明确的解释,他们则逃避了雇佣他们来应该履行的工作职责。尽管评估师所服务的机构的员工很少被训练将评估结果或研究成果转化为政策含义,但是与他们讨论将有助于评估师理解评估结果的含义,而评估师的职责就是去寻找并发现这些含义。

不要图省事而回避困难

评估过程中总会有一种原因诱惑评估师来取悦项目资助者。评估师在为项目资助机构工作时,可能会禁不住去重视消费者满意度,结果通常会取得出人意料地赞许,即使当更客观的结果表明那样对项目的发展影响甚微。甚至对贫困高校教师的课程评定通常都在满意范围之内,绝大部分医院的病人对自己接受的治疗表示满意,顾客的日常报告显示他们非常满意其心理治疗(Gaston and Sabourin,1992)。在混合复杂的评估结果中,一些不利的部分没有被处理的其他借口包括:(1)既然用结果来衡量是不可靠的,因此对侦测项目效应就不再敏感;(2)质疑样本的大小或典型性;(3)找到了评估时,人们并没有全员参与到项目中的原因。由于没有评估是完美的,所以不需要针对被忽略的部分评估结果做太多挑剔。这些问题应该在评估的规划阶段解决,而不是在解释评估结果的阶段进行。

评估师当然会在适当的时机选择强调更有利的评估结果。那些不利的评估结果也许仅关系到不重要的目标或小部分目标人群。然而,强调评估结果中值得肯定的部分而忽略反对一方的意见,从而取悦评估项目资助者,或避免伤害同行朋友的感情,或为了继续有资格得到资助,这些做法都是缺乏职业道德的。当一个项目或政策没有展现出强有力的积极影响时,其他一些项目可能就是更好的利用资源的方式。

展示如何使用评估结果改善项目

处理混合复杂的评估结果的最好方式是强调评估的目的是为了帮助管理者和员工改进或提炼对项目的概念。许多评估师对评估结果给出的利用建议看上去非常简单,因为评估师没想到评估结果中哪些可以被有效利用(Nagel,1983b;Leviton and Boruch,1983;Weiss,1998)。只利用研究结果就做出继续一个好的项目或停止一个低效的项目的决定的做法,显然是不正确的。通过与利益相关者一起仔细考虑可选方案,评估师可以开发出更先进的应用和建议。

为了减少管理者和员工之间关于不能得到完全有利的评估结果的担心,我们通过医生治疗病人的例子作类比将有助于理解评估项目。管理者被要求用医生在医院观察实验室工作人员的方式去观察评估师。医生负责制定医疗保健计划来治疗他们的病人的疾病。然而,在制定医疗保健计划之前,医生需要采纳实验室测试,X射线和其他诊断程序。在研究完这些测试结果后,医生能够更好地了解病情的重点,从症状中分析出病因,然后给出最佳治疗方案。

治疗开始后,医生再次对患者进行测试,来评估医疗护理的疗效。如果测试结果令人满意,那么医生就可以断定治疗是有效的并可以继续。如果测试结果显示病人的病情没有好转,医生则可以推测病情较难诊断或者治疗效果不明显。医生将开始制订替代的治疗方案。定期复查也可以显示出治疗的负面效应,这些必须在修改治疗方案时加以考虑。尽管医生可能对测试结果不满意,但是通过测试结果进一步了解病情进展也能帮助病人。同样的情形,管理者和员工也可以协同评估师一起工作来检验评估结果,从而找出项目的长处和弱点所在。

在创新型的项目并没有比其他方案更好时,如何使用评估结果

如果评估师推断出处理组和比较组与标准结果不存在差异,那么他们可能会面临与利益相关者一起工作的挑战。但是,首先评估师必须保证他们的结论是正确的。在某些情况下,可能还有一线希望。

何种情况下评估师能够确定各组之间是无差异的?

评估师在推断某一项目没有达到预期效果之前会仔细检查自己的评估流程。在第11章,我们提到过一个单纯的使用统计数据的例子,使得评估师认为其评估没有产生预期的影响,事实上,评估的设计和分析不足以检测项目参加者有价值的变化(如,Julnes and Mohr,1989;Lipsey,1990;Meehl,1990;Yeaton and Sechrest,1986,1987)。

虽然在实践中常常被忽略,但这是众所周知的,一个统计上不显著的检验可以通过小样本产生,由边际执行的效果产生,由不可靠的测量产生,或者因要求只能容忍第I类错误发生在较低概率上而产生。在推断处理组和控制组没有差异之前,有必要分析上述各个问题。在第11章,我们提到统计效力表可以用来告知样本大小的选择,从而提高侦测出项目导致的特定的效应大小的概率。因此,第一步是确保样本容量大小

是足够的。此外,评估应该包括对项目实施每一阶段的检查。在众多项目的初期阶段,执行是边际的,而且很多项目都没有完全执行(Shadish,2002)。在推断某一项目失败之前,重要的是要知道哪方面是失败的。项目是否按计划执行,或项目仅执行了部分计划? 第三,测量工具是否足够捕获项目的本质? 第四,一些评估师似乎认为,如果他们使用跟基础实验室研究中一样低的概率来检验原假设的话,那么可靠性就会被增强。持有一个严格的拒绝原假设的边界,意味着认为项目没有产生效果的可能性会很大。朱尔尼斯和莫尔(Julnes and Mohr,1989)提出了三种方法,来避免第 II 类错误(即,认为项目无效)。一种方法是使 α 值大于 0.05。更高的 α 值意味着,第 I 类错误会较大,但第 II 类错误较小。波萨瓦茨(1998)表明了,如何选择一个 α 水平,使得第 I 类错误与第 II 类错误的概率是相等的。只有在已经尽力去寻找差异之后,人们才会认为,一个创新型的项目跟没有处理的组(或者进行的是标准化处理的组)是等同的(Fitch,1995)。在说"两组之间没有差异"之前,要表明第 II 类错误的概率是很低的,这是很重要的一点。

另一方面,在推断项目正如计划中有效运行之前,可以努力寻找一个效果去检验影响力模型。一个有用的影响力模型将包括(1)中间结果以及最终结果,(2)最有可能从项目中受益的参与者的指定特征。努力寻找检验影响力模型的效果时,应涉及测试影响力模型的效果的含义。理论和统计问题在研究项目效果的过程中起重要作用。

如果创新没有优势,评估结果也有价值吗?

如果努力寻找到了检验影响力模型的效果,可以得出结论,该证据强有力的表明,创新没有达到预期的效果。不如预期的评估结果令人失望;但是,可能存在一些希望寻找到某种和创新项目同样有效的标准处理方式。如果控制组接受标准处理,那么有可能发生的情况是,一个比较便宜的项目可能和一个昂贵的项目达到同样的效果。在刑事审判中,一个关键的结果变量是累犯。沃尔多和奇里柯斯(Waldo and Chiricos,1977)表明,虽然囚犯的工作—释放项目没有如预期的那样导致较低的累犯率,但也没有导致更高的累犯率。尽管囚犯的工作—释放项目没有如该项目的创新者预期的那样让囚犯更有效的改过自新,但允许囚犯参加工作—释放项目的花费低于将他关在传统监狱的花费。换句话说,工作—释放囚犯项目可以被支持,不是因为它对囚犯的改过自新更有效,而是因为他的花费比常规监狱便宜,同时效果好坏也相当。评估结果出来后,工作—释放囚犯项目可能仍会得到支持,但是出于与最初建议不同的原因。案例研究 7 描述了另一个替代普通惩罚的方案的评估结果,其有类似的发现。

案例研究 7

军事化训练监狱的评估结果:发现项目组和比较组没有差异的价值

释放罪犯后出现的高屡犯率给相关部门带来的挫折,已引发相关实验,以期探索替代方式来惩罚罪犯。在 1989 年年底,14 个州已在监狱尝试采用严格的体格训练和艰苦的生活条件并存的军事化训练营模式。麦肯齐(Mackenzie,1990)为国家司法研究所分析多地点评估时描述和回顾了这些项目的影响。一些资金用来资助这些项目,以训练罪犯的纪律性和对权威的尊敬。在项目中完成军事化训练的囚犯获得释放的时间比在传统监狱服刑要早。相比标准化监狱,囚犯更喜欢军事化训练营,这也许并不奇怪。当麦肯齐作报告时,仅有五个州完成了该项目的初步评估。评估结果是基于比较在军事化训练营中完成训练的囚犯和没有接受任何军事化训练营项目内容的假释犯之间的屡犯率得出的。四个州的比较数据提供了九个比较样本,在其中五组样本进行比较时,军事化训练营项目中的囚犯的屡犯率大于假释犯,另外四组样本进行比较时,较低。比较的差异并不大,也没有进行统计检验。因为囚犯参加军事化训练营项目的成本低于将其长时间扣押在传统监狱的成本,所以各州能够节省开支。

评论:在该研究发布后十年,关于少年犯参与军事训练营项目的新闻仍被报道过。军事训练营项目仍存在争议(Styve,Mackenzie,Gover,and Michell,2000)。相比传统监狱,似乎大多数囚犯更喜欢军事化训练营;然而,一些观察人士批评此种惩罚方式。

发展一种学习型文化

一些个人和组织似乎通过保守地拒绝信息和建议以发起不同的活动。人类服务组织不需要为了改变而改变;然而,愿意考虑新的选择也是需要的,以保证高质量工作的有效进行(见 Argyris,1985;Argyris,Putnam,and Smith,1985;Torres,Preskill,and Piontek,2004)。

与利益相关者一起工作

评估结果的利用更可能是在如下情况中发生,即评估师与员工和管理者在评估的开展和实施过程中紧密合作,同时在评估项目正式完成后,评估师会继续与利益相关者一起工作。这种工作方式扩展了评估师的作用,超出了以往对评估师角色的界定。评估师通常被要求收集数据,出具评估报告,并推动评估项目向前发展。尽管以这种方式进行的评估可能是有用的,但是如果评估师在实施变革的过程中与利益相关者共同工作,则会增加评估结果被有效利用的可能性。如果评估师继续收集数据,并提供有效性变革的反馈信息,那么计划,实施,评估和调整项目的循环工作会如图1.1建议的那样完成。外部评估师较难担当评估师的这些扩展角色;但是,内部评估师的角色在工作中通常会与利益相关者产生更紧张的关系。在评估师传略9中,安杰利娜·伊图利安(Angelina Iturrian)描述了她是如何在自己的组织中与开发团队建立紧密合作关系的。

评估师传略 9

安杰利娜·伊图利安:在一个以信念为基础的组织中进行评估

伊图利安女士是路德小时部(Lutheran Hour Ministries)的项目评估师,该部是路德会密苏里总会的辅助机构。她本科时在南伊利诺伊大学爱德华兹维尔分校学习心理学和统计学。她还获得了该校公共管理硕士学位。

伊图利安女士在她的工作岗位遇到了最大的挑战。她说她是路德小时部的第一位评估师。"在我过去的岗位,人们要求评估;而作为路德小时部的第一位评估师,对我来说,是一个非常困难的挑战。我需要先了解不同的部门和服务项目,这样我才可以了解随后如何为他们服务并提出相应的计划。我经常起草建议,宣传好处在哪里,并在期望的事情上给出非常清楚地观念。我抓住每一次可以参与组织和开发团队的机会。我不会等待机会,我会主动出击。这样做的影响是我从一开始就参与到项目中——意味着我对项目或者服务勾勒了一幅较好的蓝图,他们也能较好的了解我将带给他们的建议。"

她继续说道:"我不得不接受这样的观点,即评估此时是一种具有平衡性的行动,是在理性工具的收益与信仰上帝的信念之间的平衡。作为一个以信念为基础的组织,研究肯定不是最终的答案。不过,对那些善于利用上帝资源的好的管理者而言,在评估究竟能够提供出什么这一方面,我能够构建出他们对此的信任。现在,则有很多人邀请我去做这样的工作。"

来源:Personal communication,July 2001.

采纳有启发的解释

大家普遍认识到,并不是每一次创新或有创意的想法都能成功,并促进评估结果的有效利用。项目执行官和员工需要随时参与创新,但他们也必须愿意认识失败,并从失败中汲取经验。要有意愿去把更缺乏创新性的想法和程序放在一边,这会促使员工们去实验新方法来达到项目目标。

如果有意隐藏失败,就不可能从中汲取经验。如果失败的工作方法不被大家知道,毫无疑问,在随后改变组织发展的过程中,边际上有效的努力就不会遭到质疑,也就不会有改进。一个更富有成效的测试工作能力方法是,不仅依靠避免错误的能力,还要有检测错误的能力,并将相关信息公开化。埃德蒙森(Edmondson,1996,2004)表明护士长管理护士们的原则"避免药品错误"(简称 ADEs)已随许多关联事件被报道出来。管理者若明确他们的角色包括辅导员工和员工的发展,那么这样的管理者会被通知给更多的关于错误的信息。那些惩罚性的管理风格很少从错误中汲取教训,因此较少有机会改变规章制度以减少未来发生的 ADEs 事件。我们必须学着去奖励那些勇于承认错误并善于从错误中汲取经验的人,这样,项目才能得到改善。评估程序不应当无意中鼓励掩盖错误。

如果尊重自由的氛围因为需要有效利用评估结果而被放弃时,那么它就超越了评估师的能力,而这也不是评估师所能独立创造的结果。在健全的组织机构中,管理者明白创新需要机会,哪怕是精心设计的或项目的全面实施都不能如预想的那样进行。当存在正确的对待创新的态度时,评估师应尽一切努力去鼓励它。有一点至关重要,即评估师应避免暗示评估结果具有惩罚性作用。重要的是,工作人员要保持专注于评估结果的重点——用数据驱动项目的改进——而不是总结性的报告卡。当高层管理者要求对项目做出评估时,评估师可以借机要求管理层明确陈述评估的用途,并鼓励对评估的反思和进一步的发展,而不是简单的暴露项目中的缺点。当然,最有可能发生的是,大多数保守的组织起初不会发起评估。

利用改进意见形成发现

富有成效的态度的第三个要素包括引领员工,以及管理者,使其期望评估包含一些建议的新方法,来服务项目或细化项目的目标,而不是刻板的展示好的方面和坏的方面(Torres,Preskill,and Piontek,2004)。对现有的一个项目而言,其终止或继续由单一的评估结果来决定的情况,是极为罕见的。然而,全身心投入的项目经理仍然会忧虑机构的后续支持。因此,他们往往在评估报告中寻找一行评估总结:评估是支持项目,或是不支持? 这种方式是否与学生查看论文评分等级的情况类似? 而忽视了教授对论文的评语。当评估师帮助项目人员理解了几乎每个评估都会带来好的消息和坏的消息时,就会提高评估结果被有效利用的几率,重要的问题是:评估报告将提供怎样的项目改进指导? 我们的目标是改进和修改项目,而不是供奉或摧毁它们。

在社区医院的身体治疗和康复中心的评估过程中,医疗团队成员从一开始就深知,康复中心将保持完整,不受评估结果的影响。但是,管理人员比较感兴趣的是,在他们参与的中心中,中风病人的疗程取得了多大进展,而且还要观察哪些住院病人的病情得到持续改善,或者至少在他们回家康复一段时间后,再复查时显示维持了身体机能。评估结果显示,中风病人在住院期间其体格机能(走路、吃饭、穿衣)的改善超过其认知机能的改善(说话,记忆力)。评估结果还显示大多数在住院期间取得明显疗效的病人,回家康复后仍能保持治疗效果。这个信息有助于康复团队考虑是否有后续治疗适合那些回家后没有保持疗效的病人。

将评估结果当成试验性指标,而不是最终结论

将评估结果当成试验性指标有助于保持学习风气。如果评估结果在某一问题上提供决定性的论据,那么这将会产生很大的便利;然而,那些期望从评估结果得到最终结论的人注定会失望(Figueredo,1993;Shadish,1993)。把评估结果当成试验性指标的原因是,在某一地区或有特定需求的群体中,特定的机构条件能够引导项目顺利进行,而在其他机构或群体中就不会得到同样的效果。项目的效果依赖于社会环境和相关工作人员的具体情况。虽然我们的评估项目和发展道路都追求改进,但我们不能期望概括其他环境下发生的情况,或者概括当前环境发生明显变化时将要发生的状况。我们的研究结果可以作为假设,用以说明如何工作是最有效的。

要认识到服务提供者的需求

评估师常会关注于研究方法,同时还会提供出有效的信息,但就是没有理解服务提供者的需求。要避免这个问题,对评估师而言,一个方法就是在机构的内部承担多重的角色(Goering and Wasylenki,1993)。有很多人研究评估,而且后来也在机构中进行评估活动;他们中有很多人主要被培训成服务提供专家。在进行定位于服务提供者的信息需求的评估方面,这些人具有一定的优势,而这些评估也更可能被利用。要对机构服务的细节有一个好的理解,除此而外,那些自己提供服务的评估师,与关注于方法论的评估师相比,更能够获得其他服务提供者的信赖(Champney,1993)。当然,跟服务提供者的身份关系密切,这可能会限制了这些评估师在维护需求变化时所需的开放性。最好的评估师会跟利益相关者密切合作,同时去了解他们的专业语言,这样的话,就可以认识到他们的需求,并最终提高结果的利用程度,而同时还能在项目中保持客观的立场。在评估师传略 10 中,克丽丝·伯恩斯·珀金斯(Chris Burns Perkins)说明了理解服务提供者的视角的价值,其同时也描述了鼓励学习型文化的重要性。

评估师传略 10

克丽丝·伯恩斯·珀金斯:从针对灵长类的研究到项目评估

克丽丝·伯恩斯·珀金斯在北卡罗莱那州夏洛特市工作,是行为健康护理机构的一位独立的管理咨询师。她获得了人类学硕士学位(耶鲁大学)。并在灵长类研究领域中工作了10年。在一所大专教学的时候,她被要求去帮助毒品与酒精康复中心开发一个项目评估系统。(她说,在灵长类研究中和上瘾行为的干预中,基础性的任务都是一样的——客观地测度行为随着时间的变化。)后来,她接受了一个评估方面的全职工作,此后,她利用在上瘾行为治疗方面的工作充实了自己的本科心理学专业的知识,同时还研究上瘾行为的常规治疗标准问题。

她指出,作为评估师,她更加有效率,这是因为她既了解研究也了解治疗。她说:"这使我能够提出建议,改变不会有结果的项目。重要的是,改变项目及其评估方法,也必须要满足现在的常规标准……"

她还说最大的挑战:"……是说服毒品与酒精康复中心的主管为出院后的追踪调研分配时间。这些调研会断定治疗对使用更少的酒精或毒品的人而言是否有效。追踪需要时间……没有追踪的信息,主管和咨询师对治疗项目的有效性不会形成什么看法:他们仅仅是在盲目尝试。"

来源:Personal communication,August 2001.

把评估的结果安排到机构的议事日程之中

索尼奇森(Sonnichsen,2000)认为,如果评估师一直提醒管理者和项目规划者关于评估的发现的话,那么对其的利用就会更加密集。很可能是这样的,一旦评估报告已经写好了,那么提供的信息可能很快就会被利用,或者根本就不会被利用。实际上,有时评估信息是直接相关的而有时并不是这样的。不幸的是,随着时间的流逝,评估报告已经被遗忘了,而几个月后,结果可以用在其中的情形却突然出现了;这样的事是不会令人奇怪的。索尼奇森要求评估师把评估安排进议事日程表中;有些人必须提醒主管有评估这件事,否则,其会在变得重要之前就被遗忘了。如果某些读者认为,这些评价反映的是对待管理者和项目员工的怀疑的看法,那么他们就误解了我们的观点。人们很容易想起跟我们的经历和直接的需求相吻合的东西。除非新的信息跟其它的经历相关,否则我们很快就会遗忘。因此,评估中的材料如果跟某些人们想去知道的问题和制定的规划相关的话,那么它们就更可能被利用。观察应用时机的最合适的人可能是一位内部评估师。

对评估应该持有的态度

本书试图提供出形成技术技能所需要的基本原理,而这些技能在人类服务的、教育的和商业的背景中则是必不可少的。然而,技术技能仅仅是问题的一个方面。在整本书中,我们一直强调人际关系的重要性,以及在跟利益相关者合作时评估师应该持有的态度。此处,我们把这些主题放在一起,主要是为了对这些非技术性的问题进行再次的强调。

谦虚谨慎没有什么坏处。评估师的工作环境并不是用来帮助其进行研究的。此外,该部门可能已经在没有评估师帮助的情况下运营好一阵子了。因此,评估师会被看成是提供可供选择的服务的人。因为我们总是在他人的势力范围内工作,所以任何自我感觉的傲慢自大都会使高超技术技能的价值荡然无存。

缺乏耐心可能会使希望落空。项目与机构主管可能会有许多支持者,而所有人都希望得到关注。项目评估仅是决策与规划所需消息的来源渠道之一。资金问题、社区压力、政治现实和官僚体系的惰性都会对项目规划人员与主管产生强有力的影响。有耐心的评估师才不会感觉到被忽视了或没有被关爱到,当其建议并没有得到立即的关注的时候。

要认识到评估师的视角的重要性。提供服务的员工们关注的是个人,而常常不理解项目的整体。主管看待事物的方式是整体的视角,但是常常关注于资金的或其他实际的问题。因此评估师必须让这些视角互补起来,而采取的主要方法就是把对服务提供情况的核实结果、项目的影响力和花费的资源整合进一个口袋里。

针对实际问题展开工作。在服务机构工作的人们很少仅关注理论问题。如果评估师被导向有关被评项目的实际的问题,他们就能够更有效地工作。一定要试着记住这一点:帮助人们进行改变是一项艰难的工作。一方面是紧迫的人类需求,而另一方面则面对着缺乏效率的指控,所以部门的员工渴望的是实际的帮助。

针对可行的问题展开工作。如果评估是不可行的,那么就不要去做。不要浪费你自己的时间和项目员工们的时间。不过,尽管评估可能不可行,但是,比方说成本-收益分析,或者对行为和结果的管理可能是可行的,而且对机构而言也是有用的。

避免对数据上瘾的行为。想要搜集关于项目和被服务的人们的大量的信息,这具有很大的诱惑。要求太多的信息,这会增加并不提供信息的参与者的比例。而且,实际上,评估师常发现自己处于要去分析所搜集的全部数据的紧迫的时间压力之下,而这样的话,就会浪费掉合作的参与者的精力。如果信息不是关键性的,那么就不要去搜集它。

让报告被更多的人接受。使用社会科学的术语,展示高深的分析方法,这降低了信息的流畅性,特别是对那些没有受过像该评估师那样的培训的人而言。评估师中的新手常常认识不到,很少人懂得统计分析。把展示知识与技术技能深度的演示留给专家会议吧。为了实现有效性,对那些可能基于所提建议而采取行动的人而言,演示必须是容易理解的。

寻求对你自己的工作的评估。如果评估发现和建议似乎已经石沉大海,那么评估师就需要问问自己:我的演示是清楚的么? 我强调了正确的问题么? 答案是正确的么? 只有这样做,才会使自己受益。而最诚实的答案常常会是:"啊,这回我犯了错误。"要为下一次评估学到些什么。为了对评估进行评估,人们会利用斯克里文(Scriven,1991)的评估关键检查清单或者评估的评价标准(Joint Committee on Standards,1994)。让其他评估师对整个评估提供反馈,这可能会为下一次的改进提供出好的方法。

鼓励形成一种学习型的文化。从理想的角度来说,评估鼓励员工、客户、主管和项目资助者之间的诚实的关系。有时,人们的做法好像是在说所有的失败都可以被避免。失败是无法全被避免掉的。只有死者不犯错误;活人总会犯错误。不要隐藏或诅咒失败,要帮助员工们和主管把诚实的尝试看成是试验,并从中学习所需要的东西。

概要与项目评估可能的趋势

评估师正日益主动地跟各部门与机构合作,而也正是这些部门与机构的项目需要被评估。评估师们已经不再是在完成最终报告以后把十份复印件塞进信封中。与之相反,他们正寻求帮助各机构好好利用评估,即使是在发现的结果是复杂的和负面的情况下,也是如此。关键的问题是要鼓励利益相关者去把评估看成是一个开发型的工具,并能够用来改善项目的状况。在规划的讨论中,评估师的参与提高了人们合理地利用针对需求、执行和结果的反馈的机会。

从20世纪60年代开始,项目评估这个学科已经发生了巨大的变化,也就是从那时起,其进入了快速的成长期。在服务部门和政府办公室中,对项目和政策的效果进行评估的想法不再是什么新的想法,而人们也不再对此有什么争议了。亨利和马克(Henry and Mark,2003)报告说:"在今天似乎到处都有评估存在。"当代的评估师在复杂的方法论技能方面以及跟机构合作的情况,都远远超过了学科的前辈们所做的。不像过去年头的评估师那样,我们更可能遇到项目设计中的混淆之处,以及在现场执行中的各种限制,同时也更可能认识到对服务机构和政府部门的管理者的活动的各种制约条件。我们也更清楚地发现,每一个项目背景都是独一无二的;在一个地方起作用的项目并不必然适于其他的地点或者其他的人群。评估师也已经认识到各种评估方法的局限之处。

要对利益相关者的需求更加敏感,更加尊重项目背景的重要性,也要对评估的方法不再过分沾沾自喜,如果把这些方面结合起来,那么我们认为就会产生更好的评估。今天,跟过去相比,我们怀疑,有更少比例的评估在设计上是不合适的,或者在执行上是表面而且肤浅的。不过,让评估对各机构和被服务的人而言是有用的,这仍旧是一个挑战。我们还要面对自己的工作。

学习问题

1.发现代表负责提供项目的利益相关者抵制评估,这会让很多学生们感到迷惑。为了形成对这种抵制的理解,设想一下你真正工作过情形——组建一个高中的运动队,为校报写作一篇文章,或者学习一首歌曲。现在,设想你的父母中的一员批评你,说你做得很不好,且没有一句赞扬的话。你会感觉如何? 如果你能够投入到这种情形中并进行思考,你就可能会对项目人员对不敏感的评估师的反应有一个更好的理解了。

2.如果你想把这道题做好,你需要回忆假设的父母批评你的情形。其正建议"你应该"怎么做,而话题则是关于最后一次比赛的,或者怎样以不同的方式写好第二段的,或者在独唱会上怎样做才能够展示出更多的微笑。一定要认识到,这个假设的父母中的一员是从来没有踢过足球的,写过报纸文章的,或者自己表演过的。你可能去接受这些建议么? 现在在设想一下,一个警察或者心理健康治疗师会如何对批评性的评估师做出反应,而该批评性的评估师从来也没有被要求去拦下一个可能是危险的人并进行询问,或者是尝试着对患有抑郁症并可能自杀的年轻人提供过咨询服务。

3.人的行为(demeanor)中的哪个方面会促使你认为,对你有帮助的建议会改进你的工作。

4.设想一下,你完成了一项关于第1章中提及的性骚扰项目的评估。设想你的确做出了很大的努力并且知道:(a)男性与女性参与者都对什么是性骚扰以及什么不是的定义十分清楚;(b)在后继的追踪中,仅有一些男性参与者采纳了项目所建议的预防措施;(c)在后继的追踪中,多数男性表明,他们认为多数的性骚扰是受害者的过错。这些结果的含义是什么? 在评估师鼓励利用这些结果的时候,你会做出什么建议?

5.一个大学委员会正在考虑建议批准一个跨学科的项目,比如,心理学和法律。这个委员会能够从需求评估中了解到什么? 从这个工作中,或者大学本科项目的毕业生的深入研究中,他们能够进行怎样的利用? 在被建议的项目书被展示给一个更大型的决策机构的时候,大学委员会应该如何鼓励形成大学同事之间的学习气氛?

6.设想一个情形,其中很可能会形成价值观的对立。比方说,如果师生委员会思考的问题是大的通胀对大学而言是不是一个问题,那么有可能发生什么事情?

辅助资源

Torres,R.T.,Preskill,H.S.,and Piontek,M.E.2004.*Evaluation strategies for communicating and reporting*:*Enhancing learning in organization*,rev.ed.Thousand Oaks,CA:Sage.

在前一章中也推荐了这本书。作者们既关心评估报告的问题,也鼓励对评估报告的利用。

附录
项目评估报告示例

　　此处提供一个缩略的项目评估报告。麦克凯利普,洛克哈特,埃克尔特和菲利普斯(McKillip,Lockhart,Eckeert,and Phillips,1985)评估了一个基于媒体的项目,而该项目则是通过大学健康中心针对酒精使用传递了两个有关人们的健康态度的信息。评估仔细研究了海报与报纸广告是否会得到学生们的关注。显然,对学生而言,合意的结果就是劝阻朋友们在醉酒的时候不要开车,同时在有社会压力的时候也要减少喝醉的情况。不过,发动一次媒体运动是没有什么意义的,如果根本就没有注意到这些信息的话;这次评估想去了解鼓励人们持有健康的态度的第一步是否奏效。

　　需要注意的是,这次评估结合了间断性时间序列与转换性复制与控制性建构设计(见McKillip,1992,对此的详细讨论)。使用这种设计的评估能够严格地避免针对内部效度的威胁。要注意其使用的多种数据来源。最后,需要注意的是,在海报**出现之前**就报告说已经看过海报的学生的比例。这些比例会提醒读者要警惕评估中对自我报告的幼稚地使用;这些评估师们聪明地把评估建立在改变之上,即没有海报之时与海报被展示之时二者之间的改变情况,而没有建立在学生们所说的,他们看见海报的比例。

　　这个报告的内容准确地反映了原始的评估结果。不过,大学的名字被改换了,似乎也增添了一些虚构的细节,为的是更好地说明报告应如何呈现给某部门。报告没有按照研究杂志中的论文格式来制作。

关于负责任的酒精使用的媒体运动：我们能够吸引到大学生的注意么？

在 2000—2001 学年秋季学期进行的媒体运动的评估：由学生健康中心酒精教育中心资助的项目，以鼓励那些抵制在学生中盛行的过度酒精消费的社会行为

SSU

Jack McKillip, D.C.Lockhart, P.S.Eckert, and J.Phillips

目录

1

概要

南方州立大学(SSU)通过酒精教育中心资助的项目来鼓励负责任的酒精使用。需求评估表明,学生们支持适度的饮酒,但是认为他们的朋友们希望他们能够多喝一些。酒精教育项目(AEP)的员工们的经验表明,学校里还有一个问题就是醉酒与驾驶。人们计划了一项运动,以鼓励学生们(1)抵制来自同伴的多喝的压力,同时(2)组织朋友们在喝醉后还开车。海报、报纸广告、热线电话和广播交谈都被 AEP 的员工们用来强调这两个主题。有证据表明,那些仍旧处在形成饮酒习惯的学生会受到合适的信息的影响;不过,如果用来提供信息的媒体没有吸引到目标人群的注意的话,那么信息也就无法被接受了。

由于海报、广告和其他的媒体方法在吸引学生注意方面的有效性并不为人们所知,所以在为期 10 周的项目之后人们开始进行一次评估。在两周的基期(各处没有 AEP 海报或者广告)之后,是两周的强调时期,强调要拒绝同伴压力,不去饮酒。在第二个两周的基期之后,又是一个两周的强调时期,强调要告诉朋友们喝醉之后不要饮酒。评估是以第三个两周的基期结束的。在两次的干预期中,海报、广告和广播交流节目一致强调两个主题中的一个。对第一个四期(八周)而言,学生会在每周四的午餐时间建立一个放有各种材料的信息台。在最后的两周内,没有任何 AEP 材料。

在为期 10 周的评估中,各种访谈表明,学生们注意到了这项运动及其主题,学生们对第一个主题的认知突然在第三周中有了增加,但是对第二个主题的认知水平没有变化。在能够得到有关第二个主题的材料的时候(在第七与第八周),第二个主题的认知突然增加了。结论就是学生们注意到了这些信息,而支持这个结论的还有在运动期间被学生们从信息台上拿走的材料的数量与类型。最后,在第九和第十周进行了邮寄调研,结果发现,比起没有在这个媒体项目中被强调的其他的 AEP 主题,该运动定位的两个主题都被更经常地认识到了。

结论就是,该媒体运动在吸引学生的注意力方面是有效的。尽管得到学生的注意仅仅是希望学生们负责任地使用酒精的一系列环节中的第一步,但是它却是关键的一步。为学生服务的员工们可以自信地说,使用置于适当地点的海报,并提供跟酒精相关的信息,这些都是对教育资源的有效利用。

2

项目需要满足的需求

广泛存在的证据表明,在美国的大学校园中,酒精饮料的滥用率是一个现实的问题,但是却对学生们未来的健康也有着很重要的意义。非正式的观测发现,酒精滥用在南方州立大学也是一个问题。此外,来自学生们的邮寄调研的答案表明,尽管 SSU 中学生们的主体会把适度的饮酒看成是可以接受的,但是他们认为,他们的同伴总是期望他们再多喝一些。对学生们而言,鼓励他们坚持适度饮酒的看法,并抵制住来自同伴的滥用酒精的压力,这就是很重要的事情了。在校园中,还会经常遇到的一个跟酒精相关的问题就是醉酒与驾驶的问题。以这种需求评价为基础,SSU 酒精教育项目的员工们设计了一个基于媒体的教育项目,为的是强调酒精使用跟同伴压力与驾驶的关系。

项目描述

目标总体

SSU 大约有 1 870 名本科生和 3 300 名研究生,他们构成了鼓励负责任的酒精使用的多媒体运动的目标总体。

多媒体干预

以前的研究(Ray,1973; Rothchild,1979)已经说明,对那些并不严重依赖酒精并且正在形成跟酒精相关的态度的学生们而言,他们是能够受到强调负责任的酒精使用的材料影响的。因此,酒精教育项目(AEP)的员工们希望基于媒体的教育项目能够产生积极的作用。(严重的嗜酒者和那些饮酒习惯良好的人可能不会受到这种方法的影响。)

基于需求评估,两个干预的主题被选定。第一个主题是:"拒绝饮酒并不无礼。"第二个主题是:"朋友不会让朋友醉驾。"

项目试图增加学生对这些主题的了解,而主要的方法是通过(1)在整个校园的各个公共位置张贴海报(第一个主题使用了 307 张,而第二个是 203 张);(2)在周三与周四出版的校报上,发布跟海报相同的半页广告;(3)在学生会建立起来一个 9.8 平方尺的公开展示橱窗;(4)在第一周,让 AEP 员工在广播台设立交流热线强调每一个主题;(5)在每周四的午饭时间,在学生会设立信息台,放置好关于负责任地使用酒精的书面材料,并让 AEP 员工们回答问题。

3

被评估的问题

这些材料可能被学生们忽略,也可能被关注。因此,评估试图去评价这次媒体运动吸引学生关注的程度。访谈、问卷调研和行为测度都被用来判断学生们是否了解到该运动。

评估设计

为了进行这次项目评估,该运动被分为 5 个两周的周期,如表 1 所示。这五期包括:

1. 一个两周的基期,仅涉及在学生会的信息台。
2. 两周的时期,第三周和第四周,在此期间,使用海报、报纸广告、橱窗和电台交流的方式强调第一个主题。
3. 一个两周的基期,期间所有针对第一主题的材料都被去除,仅保留在信息台的材料。
4. 两周的时期,第七周和第八周,期间使用跟第一主题相同的方法来强调第二主题。
5. 一个两周的基期,期间所有的材料都被去除,包括信息台的。

基期常用在某些心理治疗的形式中,为的是表明资料已将产生效果。如果现在的项目是有效的,那么人们可以预期,比起这些周以前,学生们在海报、广告、展示和广播交流之后会过多地意识到运动的主题。使用两次干预使得整个设计是重复的。也就是说,如果项目第一主题的任何明显的效应都可以通过比较第一期跟第二期的方式侦测出来的话,那么就能通过比较第一个六周跟第四期(第七周和第八周)的方式,并利用学生们对第二个主题的反应,对该模式进行验证。如果这两个模式是很类似的,那么人们就可以很有信心地认为,AEP 的媒体项目对学生的关注度问题起到了作用。建立在全国新闻报道或酒精行业更高基础之上的可能的替代性解释都可以被拒绝。

4

表 1   媒体运动与评估行为的时间安排

	学期的周数									
	1	2	3	4	5	6	7	8	9	10
媒体 *										
第一个主题	O	O	×	×	O	O	O	O	O	O
第二个主题	O	O	O	O	O	O	×	×	O	O
测度										
访谈	+	+	+	+	+	+	+	+	+	+
问卷调研	a	a	a	a	a	a	a	a	+	+
媒体展位	+	+	+	+	+	+	+	+	a	a

* 包括海报、广告、橱窗和广播交流。

注:"O"代表跟主题相关的媒体不可用,而"×"代表媒体可用,"+"代表进行了测度,而"a"则代表没有进行测度。所有的测度都跟两个主题是相关的。

评估的发现

访谈

在 10 周中,有 371 名学生参与了访谈,其中 60% 是男性而 40% 是女性。大体跟学生的构成比例类似。没有学生会被访谈超过一次。在每周中,在午餐时间里会从来自图书馆、学生会咖啡厅和户外人行道的学生中随机选择大约 40% 的学生。AEP 员工询问这些学生关于海报和报纸广告的回忆性的问题。回答者会观看海报和广告的复制品,并被询问他们是否曾在校报上见过,或者看过海报。

图 1 包括了报告说回忆起来见过海报和广告的学生的比例。图的上半幅说明在第三周对第一个主题有一个明显增加。需要注意的是,下半幅表明,在第三周和第四周,第二个主题并没有被像第一个主题那样多的学生注意到。由于仅有第一个主题被公开关注,所以这些模式支持这样的解释,即在吸引学生注意方面,运动是有效的。对两个主题的反应的差异表明,学生们不仅仅是说他们看见了海报/广告,因为他们知道那是访谈者希望他们说出的东西。

在第七周,出现了关于第二个主题的材料。正如人们预期的那样,看见第二个主题的材料的学生也突然增加了。对第一个主题的回忆也没有下降到基期的水平,因为学生们能够回忆起更早看到过的第一个主题的材料。这种重复带来了可靠性——学生们意识到了运动的主题,同时也说明了多媒体运动起到了作用。

邮寄的问卷调研

在最后的两周内,关于酒精使用的 12 页问卷被邮寄给了 1 113 人构成的随机样本。收回了 56.7% 的可用问卷。对人口统计问题的回答表明,回答者准确地反映出学生主体的特征。

包括酒精消费的问题在内,学生们还被问到,7 个 AEP 海报中哪一个——两个出现在运动中,而 5 个没有出现在运动中——是他们见过的。所有的海报只能通过上下文背景的内容被识别出来,而且从 2002 年的春季学期开始到秋季学期之前可在 AEP 那里得到。回想起见过每份海报“超过一次”的回答者的比例就是项目有效性的测度方法。第一个主题被 62% 的回答者回忆起来,而第二个主题是 83%。对比来看,其他五个 AEP(没有出现在运动中的)海报被回忆起来的比例是 12% ~ 48%。运动主题跟其他信息的差别在统计上是显著的($p = 0.03$)。而回忆的水平跟回答者的性别、大学的班级或自我描述的酒精消费量没有关系。

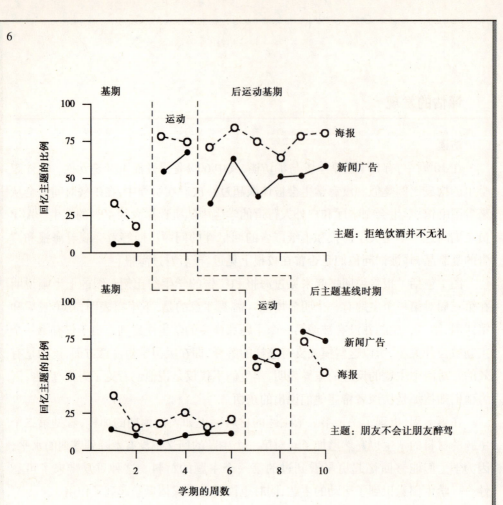

图 1 被访谈的并报告了回忆起海报和广告的学生的比例。基期(baseline)——在主题的海报和广告被引入之前的时期。运动(campaign)——两周,期间针对特定主题的海报和广告被展示和出版。后主题基期(post-theme baseline)——紧跟着运动的时期,没在出版针对主题的广告,同时针对主题的海报也被取下来

7

媒体信息台

在第一周到第八周每周四的午餐时间,位于学生会的信息台一直存在。一位AEP员工回答各种问题,同时还为学生们准备了7种海报(两个是针对运动主题的,5个是其他的)以及其他材料。整体而言,跟基期比较起来,更多的关于负责任的酒精使用的资料在运动期间被拿走。在运动期内(第三、第四、第七和第八周),每天平均有13%的运动主题海报被拿走,比起基期的几周,其平均值是5.33% ($t(14) = 2.38, p = 0.016$,单尾检验)。此外,在4周的运动期中,有平均75%的材料被拿走,而比起基期,其是51%。这种差异会引导人们思考,这项运动是否已经成功;不过,这个差异不具有统计上的显著性($t(14) = 1.42, p = 0.089$,单尾检验)。

8

结论与含义

这些发现支持人们使用媒体,特别是多种媒体,来宣传负责任的酒精使用。吸引学生们的注意是关键的第一步,其能提供可能被内化的信息,同时也可能进一步导致学生们形成负责任的酒精使用的习惯。

要注意到这一点,即所有的健康教育的重点都是改善健康水平或者阻止对健康的伤害。这次评估没有表明,媒体运动会对学生们的福利状况有影响。尽管该运动有效地吸引了学生的注意,但是仍有太多的信息支持酒精消费,以至于学生健康中心的目标很容易就会失败。跟其他很多单一的健康教育努力一样,人们很难发现努力水平与目标总体的健康水平之间的直接的联系。然而,这些数据意味着媒体项目似乎对健康教育资源的有效的利用。

9

参考文献

Ray, M. 1973. Marketing communication and the hierarchy of effects. In *New models for mass communication research*, ed. P. Clarke. Beverly Hills, CA: Sage.

Rothchild, M. L. 1979. Advertising strategies for high and low involvement situations. In *Attitude research plays for high stakes*, ed. J. Maloney and B. Silverman. New York: American Marketing Association.

10

[本页及所有的附录页在实际的报告中是淡黄色的纸张。]

附录

1.列示运动期间海报的位置。
2.使用的海报的复制品。
3.访谈中所使用的问题。
4.邮寄的问卷样式。
5.均值、标准差和样本容量。

[建议书面报告都包括这些标题内容。许多外部评估似乎(少数的内部评估师)也会包括跟启动评估项目相关的同意信件。为了节省空间,前面列示的内容标题和同意信件都没有包括在这个示例中。]

参考文献

A citizen's guide to the Federal budget, *FY 2002*. 2001. Washington, DC: U. S. Government Printing Office (S/N 041-001-00556-1).

ABELSON, P. H. 1977. Commission on federal paperwork. *Science*, *197*, 1237.

ABELSON, R. P. 1995. *Statistics as principled argument*. Hillsdale, NJ: Lawrence Erlbaum Associates.

ACKOFF, R. L. 1986. *Management in small doses*. New York: Wiley.

AIKEN, L. S., AND WEST, S. G. 1990. Invalidity of true experiments: Self-report biases. *Evaluation Review*, *14*, 374-390.

AIKEN, L. S., WEST, S. G., SCHWALM, D. E., CARROLL, J. L., AND HSIUNG, S. 1998. Comparison of a randomized and two quasi-experimental designs in a single outcome evaluation. *Evaluation Review*, *22*, 207-243.

ALEXANDER, H. A. 1986. Cognitive relativism in evaluation. *Evaluation Review*, *10*, 259-280.

ALTSCHULD, J. W., AND WITKIN, B. R. 2000. *From needs assessment to action: Transforming needs into solution strategies*. Thousand Oaks, CA: Sage.

AMERICAN EDUCATIONAL RESEARCH ASSOCIATION. 1994. *Ethical standards of the American Educational Research Association*. Washington, DC: Author.

AMERICAN EVALUATION ASSOCIATION GUIDING PRINCIPLES FOR EVALUATORS (www. eval. org/Guiding% 20Principles. htm; retrieved May 16, 2005).

AMERICAN PSYCHOLOGICAL ASSOCIATION. 1992. Ethical principles of psychologists and code of conduct. *American Psychologist*, *47*, 1597-1611.

AMERICAN SOCIOLOGICAL ASSOCIATION. 1989. *Revised code of ethics*. Washington, DC: Author.

ANDERSON, C. A. 2001. Heat and violence. *Current Directions in Psychological Science*, *10*, 33-38.

ANDERSON, J. F., AND BERDIE, D. R. 1975. Effects on response rate of formal and informal questionnaire follow-up techniques. *Journal of Applied Psychology*, *60*, 225-257.

ANGELO, T. A., AND CROSS, K. P. 1993. *Classroom assessment techniques: A handbook for college teachers*. Rev. ed. San Francisco: Jossey-Bass.

ANKUTA, C. Y., AND ABELES, N. 1993. Client satisfaction, clinical significance, and meaningful change in psychotherapy. *Professional Psychology: Research and Practice*, *24*, 70-74.

ARGYRIS, C. 1985. *Strategy, change, and defensive routines*. Boston: Pitman.

ARGYRIS, C., PUTNAM, R., AND SMITH, D. M. 1985. *Action science: Concepts, methods, and skills for research and intervention*. San Francisco: Jossey-Bass.

ARISTIGUETA, M. P. 1999. *Managing for results in state government*. Westport, CN: Quorum Books.

ARVEY, R. D., AND COLE, D. A. 1989. Evaluating change due to training. In *Training and development in organizations*, eds. I. Goldstein & associates. San Francisco: Jossey-Bass.

ASTIN, A. W. 1971. Two approaches to measuring students' perceptions of their college environment. *Journal of College Student Personnel*, *12*(2), 169-172.

ASTIN, A. W. 1993. *Assessment for excellence: The philosophy and practice of assessment and evaluation in higher education*. Phoenix, AZ: Oryx Press.

AVERCH, H. A. 1994. The systematic use of expert judgment. In *Handbook of practical program evaluation*, eds. J. S. Wholey, H. R. Hatry, and K. E. Newcomer. San Francisco: Jossey-Bass.

BABBLE, E. 2003. *Practice of social research*, 10th ed. Belmont, CA: Wadsworth.

BALL., S., AND BOGARTZ, G. A. 1970. *The first year of Sesame Street*. princeton, NJ: Educational Testing Service.

BARBOUR, G. P., AND WOLFSON, S. M. 1973. Productivity measurement in police crime control. *Public Management*, *55*, 16, 18, 19.

BARENDREGT, J. J., BONNEUX, L., AND VAN DER MAAS, P. J. 1997. The health care costs of smoking. *The New England Journal of Medicine*, *337*, 1052-1057.

BARZANSKY, A., BERNER, E., AND BECKMAN, C. R. R. 1985. Evaluation of a clinical program: Applying the concept of trustworthiness. *Evaluation & the Health Professions*, *8*, 193-208.

Baseline report: strategic development and planning meeting. 2001. Bethesda, MD: National Institutes of Health, National Institute of Diabetes & Digestive & Kidney Diseases.

BAUER, S. M., AND TOMS, K. 1989. Will there be any scientists in the class of 2000? [Summary]. Proceedings of the Annual Meeting of the American Evaluation Association, 26.

BECHTEL, R. B. 1997. *Environment and behavior: An introduction*. New York: Sage.

BERK, R. A. 1977. Discretionary methodology decisions in applied research. *Sociological Methods and Research*, *5*, 317-334.

BERK, R. A., AND ROSSI, P. H. 1976. Doing good or worse: Evaluation research politically reexamined. *Social Problems*, *23*, 337-349.

BERMAN, J. J. 1978. An experiment in parole supervision. *Evaluation Quarterly*, *2*, 71-90.

BERNSTEIN, D. J. 1999. Comments on Perrin's "Effective use and misuse of performance measurement." *American Journal of Evaluation*, *20*, 85-93.

BERWICK, D. M. 1989. Continuous improvement as an ideal in health care. *New England Journal of Medicine*, *320*, 53-56.

BICKMAN, L. 2000. In *Program theory in evaluation: Challenges and opportunities*, *New Directions for Program Evaluation*, No. 87, eds. P. J. Rogers, T. A. Hacsi, A. Petrosino, and T. A. Huebner. San Francisco: Jossey-Bass.

BIGELOW, D. Q., AND CIARLO, J. A. 1975. The impact of therapeutic effectiveness data on community mental health center management: The systems evaluation project. *Community Mental Health Journal*, *11*, 64-73.

BINGHAM, S. G., AND SCHERER, L. L. 2001. The unexpected effects of a sexual harassment educational program. *The Journal of Applied Behavioral Science*, *37*, 125-153.

BINNER, P. R, 1977. Outcome measures and cost analysis, In *Emerging developments in mental health evaluation*, eds. W. Neigher, R. Hammer and G. Landsberg. New York: Argold Press.

BINNER, P. R. 1991. Needed for mental health management: A new measurement paradigm. *Administration and Policy in Mental Health*, *18*, 355-366.

BINNER, P. R. 1993. Information systems and mental health services: Issues for the 90's. *Computers in Human Services*, *9*, 47-57.

BOK, S. 1974. The ethics of giving placebos. *Scientific American*, *231*(5), 17-23.

BOONE, P. 1994. Down the rathole. *The Economist*, *333* (Dec. 10), 69.

BORUCH, R. F. 1997. *Randomized experiments for planning and evaluation: A practical guide*. Thousand Oaks, CA: Sage.

BORUCH, R. F. 1998. Randomized controlled experiments for evaluation and planning. In *Handbook of applied social research methods*, eds. L. Bickman and D. J. Rog. Thousand Oaks, CA: Sage.

BOTCHEVA, L., WHITE, C. R., AND HUFFMAN, L. C. 2003. Learning culture and outcomes measurement practices in community agencies. *American Journal of Evaluation*, *22*, 421-434.

BRIGHAM, S. E. 1993. TQM: Lessons we can learn from industry. *Change* (May/June), 42-48.

BRINKERHOFF, R. O. 2003. *The success case method*. San Francisco: Berrett-Koehler.

BROCKNER, J., NATHANSON, S., FRIEND, A., HARBECK, J., SAMUELSON, C., HOUSER, R., BAZERMAN, M. H., AND RUBIN, J. Z. 1984. The role of modeling processes in the "Knee Deep in the Big Muddy" phenomenon. *Organizational Behavior and Human Performance*, *33*, 77-99.

BROTMAN, B. 1983. "Workfare": What state terms success others call boondoggle. *Chicago Tribune*, January 2, Sec. 3, pp. 1, 4.

BROWN, F. G. 1984. *Principles of educational and psychological testing*. 3rd ed. New York: Holt, Rinehart, and Winston.

BROWN, J. B., AND ADAMS, M. E. 1992. Patients as reliable reporters of medical care process. *Medical Care*, *30*, 400-411.

BRYANT, F. B., AND GUILBAULT, R. L. 2002. "I knew it all along" eventually: The development of hindsight bias in reaction to the Clinton impeachment verdict. *Basic and Applied Social Psychology*, *24*, 27-41.

BRYK, A. S., ED. 1983. *Stakeholder-based evaluation*. San Francisco: Jossey-Bass.

BUNDA, M. A. 1983. Alternative ethics reflected in education and evaluation. *Evaluation News*, *4*(1), 57-58.

BURTLE, V., ED. 1979. *Women who drink*. Springfield, IL: Charles C. Thomas.

BUSSIGEL, M., AND FILLING, C. 1985. Data discrepancies and their origins: An evaluation of a family practice residency program using a naturalistic inquiry paradigm. *Evaluation & the Health Professions*, *8*, 177-192.

CAGLE, L. T., AND BANKS, S. M. 1986. The validity of assessing mental health needs with social indicators.

Evaluation and Program Planning, *9*, 127-142.

CAIDIN, M. 1960. *Let's go flying*! New York: Dutton.

CAMPBELL, D. T. 1969. Reforms as experiments. *American Psychologist*, *24*, 409-429.

CAMPBELL, D. T. 1983. The problem of being scientific in program evaluation. Paper presented at the meeting of the Evaluation Research Society. October, Chicago.

CAMPBELL, D. T. 1986. Relabeling internal and external validity for applied social scientists. In *Advances in quasi-experimental design and analysis*, ed. W. M. K. Trochim. San Francisco: Jossey-Bass.

CAMPBELL, D. T. 1987. Guidelines for monitoring the scientific competence of preventive intervention research centers. *Knowledge: Creation, Diffusion, Utilization*, *8*, 389-430.

CAMPBELL, D. T., AND ERLEBACHER, A. 1970, How regression artifacts in quasi-experimental designs can mistakenly make compensatory education look harmful. In *Compensatory education: A national debate*, ed. J. Hellmuth. Vol. 3 of *Disadvantaged child*. New York: Brunner-Mazel.

CAMPBELL, D. T., AND STANLEY, J. C. 1963. *Experimental and quasi-experimental designs for research*. Chicago: Rand-McNally.

CANNELL, J. J. 1987. *Nationally normed elementary achievement testing in America's public schools: Now all states are above the national average*. Daniels, WV: Friends of Education.

CARD, J. J., GREENO, C., AND PETERSON, J. L. 1992. Planning an evaluation and estimating its cost. *Evaluation & the Health Professions*, *15*, 75-89.

CAREY, R. G. 1974. Emotional adjustment in terminal patients. *Journal of Counseling Psychology*, *21*, 433-439.

CAREY, R. G. 1979. Evaluation of a primary nursing unit. *American Journal of Nursing*, *79*, 1253-1255.

CAREY, R. G., AND LLOYD, R. C. 1995. *Measuring quality improvement in healthcare: A guide to statistical process control applications*. New York: Quality Resources.

CARLEY, M. 1981. *Social measurement and social behaviors*. London: George Allen & Unwin.

CARTER, D. E., AND NEWMAN, F. L. 1976. *A client-centered system of mental health delivery and program management*. Rockville, MD: National Institute of Mental Health.

CASTNER, L., AND CODY, S. 1999. *Trends in FSP participation rates: Focus on September 1997*. Washington, DC: Mathematica Policy Research.

CAUDLE, S. L. 1994. Using qualitative approaches. In *Handbook of practical program evaluation*, eds. J. S. Wholey, H. P. Hatry, and K. E. Newcomer. San Francisco: Jossey-Bass.

CAULKINS, J. P., RYDELL, C. P., EVERINGHAM, S. S., CHIESA, J., AND BUSHWAY, S. 1999. *An ounce of prevention, a pound of cure: The cost-effectiveness of school-based drug prevention programs*. Santa Monica, CA: Rand.

CENTRA, J. A. 1977. Plusses and minuses for faculty development. *Change*, *9*(12), 47, 48, 64.

CHAMBERS, F. 1994. Removing the confusion about formative and summative evaluation: Purpose versus time. *Evaluation and Program Planning*, *17*, 9-12.

CHAMPNEY, T. F. 1993. Comments on the use of multiple roles to maximize the utilization of outcome research. *Evaluation and Program Planning*, *16*, 335, 336.

CHAN, K-C. 1994. *Vaccines for children: Critical issues in design and implementation* (T-PEMD-94-28). Washington, DC: U. S. General Accounting Office.

CHAN, K-C. 1995. *Vaccines for children: Reexamination of program goals and implementation needed to insure vaccination* (T-PEMD-95-22). Washington, DC: U. S. General Accounting Office.

CHAPMAN, C., AND RISLEY, T. R. 1974. Anti-litter procedures in an urban high-density area. *Journal of Applied Behavioral Analysis*, 7, 377-383.

CHELIMSKY, E. 1997. The coming transformation in evaluation. *In Evaluation for the 21st century: A handbook*, eds. E. Chelimsky and W. R. Shadish. Thousand Oaks, CA: Sage.

CHEN, H. T. 1994. Theory-driven evaluations: Need, difficulties, and options. *Evaluation Practice*, 15, 79-82.

CHEN, H. T., AND ROSSI, P. H. 1989. Issues in the theory-driven perspective. *Evaluation and Program Planning*, 12, 299-306.

Cholesterol screening. 1990. Washington, DC: Office of Inspector General, U. S. Department of Health and Human Services.

CICARELLI, V. G., COOPER, W. H., AND GRANGER, R. L. 1969. *The impact of Head Start: An evaluation of the effects of Head Start on children' s cognitive and affective development*. Westinghouse Learning Corporation, OEO Contract No. B89 4536.

CLARK, C. 1989. Clear-cut economies: Should we harvest everything now? *The Sciences*, 29(1), 16-19.

COHEN, J. 1987. *Statistical power analysis for behavioral sciences*. Rev. ed. Hillsdale, NJ: Lawrence Erlbaum.

COLBURN, D. 1987. Who pays? Insurance coverage varies widely. *Washington Post, Health: A weekly journal of medicine, science, and society*, (January 20), 18.

CONNER, R. F., JACOBI, M., ALTMAN, D. G., AND ASLANIAN, C. B. 1985. Measuring need and demand in evaluation research. *Evaluation Review*, 9, 717-734.

COOK, T. D. 2000. The false choice between theory-based evaluation and experimentation. In *Program theory in evaluation: Challenges and opportunities, New Directions for Program Evaluation, No. 87*, eds. P. J. Rogers, T. A. Hacsi, A. Petrosino, and T. A. Huebner. San Francisco: Jossey-Bass.

COOK, T D., APPLETON, H., CONNER, R. F., SHAFFER, A., TAMKIN, G., AND WEBBER, S. J. 1975. *Sesame Street revisited*. New York: Russell Sage.

COOK, T. D., AND CAMPBELL, D. T. 1979. *Quasi-experimentation*. Chicago: Rand-McNally.

COOK, T. D., AND DEVINE, E. C. 1982. Trying to discover explanatory processes through meta-analysis. Paper presented at the National Meeting of the American Educational Research Association. March, New York.

COOK, T. D., LEVITON, L. C., AND SHADISH, W. R. 1985. Program evaluation. In *Handbook of Social Psychology*, 3rd ed., eds. G. Lindzey and E. Aronson. New York: Random House.

COOK, T. D., AND REICHARDT, C. S., EDS. 1979. *Qualitative and quantitative methods in evaluation research*. Beverly Hills, CA: Sage.

COOK, T. D., AND SHADISH, W. R. 1986. Program evaluation: The worldly science. *Annual Review of Psychology*, 37, 193-232.

COOK, T. D., AND SHADISH, W. R. 1994. Social experiments: Some developments over the past fifteen years. *Annual Review of Psychology*, 45, 545-580.

CORDRAY, D. S. 1986. *Quasi-experimental analysis: A mixture of methods and judgment*. In *Advances in quasi-experimental design*, *New Directions for Program Evaluation*, *No. 31*, ed. W. M. K. Trochim. San Francisco: Jossey-Bass.

CRANO, W. D., AND BREWER, M. B. 1986. *Principles and methods of social research*. Newton, MA: Allyn and Bacon.

CRONBACH, L. J. 1980. *Toward reform of program evaluation: Aims, methods, and institutional arrangements*. San Francisco: Jossey-Bass.

CRONBACH, L. J. 1982. *Designing evaluations of educational and social programs*. San Francisco: Jossey-Bass.

CUMMING, G., AND FINCH, S. 2005. Inference by eye: Confidence intervals and how to read pictures of data. *American Psychologist*, *60*, 170-180.

CUMMINGS, S. R., RUBIN, S. M., AND OSTER, G. 1989. The cost-effectiveness of counseling smokers to quit. *JAMA*, *261*, 75-79.

DARLINGTON, R. B., ROYCE, J. M., SNIPPER, A. S., MURRAY, H. A., AND LAZAR, I. 1980. Preschool programs and later school competence of children from low-income families. *Science*, *208*, 202-205.

DATTA, L. 1976. The impact of the Westinghouse/Ohio evaluation on the development of project Head Start. In *The evaluation of social programs*, ed. C. C. Abt. Beverly Hills, CA: Sage.

DATTA, L. 1994. Paradigm wars: A basis for peaceful coexistence and beyond. In *The qualitative-quantitative debate: New perspectives*, *New Directions for Program Evaluation*, *No. 61*, eds. C. S. Reichardt and S. F. Rallis. San Francisco: Sage.

DATTA, L. 2000. Seriously seeking fairness: Strategies for crafting non-partisan evaluations in a partisan world. *American Journal of Evaluation*, *21*, 1-14.

DAVIS, D. F. 1990. Do you want a performance audit or a program evaluation? *Public Administration Review*, *50*, 35-41.

DAWES, R. M. 1994. *House of cards: Psychology and psychotherapy built on myth*. New York: The Free Press.

DAY, C. R., JR. 1981. Solving the mystery of productivity measurement. *Industry Week*, January 26, pp. 61-66.

DENEUFVILLE, J. I. 1975. *Social indicators and public policy*. Amsterdam: Elsevier Scientific Publishing Company.

DEAN, P. J., RANGE, L. M., AND GOGGIN, W. C. 1996. The escape theory of suicide in college students: Testing a model that includes perfectionism. *Suicide and Life-Threatening Behavior*, *26*, 181-186.

DEFRIESE, G. B. 1990. Theory as method. In *Research methodology: Strengthening causal interpretations of nonexperimental data*, eds. L. Sechrest, E. Perrin, and J. Bunker. Rockville, MD: Department of Health and Human Services, Agency for Health Care Policy and Research, (PHS) 90 3454.

DEMING, W. E. 1986. *Out of the crisis*. Cambridge, MA: MIT-CAES.

DEMONE, H. W., JR., AND HARSHBARGER, D. 1973. *The planning and administration of human services*. New York: Behavioral Publications.

DENISTON, O. L., AND ROSENSTOCK, I. M. 1973. The validity of nonexperimental designs for evaluating health services. *Health Services Reports*, *88*, 153-164.

DENNIS, M. L. 1994. Ethical and practical randomized field experiments. In *Handbook of practical program evaluation*, eds. J. S. Wholey, H. P. Hatry, and K E. Newcomer. San Francisco: Jossey Bass.

DENNIS, M. L., INGRAM, P. W., BURKS, M. E., AND RACHAL, J. V. 1994. Effectiveness of streamlined admissions to methadone treatment: A simplified time-series analysis. *Journal of Psychoactive Drugs*, *26*, 207-216.

DENNIS, M. L., SODERSTROM, E. J., KONCINSKI, W. S., JR., AND CAVANAUGH, B. 1990. Effective dissemination of energy-related information. *American Psychologist*, *45*, 1109-1117.

DENZIN, N. K., AND LINCOLN, Y. S. 2000. *Handbook of qualitative research*, Rev. ed. Thousand Oaks, CA: Sage.

DERBY, A. 1989. Equating death and dollars on the highway. *Business and Society Review*, *71*(Fall), 47, 48.

DEVARAJAN, S., DOLLAR, D., AND HOLMGREN, T. 2000. *Aid and reform in Africa: Lessons from ten case studies.* Washington, DC: The World Bank.

DIAL, M. 1994. The misuse of evaluation in educational programs. In *Preventing the misuse of evaluation, New Directions for Program Evaluation*, *No. 64*, eds. C. J. Stevens and M. Dial. San Francisco: Jossey-Bass.

DIFRANZA, J. R., AND BROWN, L. J. 1992. The Tobacco Institute's "It's the law" campaign: Has it halted illegal sales of tobacco to children? *American Journal of Public Health*, *82*, 1271, 1273.

DOBYNS, L., AND CRAWFORD-MASON, C. 1991. *Quality or else: The revolution in world business.* Boston: Houghton-Mifflin.

DONALDSON, S. I. 2003. Theory-driven program evaluation in the new millennium. In *Evaluating social programs and problems: Visions for the new millennium*, eds. S. I. Donaldson and M. Scriven. Mahwah, NJ: Erlbaum.

DONALDSON, S. I., GOOLER, L. E., AND SCRIVEN, M. 2002. Strategies for managing evaluation anxiety: Toward a psychology of program evaluation. *American Journal of Evaluation*, *23*, 261-273.

DOR, A., HELD, P. J., AND PAULY, M. V. 1992. The Medicare cost of renal dialysis: Evidence from a statistical cost function. *Medical Care*, *30*, 879-891.

DURLAK, J. A., AND FERRARI, J. R., EDS. 1998. *Program implementation in preventive trials.* Binghamton, NY: Haworth Press.

ECKERT, P. A. 1994. Cost control through quality improvement: The new challenge for psychology. *Professional Psychology: Research and Practice*, *25*, 3-8.

EDDY, D. M. 1990. Practice policies: Where do they come from? *JAMA*, *263*, 1265, 1269, 1272, 1275.

EDDY, D. M., AND BILLINGS, J. 1988. The quality of medical evidence: Implications for quality of care. *Health Affairs*, *7*(1), 19-32.

EDMONDSON, A. C. 1996. Learning from mistakes is easier said than done: Group and organizational influences on the detection and correction of human error. *Journal of Applied Behavioral Science*, *32*, 5-28.

EDMONDSON, A. C. 2004. Learning from mistakes is easier said than done. *Journal of Applied Behavioral Sci-*

ence,*40*,66-90.

EGAN,G. 1988a. *Change-agent skills A: Assessing and designing excellence*. San Diego,CA: University Associates.

EGAN,G. 1988b. *Change-agent skills B: Managing innovation and change*. San Diego,CA:University Associates.

EGAN,G.,AND COWAN,M. 1979. *People in systems*. Monterey,CA: Brooks/Cole.

ECELHOF,J. 1975. Cop layoffs spur slayings. *Chicago Tribune*,July 10,Sec. 1,p. 2.

EISENBERG,L. 1977. The social imperatives of medical research. *Science*,*198*,1105-1110.

ELLIOTT,E. J. 1989. Accountability in the post-Charlottesville era. *Evaluation comment*(UCLA Center for the Study of Evaluation),December,pp,1-4.

ENDICOTT,J.,AND SPITZER,R. L. 1975. Designing mental health studies: The case for experimental designs. *Hospital & Community Psychiatry*,*26*,737-739.

EPLEY,N.,AND DUNNING,D. 2000. Feeling "holier than thou": Are self-serving assessments produced by errors in serf- or social prediction? *Journal of Personality & Social Psychology*,*79*,861-875.

ERICSON,D. P. 1990. Social justice,evalution,and the educational systems. In *Evaluation and social justice: Issues in public education*,ed. K.A. Siromik. San Francisco: Jossey-Bass.

ERS STANDARDS COMMITTEE. 1982. In *Standards for practice*,ed. P. H. Rossi. *New Directions for Program Evaluation*,*No. 15*. San Francisco: Jossey-Bass,pp. 7-20.

EVANS,B. J.,STANLEY,R. O.,COMAN,G. J.,AND SINNOTT,V. 1992. Measuring medical students' communication skills: Development and evaluation of an interview rating scale.*Psychology and Health*,*6*,213-225.

EVANS,R. G.,AND RORINSON,G. C. 1980. Surgical day care: Measurements of economic payoff. *CMA Journal*,*123*,873-880.

EVANS,R. I.,AND RAINES,B. E. 1990. Applying a social psychological model across health promotion interventions. In *Social influence processes and prevention*,eds. J. D. Edwards,R. S. Tindale,L. Health,and E. J. Posavac. New York: Plenum.

FALS-STEWART,W.,KLOSTERMANN,K.,AND YATES T. 2005. Assessing the costs,benefits,cost-benefit ratio, and cost-effectiveness of marital and family treatments: Why we should and how we can. *Journal of Family Psychology*,*19*,28-39.

FEHR,M. 1999. Management tools in engineering education. *Industry and Higher Education*,*13*,April 112-118.

FELSON,M. 1993. Social indicators for criminology. *Journal of Research in Crime and Delinquency*,*30*,. 400-411.

FELSON,R. B. 1984. The effects of self-appraisal of ability on academic performance. *Journal of Personality and Social Psychology*,*47*,944-952.

FERRISS,A. L. 1988. Uses of social indicators. *Social Forces*,*66*,601-617.

FETTERMAN,D. M. 1991. Auditing as institutional research: A qualitative focus. In *Using qualitative methods in institutional research*,*New Directions for Institutional Research*,*No. 72*,ed. D. M. Fetterman. San Francisco: Jossey-Bass.

FETTERMAN, D. M. 1998. Ethnography. In *Handbook of applied social research methods*, eds. L. Bickman and D. J. Rog. Thousand Oaks, CA: Sage.

FETTERMAN, D. M., KAFTARIAN, S. J., AND WANDERSMAN, A. EDS. 1996. *Empowerment evaluation: Knowledge and tools for self-assessment and accountability*. Thousand Oaks, CA: Sage.

FIGUEREDO, A. J. 1993. Critical multiplism, meta-analysis, and generalization: An integrative commentary. *Program evaluation: A pluralistic enterprie*, *New Directions for Program Evaluation*, No. 60, ed. L. Sechrest. San Francisco: Jossey-Bass.

FINE, M., AND VANDERSLICE, V. 1992. Qualitative activist research: Reflections on methods and politics. In *Methodology in applied social psychology*, eds. F. B. Bryant, J. D. Edwards, R. S. Tindale, E. J. Posavac, L. Heath, Y. Suarez-Balcazar, and E. Henderson. New York: Plenum.

FITCH, R. W. 1995. Accepting the null hypothesis. *Memory & Cognition*, 23, 132-138.

FITZPATRICK, J. 2002. Dialogue with Stewart Donaldson. *American Journal of Evaluation*, 23, 347-365.

FLAY, B. R., AND BEST, J. A. 1982. Overcoming design problems in evaluating health behavior programs. *Evaluation & the Health Professions*, 5, 43-49.

FORK, H. F., WAGNER, R. E., JR., AND WAGNER, K. D. 1992. The Texas Peer Education Sun Awareness Project for Children: Primary prevention of malignant melanoma and nonmelanocyfic skin cancers. *Cutis*, 50, 363-364.

FOWLER, F. J., JR. 1998. Design and evaluation of survey questions. In *Handbook of applied social research methods*, eds. L. Bickman and D. J. Rog. Thousand Oaks, CA: Sage.

FREEL, C., AND EPSTEIN, I. 1993. Principles for using management information data for programmatic decision making. *Child and Youth Services*, 16, 77-93.

FREIMAN, J. A., CHALMERS, T. C., SMITH, H., JR., AND KUEBLER, R. R. 1978. The importance of Beta, the Type II error and sample size in the design and interpretation of the randomized control trial. *The New England Journal of Medicine*, 299, 690-694.

FRENCH, M. T. 2000. Economic evaluation of alcohol treatment services. *Evaluation and Program Planning*, 23, 27-39.

FROSS, K., CRACKNELL, B., AND SAMSET, K. 1994. Can evaluation help an organization to learn? *Evaluation Review*, 18, 574-591.

FRY, L. J., AND MILLER, J. 1975. Responding to skid row alcoholism: Self-defeating arrangements in an innovative treatment program. *Social Problems*, 22, 673-687.

FULLER, R. K., BRANCHEY, L., BRIGHTWALL, D. R., DERMAN, R. M., EMRICK, C. D., IBER, F. L., JAMES, K. E., LACOURSIERE, R. B., LEE, K. K., LOWENSTAM, I., MAANY I., NEIDERHISER, D., NOCKS, J. J., AND SHAW, S. 1986. Disulfiram treatment for alcoholism: A Veterans Administration cooperative study. *JAMA*, 68, 1449-1455.

GABER, J. 2000. Meta-needs assessment. *Evaluation and Program Planning*, 23, 139-147.

GASTON, L., AND SABOURIN, S. 1992. Client satisfaction and social desirability in psychotherapy. *Evaluation and Program Planning*, 15, 227-231.

GERSTEIN, D. R., JOHNSON, R. A., HARWOOD, H. J., FOUNTAIN, D., SUTER, N., AND MALLOY, K. 1994. *Evalu-*

ating recovery services: *The California drug and alcohol treatment* (*CALDATA*). Sacramento, CA: California Department of Alcohol and Drug Programs.

GILBERT, J. P, LIGHT, R. J., AND MOSTELLER, F. 1975. Assessing social innovations: An empirical base for policy. In *Evaluation and experiment*, eds. A. R. Lumsdaine and C. A. Bennett. New York: Academic Press.

GILLMORE, G. M., AND GREENWALD, A. G. 1999. Using statistical adjustment to reduce the biases in student ratings. *American Psychologist*, *54*, 518-519.

GLASGOW, R. E., TERBORG, J. R., STRYCKER, L. A., BOLES, S. M., ET AL. 1997. Take Heart II: Replication of a worksite health promotion trial. *Journal of Behavioral Medicine*, *20*, 143-116.

GLASER, B., AND STRAUSS, A. L. 1967. *The discovery of grounded truth*. Chicago: Aldine.

GLENMULLEN, J. 2000. *Prozac bachlash*. New York: Simon & Schuster.

GOERING, P. N., AND WASYLENKI, D. A. 1993. Promoting the utilization of outcome study results by assuming multiple roles within an organization. *Evaluation and Program Planning*, *16*, 329-334.

"Good News—crime is up!" 1983. *Chicago Tribune*, May 8, Sec. 2, p. 2.

GRADUATION RATES FOR ATHLETES AND OTHER STUDENTS WHO ENTERED COLLEGE IN 1992-93. 1999. *Chronicle of Higher Education*, September 10, A60-A62.

GRASSO, A. J., AND EPSTEIN, I., EDS. 1993. *Information systems in child, youth, and family agencies: Planning, implementation, and service enhancement*. New York: The Haworth Press.

GRAY, B. H., COOKE, R. A., AND TANNENBAUM, A. S. 1978. Research involving human subjects. *Science*, *201*, *1094-1101*.

GREEN, J., AND WINTFELD, N. *1993*. How accurate are hospital discharge data for evaluating effectiveness of care? *Medical Care*, *31*, 719-731.

GREEN, R. S., AND JERRELL, J. M. 1994. The generalizability of brief ratings of psychosocial functioning. *Evaluation and Program Planning*, *17*, 141-151.

GREEN, R. S., AND NEWMAN, F. L. 1999. Total quality management principles promote increased utilization of client outcome data in behavioral health care. *Evaluation and Program Planning*, *22*, 179-182.

GREENE, J. C. 1987. Stakeholder participation in evaluation: Is it worth the effort? *Evaluation and Program Planning*, *10*, 379-394.

GREINER, J. M. 1994. Use of ratings by trained observers. In *Handbook of practical program evaluation*, eds. J. S. Wholey, H. P. Hatry, and K. E. Newcomer. San Francisco: Jossey-Bass.

GROSS, D. M., AND SCOTT, S. 1990. Proceeding with caution. *Time*, July 16, pp. 56-62.

GRUBER, J., ED. 2001. *Risky behavior among youths: An economic analysis*. Chicago: The University of Chicago Press.

GUBA, E. G., AND LINCOLN, Y. S. 1981. *Effective evaluation*. San Francisco: Jossey-Bass.

GUBA, E. G., AND LINCOLN, Y. S. 1989. *Fourth generation evaluation*. Newbury Park, CA: Sage.

GUILBAULT, R. L., BRYANT, F. B., BROCKWAY, J. H., AND POSAVAC, E. J. 2004. A meta-analysis of research on hind-sight bias. *Basic and Applied Social Psychology*, *26*, 103-117.

HANKE, S. H., AND WALKER, R. A. 1974. Benefit-cost analysis reconsidered: An evaluation of the Mid-State project. *Water Resources Research*, *10*, 898-908.

HARTOG, J. 1999. Over- and under-education and the relation to vocational training. *Vocational Training*: *European Journal*, *16*, 47-52.

HATRY, H. P. 1994. Collecting data from agency records. In *Handbooh of practical program evaluation*, eds. J. S. Whole, H. P. Hatry, and K. E. Newcomer. San Francisco: Jossey-Bass.

HATRY, H. P., NEWCOMER, K. E., AND WHOLEY, J. S. 1994. Conclusion: Improving evaluation activities and results. In *Handbook of practical program evaluation*, eds. J. S. Wholey, H. P. Hatry, and K. E. Newcomer. San Francisco: Jossey-Bass.

HAVEMAN, R. H., AND WATTS, H. W. 1976. Social experimentation as policy research: A review of negative income tax experiments. In *Evaluation Studies Research Annual*, Vol. 1, ed. G. V. Glass, Beverly Hills, CA: Sage.

HEATH, L., AND PETRAITIS, J. 1986. Television viewing and fear of crime: Where is the scary world? *Basic and Applied Social Psychology*, *8*, 97-123.

HEATH, L., TINDALE, R. S., EDWARDS, J. E., POSAVAC, E. J., BRYANT, F. B., HENDERSON-KING, E., SUAREZ-BALCASZAR, Y., AND MEYERS, J., EDS. 1994. *Applications of heuristics and biases to social issues*. New York: Plenum.

Head Start impact study: First year findings. 2005, May. Washington, DC: Administration for Children and Families, USDHHS.

HEDRICK, T. E. 1994. The quantitative-qualitative debate: Possibilities for integration. In *The qualitative-quantitative debate: New perspectives*, *New Directions for Program Evaluation*, *No. 61*, eds. C. S. Reichardt and S. F. Rallis. San Francisco: Jossey-Bass.

HEGARTY, T. W., AND SPORN, D. L. 1988. Effective engagement of decisionmakers in program evaluation. *Evaluation and Program Planning*, *11*, 335-340.

HEMPHILL, J. F., AND HOWELL, A. J. 2000. Adolescent offenders and stages of change. *Psychological Assessment*, *12*, 371-381.

HENDRICKS, M. 1986. A conversation with Michael Wargo. *Evaluation Practice*, *7*(6), 23-36.

HENDRICKS, M. 1994. Making a splash: Reporting evaluation results effectively. In *Handbook of practical program evaluation*, eds. J. S. Wholey, H. P. Hatry, and K. E. Newcomer. San Francisco: Jossey Bass.

HENRY, G. T., Ed., 1997. Creating effective graphs: Solutions for a variety of evaluation data. *New Directions for Evaluation*, *No. 73*. San Francisco: Jossey-Bass.

HENRY, G. T., AND MARK, M. M. 2003. Toward an agenda for research on evaluation. In *The practice-theory relationship in evaluation*, No. 97, ed. C. A. Christie. San Francisco: Jossey-Bass.

"High-rise brought low at last. " 1998. *The Economist*, July 11, 31-32.

HILKEVITCH, J. 2000. Whistle-blower plan for air safety. *Chicago Tribune*, Jan. 15, Sec. 1, p. 2.

HINE, L. K., LAIRD, N. M., HEWITT, P., AND CHALMERS, T. C. 1989. Meta-analysis of empirical long-term antiarrhythmic therapy after myocardial therapy. *JAMA*, *262*, 3037-3040.

HOGAN, R. R. 1985. Response bias in a student follow-up: A comparison of low and high return surveys. *College and Universities*, *61*, 17-25.

HORTON, S. V. 1987. Reduction of disruptive mealtime behavior by facial screening. *Behavior Modification*, *11*, 53-64.

HOUGTAND, J. G., JR. 1987. Criteria for client evaluation of public programs: A comparison of objective and perceptual measures. *Social Science Quarterly*, *68*, 386-394.

HOUSE, E. R. 1976. Justice in evaluation. In *Evaluation Studies Review Annual*, Vol. 1, ed. G. V. Glass. Beverly Hills, CA: Sage.

HOUSE, E. R. 1980. *Evaluating with validity*. Beverly Hills, CA: Sage.

HOUSE, E. R. 1988. *Jesse Jackson and the politics of charisma: The rise and fall of the PUSH/Excel program*. Boulder, CO: Westview Press.

HOUSE, E. R. 1990. Methodology and justice. In *Evaluation and social justice: Issues in public education*, ed. K. A. Sirotnik. San Francisco: Jossey-Bass.

HOUSE, P. W., AND SHULL, R. D. 1988. *Rush to policy: Using analytic techniques in public sector decision making*. New Brunswick, NJ: Transaction Books.

HOWARD, P. K. 1994. *The death of common sense: How law is suffocating America*. New York: Random House.

HSIA, D. C. 2003. Medicare quality improvement: Bad apples or bad systems? *JAMA*, *289*, 354-356.

ILLICH, I. 1976. *Medical nemesis*. New York: Pantheon Books.

IMPARA, J. C., AND PLAKE, B. S., EDS., 1998. *The thirteenth mental measurements yearbook*. Lincoln: University of Nebraska Press.

IOANNIDIS, J. P. A. 2005. Contradicted and initially stronger effects in highly cited clinical research. *JAMA*, *294*(2), 218-228.

ISAACSON, W. 1983. The winds of reform. *Time*, March 7, pp. 12-16, 23, 26-30.

JACOBSEN, N. S., AND TRUAX, P. 1991. Clinical significance: A statistical approach to defining meaningful change in psychotherapy research. *Journal of Consulting and Clinical Psychology*, *59*, 12-19.

JASON, L. A., AND LIOTTA, R. F. 1982. Assessing community responsiveness in a metropolitan area. *Evaluation Review*, *6*, 703-712.

JOGLEKAP, P. N. 1984. Cost-benefit studies of health care programs: Choosing methods for desired results. *Evaluations & the Health Professions*, *7*, 285-303.

JOHNSON, P. L. 1990. A conversation with Joseph S. Wholey about the Program for Excellence in Human Services. *Evaluation Practice*, *11* (1), 53-61.

JOHNSTON, J. 1983. The status of evaluation as an enterprise. *ERS Newsletter*, *7*(2), 1, 7.

JOINT COMMITTEE ON STANDARDS FOR EDUCATIONAL EVALUATION. 1994. *The program evaluation standards: How to assess evaluations of educational programs*. 2nd ed. Thousand Oaks, CA: Sage.

JUDD, C. M., AND KENNY, D. A. 1981. *Estimating the effects of social interventions*. New York: Cambridge University Press.

JULNES, G., AND MOHP, L. B. 1989. Analysis of no-difference findings in evaluation research. *Evaluation Review*, *13*, 628-655.

KAHN, J. 2000. Is Harvard worth it? *Fortune*, *141*, May 1, 200-204.

KAHNEMAN, D., SLOVIC, P., AND TVERSKY, A., EDS. 1982. *Judgment under uncertainty: Heuristics and biases*. New York: Cambridge University Press.

KAHNEMAN, D., AND TVERSKY, A. 1974. Judgment under uncertainty: Heuristics and biases. *Science*, *185*, 1124-1131.

KANE, R. L., AND KANE, R. A. 1978. Care of the aged: Old problems in need of new solutions. *Science*, *200*, 913-919.

KAPP, S. A., AND GRASSO, A. J. 1993. BOMIS: A management information system for children and youth service providers. *Child and Youth Services*, *16*, 33-47.

KARWATH, R. 1990. Jury's out on pregnant teens plan. *Chicago Tribune*, August 28, Sec. 2, p. 4. KATZ, M. M., AND WARREN, W. L. 1998. *Katz Adjustment Scales Relative Report Form (KAS-R)*. Los Angeles: Western Psychological Services.

KEATING, K. M., AND HIRST, E. 1986. Advantages and limits of longitudinal evaluation research in energy conservation. *Evaluation and Program Planning*, *9*, 113-120.

KENT, D. M., FENDAICK, A. M., AND LANGA, K. M. 2004. New and dis-improved: On the evaluation and use of less effective, less expensive medical interventions. *Medical Decision Making*, *24*, 282-286.

KERSHAW, D. N. 1972. A negative income tax experiment. *Scientific American*, *227*, 19-25.

KIBEL, B. M. 1999. *Success stories as hard data: An introduction to results mapping*. New York: Kluwer Academic.

KING, J. A. 1994. Meeting the educational needs of at-risk students: A cost analysis of three models. *Educational Evaluation and Policy Analysis*, *16*, 1-19.

KIRK, R. E. 1982. *Experimental design: Procedures for the behavioral sciences*, 2nd ed. Belmont, CA: Brooks/Cole.

KLITZNER, M., GRUENEWALD, P. J., BAMBERGER, E., AND ROSSITER, C. 1994. A quasiexperimental evaluation of Students Against Drunk Driving. *American Journal of Drug and Alcohol Abuse*, *20*, 57-74.

KNAPP, M. 1977. Applying time-series research strategies to program evaluation problems. Paper presented at a meeting of the Evaluation Research Society, October, Washington, DC.

KOLATA, G. B. 1977. Aftermath of the new math: Its originators defend it. *Science*, *195*, 854-857.

KRAMER, P. D. 1993. *Listening to Prozac*. New York: Viking.

KRUEGER, R. A. 1994. *Focus groups: A practical guide for applied research*, Rev. ed. Thousand Oaks, CA: Sage.

KRUEGER, R. A., AND CASEY, M. A. 2000. *Focus groups: A practical guide for applied research*, 3rd ed. Thousand Oaks, CA: Sage.

LAVRAKAS, P. J. 1998. Methods for sampling and interviewing for telephone surveys. In *Handbook of applied social research methods*, eds. L. Bickman and D. J. Rog. Thousand Oaks, CA: Sage.

LAWLER, E. E., III, AND HACKMAN, J. R. 1969. Impact of employee participation in the development of pay incentive plans: A field experiment. *Journal of Applied Psychology*, *53*, 467-471.

LAZAR, I. 1981. Early intervention is effective. *Educational Leadership*, January, pp. 303-305.

LEE, J., AND WALSH, D. J. 2004. Quality in early childhood programs: Reflections from program evaluation practices. *American Journal of Evaluation*, *25*, 351-373.

LEE, S. M. 2001. *Using the racial categories in the 2000 census*. Baltimore, MD: The Annie E. Casey Foundation.

LEEUW, F. L. 2003. Reconstructing program theories: Methods available and problems to be solved. *American Journal of Evaluation*, *24*, 5-20.

LEIK, R. K., AND CHALKLEY, M. A. 1990. Parent involvement: What is it that works? *Children Today*, May-June, pp. 34-37.

LENIHAN, K. J. 1977. Telephone and raising bail. *Evaluation Quarterly*, *1*, 569-586.

LESLIE, L. A., ANDERSON, E. A., AND BRANSON, M. P. 1991. Responsibility for children. *Journal of Family Issues*, *12*, 197-210.

LEVIN, H. M., AND MCEWAN, P. J. 2001. *Cost-effectiveness analysis*, Rev. ed. Thousand Oaks, CA: Sage.

LEVINE, D. I., AND HELPER, S. 1995. A quality policy for America. *Contemporary Economic Policy*, *13*, 26-38.

LEVITAN, S. A. 1992. *Evaluation of federal social programs: An uncertain impact*. Washington, DC: Center for Social Policy Studies, The George Washington University.

LEVITON, L. C., AND BORUCH, R. F. 1983. Contributions of evaluation in education programs and policy. *Evaluation Review*, *7*, 563-598.

LICHT, M. H. 1979. The Staff-Resident Interaction Chronograph: Observational assessment of staff performance. *Journal of Behavioral Assessment*, *1*, 185-198.

LICHT, R. J., AND PILLEMER, D. B. 1984. *Summing up: The science of reviewing research*. Cambridge, MA: Harvard University Press.

LINCOLN, K. D. 2000. Social support, negative social interactions, and psychological well-being. *Social Service Review*, *74*, 231-52.

LINCOLN, Y. S. 1990a. Program review, accreditation processes, and outcome assessment: Pressures on institutions of higher education. *Evaluation Practice*, *11*, 13-23.

LINCOLN, Y. S. 1990b. The making of a constructivist: A remembrance of transformations past. In *The paradigm dialog*, ed. E. G. Guba. Newbury Park, CA: Sage.

LINCOLN, Y. S., AND GUBA, E. G. 1985. *Naturalistic inquiry*. Beverly Hills, CA: Sage.

LINN, R. L. 2000. Assessments and accountability. *Educational Researcher*, *29*, March, 4-16.

LIPSEY, M. W. 1990. *Design sensitivity: Statistical power for experimental research*. Newbury Park, CA: Sage.

LIPSEY, M. W. 1993. Theory as method: Small theories of treatment. In *Understanding causes and generalizing about them. New Directions in Program Evaluation*, *No. 57*, eds. L. B. Sechrest and A. G. Scott. San Francisco: Jossey-Bass.

LIPSEY, M. W., AND CORDRAY, D. S. 2000. Evaluation methods for social intervention. *Annual Review of Psychology*, *51*, 345-375.

LIPSEY, M. W., CROSSE, S., DUNKLE, J., POLLARD, J. A., AND STOBART, G. 1985. Evaluation: The state of the art and the sorry state of the science. In *Utilizing prior research in evaluation planning*, *New Directions for Program Evaluation*, *No. 27*, ed. D. S. Cordray. San Francisco: Jossey-Bass.

LIPSEY, M. W., AND POLLARD, J. A. 1989. Driving toward theory in program evaluation: More models to choose from. *Evaluation and Program Planning*, *12*, 317-328.

LIPSEY, M. W., AND WILSON, D. B. 1993. The efficacy of psychological, educational, and behavioral treatment: Confirmation from meta-analysis. *American Psychologist*, *48*, 1181-1209.

LOVE, A. J. 1986. Using evaluation to identify service gaps in mental health services to youth. Paper presented at the meeting of the American Evaluation Association. October, Kansas City, MO.

LURIGIO, A. J., AND SWARTZ, J. 1994. Life at the interface: Issues in the implementation and evaluation of a multiphased, multiagency jail-based treatment program *Evaluation and Program Planning*, *17*, 205-216.

MACKENZIE, D. L. 1990, September. Boot camp prisons: Components, evaluations, and empirical issues. *Federal Probation*, *54*, 44-52.

MACQUEEN, K. M., AND BUEHLER, J. W. 2004. Ethics, practice, and research in public health. *American Journal of Public Health*, *94*, 928-31.

MAGER, R. F. 1972. *Goal analysis*. Belmont, CA: Fearon Publishers.

MALCOLM, M. T, MADDEN, J. S., AND WILLIAMS, A. E. 1974. Disulfiram implantation critically evaluated. *British Journal of Psychiatry*, *125*, 485-489.

MALHOTRA, N. K. 2004. *Marketing research: An applied orientation*, 4th ed. Upper Saddle River, NJ: Prentice Hall.

MANGIONE, T. W. 1998. Mail surveys. In *Handbook of applied social research methods*, eds. L. Bickman and D. J. Rog. Thousand Oaks, CA: Sage.

MANOFF, R. K. 1985. *Social marketing: New imperative for public health*. New York: Praeger.

MARGASAK, L. 2001. Pentagon's anti-fraud auditors faked data. *Chicago Tribune*, June 6, Sec. 1, p. 9.

MARK M. M., AND SHOTLAND, R. L., EDS. 1987. *Multiple methods in program evaluation*. San Francisco: Jossey-Bass.

MARSH, C. 1988. *Exploring data: An introduction to data analysis for social scientists*. New York: Blackwell.

MARSH, H. W. 1998. Simulation study of nonequivalent group-matching and regressiondiscontinuity designs: Evaluations of gifted and talented programs *Journal of Experimental Education*, *66*, 163-192.

MARSHALL, T. O. 1979. Levels of results. *Journal of Constructive Change*, *1* (1), 5.

MARSZALEK-GAUCHER, E., AND COFFEY, R. J. 1993. *Total quality in healthcare: From theory to practice*. San Francisco: Jossey-Bass.

MASSEY, O. T., AND WU, L. 1994. Three critical views of functioning: Comparisons of assessments made by individuals with mental illness, their case managers, and family members. *Evaluation and Program Planning*, *17*, 1-7.

MATHISON, S. 1994. Rethinking the evaluator role: Partnerships between organizations and evaluators. *Evaluation and Program Planning*, *17*, 299-304.

MAWHINNEY, T. 1992. Total quality management and organizational behavior: An integration for continual improvement. *Journal of Applied Behavioral Analysis*, *25*, 525-543.

MAXWELL, G. S. 1985. Problems of being responsive: Reflections on an evaluation of a program for training motorcycle riders. *Evaluation and Program Planning*, *8*, 339-348.

MCCARTHY, M. 1978. Decreasing the incidence of "high bobbins" in a textile spinning department through a group feedback procedure. *Journal of Organizational Behavioral Management*, *1*, 150-154.

MCCLAVE, T., BENSON, P. G., AND SINCICH, T. 2005. *Statistics for business and economics*, 9th ed. Upper Saddle River, NJ: Prentice Hall.

MCCLINTOCK, C. C. 1983. Internal evaluation: The new challenge. *Evaluation News*, *4*(1), 61, 62.

MCGARRELL, E. F., AND SABATH, M. J. 1994. Stakeholder conflict in an alternative sentencing program: Implications for evaluation and implementation. *Evaluation and Program Planning*, *17*, 179-186.

MCINTYRE, J. R. 1993. Family treatment of substance abusers. In *Clinical work with substance-abusing clients*, ed. S. L. A. Straussner. New York: Guilford Press.

MCKILLIP, J. 1987. *Need analysis: Tools for human services and education*. Beverly Hills, CA: Sage.

MCKILLIP, J. 1991. Effect of mandatory premarital HIV testing on marriage: The case of Illinois. *American Journal of Public Health*, *81*, 650-653.

MCKILLIP, J. 1992. Research without control groups: A control construct design. In *Methodological issues in applied social psychology*, eds. F. B. Bryant, J. Edwards, R. S. Tindale, E. J. Posavac, L. Heath, E. Henderson, and Y. Suarez-Balcazar. New York: Plenum Press.

MCKILLIP, J. 1998. Need analysis: Process and techniques. In *Handbook of applied social research methods*, eds. L. Bickman and D. J. Rog. Thousand Oaks, CA: Sage.

MCKILLIP, J., AND BALDWIN, K. 1990. Evaluation of an STD education media campaign: A control construct design. *Evaluation Review*, *14*, 331-346.

MCKILLIP, J., LOCKHART, D. C., ECKERT, P. S., AND PHILLIPS, J. 1985. Evaluation of a responsible alcohol use media campaign on a college campus. *Journal of Alcohol and Drug Education*, *30*(3), 88-97.

MCKILLIP, J., MOIRS, K., AND CERVENKA, C. 1992. Asking open-ended consumer questions to aid program planning: Variations in question format and length. *Evaluation and Program Planning*, *15*, 1-6.

MCKNIGHT, J. 1995. *The careless society: Community and its counterfeits*. New York: Basic Books.

MCMURTRIE, B. 2000. Accreditors revamp policies to stress student learning. *Chronicle of Higher Education*, *46*, July 7, p. A29-31.

MCSWEENY, A. J., AND CREER, T. L. 1995. Health-related quality-of-life in medical care. *Disease-a-Month*, *41*, 1-71.

MCWHORTER, J. H. 2000. *Losing the race: Self-sabotage in black America*. New York: Free Press.

MEADOWS, D. L., AND PERELMAN, L. 1973. Limits to growth. In *The future in the making: Current issues in higher education*, ed. D. W. Vermilye. San Francisco: Jossey-Bass.

MEEHL, P. E. 1978. Theoretical risks and tabular asterisks: Sir Karl, Sir Ronald, and the slow progress of soft psychology. *Journal of Consulting and Clinical Psychology*, *46*, 806-834.

MEEHL, P. E. 1990. Appraising and amending theories: The strategy of Lakatosian defense and two principles that warrant it. *Psychological Inquiry*, *1*, 108-141.

MEIER, S. T. 2004. Improving design sensitivity through intervention-sensitive measures. *American Journal of Evaluation*, *25*, 321-334.

MENDEZ, D., AND WARNER, K. E. 2000. Smoking prevalence in 2010: Why the Healthy People Goal is unattainable. *American Journal of Public Health*, *90*, 401-403.

MIDDLE STATES COMMISSION ON HIGHER EDUCATION. 2000. *Handbook for evaluation teams*, 6th ed. Philadelphia: Author.

MILLENSON, M. L. 1987. System puts doctors, cost cutters at odds. *Chicago Tribune*, June 15, Sec. 1, pp. 1, 11.

MILLER, T. W. 2005. *Data and text mining.. A business applications approach*. Upper Saddle River, NJ: Prentice Hall.

MILLSAP, R. E., AND HARTOG, S. B. 1988. Alpha, beta, and gamma change in evaluation research: A structural equation approach. *Journal of Applied Psychology*, 73, 574-584.

MITRA, A. 1994. Use of focus groups in the design of recreation needs assessment questionnaires. *Evaluation and Program Planning*, 17, 133-140.

MOORE, T. J. 1995. *Deadly medicine*. New York: Simon & Schuster.

MORELL, J. A. 2000. Internal evaluation: A synthesis of traditional methods and industrial engineering. *American Journal of Evaluation*, 21, 1098-2140.

MORGAN, M. G., FISCHHOFF, B., BOSTROM, A., LAVE, L., AND ATMAN, C. J. 1992. Communicating risk to the public. *Environmental Science and Technology*, 26, 2048-2056.

MORRIS, M., AND COHN, R. 1993. Program evaluators and ethical challenges: A national survey. *Evaluation Review*, 17, 621-642.

MOSKOP, J. C. 1987, April. The moral limits to federal funding for kidney disease. *Hastings Center Report*, pp. 11-15.

MOSKOWITZ, J. M. 1993. Why reports of outcome evaluations are often biased or uninterpretable: Examples from evaluations of drug abuse prevention programs. *Evaluation and Program Planning*, 16, 1-10.

MOSTELLER, F. 1981. Innovation and evaluation. *Science*, 211, 881-886.

MOWBRAY, C. T., COHEN, E., AND BYBEE, D. 1993. The challenge of outcome evaluation in homeless services: Engagement as an intermediate outcome measure. *Evaluation and Program Planning*, 16, 337-346.

MOWBRAY, C. T., HOLTER, M. C., GREGORY, B., TEAGUE, G. B., AND BYBEE, D. 2003. Fidelity criteria: Development, measurement, and validation. *American Journal of Evaluation*, 24, 315-340.

MURPHY, K. R., AND DAVIDSHOFER, C. O. 2005. *Psychological testing: Principles and applications*, 6th ed. Upper Saddle River, NJ: Prentice Hall.

NAGEL, S. S. 1983a. Nonmonetary variables in benefit-cost evaluation. *Evaluation Review*, 7, 37-64.

NAGEL, S. S. 1983b. Factors facilitating the utilization of policy evaluation research. Paper presented at the meeting of the Evaluation Research Society, October, Chicago.

NATIONAL SAFETY COUNCIL, 1999. *Injury facts*. Itasca, IL: Author.

NEIKIRK, W. 2001. Doubts linger, but time will decide the wisdom of the tax bill. *Chicago Tribune*, May 27, Sec. 1, p. 17.

NEUHAUSER, D. 1991. Parallel providers, ongoing randomization, and continuous improvement. *Medical Care*, 29 (7, Supplement), 5-8.

NEWMAN, D. L., AND BROWN, R. D. 1992. Violations of evaluation standards: Frequency and seriousness of occurrence. *Evaluation Review*, *16*, 219-234.

NEWMAN, D. L., AND BROWN, R. D. 1996. *Applied ethics for program evaluation*. Thousand Oaks, CA: Sage.

NICKERSON, R. S. 2000. Null hypothesis significance testing: A review of an old and continuing controversy. *Psychological Methods*, *5*, 241-301.

NIENSTEDT, B. C., AND HALEMBA, G. J. 1986. Providing a model for agency program evaluation. *State Evaluation Network*, *6*(1), 2-4.

NOTEBOOK. 1994, February 2. *Chronicle of Higher Education*, p. A31.

NUNNALLY, J. C. 1975. The study of change in evaluation research: Principles concerning measurement, experimental design, and analysis. In *Handbook of Evaluation Research*, Vol. 1, eds. E. L. Struening and M. Guttentag. Beverly Hills, CA: Sage.

O'DOHERTY, H. 1989. Mediation evaluation: Status report and challenges for the future. *Evaluation Practice*, *10*(4), 8-19.

OFFICE OF INSPECTOR GENERAL. 1990. *Technical assistance guides for conducting program evaluations and inspections*. Washington, DC: Department of Health and Human Services.

OFFICE OF THE LEGISLATIVE AUDITOR. 2001. *Insurance for behavioral health care* (PE01-04a). St. Paul, MN: State of Minnesota.

OKRENT, D. 1980. Comment on societal risk. *Science*, *208*, 372-375.

ON A DIET? DON'T TRUST YOUR MEMORY. 1989. *Psychology Today*, October, p. 12.

OVERSTREET, E. J., GRASSO, A. J., AND EPSTEIN, I. 1993. Management information systems and external policy advocacy: The Boysville length of stay study. In A. J. Grasso and I. Epstein (eds.), *Information systems in child, youth, and family agencies: Planning, implementation, and service enhancement*. New York: Haworth Press.

PALGA, J. 1990. Trials and tribulations of AIDS drug testing. *Science*, *247*, 1406.

PATTON, M. Q. 1980. *Qualitative evaluation methods*. Beverly Hills, CA: Sage.

PATTON, M. Q. 1989. A context and boundaries for a theory-driven approach to validity. *Evaluation and Program Planning*, *12*, 375-377.

PATTON, M. Q. 2002. *Utilization-focused evaluation*. 3rd ed. Beverly Hills, CA: Sage.

PAUL, G. L., Ed. 1986. *Assessment in residential settings: Principles and methods to support costeffective quality operations*. Champaign, IL: Research Press.

PAULOS, J. A. 1988. *Innumeracy: Mathematical illiteracy and its consequences*. New York: Hill and Wang.

PEARCE, D., AND MARKANDYA, A. 1988. Pricing the environment. *The OECD Observer*, April/May, pp. 23-26.

PEDHAZUR, E. J., AND SCHMELKIN, L. P. 1991. *Measurement, design, and analysis: An integrated approach*. Hillsdale, NJ: Lawrence Erlbaum Associates.

PENDERY, M. L., MALTZMAN, I. M., AND WEST, L. J. 1982. Controlled drinking by alcoholics? New findings and a reevaluation of a major affirmative study. *Science*, *217*, 169-175

PERRIN, B. 1998. Effective use and misuse of performance measurement. *American Journal of Evaluation*, *19*, 367-379.

PETERSON, R. D. 1986. The anatomy of cost-effectiveness analysis. *Evaluation Review*, *10*, 29-44.

PETTY, M. M., SINGLETON, B., AND CONNELL, D. W. 1992. An experimental evaluation of an organizational incentive plan in the electric utility industry. *Journal of Applied Psychology*, *77*, 427-436.

PION, G. M., CORDRAY, D. S., AND ANDERSON, S. 1993. Drawing the line between conjecture and evidence about the use and benefit of "practice" methodologies. *Professional Psychology: Research and Practice*, *24*, 245-249.

POSAVAC, E. J. 1975. *A turning point: Survey of past residents in the Clinical Pastoral Education Program.* Park Ridge, IL: Lutheran General Hospital.

POSAVAC, E. J. 1992. Communication of applied social psychology: An art and a challenge. In *Methodology in applied social psychology*, eds. F. B. Bryant, J. D. Edwards, R. S. Tindale, E. J. Posavac, L. Heath, Y. Suarez-Balcazar, and E. Henderson. New York: Plenum.

POSAVAC, E. J. 1994. Misusing program evaluation by asking the wrong question. In *Preventing the misuse of evaluation*, *New Directions of Program Evaluation* No. 64., eds C. J. Stevens and M. Dial. San Francisco: Jossey-Bass.

POSAVAC, E. J. 1995. Program quality and program effectiveness: A review of evaluations of programs to reduce excessive medical diagnostic testing. *Program Planning and Evaluation*, *18*, 1-11.

POSAVAC, E. J. 1998. Toward more informative uses of statistics: Alternatives for program evaluators. *Evaluation and Program Planning*, *21*, 243-254.

POSAVAC, E. J., AND HARTUNG, B. M. 1977. An exploration into the reasons people choose a pastoral counselor instead of another type of psychotherapist. *The Journal of Pastoral Care*, *31*, 23-31.

POSAVAC, E. J., AND SINACORE, J. M. 1984. Reporting effect size in order to improve the understanding of statistical significance. *Knowledge: Creation, Diffusion, Utilization*, *5*, 503-508.

POSAVAC, E. J., SINACORE, J. M., BROTHERTON, S. E., HELFORD, M., AND TURPIN, R. S. 1985. Increasing compliance to medical treatment regimens. *Evaluation & the Health Professions*, *8*, 7-22.

POSAVAC, S. S. 1998. Strategic overbidding in contingent valuation: Stated economic value of public goods varies according to consumers' expectations of funding source. *Journal of Economic Psychology*, *19*, 205-214.

Postal service may dump billion-dollar parcel plan. 1990. *Chicago Tribune*, June 14, Sec. 4, p. 1.

Potemkin Factor. 1980. *Time*, February 25, p. 36.

PRAGUE, C. N., IRWIN, M. R., AND REARDON, J. 2004. *Access 2003 Bible.* Hoboken, NJ: Wiley.

PRESKILL, H. 1994. Evaluation's role in enhancing organization learning. *Evaluation and Program Planning*, *17*, 291-297.

PRUE, D. M., KRAPFL, J. E., NOAH, J. C., CANNON, S., AND MALEY, R. F. 1980. Managing the treatment activities of state hospital staff. *Journal of Organizational Behavioral Management*, *2*, 165-181.

RAJKUMAR, A. S., AND FRENCH, M. T. 1997. Drug abuse, crime costs, and the economic benefits of treatment. *Journal of Quantitative Criminology*, *13*, 291-323.

RAWLS, J. 2000. *A theory of justice*, Rev. ed. Cambridge, MA: Harvard University Press.

RAY, M. 1973. Marketing communication and the hierarchy of effects. In *New models for mass communication research*, ed. P. Clarke. Beverly Hills, CA: Sage.

RAYKOV, T. 1999. Are simple change scores obsolete? An approach to studying correlates and predictors of change. *Applied Psychological Measurement*, *23*, 120-126.

REICHARDT, C. S. 1979. The statistical analysis of data from nonequivalent group designs. In *Quasi-experimentation*, eds. T. D. Cook and D. T. Campbell. Boston: Houghton Mifflin.

REICHARDT, C. S., AND MARK, M. M. 1998. Quasi-experimentation. In *Handbook of applied social research methods*, eds. L. Bickman and D. J. Rog. Thousand Oaks, CA: Sage.

REICHARDT, C. S., AND RALLIS, S. F., EDS. 1994. *The qualitative-quantitative debate: New perspectives. New Directions for Program Evaluation*, *No. 61*. San Francisco: Jossey-Bass.

REICHARDT, C. S., TROCHIM, W. M. K., AND CAPPELLERI, J. C. 1995. Reports of the death of regression-discontinuity analysis are greatly exaggerated. *Evaluation Review*, *19*, 39-63.

REZMOVIC, E. L., COOK, T. J., AND DOBSON, L. D. 1981. Beyond random assignment: Factors affecting evaluation integrity. *Evaluation Review*, *5*, 51-67.

RICE, S. A. 1929. Contagious bias in the interview. *American Journal of Sociology*, *35*, 420-423.

RICH, E. C., GIFFORD, G., LUXENBERG, M., AND DOWD, B. 1990. The relationship of house staff experience to the cost and quality of inpatient care. *JAMA*, *263*, 953-957.

RICHMOND, F. 1990. Internal evaluation in the Pennsylvania Department of Public Welfare. In The demise of internal evaluation in governmental agencies: Cause for concern or action? N. L. Ross (Chair), panel presented at the meeting of the American Evaluation Association, October, Washington, DC.

RIECKEN, H. W., AND BORUCH, R. F., EDS. 1974. *Social experimentation: A method for planning and evaluating social intervention*. New York: Academic Press.

RIPSIN, C. M., KEENEN, J., VAN HORN, L., ET AL. 1992. Oat products and lipid lowering. A meta-analysis. *JAMA*, *267*, 3317-25.

RIVLIN, A. M. 1990. Evaluation and public policy. Invited address presented at the meeting of the American Evaluation Association, October, Washington DC.

ROBINSON, E. A. R., AND DOUECK, H. J. 1994. Implications of the pre/post/then design for evaluating social group work. *Research on Social Work Practice*, *4*, 224-239.

ROOK, K. S. 1987. Effects of case history versus abstract information on health attitudes and behavior. *Journal of Applied Social Psychology*, *17*, 533-553.

ROSENBAUM, D. P., AND HANSON, G. S. 1998. Assessing the effects of school-based drug education: A six-year multilevel analysis of Project D. A. R. E. *Journal of Research in Crime & Delinquency*, *35*, 381-412.

ROSENHAN, D. L. 1973. On being sane in insane places. *Science*, *179*, 250-258.

ROSENTHAL, R. 1990. How are we doing in soft psychology? *American Psychologist*, *45*, 775-778.

ROSNOW, R. L., AND ROSENTHAL, R. 1989. Statistical procedures and the justification of knowledge in psychological science. *American Psychologist*, *44*, 1276-1284.

ROSSI, P. H. 1978. Issues in the evaluation of human services delivery. *Evaluation Quarterly*, *2*, 573-599.

ROSSI, P. H., ED. 1982. *Standards for evaluation practice*. San Francisco: Jossey-Bass.

ROSSI, P. H. 1994. The war between the quals and the quants: Is a lasting peace possible? In *The qualita-*

tive-quantitative debate：*New perspectives*，*New Directions for Program Evaluation*，*No. 61*，eds. C. S. Reichardt and S. F. Rallis. San Francisco：Sage.

ROSSMAN，G. B.，AND WILSON，B. L. 1985. Numbers and words：Combining quantitative and qualitative methods in a single large-scale evaluation study. *Evaluation Review*，*9*，627-644.

ROTH，J. 1990. Needs and the needs assessment process（reprinted from 1978）. *Evaluation Practice*，*11*，141-143.

ROTHCHILD，M. L. 1979. Advertising strategies for high and low involvement situations. In *Attitude research plays for high stakes*，eds. J. Maloney and B. Silverman. New York：American Marketing Association.

RUSSON，C.，AND RUSSON，G.，EDS. 2005. International perspectives on evaluation standards，*New Directions for Evaluation*，*No. 104*. San Francisco：Jossey-Bass.

SABIN，E. P. 1998. Perceived need for treatment among drug using arrestees in four cities. *Journal of Offender Rehabilitation*，*26*，47-58.

SACKETT，P. R.，AND MULLEN，E. J. 1993. Beyond formal experimental design：Towards an expanded view of the training evaluation process. *Personnel Psychology*，*46*，613-627.

SANBONMATSU，D. M.，POSAVAC，S. S.，AND STASNEY，R. 1997. The subjective beliefs underlying probability overestimation. *Journal of Experimental Social Psychology*，*33*，276-295.

SANCHEZ，J. R.，AND LAANAN，F. S. 1997. The economic returns of a community college education：ERIC review. *Community College Review*，*25*，Winter，73-87.

SAVAYA，R. 1998. The under-use of psychological services by Israeli Arabs：An examination of the roles of negative attitudes and the use of alternative sources of help. *International Social Work*，*41*，195-209.

SCHNEIDER，A. L.，AND DARCY，R. E. 1984. Policy implications of using significance tests in evaluation research. *Evaluation Review*，*8*，573-582.

SCHNEIDER，M. J.，CHAPMAN，D. D.，AND VOTH，D. E. 1985. Senior center participation：A two-stage approach to impact evaluation. *The Gerontologist*，*25*，194-200.

SCHNELLE，J. F.，KIRCHNER，R. E.，CASEY，J. D.，USELTON，P. H.，JR.，AND MCNEES，M. P. 1977. Patrol evaluation research：A multiple-baseline analysis of saturation police patrolling in a high crime area. *Journal of Applied Behavior Analysis*，*10*，33-40.

SCHNELLE，J. E，KIRCHNER，R. E.，MACRAE，J. W.，MCNEES，M. P.，ECK，R. H.，SNODGRASS，S.，CASEY，J. D.，AND USELTON，P. H.，JR. 1978. Police evaluation research：An experimental and cost-benefit analysis of a helicopter patrol in a high crime area. *Journal of Applied Behavior Analysis*，*11*，11-21.

SCHREUDER，C. 1998. Long lives leading to tough calls. *Chicago Tribune*，March 1，Sec. 1，pp. 1，13.

SCHUH，J. H.，AND UPCRAFT，M. L. 2001. *Assessment practice in student affairs*：*An application manual*. San Francisco：Jossey-Bass.

SCHWARTZ，R.，AND MAYNE，J. 2005. Assuring the quality of evaluative information：Theory and practice. *Evaluation and Program Planning*，*28*，1-14.

SCHWARZ，N.，AND OYSERMAN，D. 2001. Asking questions about behavior：Cognition，communication，and questionnaire construction. *American Journal of Evaluation*，*22*，127-160.

SCRIVEN，M. 1967. The methodology of evaluation. In *Perspectives of curriculum evaluation*，eds. R. W. Tyler，

R. M. Gagne, and M. Scriven. Chicago: Rand-McNally.

SCRIVEN, M. 1973. Goal-free evaluation. In *School evaluation: The politics and the process*, ed. E. R. House. Berkeley, CA: McCutchan.

SCRIVEN, M. 1991. *Evaluation thesaurus*. 4th ed. Newbury Park, CA: Sage.

SCRIVEN, M. 1994. Product evaluation: The state of the art. *Evaluation Practice, 15*, 45-62.

SCRIVEN, M. 1997a. Truth and objectivity in evaluation. In *Evaluation for the 21st century: A handbook*, eds. E. Chelimsky and W. R. Shadish. Thousand Oaks, CA: Sage.

SCRIVEN, M. 1997b. Empowerment evaluation examined. *Evaluation Practice, 18*, 165-175.

SCRIVEN, M. 2003. Evaluation in the new millennium: The transdisciplinary vision. In *Evaluating social programs and problems: Visions for the new millennium*, eds. S. I. Donaldson and M. Scriven. Mahwah, NJ: Erlbaum.

SCRIVEN, M., AND ROTH, J. 1990. Special feature: Needs assessment (reprinted from 1976). *Evaluation Practice, 11*, 135-140.

SECHREST, L. 1984. Social science and social policy. Will our numbers ever be good enough? In *Social science and social policy*, eds. R. L. Shotland and M. M. Mark. Beverly Hills, CA: Sage.

SELIGMAN, C., AND FINEGAN, J. E. 1990. A two-factor model of energy and water conservation. In *Social influence processes and prevention*, eds. J. Edwards, R. S. Tindale, L. Heath, and E. J. Posavac. New York: Plenum.

SHADISH, W. R. 1993. Critical multiplism: A research strategy and its attendant tactics. *Program evaluation: A pluralistic enterprise*, New Directions for Program Evaluation, No. 60, ed. L. Sechrest. San Francisco: Jossey-Bass.

SHADISH, W. R. 1995. Philosophy of science and the quantitative-qualitative debates: Thirteen common errors. *Evaluation and Program Planning, 18*, 63-75.

SHADISH, W. R. 2002. Revisiting field experimentation: Field notes for the future. *Psychological Methods, 7*, 3-18.

SHADISH, W. R., COOK, T. D., AND CAMPBELL, D. T. 2002. *Experimental and quasi-experimental design for generalized causal inference*. Boston: Houghton Mifflin.

SHADISH, W. R., COOK, T. D., AND LEVITON, L. C. 1991. *Foundations of program evaluation: Theories of practice*. Newbury Park, CA: Sage.

SHADISH, W. R., JR., ORWIN, R. G., SILBER, B. G., AND BOOTZIN, R. R. 1985. The subjective well-being of mental patients in nursing homes. *Evaluation and Program Planning, 8*, 239-250.

SHAUGHNESSY, J. J., ZECHMEISTER, E. B., AND ZECHMEISTER, J. S. 2005. *Research methods in psychology*, 6th ed. New York: McGraw-Hill.

SHAW, I. F. 1999. *Qualitative evaluation*. Thousand Oaks, CA: Sage.

SHEPARD, L. A. 1990. "Inflating test score gains": Is it old norms or teaching the test? Los Angeles: UCLA Center for Research on Evaluation, Standards, and Student Teaching, CSE Technical Report 307.

SHIPLEY, R. H. 1976. Effects of companion program on college student volunteers and mental patients. *Journal of Consulting and Clinical Psychology, 4*, 688-689.

SHRAUGER, J. S., AND OSBERG, T. M. 1981. The relative accuracy of self-predictions and judgments by others in psychological assessment. *Psychological Bulletin, 90*, 322-351.

SIEBER, J. E. 1998. Planning ethically responsible research. In *Handbook of applied social research methods*, eds. L. Bickman and D. J. Rog. Thousand Oaks, CA: Sage.

SIEBER, S. D. 1981. *Fatal remedies: The ironies of social intervention*. New York: Plenum.

SILVERMAN, M., RICCI, E. M., AND GUNTER, M. J. 1990. Strategies for increasing the rigor of qualitative methods in evaluation of health care programs. *Evaluation Review, 14*, 57-74.

SILVERMAN, W. A. 1977. The lesson of retrolental fibroplasia. *Scientific American, 236*, June, 100-107.

SILVERMAN, W. K., KURTINES, W. M., GINSBURG, G. S., WEEMS, C. F., LUMPKIN, P. W., AND CARMICHAEL, D. H. 1999. Treating anxiety disorders in children with group cognitive-behavioral therapy: A randomized clinical trial. *Journal of Consulting and Clinical Psychology, 67*, 995-1003.

SINGH, B., GREER, P. R., AND HAMMOND, R. 1977. An evaluation of the use of the Law in a Free Society materials on "responsibility." *Evaluation Quarterly, 1*, 621-628.

SIROTNIK, K. A., ED. 1990. *Evaluation and social justice*. San Francisco: Jossey-Bass.

SLOVIC, P. 1993. Perceived risk, trust, and democracy. *Risk Analysis, 13*, 675-682.

SMITH, M. F. 1989. *Evaluability assessment: A practical approach*. Boston: Kluwer Academic Publishers.

SMITH, M. L. 1994. Qualitative plus/versus quantitative: The last word. In *The qualitative-quantitative debate: New perspectives, New Directions for Program Evaluation, No. 61*, eds. C. S. Reichardt and S. F. Rallis. San Francisco: Jossey-Bass.

SMITH, N. L. 1981. The certainty of judgments in health evaluations. *Evaluation and Program Planning, 4*, 273-278.

SOBELL, M. B., AND SOBELL, L. C. 1978. *Behavioral treatment of alcohol problems*. New York: Plenum.

SOLBERG, L. I., REGER, L. A., PEARSON, T. L., CHERNEY, L. M., O'CONNOR, P. J., FREEMAN, S. L., LASCH, S. L., AND BISHOP, D. B. 1997. Using continuous quality improvement to improve diabetes care in populations. *Journal of Quality Improvement, 23*, 581-592.

SOMMER, R. 1990. Local research. *The Journal of Social Issues, 46*, Spring, 203-214.

SONNICHSEN, R. C. 1994. Evaluators as change agents. In *Handbook of Practical Program Evaluation*, eds. J. S. Wholey, H. Hatry, and K. Newcomer. San Francisco: Jossey Bass.

SONNICHSEN, R. C. 2000. *High impact internal evaluation: A practitioner's guide to evaluating and consulting inside organizations*. Thousand Oaks, CA: Sage.

SPATH, P. 2000. Case management. Making the case for information systems. *MD Computing, 17*(3), May-June, 40-44.

SPEER, D. C., AND TRAPP, J. C. 1976. Evaluation of mental health service effectiveness. *American Journal of Orthopsychiatry, 46*, 217-228.

SPIRING, F. A. 1994. A bill's effect on alcohol-related traffic fatalities. *Quality Progress, 27*(2), 35-38.

SPIRO, S. E., SHALEV, A., SOLOMON, Z., AND KOTLER, M. 1989. Self-reported change versus changed self-report: Contradictory findings of an evaluation of a treatment program for war veterans suffering from post-traumatic stress disorder. *Evaluation Review, 13*, 533-549.

SPORN, D. L. 1989a. A conversation with Gerald L. Barkdoll. *Evaluation Practice*, *10*(1), 27-32.

SPORN, D. L. 1989b. A conversation with Michael Hendricks. *Evaluation Practice*, *10*(3), 18-24.

Spotlight: Program evaluation and accountability in Minnesota. 1982. State Evaluation Network, 2(5), 2.

SPSS Trends 13. 0. 2004. Chicago: SPSS.

Statistical Abstract of the United States: The national data book. 2004-2005. Washington, DC: U. S. Census Bureau.

STEELE, S. 1990. *The content of our character*. New York: St. Martin's Press.

STEIN, S., AND RECKTENWALD, W. 1990. City parks are no place to play. *Chicago Tribune*, November 11, Sec. 1, pp. 1, 18.

STRAUSS, A. L., AND CORBIN, J. M. 1998. *Basics of qualitative research: Techniques and procedures for developing grounded theory*, 2nd ed. Thousand Oaks, CA: Sage.

STUCKER, C. 2004. *Mystery shopper's manual*, 6th ed. Sugar Land, TX: Special Interests Publishing.

Students cheated in college sports. 1990. *Chicago Tribune*, September 10, Sec. 1, p. 12.

STUFFLEBEAM, D. L. 2001. Evaluation models. *New Directions for Program Evaluation*, *No. 89*. San Francisco: Jossey-Bass.

STUFFLEBEAM, D. L., MADAUS, G. F, AND KELLAGHAN, T. 2000. *Evaluation models*, Rev. ed. Boston: Kluwer.

STYVE, G. J., MACKENZIE, D. L., GOVER, A. R., AND MITCHELL, O. 2000. Perceived conditions of confinement: A national evaluation of juvenile boot camps and traditional facilities. *Law & Human Behavior*, *24*, 297-308.

SULLIVAN, J. M., AND SNOWDEN, L. R. 1981. Monitoring frequency of client problems. *Evaluation Review*, *5*, *822-833*.

SUMMERFELT, W. T. *2003*. Program strength and fidelity in evaluation. *Applied Developmental Science*, *7*, 55-61.

Survey's overhaul will boost jobless rate. 1993. *Chicago Tribune*, November 17, Sec. 3, p. 7.

SUSSNA, E., AND HEINEMANN, H. N. 1972. The education of health manpower in a two-year college: An evaluation model. *Socio-Economic Planning Science*, *6*, 21-30.

SVENSSON, K. 1997. The analysis of evaluation of foreign aid. In *Evaluation for the 21st century: A handbook*, eds. E. Chelimsky and W. R. Shadish. Thousand Oaks, CA: Sage.

SWAIN, J. E, ROUSE, I. L., CURLEY, C. B., AND SACKS, F. M. 1990. Comparison of the effects of oat bran and low-fiber wheat on serum lipoprotein levels and blood pressure. *New England Journal of Medicine*, *322*, 147-52.

TAUT, S., AND ALKIN, M. C. 2003. Program staff perceptions of barriers to evaluation and implementation. *American Journal of Evaluation*, *24*, 213-226.

TESTA, M. A., ANDERSON, R. B., NACKLEY, J. F., AND HOLLENBERG, N. K. 1993. Quality of life and antihypertensive therapy of men. *New England Journal of Medicine*, *328*, 907-913.

THURMAN, Q. C., GIACOMAZZI, A., AND BOGEN, P. 1993. Research note: Cops, kids, and community policing. An assessment of a community policing demonstration project. *Crime & Delinquency*, *39*, 554-564.

TIERNEY, W. M., MILLER, M. E., AND MCDONALD, C. 1990. The effect on test ordering of informing physicians of the charges of outpatient diagnostic tests. *The New England Journal of Medicine*, *322*, 1499-1504.

TORRES, R. T. 1994. Linking individual and organizational learning: The internalization and externalization of evaluation. *Evaluation and Program Planning*, *17*, 327-338.

TORRES, R. T., PRESKILL, H. S., AND PIONTEK, M. E. 2004. *Evaluation strategies for communicating and reporting: Enhancing learning in organizations*, Rev. ed. Thousand Oaks, CA: Sage.

TROCHIM, W. M. K. 1984. *Research design for program evaluation: The regression discontinuity approach.* Beverly Hills, CA: Sage.

TROCHIM, W. M. K., ED. 1986. *Advances in quasi-experimental design and analysis.* San Francisco: Jossey-Bass.

TROCHIM, W. M. K. 1990. The regression-discontinuity design. In *Research methodology: Strengthening causal interpretations of nonexperimental data*, eds. L. Sechrest, E. Perrin, and J. Bunker. Rockville, MD: U. S. Department of Health and Human Services, Agency for Health Care Policy and Research, (PHS) 90 3454.

The trouble with dependent variables. 1990. *Dialogue: Society for Personality and Social Psychology*, Spring, p. 9.

TUKEY, J. W. 1977. *Exploratory data analysis.* Reading, MA: Addison-Wesley.

TURNER, A. J. 1977. Program goal setting in an evaluation system. Paper presented at the Conference on the Impact of Program Evaluation in Mental Health Care, January, Loyola University of Chicago.

TURNER, G. 1999. Peer support and young people's health. *Journal of Adolescence*, *22*, 567-572.

TURNER, M. A., AND ZIMMERMAN, W. 1994. Acting for the sake of research: The use of role-playing in evaluation. In *Handbook of practical program evaluation*, eds. J. S. Wholey, H. R. Harry, and K. E. Newcomer. San Francisco: Jossey-Bass.

TURNER, N. H., O'DELL, K. J., WEAVER, G. D., RAMIREZ, G. Y., AND TURNER, G. 1998. Community's role in the promotion of recovery from addiction and prevention of relapse among women: An exploratory study. *Ethnicity and Disease*, *8*, 26-35.

TYSON, T. J. 1985. The evaluation and monitoring of a Medicaid second surgical opinion program. *Evaluation and Program Planning*, *8*, 207-216.

ULLMAN, J. B, STEIN, J. A, AND DUKES, R. L. 2000. Evaluation of D. A. R. E (Drug Abuse Resistance Education) with latent variables in context of a Solomon Four Group Design. In *Multivariate applications in substance use research: New methods for new questions*, eds. J. S. Rose, L. Chassin, et al. Mahwah, NJ: Lawrence Erlbaum Associates.

U. S. DEPARTMENT OF EDUCATION. 2003. *Identifying and implementing educational practices supported by rigorous evidence: A user friendly guide.* Washington, DC: Institute of Education Sciences.

VAN DEN EYNDE, J., VENO, A., AND HART, A. 2003. They look good but don't work: A case study of global performance indicators in crime prevention. *Evaluation and Program Planning*, *26*, 237-248.

VAN SANT, J. 1989. Qualitative analysis in developmental evaluations. *Evaluation Review*, *13*, 257-272.

VEATCH, R. M. 1975. Ethical principles in medical experimentation. In *Ethical and legal issues in social experimentation*, eds. A. M. Rivlan and P. M. Timpane. Washington, DC: Brookings Institute.

VERMILLION, J. M., AND PFEIFFER, S. I. 1993. Treatment outcome and continuous quality improvement: Two aspects of program evaluation. *The Psychiatric Hospital*, *24*, 9-14.

VIA VOICE (IBM). 2002. Burlington, MA: ScanSoft.

VISCUSI, W. K. 1992. *Fatal tradeoffs: Public and private responsibilities for risk*. New York: Oxford University Press.

VOJTECKY, M. A., AND SCHMITZ, M. F. 1986. Program evaluation and health and safety training. *Journal of Safety Research*, *17*, 57-63.

VROOM, P. I., COLOMBO, M., AND NAHAN, N. 1994. Confronting ideology and self-interest: Misuse of evaluation. In *Preventing the misuse of evaluation*, *New Directions for Program Evaluation*, *No. 64*, eds. C. J. Stevens and M. Dial. San Francisco: Jossey-Bass.

W. K. KELLOGG FOUNDATION, 1998. *Evaluation handbook*. Battle Creek, MI: W. K. Kellogg Foundation.

WALDO, G. P., AND CHIRICOS, T. G. 1977. Work release and recidivism: An empirical evaluation of a social policy. *Evaluation Quarterly*, *1*, 87-108.

WALLER, B. 2005. *Consider ethics: Theory, readings and contemporary issues*. New York: Longman.

WARHEIT, G. J., BELL, R. A., AND SCHWAB, J. J. 1977. *Needs assessment approaches: Concepts and methods*. Rockville, MD: National Institute of Mental Health.

WASHBURN, G. 2001. 2nd probe also finds cabs shun disabled. *Chicago Tribune*, July 5, Sec. 2, pp. 1, 2.

WEBB, E. J., CAMPBELL, D. T., SCHWARTZ, R. D., SECHREST, L., AND GROVE, J. B. 1981. *Nonreactive measures in the social sciences*, 2nd ed. Boston: Houghton-Mifflin.

WEINREICH, N. K. 1999. *Hands-on social marketing: A step-by-step guide*. Thousand Oaks, CA: Sage.

WEISS, C. H. 1988. If program decisions hinged only on information: A response to Patton. *Evaluation Practice*, *9*(3), 15-28.

WEISS, C. H. 1998. Have we learned anything new about the use of evaluation? *American Journal of Evaluation*, *19*, 21-33.

WEISS, C. H. 2002. What to do until the random assigner comes. In F. Mosteller and R. Boruch (eds.), *Evidence matters: Randomized trials in education*. Washington, DC: Brookings Institution Press.

WEISS, S. J., JURS, S., LESAGE, J. P., AND IVERSON, D. C. 1984. A cost-benefit analysis of a smoking cessation program. *Evaluation and Program Planning*, *7*, 337-346.

WEITZMAN, E. A., AND MILES, M. B. 1995. *Computer programs for qualitative data analysis: A software sourcebook*. Thousand Oaks, CA: Sage.

WHEELER, D. J., AND CHAMBERS, D. S. 1992. *Understanding statistical process control*. 2nd ed. Knoxville, TN: SPC Press.

WHITMORE, E., AND RAY, M. L. 1989. Qualitative evaluation audits: Continuation of the discussion. *Evaluation Review*, *13*, 78-90.

WHOLEY, J. S. 1979. *Evaluation: Promise and performance*. Washington, DC: Urban Institute.

WHOLEY, J. S. 1983. *Evaluation and effective public management*. Boston: Little, Brown.

WHOLEY, J. S. 1991. Using program evaluation to improve program performance. *The Bureaucrat*, Sept. pp. 55-59.

WHOLEY, J. S. 1997. Clarifying goals, reporting results. In *Progress and future directions in evaluation: Perspectives on theory, practice, and methods, New Directions for Program Evaluation, No. 87*, eds. D. J. Rog and D. Fournier. San Francisco: Jossey-Bass.

WHOLEY, J. S. 1999. Quality control: Assessing the accuracy and usefulness of performance measurement systems. In H. P. Hatry (ed.), *Performance measurement: Getting results*. Washington, DC: The Urban Institute, 217-239.

WILLIAMS, S. C., SCHMALTZ, S. P., MORTON, D. J., KOSS, R. G., AND LOEB, J. M. 2005. Quality of care in U. S. hospitals as reflected by standardized measures, 2002-2004. *The New England Journal of Medicine*, 353(3), 255-264.

WILLS, K. 1987. A conversation with Joy Frechtling. *Evaluation Practice*, 8(2), 20-30.

WILSON, D. B., GALLAGHER, C. A., AND MACKENZIE, D. L. 2000. A meta-analysis of corrections-based education, vocation, and work programs for adult offenders. *The Journal of Research in Crime and Delinquency*, 37, 347-369.

WINETT, R. A. 1995. A framework for health promotion and disease prevention programs. *American Psychologist*, 50, 341-350.

Winner of the 1988 President's Problem. 1989. *Evaluation Practice*, 10(1), 53-57.

WISLER, C. ED. 1996. *Evaluation and auditing: Prospects for convergence. New Directions for Program Evaluation, No. 71*. San Francisco: Jossey-Bass.

WITKIN, B. R., AND ALTSCHULD, J. W. 1995. *Planning and conducting needs assessments: A practical guide*, Rev. ed. Thousand Oaks: Sage.

WYE, C. G., AND SONNICHSEN, R. C., EDS. 1992. *Evaluation in the federal government: Changes, trends, and opportunities, New Directions for Program Evaluation, No. 55*. San Francisco: Jossey-Bass.

YAMPOLSKAYA, S., NESMAN, T. M., HERNANDEZ, M., AND KOCH, D. 2004. Using concept mapping to develop a logic model and articulate a program theory: A case example. *American Journal of Evaluation*, 25, 191-207.

YATES, B. T. 1994. Toward the incorporation of costs, cost-effectiveness analysis, and cost-benefit analysis into clinical research. *Journal of Consulting and Clinical Psychology*, 62, 729-736.

YATES, B. T. 1999. *Measuring and improving costs, cost-effectiveness, and cost-benefit for substance abuse treatment programs* (NIH Publication Number 99-4518). Bethesda, MD: National Institute on Drug Abuse.

YEATON, W. H., AND SECHREST, L. 1986. Use and misuse of no-difference findings in eliminating threats to validity. *Evaluation Review*, 10, 836-852.

YEATON, W. H., AND SECHREST, L. 1987. Assessing factors influencing acceptance of no-difference research. *Evaluation Review*, 11, 131-142.

ZAMMUTO, R. F. 1982. *Assessing organizational effectiveness*. Albany, NY: SUNY Press.

ZECHMEISTER, E. B., and POSAVAC, E. J. 2003. Data analysis and interpretation in the behavioral sciences. Belmont, CA: Wadsworth.

ZIGLER, E., AND MUENCHOW, S. 1992. *Head Start: The inside story of America's most successful educational experiment*. New York: Basic Books.

ZIGLER, E., AND TRICKETT, P. K. 1978. IQ, social competence, and evaluation of early childhood intervention programs. *American Psychologist*, *33*, 789-798.

ZIMRING, F. E. 1975. Firearms and federal law: The Gun Control Act of 1968. *Journal of Legal Studies*, *4*, 133-198.